Agnes Kaiser Rekkas

Die Fee, das Tier und der Freund

Hypnotherapie in der Psychosomatik

Zweite, korrigierte Auflage, 2007

Satz u. Grafik: Drißner-Design u. DTP, Meßstetten
Umschlaggestaltung: Goebel/Riemer
Printed in the Netherlands
Druck und Bindung: Koninklijke Wöhrmann, Zutphen

Zweite, korrigierte Auflage, 2007
ISBN: 978-3-89670-593-8

Bibliografische Information Der Deutschen Nationalbibliothek
Die Deutsche Nationalbibliothek verzeichnet diese Publikation
in der Deutschen Nationalbibliografie; detaillierte bibliografische
Daten sind im Internet über http://dnb.ddb.de abrufbar.

Carl-Auer Verlag
Häusserstraße 14
69115 Heidelberg
Tel. 0 62 21-64 38 0
Fax 0 62 21-64 38 22
E-Mail: info@carl-auer.de

Inhalt

Einleitung

Die Hypnotherapie offeriert dem *psycho*somatisch erkrankten Menschen eine vielfarbige Palette an Behandlungsmöglichkeiten. So beeinflusst von Anbeginn der Therapie die hypnotische Tiefenentspannung durch positive vegetative Stimulierung den somatischen Befund. Die körperlichen Abwehrkräfte können sich aufbauen und stabilisieren. Wird tiefe Hypnose mit sinnvollen bildlichen Vorstellungen angereichert, entfalten sich Selbstheilungspotenziale, die Linderung und idealerweise die Auflösung der Symptomatik in Gang setzen.

Auf der psychischen Ebene werden mögliche Funktionen der Krankheit, in Zusammenhang stehende traumatische Erfahrungen und systemische Verstrickungen schonend aufgedeckt und bewältigt. Hierfür ermöglicht das unbewusste Antwortsystem der ideomotorischen Signale Einblick in psychische Abläufe, die auf einmal verständlich werden. Anschließend kann das Repertoire an vielseitigen ideomotorischen Interventionen ausgeschöpft werden. Metaphorische Fantasiereisen gewähren dagegen den magischen Rahmen für Ruhe, Schutz, Wachstum und Körper-Seele-Heilung im Stillen. Seelische Neuorientierung und Entwicklung werden dadurch mit sanfter Hand geführt. Die damit automatisch einhergehende Ich-Stärkung verbessert das Allgemeinbefinden, und die offensichtlichen Fortschritte und Erfolge motivieren den Patienten zur aktiven Mitarbeit wie zur Ausübung der Selbsthypnose. Alle Facetten der Hypnotherapie kommen ins Spiel, womit sich das Geschehen auf mehreren Bühnen gleichzeitig, aber vor allem hinter den Kulissen im Verborgenen abspielt.

Überspringen wir den historischen Tempelschlaf in unseren alten europäischen Kulturen als Indiz für Behandlungsrituale in Trance seit der Antike und beschäftigen uns mit der Hypnose – obwohl sie ja damals noch nicht so hieß – seit Mesmer. Da wird deutlich, dass immer die Genesung des Körpers und später insbesonders auch die Heilung der Körper-Seele-Einheit Zielsetzung war. Die Resultate waren bemerkenswert. Sie sind es auch heute. Das erklärt sich u. a. damit, dass sowohl organisch, aber vor allem auch psychosomatisch Erkrankte nach ihrem oft langen Leidensweg meist gut auf Hypnose ansprechen. Sie sehen

Hypnose als Chance und erwarten sich etwas Besonderes. Dies erzeugt eine produktive Suggestibilität. Zugleich findet sich hier eine besondere, aus der Lebensgeschichte resultierende Fähigkeit zu dissoziierten Bewusstseinszuständen. Beides Faktoren, die sowohl für die Einleitung als auch Nutzung der Hypnose dienlich sind.

Für die Arbeit mit schwer kranken Menschen braucht es Präsenz, Mut, Ausdauer, Empfindungsfähigkeit, Kenntnis der Psychodynamik hinter dem Krankheitsgeschehen und praktisches Können. Zu diesem Können möchte das vorliegende Buch, das auf meinem einführenden praxisorientierten Lehrbuch Klinische Hypnose und Hypnotherapie (1998), einen Beitrag leisten. Als Basistraining aus der Praxis für die Praxis erhalten Mediziner und Psychotherapeuten einfacher, klarer und strukturierter Weise Handwerkszeug. Besondere Berücksichtigung finden dabei die Sprache der Hypnose in Form und Inhalt, die Technik der Trancevertiefung, die Gestaltung einer optimalen Anleitung, die ideomotorische Arbeit mit ihren unwillkürlichen motorischen Antworten. Daneben stehen mehrere „Extras“ wie die Krisenintervention, der Umgang mit Widerstand, die einmalige Intervention und die Nutzung des „Automatischen Schreibens“. Alle Techniken lassen sich reibungslos in die alltägliche Praxis einfügen und nach ein wenig Übung dem persönlichen Stil stimmig anpassen.

Ein chronologisch orientiertes Konzept beschreibt den strategischen Aufbau eines allgemein gültigen und übertragbaren Therapiemodelles bei psychosomatischen Krankheitsbildern. In dieses wird ein Spektrum Erfolg versprechender hypnotherapeutischer Techniken mit didaktisch kommentierten Anleitungen und Phantasiereisen im Wortlaut eingewebt. Exemplarische Fallbeispiele aus verschiedenen medizinischen Fachgebieten und deren Erläuterung demonstrieren die modifizierte Anwendung der hypnotherapeutischen Techniken auf das spezifische Krankheitsbild. Dabei wird die Behandlung von Patienten mit onkologischer Erkrankung ausführlicher dargestellt, da hier die Vielschichtigkeit, aber auch Prägnanz der Methode besonders gut sichtbar wird.

Dr. Katharina Guttenbrunner, Fachärztin für innere Medizin, Inhaberin des ÖAK-Diploms für psychosomatische Medizin mit Ausbildung in hypnotherapeutischer Medizin und Hypnosetherapie, lässt uns nach ihrer Einführung in die psychosomatische Medizin an lehrreichen Erfahrungen in ihrem Fachgebiet teilhaben.

Ein eigenes Kapitel widmet sich der hypnotherapeutischen Begegnung von Begleitsymptomen wie Depression, Schlafstörung, Angst, Schmerz sowie der Belastung durch einen chirurgischen Eingriff. Weiterhin wird die systemische Intervention beschrieben.

Für dieses Buch wird davon ausgegangen, dass der therapeutisch tätige Leser Kenntnisse über die theoretischen Erklärungsmodelle der psychosomatischen Medizin besitzt. Deshalb wird auf eine fundierte theoretische Einführung in psychosomatische Krankheitsbilder zugunsten der detaillierten Veranschaulichung pragmatischen Handelns verzichtet. Es werden Techniken dargestellt, die sich gut und übergreifend mit allen medizinischen Disziplinen und psychotherapeutischen Verfahren kombinieren lassen. Jeder Mediziner bzw. Therapeut kann diese in sein Fachgebiet und seine Methoden integrieren. Jeder Patient fühlt sich persönlich angesprochen und behandelt. Davon profitieren aber nicht nur unsere Patienten, sondern auch wir selber, da Hypnose die Therapie sowohl zu vereinfachen als auch zu erleichtern vermag.

Sommererfüllt klingen die Fee & Compagnon mit *The Promise of Summer* aus.

Dank

Für die verständnisvolle und kenntnisreiche Mitarbeit möchte ich meiner lieben Freundin Dr. Katharina Guttenbrunner, Fachärztin für Innere und Psychosomatische Medizin, Oberärztin an der Landesnervenklinik Niederösterreich Ost, Maria Gugging, Dank aussprechen.

Das kalifornische Flair verlieh Elizabeth Gahbler dem Buch. Mit ericksonscher Hypnose vertraut, auch Musikerin und professionelle Übersetzerin, zauberte sie eine besonders einfühlsame und poesievolle Version der Sammlung Seifenblasen auf Englisch. Ich bin ihr dafür sehr verbunden.

Meiner äußerst geschätzten Kollegin Regina Roeder, Hypnosetherapeutin (DGH), gilt Dank und Anerkennung für das Redigieren des Manuskriptes.

All meinen Patienten, von denen einige unter „Künstlernamen" auftreten, bin ich zu größtem Dank verpflichtet, da sie mich mehr als jede Ausbildung lehrten.

Ich widme dieses Buch meinen geliebten Eltern, Erika und Lebrecht Kaiser.

Kapitel 1

1. Vielseitig und wirksam – Die Hypnose von heute

1.1 Hypnose zur Heilung der Körper-Seele-Einheit: Ein Blick in ihre Historie

Was wir unter Hypnose verstehen wollen, ist eine Frage der Definition.

Seit jeher werden in allen Kulturen für Entwicklungs- und Heilungsvorgänge kultische Rituale der geistigen Versenkung und Trance angewandt, die man als hypnotisch bezeichnen kann. Ähnlich beinhaltet jeder therapeutische Prozess, sei er medizinischer oder psychotherapeutischer Art, eine ganz natürliche Form von suggestiven Elementen und hypnoiden Zuständen. Hier aber ist die medizinisch angewandte Hypnose seit den Zeiten Mesmers Thema. Denn da beginnt die abenteuerliche Reise durch die Geschichte „unserer" Hypnose.

Franz Anton Mesmer (1734–1815) hatte Philosophie und Medizin studiert und war ein vielseitig gebildeter und musisch begabter Mann, der unter anderem freundschaftliche Kontakte zu der Familie Mozart pflegte. Er vertrat die Überzeugung, dass ein alles durchfließendes kosmisches „Universalfluid" in einer Art Strombahn den menschlichen Körper durchflute. Krankheiten versuchte er durch eine Blockade dieses Flusses zu erklären. Folgerichtig nahm er deshalb die Idee eines in England für kurative Zwecke verwendeten Stahlmagneten auf, mithilfe dessen diese Strombahnen wieder durchgängig gemacht werden sollten. Die Behandlung mit diesem Magneten wurde daraufhin von ihm – ohne Ahnung von der suggestiven Kraft solcher Prozeduren – bei allen möglichen Krankheiten durchgeführt. Dabei hatte er einige ganz spektakuläre Erfolge, und ein munter anmutendes Treiben begann. Er konstruierte seine berühmten *baquets,* kleine Wannen, an deren Rändern bewegliche Eisenstäbe angebracht waren. Solche Wannen waren mit Wasser gefüllt, der Boden mit Glasscherben bedeckt. Mittels dieser Wannen sollte im Beisein eines Magnetiseurs das „Universalfluid" eingefangen und auf die in Gruppen um die *baquets* Sitzenden, welche die Stäbchen in ihren Händen oder an die erkrankten Organe hielten, übertragen werden. Dazu spielte Klavier- oder Glasharfenmusik, und man kann sich mit ein wenig Fantasie ausmalen, was sich bei dieser Zeremonie abspielte.

Tatsächlich kam es immer wieder zu Krankheitsremissionen, die schätzungsweise – genauso wie bei der heutigen Hypnose – durch Glaube, Motivation, Erwartungshaltung, fokussierte Aufmerksamkeit, Trance, Suggestion, bildliche Vorstellung, musikalische Begleitung und ebenso die Ansteckungskraft einer Gruppensituation eintraten. Frenetisch gefeiert, aber auch mit Argwohn verfolgt, rollte die Welle des Mesmerismus, welcher körperliche Krankheiten durch physikalisch-geistiges Substrat zu kurieren vorgab, durch Europa. Kurhäuser und Lehrkliniken schossen wie Pilze aus dem Boden. Selbst Königin Marie Antoinette bewilligte Mesmer Gelder. Washington ließ sich wegen eines Magenleidens mesmerisieren. Die magnetische Zauberkraft spiegelte sich in Oper *(Cosi fan tutte)*, Dichtung (u. a. Kleist, E. T. A. Hoffmann, Balzac, Novalis) und Philosophie (Fichte, Schelling, Hegel) wider. Sogar Goethe gibt Mesmer die Gestalt des Arztastronomen in *Wilhelm Meisters Lehr- und Wanderjahre* und beschreibt die Seherin Makarie in mesmerscher Clairvoyance.

Schließlich werden die Mesmerischen Phänomene 1784 durch eine Kommission von Wissenschaftlern untersucht. Unter ihnen befinden sich Benjamin Franklin, Lavoisier und der für rationelle Enthauptung bekannte Guillotin. Die Phänomene konnten beobachtet, aber nicht auf magnetische oder elektrische Kräfte zurückgeführt werden. Die Kommission ist sich einig: Die Kraft der Imagination hat ihre Hand im Spiel.

Nachdem der Mesmerismus neben augenscheinlichen medizinischen Erfolgen einige wilde Blüten im Okkultismus getrieben hatte, aber auch die Romantik in ihrem Glauben an Seelentiefe, Somnambulismus und Traumerscheinungen zu bestätigen schien, findet sich 1819 im Kompendium von J. P. F. Deleuze erstmalig eine sachliche Beschreibung des somnambulen Zustandes. Von der Idee eines „Universalfluids“ wird zugunsten der Annahme einer besonderen Ausstrahlung des Magnetiseurs Abstand genommen. Das Interesse gilt ab jetzt dem Arzt sowie der Arzt-Patient-Beziehung, zumal man feststellen muss, dass offensichtlich nicht jedermann zu magnetisieren ist.

In der Folge bemessen Charcot, Bernheim und Forel der Persönlichkeit des Arztes, der bewussten Zustimmung des Patienten zur Hypnose, dem hypnotischen Rapport und der Bewahrung ethischer Grundsätze des Hypnotisierten Bedeutung zu. Alles Kriterien, die auch für uns Gültigkeit besitzen. Weiterhin wird mit mesmerschen Streichungen gearbeitet, vorwiegend, um Ruhe und Erholung einzuleiten. Man beginnt, den hypnotisierten Patienten zu seiner Krankheit und deren Verlauf zu befragen, was uns heute recht fortschrittlich dünkt. Operationen werden u. a. von James Esdaile in somnambulem Schlaf durchgeführt. Während man in okkulten Kreisen weiterhin manch seltsame Dinge mit Magnetismus betreibt, profitiert die Medizin. Der Chirurg und Ophtalmologe James Braid (1795–1860) verwirft die Magnet- und Fluidtheorie und ist von hirnphysiologischen Veränderungen überzeugt. Von ihm wird der aus dem Griechischen entlehnte Begriff „Hypnose" in der Überzeugung, es handele sich beim Mesmerisieren um einen schlafähnlichen Zustand, eingeführt. Indem er die Patienten einen glänzenden Gegenstand fixieren lässt, entwickelt er die Methode der Augenfixation. Alle denkbaren körperlichen Gebrechen werden von ihm in seinen Behandlungsplan aufgenommen. Die Gründerväter der Neurologie wie Broca (Sprachzentrum), Bechterew, Babinsky interessieren sich ebenso für die physiologischen, aber auch psychischen Veränderungen und praktizieren Hypnose.

Während Sigmund Freuds Lehrer, der Neurologe und Pathologe Charcot (1825–1893), den Hypnotismus nur als eine Spielart der Hysterie vor allem bei jungen Mädchen betrachtet, bemühen sich A. A. Liebeault (1823–1904) und Hippolyte Bernheim (1840–1919) um wissenschaftliche Abklärung der hypnotischen Phänomene. Es ist auch Bernheim, der die Suggestivmethode einführt. Viele Techniken, die heutzutage in abgewandelter Form noch Verwendung finden, werden entwickelt. Dazu gehören das aufklärende und beruhigende Einführungsgespräch, das Nacherleben bestimmter vergangener Situationen (Hypnoanalyse) und die posthypnotische Suggestion. Außerdem geht man von der Grundannahme aus, dass das Nervensystem unter Hypnose normal funktioniert und alle Erscheinungen psychogener Natur sind. So werden körperliche Reaktionen in der therapeutischen Trance als Resultat der Übersetzung der Hypnoseanleitung durch die Seele erklärt. Auch das ist uns geläufig.

Der weitere Werdegang der Hypnose dürfte allgemein bekannt sein. Im „Dornröschenschlaf" überlebte sie lange Jahre, um – ohne wachgeküsst werden zu müssen – später sehr vital wieder aufzuerstehen und uns jetzt ihre Vorzüge zu offerieren. (Möchte man sich mehr in die Geschichte der Hypnose vertiefen, werden das umfangreiche Lehrbuch von Kossak 1989, Peter 2000 sowie der die Ursprünge der Hypnose schillernd präsentierende Artikel des schweizer Psychiaters und Psychotherapeuten Wolff 1998 empfohlen.)

In der modernen Psychotherapie und Medizin bieten die klinische Hypnose mit ihren Suggestivverfahren wie auch die Hypnotherapie mit ihrem psychotherapeutischen Spektrum ausgefeilte Techniken. Wenden wir diese bei psychosomatischen Erkrankungen an, versteht sich, dass vor allem dem Vegetativum und endokrinem System als Bindeglieder und Schaltstellen zwischen Körper und Psyche eine hervorragende Stellung zukommt. Während diesbezügliche Untersuchungen und Erfahrungen auf weltweiten Hypnosekongressen zusammengetragen werden, hält die moderne Hypnose langsam auch Einzug in die Schulmedizin, denn es schält sich heraus, dass in vielen medizinischen Disziplinen gute Aussicht auf Erfolgschancen bestehen.

In vorliegendem Buch geschilderte Fallberichte können aber nur annähernd eine Vorstellung von der facettenreichen Anwendungsmöglichkeit vermitteln. Einen Beitrag hierzu leistet Katharina Guttenbrunner. Sie gibt uns im Folgenden unter 1.2–4 einen Überblick über die Einteilung psychosomatischer Symptome und ihre persönliche Einschätzung zum Gewinn, Hypnose bei psychosomatischen Erkrankungen anzuwenden. Später, im Kapitel 5., gewährt sie uns, nach einem Steckbrief zur entsprechenden Krankheit, spannende Einblicke in ihren Erfahrungsschatz.

1.2 Psychosomatik – Das Wechselspiel zwischen Körper und Seele

Katharina Guttenbrunner (1.2–1.4)

Mangels technischer Hilfen war der Mensch mit seinen Sinnesorganen jahrhundertelang das Zentrum von Beobachtung und Wahrnehmung. Buchdruck und Dampfmaschine, als erste Schrittmacher der sich ankündigenden industriellen Revolution, sind die Marksteine der beginnenden Abwendung von der direkten Beobachtung des Menschen durch den Menschen hin zur Erforschung von Teilen des Ganzen mittels Geräten. Die technischen Entwicklungen, wie Mikroskop und später Röntgenstrahlen, die Erkenntnisse in Physiologie und Pathologie, die

Entwicklungen der Biochemie und der laborchemischen Analysen und unzählige weitere naturwissenschafliche Erkenntnisse und Veränderungen in der Medizin des ausgehenden 19. Jahrhunderts bewirkten eine Konzentration auf den stofflichen Anteil des Menschen als eines anatomisch bis in Moleküle zerlegbaren und physiologisch bald in allen Abläufen erklärbaren Organismus.

Der Körper als reparierbare Mechanik wurde zum Zentrum der medizinischen Forschung. Die Seele, deren Lokalisation im Körper nicht gefunden werden konnte, erhielt einen untergeordneten Platz und wurde aus den somatisch orientierten Krankheitslehren verbannt.

Neben dieser Entwicklung und ihr als Grundlage dienend, standen schon lange die Kontroversen der abendländischen Philosophen über die Natur von Leib und Seele. Nach Kakar sind drei wesentliche Lösungsvorschläge denkbar, nämlich erstens, dass Leib und Seele ontisch verschieden sind und einander nicht affizieren können, zweitens der Interaktionismus, der die These vertritt, dass Leib und Seele zwar verschieden sind, aber durchaus einander affizieren können, und drittens die Hypothese, dass Leib und Seele identisch sind, somit vorstellbar als unterschiedliche Modi ein und desselben. Mit Ausnahme des dritten Punktes treten klare Trennungslinien zutage (Kakar 1984).

Die Aufstellung der psychoanalytischen Theorie mit ihren detaillierten Untersuchungen der psychischen Störungen beeinflusste die moderne Medizin vorerst weiter im Sinne einer Polarisierung und vollständigen Aufteilung des Menschen in Körper und Seele aus naturwissenschaftlich-medizinischer Sicht.

Die psychosomatischen Theorien versuchen, auf der Basis psychoanalytischer Erkenntnisse Psychisches und Organisches als gemeinsame Bausteine von Erkrankungen darzustellen und ein Gegengewicht zur rein somatisch-technisch ausgerichteten Medizin zu entwickeln. Als weiterer wesentlicher Schritt ist das Miteinbeziehen der sozialen Umwelt in die Betrachtung des Patienten zu sehen. Zusammenfassend handelt es sich um drei Prozesse, den somatischen, den Ich-Prozess und den Gesellschaftsprozess. Erikson sagte, „dass die drei erwähnten Prozesse drei Aspekte eines einzigen Prozesses sind – des menschlichen Lebens, wobei die Betonung auf beiden Worten gleichermaßen liegt“ (Erikson 1995, S. 17, 30 f.).

Die in der naturwissenschaftlich orientierten Medizin weiterhin ganz klare somatische Ausrichtung erfährt in den letzten Jahren Veränderungen gerade auf dem Gebiet der modernen Forschung in den Bereichen der Molekular- und Mikrobiologie. Die Verbindungsstellen zwischen Psyche und Soma, das Nervensystem, das hypophysär-endokrine und das immunologische System erhalten durch die Erkenntnisse über das weit verzweigte, hoch differenzierte Rezeptorsystem und den bisher unbekannten Radius hormonaler Wirkungen neue und vielfältigere Bedeutung. Bisher nicht belegbare Abläufe und Mechanismen rücken ins Blickfeld wissenschaftlicher Studien, die Psychoneuroimmunologie eröffnet neue Dimensionen der Diskussion.

In der psychosomatischen Medizin steht der erkrankte Mensch mit seinen körperlichen, seelischen, sozialen und religiösen Anteilen, Bezügen und deren wechselseitigen Wirkungen und Beeinflussungen im Zentrum der Betrachtung.

1.3 Einteilung psychosomatischer Symptome

Die psychosomatischen Symptome können anhand ihrer Entstehung und Ausprägung unterschieden werden, wobei es fließende Übergänge zwischen den einzelnen Symptomen gibt.

Konversionssymptome sind körpersprachliche Symbole unbewusster Konflikte, Scheinlösungen oder Kompromissbildungen zwischen Triebwunsch und Abwehr, zwischen zwei Tendenzen, die einander ausschließen. Sie treten überwiegend akut auf und betreffen die Willkürmotorik und die Sinneswahrnehmungen. Sie können von vegetativen Beschwerden und Konversionsschmerzen begleitet sein.

Vegetative Störungen oder Somatisierungssyndrome sind Beschwerdebilder auf der Basis einer neurotischen Entwicklung, für die sich mit den gegenwärtigen Diagnosemethoden keine organischen Störungen finden lassen. Sie sind ein körperliches Korrelat von Affekten, wobei die Auslösung indirekt und meistens ohne Symbolbezug ist. Es gibt zur Zeit keinen Nachweis, dass bestimmte intrapsychische Konflikte bestimmte organische Systeme bevorzugen. Die Organwahl wird jedoch vom individuellen somatischen Entgegenkommen, einer individuellen Schwäche, beeinflusst.

Vegetative Störungen ohne somatisches Korrelat betreffen Herzrhythmusstörungen, Hypo- und Hypertonie, Sekretions- und Motilitätsstörungen, spastische Durchblutungsstörungen, Urtikaria und unterschiedliche Schmerzsymptome.

Psychosomatische Störungen, psychosomatische Erkrankungen im engeren Sinne oder Somato-Psychosomatosen sind Krankheitsbilder mit fassbaren, oft schweren organischen Veränderungen, deren Entstehung und / oder Verlauf wesentlich von neurotischen Entwicklungen geprägt ist. Die Organwahl ist auch hier nicht ursächlich geklärt, es werden jedoch bestimmte Organsysteme wie Haut, Kreislauf, Atmung, Verdauung und Immunsystem sowie der Bindegewebs- und Stützapparat bevorzugt und in typischer Weise betroffen. Als klassische Beispiele gelten unter anderen Asthma bronchiale, essenzielle Hypertonie, Neurodermitis, Colitis ulcerosa und die rheumatoide Arthritis.

Von den psychosomatischen Störungen abgegrenzt finden wir die *reaktiven Störungen*, die in zeitlichem und inhaltlichem Zusammenhang mit Belastungssituationen zu körperlichen und seelischen Erkrankungen führen. Sie sind unabhängig von neurotischen Entwicklungen und bilden daher eine eigene Gruppe, bestehend aus:

- *Belastungsreaktionen im engeren Sinn,* die in einem klaren, zeitlich relevanten Zusammenhang mit einer psychosozialen Belastungssituation auftreten;
- *posttraumatischen Belastungsstörungen oder posttraumatic stress disorders* (PTSD), die in primäre, sekundäre und indirekte Traumafolgen einteilbar sind;
- *somatopsychischen Störungen,* die als Reaktion auf körperliche Erkrankungen entstehen.

Ausführliche Beschreibungen der oben angeführten Einteilung finden sich in Haring (1995) und Ermann (1999).

1.4 Die Stellung der Hypnose in der psychosomatischen Medizin

Die Hypnose mit ihrem großen Spektrum an seelischen und körperlichen Wirkungen stellt ein ideales Instrument in der Therapie psychosomatischer Erkrankungen und reaktiver Störungen dar. Ihre grundlegende Wirkung ist die vegetative Entspannung und die Fokussierung von Aufmerksamkeit und Konzentration. Über diese beiden Wege wird einerseits die mentale Beeinflussung körperlicher Vorgänge denkbar, andererseits bilden sie den Ausgangspunkt komplexerer somatischer und psychischer Veränderungen, wie noch ausführlich in diesem Buch beschrieben wird.

Die neuere Forschung zeigt Einflüsse der Hypnose auf das Immunsystem und auf immunkompetente Zellen. Arbeiten über ihre Effekte auf Neurotransmitter, Neuropeptide, Hormone und Rezeptoren werden vermutlich in Kürze folgen.

Hypnose kann als Entspannungstechnik, als supportive Therapie und im Rahmen weiterführender Psychotherapien Anwendung finden. Die Art der Anwendung richtet sich nach der Art der Erkrankung und der momentanen Belastungssituation des Patienten.

Je weiter die psychosomatische Symptomatik in Richtung Organmanifestation fortgeschritten ist, umso supportiver sollte die Therapie sein und umso zurückhaltender der Versuch der Klärung und die Mittel der Konfrontation und Interpretation. Können im Rahmen der fortschreitenden Therapie die somatischen Symptome verlassen oder entscheidend gebessert werden, so treten die intrapsychischen Konflikte deutlicher und vermehrt in den Vordergrund.

Wichtig ist, dass der Behandlungsumfang zu Beginn der Therapie gemeinsam von Patient und Therapeut nach Art der Erkrankung, dem Schweregrad des Verlaufes und den individuellen Bedürfnissen geplant und festgelegt und das Therapieziel klar formuliert wird. Falls es notwendig werden sollte, können zu einem späteren Zeitpunkt und im gegenseitigen Einvernehmen Verlauf und Ziel modifiziert, geändert oder erweitert werden. So kann zum Beispiel eine anfänglich supportive Therapie durch verstärktes Auftreten intrapsychischer Konflikte und Zurücktreten der somatischen Beschwerden in eine konfrontativere Therapieform übergeführt werden. Dies gilt auch für die Symptomverschiebung, bei der ein spezielles somatisches Problem im Laufe der Therapie durch ein anderes ersetzt wird.

Die Vielfältigkeit der hypnotherapeutischen Techniken und Wirkungen sowie ihre Orientierung an persönlichen Ressourcen bieten gerade im Bereich der psychosomatischen Erkrankungen, mit ihrem Geflecht aus somatischen, psychischen und sozialen Wurzeln und Auswirkungen, die Möglichkeiten einer differenzierten, individuellen und am Problem orientierten Therapie auf unterschiedlichen Ebenen. Der Patient kann, nach Stärkung seiner Ressourcen, in Form von Selbsthypnose aktiv mitarbeiten, wobei die Autonomie gefördert und das häufig auftretende Gefühl der Schuldhaftigkeit im Zusammenhang mit der Diagnose „Psychosomatose“ gemildert oder aufgelöst wird. In diesem Zusammenhang ist zu bedenken, dass jede Erkrankung in irgendeiner Weise in Entstehung und / oder Verlauf alle Bereiche der Person – somatisch, psychisch und sozial – betrifft und dass der „persönliche Wille“ keinerlei Einfluss auf ihren Ursprung nehmen kann.

(Ende des Beitrags von Katharina Guttenbrunner.)

1.5 Hypnose als therapeutische Kunst

Hypnose an sich ist weder förderlich und heilsam noch hindernd und schädigend. Es sind der momentane Kontext und der Charakter der Hypnosephänomene, welche die Auswirkung bestimmen. So müssen wir uns darüber im Klaren sein, dass nicht schon die Hypnose an sich therapeutisch wirkt. Besonders bei ernsten Krankheitsbildern ist sehr bedacht, differenziert, in konstanter Beobachtung und gutem Rapport zu intervenieren. Die in der Hypnosegemeinde viel besungenen Ressourcen kommen nicht unbedingt reflektorisch zum Vorschein, sind vielleicht auch in den tiefen Tiefen sogar nur spärlich vorhanden. So sind wir dafür verantwortlich, die Trance für den Patienten methodisch und inhaltlich optimal aufzubauen, persönlich auf ihn abzustimmen und dabei möglichst viel positives Material zu offerieren. Auch lehren und überwachen wir, wie die Selbsthypnose gestaltet wird. Gerade beim depressiven und schwer kranken Menschen kann vor allem zu Beginn der Therapie die Gefahr bestehen, dass er bei selbstständiger Ausübung von Hypnose in sein pathologisches Muster abgleitet und ungewollte Effekte auslöst.

Bei der *pathologischen Trance,* auch „Symptomtrance“ (Gilligan 1991) genannt, handelt es sich um dissoziierte Zustände, die scheinbar unkontrolliert und verselbstständigt ablaufen. Bestimmte ungute Gedanken, Gefühle und Reaktionsmuster treten wie ferngesteuert und vermeintlich ohne Möglichkeit der Einflussnahme auf. Folgende Merkmale machen sie deutlich:

- Gefühl des Verlustes der Kontrolle über die Situation und über sich selbst.

- Abreißen der Kommunikation mit der äußeren Welt oder mit anderen, z. B. dem Therapeuten.
- Einseitige, negativ kanalisierte Vorstellungen.
- Unfähigkeit, Abstand von schlechten Sensationen zu bekommen.
- Absorbierung in negative Teilaspekte, Gefühl, wie in einen Strudel geraten zu sein.
- Verstärkung der körperlichen Symptomatik, z. B. Schmerz.
- Abspaltung von Persönlichkeitsanteilen, die hilfreich sein könnten.
- Zerstörung eines eventuell auftauchenden angenehmen Bildes oder Gefühles.
- Automatischer Ablauf eingefahrener innerer Dialoge mit Selbstsuggestionen, die beeinträchtigend wirken.
- Auftauchen von Bildern aus alten traumatisierenden Situationen.
- Panik oder Enttäuschung und Abbruch der Hypnose.

Nach der pathologischen Trance kann sich ein Gefühl von Unabänderlichkeit, Resignation und Versagen einstellen. Dies manifestiert wiederum die ängstliche Erwartungshaltung, die von Selbstabwertung, Vertrauensverlust und Unsicherheit begleitet ist. Das Gefühl, sich nicht beherrschen zu können, löst Scham aus, die in weiteres Vermeidungsverhalten mündet. Außer zur psychischen Destabilisierung führt die Erfahrung einer pathologischen Trance körperlich zur Schwächung.

Dagegen spielt sich während der *therapeutischen Hypnose* ein Prozess positiv einflussreicher Kommunikation ab, in welchem im Patienten Bilder, Sensationen und Erinnerungen, die dem Therapieziel dienen, hervorgerufen werden. Dem liegt die aufmerksame und wertfreie Beobachtung des Patienten hinsichtlich seiner Kommunikationsmuster, Denkstrukturen, Informationsverarbeitung, seines Bezugsrahmens und Weltbildes zugrunde.

Die Arbeitshypothese des Hypnotherapeuten lautet, dass jeder Mensch, auch der psychisch bedrängte und körperlich beeinträchtigte, weiterhin Stärken auf Teilgebieten oder in bestimmten Ich-Zuständen beherbergt. Diese positiven Begabungen, Fähigkeiten und Talente sind zu ermitteln und auf andere Lebensbereiche zu übertragen. In der respektvoll offenen therapeutischen Beziehung kommen die Einzigartigkeit und besonderen Ressourcen des Patienten dann zur Wirkung. Das Utilisationsprinzip der Hypnotherapie findet hiermit seine exemplarische Anwendung: Therapeutisch wird genutzt, was auch immer der Patient an Kompetenzen zu bieten hat, um gesund zu werden. Ein Paradebeispiel dafür ist M. H. Ericksons *Veilchendame von Milwaukee* (1998).

Die Hypnose hat direktive und nondirektive Techniken, wobei vor allem anfänglich der Akzent auf direktives Vorgehen zu setzen ist. In den ersten Therapiestunden sollte in direktivem Stil gearbeitet werden, um dem Patienten zu zeigen, wie er seine Symptome beeinflussen und lindern kann.

Eine gute bzw. therapeutische Trance zeichnet sich durch folgende Kriterien aus:

- Gewissheit über das Weiterbestehen der äußeren Welt auch bei innerer Vertiefung und Reise in andere „Gefilde", d. h. bestehen bleibende Verankerung im Hier und Jetzt.
- Bei wachsendem Gefühl innerer Geborgenheit, Sicherheit und Ruhe nachlassender Wunsch, die äußere Realität kontrollieren zu wollen.
- Zunehmendes Vorstellungsvermögen auf allen Sinneskanälen.
- Klare und akzeptierende Bewusstheit seiner selbst, verbunden mit Wohlgefühl.
- Flexibilität in den Denkstrukturen mit Offenheit gegenüber alternativen Ideen und neuen Einfällen.
- Aufnahme des Kontakts mit verborgenen Talenten und Fähigkeiten, die sonst nicht zur Wirkung kommen.
- Fähigkeit, die eigene Person in Ruhe mit Abstand zu betrachten, sie dabei besser zu verstehen, ihr Gutes zu tun oder sie zu beraten.
- Erinnerung an wichtige frühere Lebenserfahrungen, die im Heute dienlich sein können.
- Fähigkeit, positiv zu dissoziieren, wie sich von schlechten Gefühlen oder Äußerungen anderer abzugrenzen.
- Verständnis für früheres Verhalten und die Bedürfnisse der eigenen kindlichen Anteile.
- Kontakt zu den inneren unterschiedlichen Persönlichkeitsteilen mit der Fähigkeit, sich mit einem Teil für die Dauer der therapeutischen Intervention besonders identifizieren zu können. Dabei können neue Erfahrungen gemacht und seelisch-körper-

liche Heilung evoziert werden (beispielsweise die Verzweiflung des inneren Kindes in einer traumatischen Situation nochmals erleben zu lassen und es daraufhin mütterlich im Arm zu wiegen und ihm Sicherheit zu verleihen).

- Fähigkeit, positive Assoziationen zu bilden, wie sich glücklich zu fühlen und genießen zu können und dabei absolut kein schlechtes Gewissen zu haben.
- Gute Integration der verschiedenen Persönlichkeitsanteile, auch wenn sie widersprüchliche Qualitäten verkörpern.
- Fähigkeit zur zufrieden stellenden Beeinflussung körperlichen Befindens (Schmerz, funktionelle Herzbeschwerden; vgl. 2.16).

Nach der positiven oder therapeutischen Trance verbleibt das Gefühl eines schönen Erlebnisses mit seelischem und körperlichem Wohlbefinden. Die Fähigkeit zur Selbstkontrolle ist gewachsen.

Als *Beispiel einer guten Erfahrung* bei sparsamer Anleitung sei der Bericht einer Ausbildungsteilnehmerin wiedergegeben. Bilder und Sensationen entwickeln sich von alleine und ausschließlich positiv. Sie bestehen aus spontan auftretenden Kindheitserlebnissen, Fragmenten der momentanen realen Erlebniswelt des Gasteiner Tals, wo die Fortbildung stattfand, und fantastischen Elementen.

Beschreibung meines so unglaublich entspannenden, an Schwebeträume aus der Kindheit erinnernden Bildes

… und so geschah es, dass die Beatrice nach ein paar bewussten, tiefen Atemzügen anfänglich über etliche Stufen hinunter zu einem großzügig angelegten botanischen Garten gelangt ist, in dem allerlei duftende Sträucher, tropisches Gewächs mit Luftwurzeln, voll erblühte Seerosen in künstlich angelegten Teichen sowie urwüchsiger, Eindruck erweckender, alter Baumbestand zu bewundern war. Die vielen Stufen haben sich mehr als gelohnt!

Gärten aller Art, aber besonders botanische, wo man zusätzlich erfährt, worum es sich bei den einzelnen Kreationen handelt, sind mir seit Kindheit an vertraut.

In der Mitte des Gartens befindet sich ein Pavillon, der innen sehr an unseren Kursraum erinnert. Zum Ausruhen sind hier ein paar bequeme Sitzgelegenheiten aus Rattangeflecht aufgestellt. Ich mache es mir in einem dieser Stühle gemütlich, die Arme auf den breiten Armlehnen aufstützend, glücklich, hier zu sein und einfach auszuruhen. Während ich so ganz bei mir bin, beginnt der Stuhl samt mir zu schweben – zunächst sanft über dem Parkett, dann immer höher und höher und schließlich zum geöffneten Fenster hinaus. Über die herrliche Parklandschaft hinweg an einem Rummelplatz vorbei, wo lachende Kinder Karussell fahren, über die Gasteiner Berglandschaft, die, von der Sonne bestrahlt, durch vorüberziehende Wolken wie ein Fleckerlteppich aussieht. Ich sehe die Gondeln, die Bergalmen, etliche Wanderer, die sich den Berg hinaufmühen, weidende Kühe.

Ein Bild des Friedens, das sich mir da bietet, ohne mich anstrengen zu müssen, im Gegenteil, ich werde wie von unsichtbaren Kräften auf wundersame Weise getragen …

Ich erlebte diese Form der Therapie in höchst angenehmer, die Eigendynamik stärkende Art.

Beatrice

Hypnose an sich ist nicht imstande, pathologische Phänomene, in welcher Spielart sie auch auftreten mögen, aufzulösen, denn Hypnose an sich ist weder gut noch schlecht. Sie ist einfach nur ein veränderter Bewusstseinszustand. Es liegt in unserer Hand, diesen auf künstlerische Weise therapeutisch zu nutzen.

2. Basistraining für den Therapeuten

Die hypnotherapeutische Arbeit mit kranken Menschen verlangt spezifisches Handwerkszeug, das mit Fingerspitzengefühl anzuwenden ist. Dabei sollte der Therapeut durchgehend auf sein eigenes Wohlbefinden achten, da er automatisch nicht nur eine Modellfunktion für Selbstachtung erfüllt, sondern die eigene ruhige Ausstrahlung und gute Stimmung an sich schon positiv wirken. In den fünfzehn Einheiten des Basistrainings sind demzufolge Leitsätze für eigenes Verhalten, den Gebrauch der Sprache, aber auch ein Übungskomplex zum Beobachten und Führen des Patienten zu finden. Es schließen sich unterschiedliche Möglichkeiten, die Trance durch Doppelinduktion, musikalische Untermalung und mesmersches Streichen zu erleichtern und zu vertiefen, an. Die so frappierend ergiebige und lebendige Technik der ideomotorischen Signale mit ihrem Antwortsystem auf der unbewussten Ebene beansprucht mehr Raum. In Einzelheiten ausgemalt, ist sie mit Fallbeispielen illustriert. Anschließend wird Rückfallprophylaxe betrieben, die Krise gehandhabt und dem Widerstand konstruktiv begegnet. Als spielerische Technik stellt sich das „automatische Schreiben" vor. Und völlig an der falschen Stelle, nämlich zum Schluss, wird der Aperitif gereicht, nämlich die „prähypnotische Suggestion". Alle Vorschläge, Übungen, Anleitungen und Beispiele bieten Anregung und Ermunterung für individuell geprägtes Vorgehen.

Das Basistraining ist Bestandteil der von mir geleiteten Ausbildung in klinischer Hypnose und Hypnotherapie. Die Übungseinheiten können entweder zum individuellen Studium oder innerhalb einer Arbeitsgruppe benutzt werden. Da wir uns in dem Ausbildungscurriculum duzen, sind die Texte in der Anrede teilweise in der Du-Form verfasst.

2.1 Leitsätze

Involvieren wir uns bei schwer erkrankten Menschen mit Hypnose, müssen wir auf jeden Fall unseren Selbstschutz im Auge behalten und bei allem positiven Engagement die Verantwortung für die Entwicklung beim Patienten belassen. In diesem Sinne empfehle ich, auf einige Punkte Acht zu geben.

Wähle sorgsam die Patienten aus, denen du Hypnose offerierst. Wäge in jedem Einzelfall nicht nur verstandesmäßig oder fachlich ab, sondern fühle in dir nach, ob du gewillt bist, mit diesem Menschen zu arbeiten. Falls du keine Ebene des Austausches und Potenziale für Heilung und Wachstum entdeckst, biete dem Patienten etwas anderes an oder schlage einen anderen Therapeuten eventuell mit einer anderen Methode vor. Vielleicht ist es möglich, dass dieser aus seinem Blickwinkel einen besseren Zugang hat.

Sobald hypnotisch veränderte Bewusstseinszustände eintreten, werden unsere interpersonalen Grenzen durchlässiger, womit sich die für Hypnose typischen medialen Fähigkeiten erklären lassen. Wir können uns besser in den anderen einfühlen, sehen eventuell die gleichen Bilder, haben ähnliche Assoziationen und Einfälle. Die Begegnung mit dem anderen Menschen intensiviert sich und gewinnt an atmosphärischer Dichte. Das verlangt von uns Präsenz und Konzentration, mentale Kraft und emotionale Kompetenz. Arbeite aus diesem Grunde nicht mit Hypnose, wenn du dich selber schlecht, unwohl oder krank fühlst. Einerseits kannst du auf den Patienten ungewollt einen negativen Einfluss ausüben, andererseits bist du nicht in vollem Besitz der Kräfte, um die mögliche ungünstige Ausstrahlung des Patienten ausreichend abwehren zu können.

Sei dir darüber im Klaren, dass sowohl Gesichtsausdruck als auch Körperhaltung, deine Stimme und Bewegungen, ja sogar deine Art zu atmen den Patienten beeinflussen können. Deine gesamte Erscheinung wirkt unbewusst auf den Patienten, und dies oft stärker als eine raffinierte verbale Suggestion. Je besser du selber in deiner Mitte zentriert bist, umso therapeutisch klarer ist dein Einfluss allein schon durch deine Gegenwärtigkeit.

Lass dich nicht vom Patienten hypnotisieren! Lass dich nicht in sein Denk- und Gefühlssystem hineinziehen! Der erfahrene Therapeut versteht sich auf den gekonnten Wechsel von Einsteigen in das und Aussteigen aus dem System des Patienten. Schwinge mit, setze dich aber be-quem hin, lehne dich zurück, und atme ruhig durch. Kehre immer wieder zu dir selbst zurück. Dann kommen dir von alleine Eingebungen für die nächste Intervention. Zwischendurch kannst du mit freundlicher Stimme aussprechen, was du am Patienten beobachtest.

Betrachte gemäß dem *Prinzip der Kooperation* (Gilligan 1991) den Patienten nicht als Opfer seiner Symptomatik, sondern als aktiven Mitarbeiter im Detektivspiel zur Entdeckung von Lösungen und neuen Möglichkeiten. Dein Vertrauen in das Vermögen des Patienten bezüglich seiner unbewussten Kräfte seelischer und körperlicher Natur ist von außerordentlicher Suggestivität. Es kann ungeahnte Energien mobilisieren. Andererseits ist es auch dem besten Therapeuten nicht möglich, für den anderen die Entwicklung zu vollziehen. Der Patient muss die Verantwortung für seine Veränderungen tragen. Wenn sich der von dir erwartete Fortschritt nicht einstellt, kann es an der Methode liegen, aber auch an der Person. Halte dir dann bitte die Fälle vor Augen, bei denen du mit gleichem Engagement und der gleichen Methode Erfolge verzeichnen konntest. Nutze zusätzlich kollegiale Supervision für neue Ideen und zur Überprüfung, ob du eventuell im System des Patienten feststeckst und deine objektive, therapeutische Position verloren hast. Als letzte Alternative kannst du deinen Patienten an einen Kollegen überweisen. Um jeden Eindruck von Versagen und Hoffnungslosigkeit zu vermeiden, erkläre diesen Schritt mit Fürsorge und Verantwortlichkeit.

2.2 Elf Regeln der Hypnosesprache

Jeder Therapeut wird mit der Zeit seinen persönlichen Sprachstil entwickeln. Die Wortwahl ist klar und führt den Patienten, der Inhalt ruft förderliche Bilder und Assoziationen hervor. Die Stimme aber ist das Fluidum, das Parfum der Hypnose …

1. Rede ganz natürlich, mit warmer Stimme und in dir ruhend. Sei gefühlsmäßig immer dem Patienten zugewandt, und konzentriere dich ausschließlich auf ihn.

2. Benutze positive Formulierungen, d. h., sprich aus, was du im Positiven erreichen willst (Ruhe, Wohlbefinden, Gelassenheit, Gefühl der Sicherheit, Zuversicht etc.). Wiederhole diese Redewendungen des Öfteren.

3. Da eine Person in Hypnose die Sprache wörtlich und kindhaft bildlich auffasst, ist es sinnvoll, dir vorzustellen, du sprächest zu einem

aufgeweckten, intelligenten Kinde. Damit erreichst du am einfühlsamsten die Verständnisebene deines Patienten.

4. Sprich (außer im Krisenfall) möglichst permissiv, nicht autoritär, nicht direktiv, sondern gib Optionen des Verhaltens, da du sonst voraussichtlich Widerstand ernten wirst. Sage nicht: „Ich wünsche, dass Sie das und das jetzt erleben!“, sondern lasse dem Patienten mit offenen Angeboten oder impliziten Suggestionen (siehe 2.9.3.1) die Freiheit, Vorschlägen zu folgen oder eine individuelle Variation zu finden.

5. Wähle keine Formulierungen, durch die der Patient sich unangenehmen Sensationen ausgeliefert fühlt. Sage also nicht: „Dein Arm wird schwer wie Blei …“, sondern arbeite mit adäquaten Vorstellungen: „Stell dir vor, ein Gewicht, z. B. ein schweres Buch, liegt auf deinem ausgestreckten Arm. Kannst du das Gewicht fühlen?“ Sage nicht: „Deine Augenlider sind fest verklebt“, sondern: „Wenn die Entspannung von alleine in dich fließt, werden deine Augenlider sich langsam senken und in Ruhe schließen.“ Auch nicht: „… so, als wäre dein Arm wie tiefgefroren …“, „… als würde die Hand hier in der Höhe vollkommen vereisen …“ („Handschuhanästhesie“ vgl. Bongartz 1998, S. 261), sondern: „… so, als schliefe deine Hand friedlich in einem betäubenden Handschuh ein …“, oder: „Die Hand kann sich die Kälte eines Bergbaches vorstellen. Sie wird dabei kühler und kühler und immer unempfindlicher gegen Schmerz.“

6. Achte auf das „Timing“ der Wortfolge genauso wie auf die Betonung. So kann jedes Wort einsinken und seine Wirkung entfalten.

7. Erlaube immer wieder Pausen, in denen der Patient tiefer in Hypnose gleiten kann! Lehne dich dabei selber zurück, und nutze diese Zeit auch für dich zur Entspannung. So werden dir von alleine neue Einfälle und Bilder kommen, eventuell sogar intuitiv Bilder, mit denen der Patient sich gerade beschäftigt. Das zeugt dann von besonderer Dichte im therapeutischen Zusammenspiel.

8. Sprich nur Suggestionen aus, die du zu diesem Zeitpunkt für diesen Menschen therapeutisch für sinnvoll und erfüllbar hältst!

9. Glaube daran, dass deine Vorgaben/Anregungen/Aufforderungen/Suggestionen zu erfüllen sind, und erinnere dich dabei deiner Erfahrungen, die dir bestätigen, dass unter positiven Voraussetzungen vieles möglich ist. Lege dieses Wissen in die Intonation deiner Sätze.

10. Gehe geschmeidig auf eventuelle Zweifel des Patienten nach der Hypnose ein! Beruhige ihn, wecke seine Neugierde, bette seine Beobachtungen in einen positiven Rahmen. (Patient: „Ja, aber wie kann denn …" Therapeut, in spielerischem, aber bedeutungsvollem Ton: „Sie haben völlig Recht. Aber niemand kann wissen, was das Unbewusste daraus machen wird.")

11. Übe mit Mini-Disc-Player oder sonstigen Tonaufzeichungsgeräten. Beobachte und kontrolliere die Wirkung deiner eigenen Worte und des Sprachflusses auf dich. Höre ab und zu eine für den Patienten besprochene CD selber an, lass sie auf dich wirken, und korrigiere dich eventuell.

2.3 „Ob Sie an Hypnose glauben oder nicht, sie wirkt" – Umwerfende Formulierungen

Die folgenden Redewendungen sind beliebig variierbar und verdeutlichen alle das Motto: *Hypnose gelingt nur ohne Anstrengung*. Sie helfen dem Patienten, sich zu entspannen. Er muss nichts aktiv tun, alles geschieht von alleine, der Körper kann sich erinnern … nicht *er*, der Patient, hat das zu leisten. Die Betonung der Unwillkürlichkeit von Vorgängen unter Hypnose befreit von Druck. Druck, der sowieso schon auf dem Patienten lastet und einen Teil seiner Instabilität ausmacht.

Induktion

„Wir wirken jetzt beide darauf hin …"
„Begib dich an einen Ort, der für dich Sinnbild der Ruhe, Erholung und Entspannung ist …!"
„… und die Zeit wird zeitlos …"
„… und jeder hat sein eigenes Zeitmaß …"
„Alle Geräusche im Haus und um Sie herum kann Ihr Unbewusstes umdeuten und als Wegweiser nutzen, Wegweiser zu sich selbst …"

„Beim Einatmen schwebend an Leichtigkeit gewinnen, beim Ausatmen sinkend die Hypnose vertiefen …"
„Wie Wellenreiten … beim Ausatmen den Schwung in die Hypnose nutzen …"
„Das Ausatmen begleitet Sie in die Ruhe, und die Ruhe führt Sie in die Sicherheit …" (etc.)
„Die unbewusste Aerodynamik nutzen und wie ein Paraglider sachte und genüsslich genau dahinschweben, wohin das Unbewusste Sie führt, um in Kontakt zu kommen mit all Ihren Stärken, all Ihrer Erfahrung und Ihrem inneren Reichtum …"
„Und ein tiefes Ausatmen wirkt wie ein ‚Sesam, öffne dich'…"
„Die Türen zu öffnen im inneren Haus …"
„Da treten Sie mit Respekt und Wertschätzung ein …"
„Und warum sollten Sie nicht zu sich selber sagen: ‚Ich bin frohen Mutes und guten Willens, mir heute – jetzt – Neues zu eröffnen'?"
„… aus dem Unbewussten schöpfen …"
„… und in Hypnose geht es um neue Bilder und um neue Erfahrungen und darum, dass Sie sich wohl fühlen …"
„… um dann Hand in Hand mit dem Unbewussten neue Wege zu beschreiten …"

Utilisation

Für die körperliche Symptomatik

„… und mit jedem Ausatmen die Schmerzen verwehen lassen …"
„… und jedes Organ hat seinen eigenen Raum …"
„Und nur noch Wohlbefinden ist wichtig."
„Schwellung schwindet, Gewebe wird glatt, Durchblutung flutet, alles normal, natürlich gesund, der Körper weiß, wie." (Eventuell mehrmals während der Hypnose wiederholen.)
„Wie ein steter, nährender Fluss zu Ihrem kranken Organ …"
„Und morgen wird ein anderer Tag sein, an dem das Heute schon gestern ist …"
„… und der Körper kann sich gesunder Funktionen erinnern …"
„… ganz leicht und selbstverständlich …"
„Vielleicht kennen Sie die Geschichte vom kleinen Tiger (Janosch). Er hatte Anzeichen schwerer Krankheit. So brachte ihn der kleine Bär zum Arzt. Der Arzt griff zum Fieberthermometer, zum Stethoskop,

aber erst das Röntgengerät brachte es an den Tag: Die Streifen waren verrutscht.
Die Behandlung lag auf der Hand: Ruhe und Konzentration ..."

Für die psychische Arbeit
„Und jedes Gefühl, das fließt, macht einen innerlich freier ..."
„Geistig auf Reise gehen, aus dem Fenster hinaus, über den Garten hinweg, Ihre Kurven drehend, ganz schwerelos und von außen betrachtend, was man bislang nur von innen wahrnehmen konnte ... als eigener Flugpilot ..."
„... wo man hingehen kann zu den Archiven der Vergangenheit ..."
„Like a certain coulour matches with your eyes, a certain coulour machtes with your soul ..."
„Und so entkoppelt sich Altes, und Neues fügt sich hinzu ..."
„Wo man sich untreu gewesen ist, kann man beginnen, zu sich zu stehen ..."
„... damit sich hinter den Kulissen Wege eröffnen ..., Wege, die man nicht mal erträumte ..."
„... und hat längst schon die böse Kraft eingebüßt ..."
„Unbewusste Entwicklungen, von denen das Bewusste noch nicht einmal ahnt ..."
„Um auf tieferer Ebene zu entschlüsseln, was des Rätsels Lösung und der Frage Antwort ist."
„... was das Unbewusste nicht preisgibt, solange das Bewusste noch nicht bereit ist ..."
„Sich an sich selber anlehnen, sich selbst der beste Freund sein, sich beratschlagen ..."
„Im Besitz aller deiner Kräfte das innere Haus beseelen ..."
„... und sich stützen auf den (inneren) Teil, der es gut mit dir meint ..."
„... wo man im Inneren findet, was man bislang im Äußeren vergeblich suchte ..."
„... das innere Kind nie mehr im Stich lassen ..."
„... mit dem festen Willen und dem tiefen Glauben ..."
„... dass du dich dem Jetzt zuwendest, dem Nachher, dem Morgen und dem Leben, das vor dir liegt ..."
„Gib dieses Problem / diese Fragestellung in die Hände des Unbewussten, denn das ist die beste Instanz dafür!"

„… und es ist gut, sich diesen Kräften vertrauensvoll zu überlassen, damit sie ihre Wirkung tun, damit sie dich erlösen …"
„Und ich merke, dass ich nichts mehr zu sagen habe. Du machst es gut!"

Posthypnotische Suggestion

„Tags im Wachen, aber vor allem nachts im Schlafen …"
„… und es wird möglich, was nicht für möglich gehalten wurde …"
„… und im Besitz aller Kräfte …"
„Ganz im Verborgenen …"
„Hinter den Kulissen …"
„So komprimiert sich die Erfahrung der Hypnose von heute wie in einem Samenkorn, das, am besten Platz sicher eingepflanzt, nun Depotwirkung besitzt."
„Und was vorher so fern war oder vielleicht auch nur fern erschien, ist in greifbare Nähe gerückt."
„Und jede Hypnose wird die Wirkung vertiefen."
„Jedes Mal, wenn Sie das hören / sehen / fühlen / anfassen, wird sich ganz von alleine angenehme Ruhe und Gelassenheit in Ihnen breit machen!"

Als **Beispiel einer Resonanz** auf die sich wie von alleine vollziehende Entwicklung gebe ich hier einen Brief von R. wieder. R. ist eine hübsche, zarte Frau Anfang vierzig mit rezidivierenden Infekten. Zudem war sie mit einem ambivalenten Kinderwunsch vor dem Hintergrundthema „Ich bin nicht fähig, ein Kind aufzuziehen" beschäftigt. Therapieziel war u. a. die endgültige Klärung dieses Themas. Im Falle, dass sie Abstand zu dem Kinderwunsch nehmen sollte, wollte sie es nicht aus dem „Ich-kann-nicht-Gefühl" tun.

Liebe Agnes, eigentlich wollte ich mich früher melden … es geht mir sehr gut.
Ich bin dir sehr dankbar für die letzte Stunde – irgendwie ist da wohl während der Hypnose etwas Entscheidendes in Gang gekommen … Deine Botschaft war ja, dass ich einfach eines Tages mit der Gewissheit und Sicherheit aufwachen würde, was die richtige Entscheidung sei.

Ich kann gar nicht mehr genau sagen, wie es ging – jedenfalls war es tatsächlich eines Morgens nach dem Aufwachen, als mir das „Kinderthema" durch den Kopf ging, und ich feststellte, dass ich in tiefem Frieden daran denken konnte, auch ohne Kind alt zu werden. Und ich konnte auch der Perspektive meines weiteren kinderlosen Zusammenseins mit meinem Mann manches Positive abgewinnen.

Es bleibt natürlich ein großes „Schade", aber aus der damit bisher verknüpften Verzweiflung ist die Luft raus – es ist jetzt einfach o. k. Das blieb auch so, als letzte Woche meine Cousine mit ihrem entzückenden zweijährigen Sohn, mit dem wir viel Spaß hatten, zu Besuch war.

Ich kann es nicht ganz verstehen, und manchmal frage ich mich schon, ob es wohl dabei bleibt. Zur Zeit bin ich jedenfalls morgens beim Aufstehen immer schon gut gelaunt, gehe mit Energie in den Tag, der mir meistens zu kurz ist. Das war schon lange nicht mehr so und ist mir ein gutes Zeichen. Ich plane, im März mit der Qigong-Kursleiter-Ausbildung zu beginnen, worauf ich mich sehr freue. Im Büro wartet auch eine neue Aufgabe auf mich, und ich werde viel Freizeit mit meinen drei Patenkindern verbringen.

Ja, und vor diesem Hintergrund denke ich, dass ich – zumindest im Moment – keine weiteren Stunden brauche, möchte mich aber wieder melden, falls sich dies ändern sollte, und hoffe, dass das o. k. für dich ist.

R.

Von R. habe ich bis jetzt – inzwischen sind viele Monate vergangen – nur indirekt gehört. Sie empfahl ihre Freundin an mich.

Redewendungen des Patienten wörtlich aufzugreifen und in einen anderen Rahmen zu setzen ist eine gute Möglichkeit, ihn aus dem Netz, in dem er sich verfangen hat, herauszulösen. Einerseits fühlt er sich verstanden, andererseits besitzt er im dissoziierten Zustand der Hypnose die nötige Spielbreite, um eine andere Sichtweise und neue Möglichkeiten anzunehmen.

Wenn der Patient sagt:

1. *„Ich kann nicht mehr!"*
2. *„Bei mir ist der Zug immer schon abgefahren."*
3. *„Am liebsten würde ich den Schmerz links liegen lassen."* (Ein junger Mann mit Phantomschmerz nach traumatischer Unterarmamputation.)
4. *„Ach, könnten Sie doch einfach nur meine Stirn berühren und ‚Abrakadabra' sagen, und es ginge mir dann gut!"*

… kann der Therapeut antworten:
1. „Wenn man verzweifelt ist, kann man sich oft nichts anderes mehr vorstellen als *‚Ich kann nicht mehr,* und es fühlt sich so an, als ob …!'. Aber plötzlich kann man sich erinnern, dass man schon einmal eine ähnliche Schwierigkeit überwunden hat." „Sie denken zur Zeit … und können sich kaum noch erinnern, wie …" „ Wenn es lange regnet, kann man sich Sonnenschein kaum noch vorstellen, so wie Sie mir gerade sagten…"
2. „Und dann wirkt es so, als wenn *der Zug immer schon abgefahren* sei." (Siehe Ausarbeitung *Der magische Schwamm,* 3.8.1.)
3. „Etwas *links liegen zu lassen,* ja, das ist eine hervorragende unbewusste Fähigkeit!"
4. „Und ich halte Ihren Kopf, und vielleicht kann überraschenderweise auch ohne *‚Abrakadabra'* (!) eine Veränderung zum Guten eintreten, denn wer weiß, ob das Unbewusste nicht gerade am Zaubern ist …"

Nutzen von Außengeräuschen und Störungen

Man kann davon ausgehen, dass Störungen von außen, wie helles Licht oder Krach, Geräusche auf der Klinikstation, Geklapper von Instrumenten oder immer wieder bimmelnde Kirchenglocken, das Quietschen und Rumpeln der Straßenbahn wie in meiner Praxis, den Patienten während der Hypnose so lange nicht interessieren, wie der Therapeut sich nicht nervös machen lässt. Ja, alle diese eigentlich belästigenden Störungen bieten sogar eine gute Möglichkeit, die Trance zu vertiefen und die Eigenart des jeweiligen Geräusches für Suggestionen zu nutzen. Wir geben ihm einen bestimmten Sinn und funktionieren es damit um.

Geräusche: „Und alle Geräusche hier sind nur der Beweis dafür, dass beste Sorge für Sie getragen wird."
Geräusche: „Das Gepiepe der Geräte lässt Sie nur wissen, dass alles zu Ihrer Sicherheit getan wird."
Glockenschlagen: „Und die Glocken draußen läuten was Neues ein. Und das tun sie recht deutlich …"
Straßenbahnverkehr: „Und während die brave Straßenbahn draußen seit Jahrzehnten in den gleichen Gleisen kreist, kann Ihr Unbewusstes neue Weichen stellen."
Türenschlagen: „Und die Türe hinter sich zuzuschlagen ist manchmal die beste Voraussetzung, wirklich frei nach vorne zu gehen."

Starker Regenfall: „Und draußen fällt auf einmal starker Regen, es prasselt richtig, alles wird rein gewaschen. Da wird man nachher schön frei durchatmen können."
Licht: „Und im Dunkel kann man manchmal nur ahnen, was man erst in Helligkeit richtig klar erkennen kann."

Oder man verwendet Erfahrungen von anderen und überlässt dem Patienten, das angebotene Bild zu übernehmen oder assoziativ etwas Eigenes zu finden.

Beispiel: „Eine Kollegin, die sich einer Kernspintomographie unterziehen musste, erzählte, das ‚Tactactac' der Maschine habe sie automatisch an Trommeln erinnert. Und dazu noch die dampfige Luft. So landete sie wo? Ja, im Urwald. Und sie war völlig fasziniert von der Vegetation, den riesigen, glänzenden Blättern um sie herum, den Wasserfällen. Tiere kamen ihr plötzlich zu Gesicht, die waren aber ganz friedlich. Sie konnte die Zeit richtig genießen und beteuerte, fast enttäuscht gewesen zu sein, als auf einmal alles schon vorbei war.

Nun, auch Sie können sich etwas vorstellen, etwas, was gut zu Ihnen passt und Ihnen hilft, sich wohl zu fühlen. Und … warum sollten Sie es sich nicht so angenehm wie möglich machen?"

2.4 Beobachten und utilisieren – Training in Pacing/Leading/Seeding

Die exakte Beobachtung während der Hypnose hilft uns, passende Interventionen zu finden. Dabei spiegeln wir den Patienten (Pacing), führen ihn (Leading) und säen Ideen sowie neue Reaktionsweisen (Seeding). Verbale und nonverbale Hinweise des Patienten werden aufgegriffen und positiv in Worte gefasst. Übe dahin gehend folgende Phrasen für die Rückkoppelung deiner Beobachtungen, und formuliere weitere

1.) Feststellungen, die in ihrem Deutungscharakter
positive Rückkoppelung geben
„Das ist ein erfreuliches Zeichen …"
„Das ist ein guter Indikator dafür, dass …"
„Das ist eine gewünschte Reaktion …"

„Das ist ein verlässliches Anzeichen für …"
„Das ist ein typisches Phänomen …"
„Das zeigt Ihnen an …"
„Das gilt als Signal für …"
„Es ist völlig in Ordnung, wenn Sie sich fragen, ob Ihnen die Hypnose jetzt helfen wird."
„Es ist ganz natürlich, dass …"
„Es hat seine tiefere Bedeutung, dass …"
„Das alles zeigt nur an, dass …"
„Das ist das beste Sinnbild für …"
„Das veranschaulicht hervorragend, wie …"

2.) Indirekte Suggestionen durch Fragen,
die die Beobachtung des Patienten lenken
„Haben Sie schon bemerkt, dass …?"
„Würde es Sie erstaunen, wenn …?"
„Sind Sie schon bereit zu …?"
„Ob Sie wohl fühlen, wie …?"
„Was mögen Sie wohl verspüren, wenn …?"

3.) Fragen, die dem Patienten neue Anregungen geben
„Können Sie …?"
„Tun Sie …?"
„Mögen Sie …?"
„Würden Sie … wollen …?"
„Sind Sie schon bereit zu …?"
„Wagen Sie schon …?"
„Ob Sie wohl früher oder später wollen, dass …?"

Verbunden mit:
… beobachten …
… fühlen …
… tasten …
… hören …
… sehen …
… spüren …
… riechen …
… begegnen …

... lernen ...
... erleben ...
... ausprobieren ...
... eintauchen ...
... erinnern ...
... vorstellen ...
... erfahren ...
... wählen ...
... sich ... lassen ...
... Achtung schenken ...
... sich verwundern lassen ...
... sich überraschen lassen ...

2.4.1 „Hochebene" – Eine hypnotische Kettenreaktion

Hier wird eine Hypnoseanleitung vorgestellt, bei der die Technik von Pacing/Leading/Seeding besonders berücksichtigt wird. Die in den Text eingestreuten **Aussagen** (fett) und *Fragen* (kursiv) wirken als indirekte Suggestionen.

Diese Anleitung wurde auf Tonband für eine Patientin, 45 Jahre alt, berufstätig, in der zweiten Therapiesitzung aufgenommen.

Symptomatik: nächtliche Panikattacken, morgendliche Übelkeit mit Würgekrämpfen und Angstzuständen bei ansonsten bester Gesundheit und ansprechendem Äußeren.

Ziel: Relaxieren und Einweisen der Patientin in Hypnose sowie Überprüfung, ob mit direkten Suggestionen auf der symptomatischen Ebene Einfluss erzielt werden kann; Selbstwertstärkung.

Text: „Fühlen Sie jetzt bitte noch einmal nach, ob Sie wirklich gut und bequem liegen, wohlig und warm, und verändern eventuell Ihre Lage."

Draußen Kirchglockengeläute, das langsam nachlässt. Nutzen desselben für eine Suggestion der zunehmenden Ruhe:

„Und gleichermaßen, wie draußen die Glocken langsam, langsam verklingen, kann sich auch innerlich alles auf Ruhe, auf Langsamkeit

umstimmen … und auf ganz viel Zeit, Zeit, die Sie sich selber gönnen.
Schön …"

– Momentaner körperlicher und seelischer Check-up für die Beurteilung der Trance nach ihrer Beendigung (Verifizierung):
„Und Sie können vorerst einmal – ganz ohne Bewertung – eine Bestandsaufnahme machen, so etwas wie einen inneren Check-up, und nachdenken, womit sich der Geist eben noch beschäftigt …

[Pause]

erspüren, wie es dem Körper gerade geht …

[Pause]

und überprüfen, was für ein Gefühl momentan in Ihnen vorherrscht …"

[Pause]

– Behauptung, dass die Hypnose helfen wird:
„So können wir nachher überprüfen, was sich verändert hat und **wie die Hypnose Ihnen hilft**."

– Deklaration der Hypnose als natürlichen Zustand mit fokussierter Aufmerksamkeit:
„Und Hypnose ist nur ein Wort für einen veränderten Bewusstseinszustand, der ganz normal und natürlich ist. Ein Bewusstseinszustand, in welchem man sehr konzentriert ist, sehr aufmerksam, sehr gewahr der Dinge, die innerlich ablaufen. Deshalb kann man positive Veränderungen einleiten. Gut!"

– Ansprechen von Überraschungseffekten und der Unabsichtlichkeit von hypnotischen Geschehnissen:

„Und dazu gehört auch eine gewisse Neugierde, mit der man sich fragen kann: *Was wird sich mir wohl heute alles von alleine,* ohne mein äußeres Zutun, in der Hypnose offenbaren? Ebenso **ist es völlig in Ordnung**, wenn man vorerst skeptisch ist. **Alles ist erlaubt."**

(Die Patientin hat wenig Glauben in eine therapeutische Veränderung.)

– Rhetorische Frage mit suggestiver Wirkung:
„Sind Sie bereit, sich positiv überraschen zu lassen?"

– Weitere Beschreibung dessen, was in Hypnose Positives passieren kann:
„**Denn es heißt auch**, sich einfach zurücksinken zu lassen, mit jedem Atemzug mehr, **innerlich die Türen zu öffnen** und zu sagen: Mmh, mal schauen, was passiert."

– Konzentration auf die Atmung als einfacher und bewährter Einstieg:
„Und Sie können dafür erst einmal Ihre Atmung wahrnehmen … die Luft kommt und geht … und kommt und geht …

Mögen Sie jetzt mal mehr auf die Ausatmung achten? Auch darauf, dass die Ausatmung schön langsam und tief erfolgt und nach der Ausatmung sogar eine kleine Pause bleibt …?

Die Einatmung vertieft sich von alleine.

Die Ausatmung ist wesentlich, um Ruhe zu finden. Da sinkt der Brustkorb zurück, elastisch und wohlig und ruhig."

– Ansprechen der spontanen physiologischen Umstellung auf Entspannung:
„Und die verlangsamte Ausatmung beeinflusst das vegetative Nervensystem. Es stellt sich auf Ruhe und Erholung um. Das ist **ein ganz normaler physiologischer Reflex**, der Körper reagiert von alleine."

– Suggestive Frage:
„Haben Sie schon gemerkt, wie einfach alles ist?"

– Redewendung mit impliziter Suggestion:
„Und je ruhiger der Körper wird, umso mehr kann sich die Seele befreien. *Und weiß jemand besser als Sie, wie wohltuend das ist?"*

– Metaphorisches Bild für Befreiung:
„Und wenn die Seele anfängt, sich zu befreien, ist sie mit einem Vogel, dessen Federkleid verklebt war, vergleichbar. Erst schüttelt er sich vorsichtig … Die Federn lösen sich allmählich, das Federkleid breitet sich aus … und irgendwann – später – wagt er einen ersten Flug."

– Ablenken der Konzentration von der psychischen Entfaltung durch Hinlenken auf körperliche Vorgänge:
„Die körperliche Entspannung macht sich vielleicht zuerst in den Füßen bemerkbar. *Mögen Sie gewahr werden, wie* die Füße sich entspannen und

warm werden? Dann die Unterschenkel … später die Oberschenkel … dann das Becken … und der Bauchraum … warm und geräumig …"

– „Kettenreaktion" der zunehmenden Entspannung:
„Ganz von alleine, **eine ‚hypnotische Kettenreaktion'**.

Und der Körper erinnert sich, wie er es anstellt *(wirklich ‚anstellt', wie den Schalter auf Entspannung schalten),* dass er ganz gelöst, entspannt und ruhig daliegt, warm, gut durchblutet. Der Bauchraum wird warm und entspannt sich allmählich. Wie eine Welle, die langsam hochfließt, licht und warm und goldfarben. Auch der Brustraum wird weit, warm, lebendig."

– Wiederholung der Suggestionen und Berühren der Schultern zur Trancevertiefung:
„Verspüren Sie vielleicht schon, dass die Schultern etwas nach hinten sinken und alles, was auf den Schultern lastete, eben noch, einfach heruntergleitet und abfließt, womit auch die Schultern sich entlasten? [Eventuell jetzt leicht, sehr sanft auf eine Schulter drücken, dann eine abstreichende Bewegung über den Arm zur Hand hin ausführen.] Und wenn Sie die Übung mithilfe des Tonbandes alleine machen werden, können Sie meine Berührung wieder verspüren.

Gut … jetzt kann sich der Bereich hier unterhalb der Schlüsselbeine mehr öffnen. Schön …!

Ich komme zu Ihrer anderen Schulter, sie sinkt zurück, alles fließt ab. Sehr gut. Sehr schön …"

– Ansprechen der geistigen Prozesse:
„Alles, was im Kopf an Energie noch angehalten ist, kommt ins Fließen. Der Kopf wird weit und klar. Deshalb werden wir in der Hypnose offen für neue Erfahrungen. **Und das ist es, was wir erleben, Erfahrungen, neue Erfahrungen und Bilder, neue Bilder."**

– Rhetorische Frage mit suggestiver Wirkung:
„Würden Sie bereit sein, alte Bilder gegen neue auszutauschen?

Und *würde Sie es erstaunen, wenn* neue Möglichkeiten ganz von alleine auftauchten?"

– Zählmethode zur Trancevertiefung:
„Wenn ja, ist es sinnvoll, noch tiefer in Hypnose zu gehen. **Und es ist ganz natürlich**, wenn Sie jeden Schritt vorsichtig abwägen und nur vorwärts gehen, wenn Sie sich wirklich sicher fühlen. [Absicherung, damit weitere Schritte vollzogen werden können. Mit diesen „Schritten" können natürlich auch Entwicklungsschritte gemeint sein.] Zehn Stufen tiefer und dort in den inneren Gefilden eine bessere Verbindung mit sich selbst herstellen. Und so gehen Sie einfach bei jedem Ausatmen eine Stufe tiefer in Ruhe und Sicherheit. So kommen Sie zu Ihren Fähigkeiten und Talenten."

– Anregung zur örtlichen Dissoziation, Definition der Symptomatik als Angewohnheit:
„Wie wenn Sie eine breite Parktreppe in Ihren inneren Park hinunterschreiten und Angewohnheiten, die keinen Sinn mehr erfüllen, hinter sich lassen. Die erste Stufe tiefer ... Die zweite Stufe tiefer, die dritte tiefer, alles abstreifend wie einen unnützen Mantel, alles hinter sich lassend, was Sie nicht mehr brauchen. Die vierte Stufe tiefer, die fünfte tiefer, alles abstreifend, was Ihnen beschwerlich ist und Ihnen nicht gut tut. Die sechste Stufe tiefer, und Sie bewegen sich immer behender und leichtfüßiger, da Sie die Enge (Angst) hinter sich lassen. Siebte Stufe tiefer, die achte, die neunte und irgendwann, wenn Sie so weit sind, gehen Sie die zehnte Stufe hinunter. Ganz in Ruhe, ganz gelassen ... Sie parken geistig dort ein, und ein zufriedener, tiefer Atemzug **ist ein verlässliches Anzeichen**, dass Sie in Kontakt mit Ihrer Stärke kommen. Fein ..."

[Pause]

– Der eigene „innere Park", in dem man jederzeit „parken" kann, als Symbol für Ruhe:
„In Ihrem inneren Park, *was gibt es da wohl Besseres zu tun, als* den Geist ruhen zu lassen und umherzuwandern und neue Eindrücke zu sammeln? *Was Sie wohl dabei erleben werden?* Sie befinden sich jetzt ja an einem zauberischen Ort, an den man sich begeben kann, um sich wohl zu fühlen ... wo es heilsam ist ... geschützt ... sicher ...

Mag sein, Sie sind zu Ihrer ‚Hochebene' gewandert mit all ihrem Licht und dem Duft von frischen, stärkenden Kräutern, der klaren Luft und der unendlichen Weite, die einen tief durchatmen und auftanken lässt. *Mögen Sie mal nachspüren?"*

[„Hochebene“, welch schöne Assoziation! Das war der Ort der Patientin, den sie als wohltuend beschrieb.]

[Pause]

– Induktion der Handlevitation als Sinnbild für Leichtigkeit und Überwindung schwieriger und schwerer (!) Hindernisse:
„*Würde es Sie hier an diesem Ort, an dem die Uhren anders gehen, erstaunen, wenn* sich eine Hand anders anfühlte als die andere, ja wenn sie sich leichter anfühlte? **Das ist eine typische Reaktion einer wirklich guten Hypnose**, wenn eine Hand von alleine leichter wird …

Ganz von alleine kann eine Hand leichter werden, leichter und leichter, **wie ein Symbol dafür, dass in Hypnose Dinge leicht von alleine passieren können**, jetzt … [Die Hand zeigt erste minimale Regungen.] Genau. Dinge, die Veränderungen für Sie sind, ein Symbol dafür, wie es ist, innere Bewegungsfreiheit zu gewinnen. So wie die Hand jetzt für eine geraume Zeit die Schwerkraft überwindet und sich in freiem Raum bewegt. Sie zeigt Ihnen – ja, die eigene Hand lehrt Sie – nachzulassen, abzulassen von Altem und Neues zu entdecken.“

– Betonung der autonomen Prozesse in Hypnose:
„**Es hat seine tiefere Bedeutung**, dass es ganz von alleine geschieht: eine neue Freiheit, während die alten Einengungen, die alten Ketten sich leise lockern. Eine neue Schwingung erfüllt Sie, egal was um Sie herum ist.“

– Der Körper sowie das Unbewusste handeln in eigener Regie und Weisheit:
„Und die Hand wird leichter und leichter, und Sie sind ganz bei sich, ganz in Ruhe, und Sie brauchen mir nicht einmal zuzuhören. Die Ohren nehmen von alleine auf, was für Sie wichtig ist. Wie die Hand kann auch das Ohr seinen Spielraum nutzen und ausschließlich hören, was sinnvoll für Sie ist. Und **Ihr Unbewusstes – klug auf Weiterentwicklung und Heilung eingestellt –** wählt aus, welche Worte es zur Unterstützung nimmt, um Ihre Basis im Leben zu stärken.“

– Ansprechen des impliziten Therapiezieles:
„Je leichter die Hand wird, umso sicherer und ruhiger kann es in Ihnen werden. Die Hand schwebt hoch … und höher … hoch und höher … prima …! **Dabei können Sie unmerklich anfangen, sich im Leben einzurichten und sich vital zu fühlen, mit aller Berechtigung …**“

– Betonung, dass der Körper eine eigenes Gedächtnis besitzt:
„... während Sie sich angenehm anlehnen, an diesem warmen, besonnten Felsen, den der Rücken schon kennt [den von der Sonne durchwärmten Felsen hatte die Patientin in der ersten Hypnose „entdeckt"], ein Teil der Natur ... angelehnt sich wohl fühlen ... gehalten von hinten, **ganz natürlich, ein Teil der Natur mit gesunden, natürlichen Gesetzen, gesunden natürliche Rhythmen, tags im Wachen ... und nachts im Schlafen** ... Tut das gut ...!"

[Die Patientin seufzt.] „Ja, dieser Seufzer spricht für sich. Er entlässt die letzte Anspannung ..." [Rückkoppeln des Seufzers und positives Bewerten.]

– „Vergessen" als positive Leistung:
„Sehr schön, und die Hand zeigt uns [Die Therapeutin ist Zeuge!] mit dem Leichterwerden, wie das mit dem Vergessen vor sich geht. Die Hand hat die Schwere einfach vergessen, so hat die Schwerkraft keine Wirkung mehr ..."

– Wertschätzen und Nutzen der bisherigen Therapien:
„Und alles, was Sie in den bisherigen Therapien schon gelernt haben, kann zur Wirkung kommen, während man die Abfallprodukte hinter sich lässt, oder?"

[Pause. Die Hand steht kataleptisch in der Luft.]

– Assoziative Formulierung für Veränderung:
„... viele Gedanken einfach loslassen, vergessen. Wir haben schon so vieles vergessen in unserem Leben, und es ist wirklich gut, zu vergessen, was zu vergessen ist: Gedanken, unnütze Ängste, unnütze Gefühle. Die Hand lehrt Sie: Vergiss Schwere und Enge, genieß die Weite und Leichtigkeit, genau ... gut ... sehr gut!"

[Pause]

– Rhetorische Frage:
„Und sind Sie bereit, noch weiter dazuzulernen?

Denn die Hand kann noch etwas anderes, die Hand kann jetzt ganz von alleine zu Ihnen hinwandern, in Richtung Körper, ganz von alleine. Und die Hand fühlt den Weg, um sich dann auf den Körper zu legen. Nicht jetzt, erst wenn sie so weit ist. Sie kann sich hinüberlegen auf den Bauch, auf den Leib oder auf die Brust und diese Erfahrung vertiefen.

Ihre eigene Hand kann lehren, wie man sich sich selber zuwendet, warm und liebevoll ... Und das kann man nur selber für sich tun ... Tiefe Ruhe kann von dieser Hand in den gesamten Körper, in die Seele und in den Geist strömen, **sodass sich endlich das Blatt wende!** Gut. [Die Hand „schwebt auf dem Oberbauch der Patientin ein".] Sie legt sich auf den Oberbauch, da wo der richtige Platz ist. Gut, sehr gut. Genau, diese Berührung ist eine besondere Berührung, sehr schön, und eröffnet Neues. **Und ein kleiner Schritt vorwärts zieht den nächsten nach sich.** Gut, da liegt sie ja, sehr schön. **Und die Freude über die Fortschritte ist groß.** Und in ihrem ‚Buch des Lebens' werden neue Seiten geschrieben. Im nächtlich tiefen Schlaf schlagen Sie wie selbstverständlich das Buch auf, dessen Einband Ihr Name mit schönen Lettern ziert: ‚Rose'."

– Sequenz des Textes in der dritten Person zur Vertiefung der Dissoziation und der damit sich vollziehenden Verselbständigung der therapeutischen Entwicklung:
„... und dann schreibt Rose neue Seiten mit neuer Farbe in neuem Licht. Vielleicht sind die Buchstaben lebendiger und größer geworden und holen mehr aus. So wie Sie sich mit der Zeit im Leben mehr einrichten werden und sich wohler fühlen und vielleicht diese und jene kleine Skizze zeichnen, um darzustellen, was anders wird. Und **es hat seine tiefere Bedeutung**, dass alles noch sehr geheimnisvoll klingt."

– Direktive posthypnotische Suggestion:
„Abends schlafen Sie leicht und gut ein, ja, Sie merken es nicht einmal, wie Sie in den Schlaf sinken. Und so können Sie morgens aufwachen und sich wohl und klar und erfrischt fühlen und vielleicht nicht genau wissen, was Neues hinzuformuliert oder -gemalt wurde. Aber Sie fühlen, dass es weitergeht, und zwar auf neue Art und Weise und auf Ihre ganz eigene Art und Weise. Und jetzt lassen Sie sich nach getaner Arbeit den Erfolg genießen und schweben einfach in diesem Gefühl des Wohlbefindens ...

Im Wissen, dass diese Erfahrung Sie weitertragen wird, kehren Sie, wenn Sie sich danach fühlen, einfach wieder zurück. Sie gehen wieder zu der Treppe, steigen wieder die zehn Stufen hinauf. Von der zehnten bis zur ersten, Schritt für Schritt. Zehn und neun und weiter ... und kommen dann irgendwann bei ‚eins' ganz frisch und klar und guten Mutes und mit gutem Selbstvertrauen im Gepäck für die Reise des Lebens wieder hierher."

– Überprüfung der Auswirkung der Hypnose:
„Und bevor Sie sich wohlig recken und strecken und dann die Augen aufschlagen, kundschaften Sie bitte aus, wie sehr die Seele sich entspannt und gekräftigt hat, wie der Körper vermehrt in sich ruht und was die Gedanken Ihnen Neues sagen. Merken Sie sich bitte alles gut, um es mir dann zu erzählen. So werde ich wissen, was Ihnen hilft."

PS: Die Patientin war ausdrücklich wegen Hypnose gekommen, und der Therapiekontrakt mit ihr beinhaltete ausschließlich die Behandlung der Symptomatik, nachdem sie schon 14 Jahre analytisch orientierte Therapie und Familienaufstellungen nach Hellinger hinter sich hatte. Laut Darstellung der Patientin ging es ihr nach unseren Therapiestunden, bis auf kleinere Rückfälle, wesentlich besser. Nach oben aufgezeichneter Hypnose war sie völlig frappiert, dass sie erstmalig angstfrei mit dem Gedanken spielte, sich aus ihrer 21-jährigen Beziehung mit einem Mann, der nie wirklich zu ihr stand, zu lösen.

Trotzdem brach sie unsere Therapie nach dem fünften Termin (nach sechs Wochen) unter dem Vorwand ab, sich einen Therapeuten suchen zu wollen, der über Krankenkasse abrechnet. Sie musste mein Honorar privat bezahlen. Am Anfang der Therapiestunde legte sie jeweils einen Haufen von Geldscheinen vor mich auf den Tisch, den ich allerdings über die Zeit hinweg dort beließ. Das Geld lag sozusagen zwischen uns. Diese Barriere anzusprechen bot sich keine Gelegenheit mehr.

Das kann vorkommen. Der Patient äußert den Wunsch nach Spontanheilung, ist aber im Grunde nicht bereit dafür. Zum Dilemma wird es, wenn man mit Hypnose überwiegend auf der symptomatischen Ebene arbeitet, wie in diesem Fall. Auch jahrelange anderweitige Therapieerfahrungen können eher eine Falle als eine Vorarbeit darstellen. Meiner Arbeitshypothese nach hat diese Frau ihrem Gefühl nach, zumal mit psychoanalytischem Maß gemessen, zu schnelle Fortschritte erzielt. Ihr schwante auch, dass aktive Veränderungen in ihrem Leben anstanden. Dazu war sie nicht willens. Das zwischen uns liegende Geld diente als Alibi, war aber nicht der Grund, da sie gut verdiente und allein stehend alles für sich ausgeben konnte. Meines Erachtens hätte die Patientin bei mehr Durchstehvermögen von der Hypnose längerfristig profitieren und das Symptom zugunsten wachsender Selbsterkenntnis und Selbstbestimmung aufgeben können. Gerade bei rigiden Persönlichkeitsstörungen kann die Hypnose durch das Hintertürchen viel bewirken.

2.4.2 Zwei Trainingseinheiten mit Pacing/Leading/Seeding
Teil 1

Folgende zwei Ausbildungseinheiten fördern die Fähigkeit, genau zu beobachten und das Wahrgenommene für positive Suggestionen zu nutzen. Sie basieren auf Übungselementen der *American Society of Hypnosis* (ASCH; siehe Hammond 1988). Der eine Ausbildungsteilnehmer übernimmt die Position des „Hypnotherapeuten", der andere die des Hypnotisanden / „Patienten".

Ziel: Achtsame Beobachtung des Klienten für die effektive Einleitung und Nutzung der Hypnose.

Aufgabe für den „Hypnotherapeuten": Beobachte deinen Hypnotisanden / ‚Patienten' genau, und formuliere entsprechende suggestiv wirkende Sätze, welche die Hypnose begünstigen.

Aufgabe für den Hypnotisanden/„Patienten": Präge dir die folgende Liste der fünf Verhaltensmöglichkeiten ein, und zeige sie während der Übung.

1. Neige deinen Kopf langsam zu einer Seite, als ob du eine bequemere Position fändest!
2. Bewege ein wenig ein Bein, als ob sich Spannung gerade angenehm löste!
3. Schlucke von Zeit zu Zeit!
4. Lächele versonnen vor dich hin!
5. Bewege einen Fuß etwas nach vorne, als ob er dort bequemer stünde!

Die jetzt folgenden *Antwortmöglichkeiten* illustrieren, wie man die vom Patienten ausgesandten Signale für Suggestionen nutzen kann. Schaut gemeinsam die Antworten durch, und überlegt bitte, welche anderen Kommentare ebenfalls gut gewesen wären. (Bitte notieren.)

Zu 1)

– „Während du deinen Kopf in eine bequemere Position bringst, kannst du beobachten, wie ein angenehmes Gefühl von Entspannung in dich hineinsinkt, tiefer und tiefer, durch dein Gesicht, deinen Hals, Nacken und Schultern ... und sich schießlich in deinem gesamten Körper ausbreitet."

- „Und es ist eine gewohnte Erfahrung für Deinen Kopf, nachts auf eine Seite zu gleiten und wegzusinken ..., wie friedlich in Schlaf zu sinken ..., so wohltuend."

- „Und das Erste, was du bemerken kannst, ist, wie tief du entspannst, wenn dein Kopf sich zur Seite neigt."

- „Und indem du dich in eine bequemere Position rückst, kannst du auch das geistige Bild von deinem Schmerz verändern."

Zu 2)

- „Und du bemerkst eine kleine Muskelbewegung in deinem Bein. Das ist ein wirklich gutes Zeichen dafür, dass alle Muskeln nach und nach beginnen, sich zu lösen."

- „In der Nacht, wenn wir anfangen, in den Schlaf zu sinken, erleben wir auch so ein Muskelzucken, was die völlige Entspannung schon ankündigt."

- „Wenn die Spannung beginnt abzufließen, verursacht das manchmal kleine Muskelzuckungen. Das kann man nicht vermeiden, sondern nur beobachten, wie der Körper wirklich tief, tief zu entspannen beginnt."

Zu 3)

- „Und so wie du von Zeit zu Zeit schluckst, kannst du genießen, wie sich Wohlbehagen in dir breit macht, mehr und mehr."

- „Es ist völlig natürlich, von Zeit zu Zeit zu schlucken, während du in einen sehr tiefen hypnotischen Zustand gleitest."

- „Hast du, während du schluckst, jemals beobachtet, wie ein angenehmes Gefühl in dich fließt, tiefer und tiefer, durch den ganzen Körper?"

Zu 4)

- „Und es kann sich äußerst behaglich anfühlen, wenn man nach und nach tiefer in Hypnose geht."

- „Und es ist wirklich überraschend, wie man so ganz von alleine in Hypnose gleitet."

- „Und du kannst ein besonderes Behagen empfinden, oder vielleicht ist es auch mehr Überraschung, wenn du entdeckst, wie du tief und tiefer in Trance gleitest. Wie mag sich wohl das Lächeln darüber innerlich anfühlen?"

- „Und genauso, wie sich diese Erfahrung als Lächeln auf deinem Gesicht widerspiegelt, kann dein Unbewusstes Bilder in dir auftauchen lassen, Bilder von glücklichen Zeiten."

Zu 5)

- „Es ist richtig, wenn du deinen Körper in eine wirklich bequeme Position rückst. Nur so wirst du dich hundertprozentig entspannen können."

- „Indem du deinen Fuß bequemer hinstellst, wirst du deinen Körper weniger und weniger spüren. So kannst du geistig auf Reisen gehen und von anderen Orten und Landschaften, die dir gut tun, träumen."

- „Sobald du deinen Körper in eine bequemere Position bewegst, wirst du entdecken, wie tief du wirklich in Hypnose gehen kannst."

Reflektiert nach Beendigung der Übung zusammen den Ablauf der Hypnoseeinleitung. Gib als „Patient" ein Feedback, inwieweit der „Therapeut" deine Signale positiv nutzen konnte und wie du innerlich darauf reagiertest.

Tauscht jetzt die Rollen, und wiederholt die Übung!

Teil 2

Ziel: wie bei Teil 1.

Aufgabe für den „Hypnotherapeuten": Beobachte deinen Hypnotisanden/ „Patienten" genau, und formuliere suggestiv wirkende Sätze, die die Hypnose begünstigen.

Aufgabe für den Hypnotisanden/„Patienten“: Präge dir die folgende Liste der fünf Verhaltensmöglichkeiten ein, und zeige sie während der Übung.

1. Gähne ausgiebig ein- oder zweimal!
2. Atme besonders tief und seufzend aus!
3. Lass Deinen Kopf ganz allmählich etwas zur Seite sinken!
4. Bewege leicht Deine Hand, und lege sie anders hin. Tue das Gleiche nach einiger Zeit auch mit der anderen!
5. Rutsche in deinem Stuhl etwas zur Seite, als ob du eine bessere Position fändest. Nach einer Weile rutschst du wieder zurück!

Die jetzt folgenden *Antwortmöglichkeiten* illustrieren, wie man die vom Patienten ausgesandten Signale für Suggestionen nutzen kann. Schaut gemeinsam die Antworten durch, und überlegt bitte, welche anderen Kommentare auch gut gewesen wären. (Bitte notieren.)

Zu 1)

- „Hast du bemerkt, wie sich der ganze Körper nach dem Gähnen entspannen kann?“

- „ Oftmals gähnt man, bevor man friedlich in den Schlaf sinkt.“

- „Gähnen kann man richtig genießen.“

- „Manchmal ist Gähnen ein Anzeichen dafür, dass die Hypnose anfängt.“

Zu 2)

- „Und lass dich jetzt entspannen, wirklich tief entspannen, während du ausatmest!“

- „Nach so tiefem Ausatmen kann man nicht anders, als noch weiter zu entspannen.“

- „Und diese Art von Seufzer ist ein deutlicher Hinweis, dass du es dir langsam innerlich gemütlich machst.“

Zu 3)

- „Und dein Kopf beginnt, sich gelassen zur Seite zu neigen. Das lässt ahnen, wie sehr sich dein Körper entspannen wird."

- „Und nach jeder kleinen Bewegung deines Kopfes zur Seite löst sich Schritt für Schritt deine gesamte Muskulatur, entspannt sich dein Körper. Und vor deinem geistigen Auge können schöne Bilder auftauchen."

Zu 4)

- „Deine Hand bewegt sich in eine bequemere Stellung. Das ist gut. Tu, was immer dein Wohlbehagen erhöht. Äußere Angelegenheiten kümmern dich weniger und weniger. Bald ist nur noch wichtig, dass du dich wohl fühlst."

- „Bemerkst du einen Unterschied in deiner Hand, nachdem du sie bequemer hingelegt hast? Fühlt sie sich nicht leichter an, so als ob sie sich gleich ein wenig abheben wollte?"

- „Genauso, wie du die Position deiner Handstellung veränderst, kannst du innerlich deine Position wechseln und deinen Gedanken erlauben, weit weg zu reisen, hin zu einem Platz, der für dich mit Ruhe und Frieden verbunden ist."

Zu 5)

- „Und nachdem du es dir bequemer gemacht hast, kann sich alles leichter und besser anfühlen. Geradeso, als ob man, indem man die Stellung verändert, mehr Freiraum und Bewegungsmöglichkeit erhielt. Vielleicht so, als wenn du ganz gemütlich, sicher und friedlich auf einer Wolke über eine schöne Landschaft schweben würdest."

- „Und wenn der Körper es sich gemütlich macht, wächst die Bereitschaft, in tiefere Hypnose zu gehen."

- „Wirklich gut, wenn du es dir so gemütlich wie möglich machst. Wie in der Nacht, wo du dich in deine Decke kuschelst. So kommst du in den Bereich zwischen Wachheit und Schlaf. Diese friedvolle

Zeit, in der der Körper beginnt, genüsslich zu ruhen, schwer und warm. Und diese Ruhe kehrt auch in deinen Geist ein, angenehm schläfrig. Und du brauchst jetzt nichts anderes zu tun, als auszuruhen und dich wohl zu fühlen."

Reflektiert nach Beendigung der Übung zusammen den Ablauf der Hypnoseeinleitung. Gib als „Patient" ein Feedback, inwieweit der „Therapeut" deine Signale positiv nutzen konnte und wie du innerlich darauf reagiertest.

Tauscht jetzt die Rollen, und wiederholt die Übung!

2.5 Zu zweit mehr Sicherheit und mehr Hypnose – Die Doppelinduktion

Die „Doppelinduktion" ist eine hervorragende Hypnosetechnik, da sie sehr tiefe Trancezustände provozieren kann und Öffnung für geistig-seelische Prozesse zum Beispiel durch suggestive Leitung begünstigt. Wegen ihrer Aufwendigkeit ist sie aber leider nicht oft zu verwirklichen. Doppelinduktion bedeutet nämlich, dass sich zwei Personen um das Wohlbefinden einer dritten bemühen. Klingt doch traumhaft! Ist auch so. Und zwar nicht nur für den Verwöhnten, dem sozusagen Kopf und Füße gleichzeitig massiert werden, sondern auch für die Behandler. Die Arbeit teilt sich ja auf zwei Paar Schultern auf.

Das therapeutische Duo – denn es geht hier weiterhin um Hypnose – spricht sich vor Beginn ab, wer Assistent und wer der führende Hypnotiseur ist. Oder, wer die Schönheiten der Landschaft malt und wer Parallelen zu vegetativen Reaktionen oder geistigen Entwicklungen in Worte kleidet. Der Ball der Hypnoseanleitung wird zwischen den beiden elegant hin- und hergespielt. Beim medizinischen Team, wie beispielsweise beim Zahnarzt, ist das erwiesenermaßen hilfreich. Der eine berichtet in positiver Form, was gerade gemacht wird, der andere gibt Suggestionen für die Trancevertiefung. Es kann auch gleichzeitig gesprochen werden. So überschneidet sich im Einklang die Welle des Meeres mit der der Atmung. Wie wir wissen, kann man bewusst immer nur einer Stimme zuhören. Die Worte der zweiten Stimme erreichen uns auf anderer Ebene. Jeder kennt das Partyphänomen: Viel Geplauder, selber schwatzt man auch. Plötzlich hört man von irgendwoher seinen Namen nennen oder ein Wort, das einem bedeutungsvoll ist. Wie das wohl funktioniert? Genau, die unbewusste Aufmerksamkeit. Und die kann auch bei der Doppelinduktion wundervolle Effekte auslösen.

Besonders erleichternd wirkt die Doppelinduktion, wenn man sich in der Hypnoseanleitung noch nicht so sattelfest fühlt. Gerade im Üben untereinander, z. B. in der Ausbildungseinheit, ist sie eine prima Hilfe, um sich vorzuwagen und sicherer zu werden. Man ist ja zu zweit, und wenn einem der Faden reißt, kann der andere einspringen. Das Innesein dessen entspannt schon derart, dass einem von alleine schönere und wirkungsvollere Induktionen, – und nicht nur Induktionen, sondern ganze Anleitungen – über die Lippen kommen.

2.6 Musikalische Untermalung

Ort der Handlung: durchsonnter Laubwald am Seeufer.
Zeit: nach Stand der Sonne späterer Nachmittag.
Personen: ein junges Mädchen und ein Mann.
Handlung der Szene: Das Mädchen läuft, der Mann folgt ihr.
Dauer: 30 sec.

Vier Versionen musikalischer Untermalung

Klappe auf:

1. Version: Die Szene wird durch Vogelgezwitscher und harmlose Heimatlieder untermalt. Schmalz eines Liebesfilmes, muss ja nicht sein.
2. Version: Auf einmal sind die zwei durch Trommelwirbel und Rhythmus mitten in einem Actionfilm, schon besser.
3. Version: *Die vier Jahreszeiten* gehen in Reggae über, wird was beschwingt Lustiges, was Heiteres sein, na ja … mal sehen …
4. Version: Bedrohlich gezogene Klänge, die nichts Gutes ahnen lassen, die Hände werden eisig, das Herz klopft, die Spannung steigt. Muss das hübsche Mädchen wirklich dran glauben? Ob ich das aushalte?

Auch unsere Hypnose können wir untermalen. Lassen wir den Krimi weg, stimuliert Musik in jede gewünschte Richtung: harmonisierend, tonisierend, anregend, energetisierend, beruhigend und trancevertiefend. Die Studie von Morris bestätigt unsere Erfahrung, dass klassische oder Unterhaltungsmusik entspannen kann, die Hypnose aber am effektivsten von synthetischer Musik, eventuell kombiniert mit Naturgeräuschen, begünstigt wird. Er empfiehlt speziell die *Ringe des Saturn* (Moog) von Haltern, die einen besonderen Einfluss auf die Alphatätigkeit hätten. Zu viele Assoziationen und Erinnerungen tauchten bei klassischer Musik auf und störten die therapeutische Arbeit. Besser: „unfassbare“, auch redundante und kontemplative, aber letztendlich nicht erinnerbare und nicht „nachsingbare“ Melodien. Die Musik sollte weder konkrete Struktur noch klaren Aufbau haben, da sonst das Gehirn eher Aufwand betreiben muss, Reminiszenzen auszufiltern. Auch Paul Horn und die Südsee, Georg Deuter und der Pazifik finden Anklang. Meine Patienten lieben besonders Ocean Music aus dem Naturkundemuseum in Washington, D. C. (Northsound), Pachelbels *Forever by the Sea, Flight of Fantasy* von Sidh F. Tepperwein, das Geplätscher und zuweilen Getöse von M. Buntrocks *Meer* und *The Nature of Canada* (Solitudes) mit der lachsefangenden Braunbärenmama und ihren drei kleinen Gefährten.

Aber sehr duftig und schmeichelnd sind auch einige Stücke von Erik Satie *(Les Gnossiennes)* in der Transkription und Darbietung von Anders Miolin für 10-saitige Gitarre (1992). Sie klingen so völlig ungewohnt und können hervorragend in die Hypnose einfließen und sie unterstützen.

Da Rhythmus und Melodie ganz von alleine Bilder hervorrufen, brauchen wir weniger anzubieten. Ähnlich wie bei der Doppelinduktion wirken Musik und Wort zusammen, aber über unterschiedliche Kanäle. Das macht es für uns Therapeuten oft leichter. Hört man Wasser plätschernd seinen Weg durch Felsritzen finden, klatscht die Brandung an die Küste, wer wollte da nicht spontan seinen Fantasien nachgehen?

Gut ausgearbeitete Richtlinien für die Arbeit mit Musik finden wir von unserer australischen Kollegin Wendy-Louise Walker (1994).

2.7 Auch ohne Magnetismus – Mesmersche Streichungen

Mesmersche Streichungen üben eine stark beruhigende und hypnotisierende Wirkung aus, weshalb der Patient außergewöhnlich tief entspannte hypnotische Zustände erreichen kann. Im Jahre 1838 wurden in der heute noch führenden medizinischen Zeitschrift *The Lancet* Mesmerismus und Magnetismus diskutiert. Die ersten großen Operationen, selbst Amputationen, wurden in „mesmerschem Schlaf“ durchgeführt. James Esdaile soll im Zeitraum von 1845 bis 1851 in Indien mehrere tausend, auch komplizierte Operationen an Patienten vollzogen haben, die er vorher über Stunden durch „mesmersche Streichungen“ in tiefste Trancezustände gebracht (mesmerisiert) hatte.

Wir können diese Methode bei angespannten, ängstlichen und unruhigen Patienten verwenden, vor allem wenn tiefe Hypnose für körperliche Stärkung induziert ist. Ich empfehle folgendes **Vorgehen.**

Der Patient liegt bequem gebettet, mit einem leichten Tuch zugedeckt und die Knie eventuell mit einer weichen Rolle unterstützt. Ich beginne bei einer Körperseite, lege beide Handflächen nebeneinander und streiche unter leichter Berührung mit ruhigen, langsamen Zügen vom Scheitel des Patienten an abwärts über die Gesichtshälfte, weiter über Schulter, Arm und Körperaußenseite bis zu den Füßen hinunter. Nach kurzem Ausschütteln meiner Hände, um mich von aufgenommenen Energien zu entledigen, beginne ich wieder am Kopf. Ich wiederhole diesen Vorgang mehrfach (ca. zehnmal), nehme dabei aber immer ein wenig mehr Abstand vom Körper, sodass ich ihn zuletzt überhaupt nicht mehr berühre. Danach wechsele ich zur anderen Seite. Anschließend stehe ich am Kopfende und halte sachte den Kopf in meinen Händen. Kann der Patient gleichzeitig die Füße gegen ein Kissen stützen, verspürt er Halt und Begrenzung im positiven Sinne.

Während der Streichungen kann ich beruhigende Suggestionen, die die Hypnose fördern, aussprechen. Am Anfang vertiefen einfache Induktionsfloskeln die Trance: „Gut so, die Atmung wird ruhiger … das Gesicht entspannter …“ Danach folgen indirekte Suggestionen für Wohlergehen und Veränderungen in Richtung Therapieziel. „… und wer sollte sich besser auskennen in Ihrem Körper als Sie selbst … natürlich weniger auf der bewussten als auf der unbewussten Ebene … und Ihr Körper kann von allein Ihre Schritte lenken … hin zu gesünderem Tun …“ Vor allem wenn die Trance Tiefe erreicht hat, können direktive therapeutische Suggestionen ihren Weg ins Unbewusste finden.

Beispiel „Schneewittchen“

Zur Demonstration von mesmerschen Streichungen innerhalb einer größeren Fortbildung zeigte ich diese Technik an einer überaus fülligen Kollegin, vorerst ohne inhaltliches Ziel. Erst durch meine Konzentration auf die Arbeit mit dieser Frau kam mir in den Sinn, etwas von „Schwere entlassen", „Leichtigkeit zugleich mit innerer Festigkeit" zu erzählen. Als die Kollegin sich nach der offensichtlich tiefen Hypnose wieder in unsere Runde orientierte, sich mit einem märchenhaften Lächeln aufsetzte und ihre langen, goldblonden Haare zurückstrich, sah ich auf einmal Schneewittchen vor mir. (Mir war dabei völlig entfallen, dass Schneewittchen ja das Mädel mit dem Ebenholzhaar ist, so beeindruckt war ich.) Das konnte ich natürlich nicht verschweigen:

„Jetzt kommst du mir wie Schneewittchen vor, die gerade den vergifteten Apfel ausgespuckt hat und nun ihrem gläsernen Sarg entsteigen wird."

Meine Kollegin entgegnete, dass diese Fantasie exakt ihrem momentanen Gefühl entspreche und „Schneewittchen" ohnedies ihr Märchen sei. Beim Ausspucken des Apfels habe sich aber in ihr auch ein Satz gelöst, ob ich den hören wolle. Na klar! Er hieß:

„Ich kann leicht sein und trotzdem Gewicht haben."

Und ... während der sechstägigen Fortbildung fingen bei ihr tatsächlich Hosen und Röcke an zu schlottern.

Dieses Beispiel bezeugt wiederum die Nähe und geistige Verbindung, die sich bei der Arbeit mit Hypnose zwischen Therapeut und Patient entwickeln kann.

2.8 Schema einer Hypnoseanleitung bei psychosomatischer Erkrankung

Hypnoseanleitungen für psychosomatisch erkrankte Patienten zeichnen sich durch die gleichzeitige Arbeit auf zwei Ebenen aus: auf der des Induzierens tiefer Trancezustände zur physischen Erholung und auf der parallel erfolgenden (indirekten) psychotherapeutischen Arbeit. Klagen des Patienten werden aufgegriffen und in einen positiven Rahmen gesetzt.

Gerüst einer Hypnoseanleitung, die im *Magischen Schwamm* (3.8 und 3.9) ausformuliert ist

1. Vorspiel

Den Patienten in eine bequeme Position bringen, Schuhe ausziehen, eventuell Brille ablegen, Beine nebeneinander stellen/legen, Kopf und Knie mit Kissen unterstützen. Liegen ist für die Tiefenhypnose wegen der vermehrt kinästhetischen Vorgänge zu bevorzugen. (Sitzen ist zumeist für psychotherapeutische Arbeit, die eine gewisse Wachheit und Ansprechbarkeit erfordert, günstiger.)

2. Hypnoseeinleitung (Induktion)

- Beispiel von Teleskopantennen erzählen, die man einzieht, um die Aufmerksamkeit nach innen zu richten.
- Selbstrespekt, Anerkennung und innere Wertschätzung betonen.
- Hypnose als natürliches Phänomen deklarieren, eine Feststellung, die suggestiv wirkt.
- Erzählen einer allgemein gültigen Erfahrung zur Erzeugung von „Ja-Haltung“ und assoziativem „Mitschwingen“. Der Patient surft auf der „Ja-Welle“, während der Therapeut unbemerkt eine gute Suggestion einschieben kann.
- Hervorrufen einer automatischen Hypnoseinduktion mittels Erinnerung an eine frühere Hypnose. („Der Körper kann sich an die wohltuende Ruhe der letzten Hypnose erinnern.“)
- Betonen, dass alles von alleine geschehen kann, selbst der Stimme des Therapeuten muss man nicht bewusst zuhören.
- Aufmerksamkeit auf die Vertiefung der Ausatmung lenken lassen, was vegetative Umstellung auf Ruhe, Erholung und Regeneration bewirkt. („Dies ist ein rein physiologischer Reflex und passiert somit von alleine.“ „Das Gurgeln im Bauch ist eine natürliche Reaktion und ein gutes Zeichen von zunehmender Entspannung.“)
- Lenken der Beobachtung auf die Hände und eventuell Provokation einer Handlevitation.
- Anregen der räumlichen und zeitlichen Dissoziation, „… an einen anderen Ort, in ein andere Zeit …“

3. Vertiefung der Trance und Aufbau von Sicherheit

- Zählen von 1 bis 10 (bzw. 20), Ansprechen des Fließens zeitlicher Prozesse.
- Kontakt zu den Vitalstellen des Körpers und damit zur physischen Stabilität und Stärke hervorrufen.
- Sinnbild für physische Stabilität und Stärke sowie seelische und geistige Öffnung anbieten.

- Bei Erreichen der Zahl 10 (bzw. 20) den inneren Freiraum und den Zugang zu Erinnerungen, Ressourcen und Talenten ansprechen.
- Zur Rückkoppelung des veränderten Bewusstseinszustandes ein ideomotorisches Zeichen (das Anheben eines Fingers) hervorrufen.

4. Nutzung (Utilisation) der Hypnose für den somatischen Bereich

- Entweder allgemein: „sich gelassen, entspannt, warm, wohl fühlen".
- Oder: dem Therapieziel entsprechend.
- Angebot, ein anderes, eigenes Bild zu entwickeln, falls das des Therapeuten als nicht passend erachtet wird.

5. Nutzung (Utilisation) der Hypnose für die psychische Ebene: In die Metapher eingebettete Suggestionen für psychische Befreiung und Weiterentwicklung

- Entweder allgemein: „innerlich frei und selbst bestimmt".
- Oder: dem Therapieziel entsprechend.
- Eventuell: Aufgreifen einer Redewendung des Patienten aus dem vorangegangenen Gespräch und Erwähnen einer neuen Option.
- Ideomotorisches Zeichen zur Bestätigung der unbewussten Zustimmung für Weiterentwicklung.
- Oder: auffordern, innere Vorgänge wahrzunehmen.

6. Integrationsphase

- Anregen, die Erfahrung der Trance im „inneren Safe" o. Ä. zu verwahren.

7. Posthypnotische Suggestionen

- Verankerung des Wohlbefindens durch „Fingerschluß" (dafür sind Daumen und Zeigefinger zu einem kleinen Kreis zu schließen.)
- Den Effekt der Hypnose vertiefen und für die kommende Zeit nachwirken lassen (Depoteffekt).

8. Ausleitung der Hypnose mit Verbleiben heilender Trance in bestimmten Körperbereichen

- Ausklang. Zählen von 20 bzw. 10 bis 1 mit Suggestionen von Frische und Wachheit. Dann zuerst den Körper bewegen, sich strecken und recken lassen. Danach erst werden die Augen aufgeschlagen.

9. Nutzen der nach der Hypnose bis zu 20 Minuten verbleibenden erhöhten Suggestibilität

- Über Erfolg, Depoteffekt und Sinn der unbewussten Reaktionen reden.

2.9 Ideomotorische Arbeit, Fragenmanual

Die von Leslie LeCron, David B. Cheek (1988, 1994) und Milton H. Erickson (1995–1998) initiierte ideomotorische Arbeit nutzt die Körpersprache als Kommunikationssystem. Mit einem raffiniert ausgeklügelten Frage-und-Antwort-Spiel lässt sich diagnostisch und therapeutisch wertvolle Arbeit leisten. Der Therapeut befragt dabei den Patienten nicht, um verbale Antworten zu bekommen, sondern um Auskunft unter Umgehung kognitiver Leistungen über unwillkürliche, spontan erfolgende Körperbewegungen zu erhalten. Diese „Antworten" unterscheiden sich

- einerseits in der *einfachen Bestätigung bzw. Ablehnung* durch das unbewusste Zustimmen mittels Kopfnicken, Kopfdrehen bzw. -abwenden sowie Bewegen anderer Körperteile und
- in dem *differenzierten autonomen Antwortsystem* der so genannten Fingersignale (FS) / Fingerzeichen (FZ) andererseits.

Die ideomotorische Bewegung an sich wird zwar suggestiv induziert, die Antwort kommt aber allein aus dem Patienten. Wie diese ideomotorische Antwort dem Patienten dann übersetzt und eventuell umgedeutet wird, gibt die therapeutische Zielsetzung vor.

Im Zentrum der Aufmerksamkeit stehen der oft nicht direkt zugängliche, unbewusste schöpferische Reichtum des Patienten und vor allem das Archiv der Lebensgeschichte mit all seinen nützlichen Informationen. Damit wird das hypnotherapeutische „Prinzip der Kooperation" mit der Prämisse, dass der Patient – außer bei sehr frühen und somit tiefen Störungen – die Fundgrube für die Weiterentwicklung und Heilung in sich trägt, auf höchster Ebene verwirklicht. Das (psycho)logisch aufgebaute und gut ausformulierte Fragenkonzept ermöglicht durch die in den Fragen implizit enthaltenen Optionen („Gibt es schon einen Teil in Ihnen, der fähig ist ...?"), innere Suchprozesse in Gang zu bringen und diese Fundgrube zu aktivieren. Die psychodynamische Abfolge der Fragen berücksichtigt alle unbewussten Schwellen (wie u. a. Wissen, Bereitschaft, Fähigkeit, Erlaubnis, Entscheidung), die zu überschreiten sind. Der Patient wird behutsam, aber stringent in die therapeutische Zielrichtung geleitet und übernimmt gleichzeitig Verantwortung für seine psychische Entwicklung.

Für die Einführung der ideomotorischen Arbeit beim Patienten sprechen wir die allgemein gültigen Erfahrungen von der Beziehung zwischen Körper und Seele an: „Wie wir alle wissen, drückt die Seele oft etwas über den Körper aus, wovon der Verstand keine Ahnung hat. So ist es auch hier, und diesmal sogar erwünscht: Der Körper spricht für die Seele bzw. für das Unbewusste. Natürlich nicht mit Worten, aber in seiner Sprache, in vegetativen Reaktionen oder unwillkürlicher motorischer Bewegung. Und diese motorische Bewegung wird in die Finger gebahnt, weil diese leicht reagieren und gut von außen zu beobachten sind: So erfahren wir schnell und einfach, was Sie eigentlich brauchen und wo es wirklich langgeht." (Siehe auch *Installation ideomotorischer Signale* am Anfang einer Therapie unter 3.5.)

Im Folgenden finden sich die Vorzüge der ideomotorischen Arbeit aus der Sicht des Therapeuten und weiterhin die Auflistung der Anwendungsmöglichkeiten. Fragenkonzepte mit typischen Formulierungen, wie impliziten Suggestionen und therapeutischen Doppelbindungen, zeigen die Schrittfolge der Redewendungen auf. Die psychodynamisch orientierte Abfolge von Interventionen für oberflächlich erscheinende, aber in Konsequenz tief greifende Prozesse ist in 2.9.3 und 2.9.3.4 dargestellt. Bei diesen und allen weiteren Anleitungen handelt es sich darum, ein allgemein gültiges Konzept vorzustellen. Dieses sollte mit dem eigenen Wortschatz ausgefeilt und auf den Patienten abgestimmt werden. Als Beispiel hierfür ist eine wörtliche Niederschrift der Intervention „Mobilisation von Ressourcen" (2.9.3.4) eingefügt. Da sowohl die grundlegende Beschreibung der Einführung ideomotorischer Signale beim Patienten sowie Berichte therapeutischer Prozesse im Wortlaut schon Kaiser Rekkas (1988) vorliegen, wird sich an dieser Stelle nur auf ein praktikables und leicht anzueignendes „ideomotorisches Arbeitsmanual" beschränkt, das eine Weiterentwicklung der hervorragenden

Arbeit von Cheek (1994) ist. Als einzige Technik sei der „diagnostische Fragenkatalog“ in Wiederholung präsentiert, weil er ein besonders wichtiges Diagnostikum auf der unbewussten Ebene darstellt.

2.9.1 Vorzüge der ideomotorischen Arbeit

Fasst man die Vorzüge der ideomotorischen Arbeit zusammen, ergibt sich eine Liste von dreizehn Kriterien:

1. Die ideomotorische Fragemethode ist einfach und leicht zu erlernen.
2. Fingerzeichen können beim Patienten im nichthypnotischen Zustand installiert werden. Die Hypnose entwickelt sich im Laufe der Befragung von alleine.
3. Der ideomotorische Zugang erzeugt sowohl für Therapeut als auch Patient eine entspannte Atmosphäre des Lernens. Veränderte Bewusstseinszustände können in aller Gelassenheit eintreten und therapeutisch genutzt werden.
4. Die Fingerzeichen fördern dabei Informationen zutage, die der bewussten und verbalen Ebene des Patienten normalerweise nicht verfügbar sind.
5. Die ideomotorischen Fragenkonzepte können relativ standardisiert angewendet werden. Die Methode ist daher besonders für den weniger erfahrenen Hypnotherapeuten nützlich.
6. Der Therapeut erweitert rasch seine Erfahrung sowohl in der Diagnostik als auch in der Intervention. Das gilt für akute wie auch chronische Problemstellungen im Spektrum von psychischen und psychosomatischen Syndromen.
7. Der Gebrauch ideomotorischer Signale ruft eine automatische Absorption des Patienten in den therapeutischen Prozess hervor. Die Aufmerksamkeit wird fokussiert und die Erfahrung von leichter, sorgfältig kontrollierter therapeutischer Dissoziation gefördert.
8. Der therapeutische Vorgang bleibt im Patienten lokalisiert, womit der Therapeut entlastet wird.
9. Die unbewussten psychischen Hürden und Bedürfnisse des Patienten (nach z. B. Schutz und Zeit) werden zu jeder Zeit re-

spektiert. So genannter Widerstand gegen konstruktiven Wandel wird schnell offensichtlich und therapeutisches Umdeuten und Auflösen ermöglicht.

10. Energie raubende und den Patienten eventuell beängstigende kathartische Reaktionen werden weitgehend vermieden oder in zeitlich und auch kräftemäßig begrenztem Rahmen gehalten.
11. Die stufenweise, chronologische Annäherung an bedeutsame Erfahrungen im Leben ermöglicht oftmals eine einfache Desensibilisierung und/oder direkte therapeutische Bearbeitung des ursprünglich traumatischen Erlebnisses bzw. der Stresssituation.
12. Problemstellungen und Traumata, die durch kompensative Amnesie bewusst nicht erkannt/erinnert werden können, sind direkt, spielerisch und elegant zu bearbeiten und aufzulösen.
13. Immer wieder wird aus dem Repertoire reicher und kreativer Ressourcen für Problemlösungen und heilende Vorgänge geschöpft. Der Patient wird mithilfe der ideomotorischen Signale indirekt zum „Helden" deklariert, denn letztendlich verfügt ja er über seine Zauberkräfte.

2.9.2 Die Vielfalt der Anwendungsmöglichkeiten

Beeindruckend ist auch die Vielzahl an Interventionsbereichen, in denen die ideomotorische Arbeit genutzt werden kann.

1. Induktion und Vertiefung von Hypnose.
2. Direkte Kommunikation unter Umgehung kognitiver Leistungen und ohne Aktivierung des Sprachzentrums.
3. Förderung von Dissoziation (wie z. B. Altersprogression) für therapeutische Zwecke.
4. Hervorrufen verschiedenster nützlicher Hypnosephänomene (wie Kühle und Taubheit in der Schmerztherapie).
5. Auffinden und Abruf unbewusst gespeicherter Information.
6. Erkennen von seelischen Vorgängen und Befindlichkeiten, die vom Patienten bewusst nicht wahrgenommen werden, wie beispielsweise unbewusste Schuldkomplexe, familiäre Verstrickungen, destruktive Familienbotschaften.

7. Mobilisierung von Erinnerungsinhalten (Hypermnesie) aus der Kindheit (u. a. für Traumabearbeitung).
8. Auskunft über schöpferische Fähigkeiten und Ressourcen für Problemlösung, Weiterentwicklung und Heilung.
9. Auskunft über die Bereitschaft und innere Erlaubnis, diese Fähigkeiten zu nutzen.
10. Befähigung des Patienten und Förderung seines Selbstvertrauens durch die Offenbarung der ihm innewohnenden Informationen und Talente.
11. Hypnotherapeutische Diagnostik mithilfe des Acht-Fragen-Komplexes.
12. Abrufen von Albträumen und Bearbeiten dieser Träume.
13. Direkte Arbeit am psychosomatischen Symptom.
14. Aufdecken und Auflösen von unbewussten Strategien des „Sich-schützens" und „Nicht-verändern-Wollens / Könnens", was zu einem verhohlenen Boykott der Therapie führen könnte. So kann ein innerer Zwiespalt zutage gefördert werden, wie z. B.: „Natürlich will ich gesund werden. Aber falls ich gesund werde, kann mich mein Symptom nicht mehr schützen, wenn ich psychisch in der Klemme bin. Ich kann dann nicht mehr abtauchen, bin aber auch unfähig, die Situation irgendwie anders zu lösen. Bevor ich aber daran zerbreche, bleibe ich lieber krank."
15. Therapeutische Zukunftsvisionen auf der „inneren Bühne" zur Aktivierung unbewusster Prozesse in Richtung Persönlichkeitsentwicklung (Technik „Wunder", 7.3).

2.9.3 Strategie ideomotorischer Befragung mit einfacher Bestätigung

Wir können beim Patienten entweder eine einfache Bestätigung oder eine differenzierte Antwort induzieren. Als Erstes sei die Methode der einfachen Bestätigung vorgestellt.

Für die einfache Bestätigung eines suggerierten und daraufhin eintretenden Phänomens induzieren wir eine bestimmte Körperbewegung oder das Anheben irgendeines Fingers. Dieses Phänomen kann sich sowohl im physischen als auch mentalen oder psychischen Bereich ereignen.

So kann das Eintreten von suggerierter Kälte für hypnotische Anästhesie bei der Übung „Badesee" durch ein unwillkürliches Nicken des Kopfes, Zusammenführen der Hände, aber auch das Heben eines Fingers angezeigt werden. Um ein schwaches Signal nicht zu übersehen, sollte dafür vorher die linke oder die rechte Hand bestimmt sein, da der Therapeut nicht gleichzeitig zwei Hände überschauen kann. Ebenso kann eine plötzlich auftauchende Erinnerung an eine frühere Situation mithilfe der Zeitregression (z. B. Technik „Mobilisation von Ressourcen") sowie ein Zukunftsbild im Sinne des Therapiezieles und mithilfe der Zeitprogression bestätigt werden.

Eine dahin gehende Aufforderung könnte lauten: „In dem Moment, in dem Sie aus tieferer Ebene einen wichtigen Hinweis erhalten / in dem der Körper die Schmerzlinderung einschaltet, wird sich ein Finger der linken Hand von alleine heben und diesen unbewussten Vorgang in der Körpersprache anzeigen."

2.9.3.1 *Redewendungen mit impliziter Suggestion*

Redewendungen mit impliziter Suggestion setzen sich zusammen aus:

- einer zeitlich oder kontextorientierten Einführung:
  „Sobald …
- der impliziten Suggestion, die eine unbewusste Suche im Patienten auslöst:
  … Ihr Unbewusstes zu der Ursache des Problems gelangt ist …
- und der suggerierten körperlichen Reaktion, die anzeigt, dass die implizite Suggestion zur Wirkung kam:
  … kann Ihr Finger sich heben/Ihr Kopf nicken/Ihr Arm sich senken/etc. …"

Hier einige Beispiele
„Sobald Sie anfangen, sich wohler zu fühlen, werden sich Ihre Augen ganz von selber schließen, und das Unbewusste kann sich einer besonderen Arbeit widmen."

„In dem Maße, in dem Sie sich nun zusehends behaglicher fühlen, kann sich Ihr Bewusstsein zur Ruhe begeben. Wenn Ihr Unbewusstes beginnt, auf seine Weise das Problem zu erörtern, wird Ihr Kopf nach vorne sinken."

„Und wenn ein wichtiger oder interessanter Gedanke in Ihr Bewusstsein tritt, werden sich, während Sie ihn sorgsam überdenken, Ihre Augen von alleine öffnen. Dann werden Sie mir so viel davon mitteilen, wie ich wissen muss, um Ihnen weiterzuhelfen."

„In dem Moment, in dem Sie in der Tiefe das Problem lösen, kann von alleine ein tiefer, befreiender Atemzug erfolgen."

Redewendungen mit impliziter Suggestion verkoppeln auf suggestive Weise eine unwillkürliche körperliche Reaktion mit einem unbewussten therapeutischen Vorgang. Der Patient fühlt sich begleitet, weil der Therapeut mit vermeintlich telepathischen Fähigkeiten anspricht, was gerade passiert. Außerdem ist er über seine (vom Therapeuten suggerierte) ideomotorische Reaktion verblüfft. Die damit einhergehende Konfusion vertieft die Hypnose und schafft vorübergehend eine Öffnung für neue Ideen, bzw. erweitert den Bezugsrahmen. Der Zugang zu Ressourcen, die nicht der willentlichen Kontrolle unterliegen, wird ermöglicht. Damit wird das Problem, das der bewusste Verstand nicht zu lösen vermochte, durch permissive und nichtdirektive Formulierungen der unbewussten Verarbeitung überantwortet.

2.9.3.2 Therapeutische Doppelbindungen zur Förderung kreativer Fähigkeiten

Die Double-bind-Theorie, die für die Entwicklung der Familientherapie große Bedeutung hatte, versteht unter dem Begriff „Doppelbindung" psychodynamisch eine ausweglose Situation, in der ein Mensch innerhalb eines wichtigen Bezugssystems (Kind/Mutter oder andere Abhängigkeitsverhältnisse) paradoxen Aussagen oder Anweisungen unterworfen ist. Paradox deshalb, weil zwei miteinander unvereinbare Signale oder Aufforderungen ergehen. Dem Schein nach sind zwar Alternativen an Handlungsmöglichkeiten gegeben. Diese führen aber alle zu keiner konstruktiven Lösung, sondern im Gegenteil zu Bestrafung, Liebesentzug u. Ä. Man kann dies auch als Pseudoalternativen bezeichnen, da das eine wie das andere nicht geht. In diesem Dilemma, „doppelt gebunden", wird die Situation besonders dann zur Falle, wenn noch drei Aspekte hinzukommen: das Verbot, über die Situation zu sprechen (zu metakommunizieren), das Verbot, die Situation zu verlassen und die Organisation der intrapersonalen Welt als paradox (Bateson et al. 1969). Eine Häufung derartiger Situationen kann Verzweiflung, Apathie, Depressionen oder auch gravierende Dissoziationen auslösen.

Die therapeutische Doppelbindung dagegen offeriert zwei oder mehrere Möglichkeiten, die alle je nach Bedürfnislage gewählt werden können und von denen jede für sich einen positiven Ausgang bietet. Es handelt sich um verschiedene Handlungs- und Reaktionsanweisungen, die die ganze Palette an positiven Möglichkeiten berücksichtigen und die jede erfolgende Resonanz als richtig sowie willkommen heißt. Ungeachtet der getroffenen Wahl der Antwort, wird der Patient automatisch in eine schöpferisch heilende Richtung gelenkt. Mit permissiven, nicht autoritären Formulierungen werden dabei persönliche Entfaltung und die Erforschung von Heilungskräften begünstigt. Potenziale werden freigesetzt" ohne dass der Patient bewusst Informationen über den unbewussten Vorgang erhält. Wie, wann oder was auf der unbewussten Ebene geschieht, bleibt im Geheimen und ist daher vor rationaler Analyse und eventueller Entwertung geschützt.

1. Eine implizite Direktive …

„Wenn Ihr Unbewusstes bereit ist, Sie in einen Zustand der Heilung/therapeutischen Trance gleiten zu lassen, werden Sie sich automatisch gelassener und ruhiger fühlen, und Ihre Augen schließen sich ganz von selbst …"

[Pause]

Wenn die Augen sich nicht in ca. einer halben Minute schließen:

2. … wird zu einer therapeutischen Doppelbindung …

„Falls das Unbewusste aber zuerst ein bestimmtes anderes Thema für wichtig hält, werden Sie sich automatisch damit beschäftigen. Sie können mir auch jederzeit davon mitteilen und mit mir reden."

Wenn innerhalb einer halben Minute kein offensichtliches Anzeichen von verbalen Äußerungen zu bemerken ist, folgt die nächste Alternative:

3. … die alle möglichen Antworten abdeckt.
„Wenn Sie aber bemerken, dass Sie nur ungern sprechen, können Sie auch einfach dort fortfahren, wo Sie gerade sind, und dem Unbewussten erlauben zu tun, was es zu tun gibt, während Ihr Kopf langsam von selbst ‚Ja' nickt … und Sie tiefer und tiefer in heilende Trance sinken …"

Wenn kein sichtbares Kopfnicken erfolgt:

„… außer Sie fühlen sich schon so behaglich, dass Ihr Unbewusstes Ihnen gestattet, sich vollkommen der Ruhe und Bewegungslosigkeit hinzugeben. Eine Stille, in der sich wichtige Themen von selbst lösen …"

Und weiter:

„Und Sie sind sich vielleicht der heilenden Vorgänge bewusst, aber vielleicht auch nicht bewusst. All der Heilung und schöpferischen inneren Arbeit, die ganz von selber geschieht … mit jedem Atemzug, den Sie nehmen …"

2.9.3.3 Ideomotorische Bewegung der Hände als Anzeichen unbewusster Problemlösung

Die durch Suggestion induzierte ideomotorische Bewegung der Hände wird vom Therapeuten als äußeres Anzeichen innerer, unbewusster Arbeit zur Problemlösung gedeutet. Diese Deutung wirkt wiederum suggestiv, und psychische Arbeit findet – vorausgesetzt, der Patient ist in hypnotischem Zustand – tatsächlich statt. Einsicht und neue Ideen erfolgen entweder direkt in oder nach der Hypnose, oder es kann eine eher stille Gesamtentwicklung im Therapieprozess beobachtet werden. Letzteres hat den Vorteil, dass nach der Hypnose – beispielsweise durch Analysieren des Ergebnisses – nichts zerstört werden kann, was bewusst nicht greifbar ist.

1. Einleitung der Arbeit
„Halten Sie Ihre Hände in der Luft, etwa 15 cm auseinander, die Handflächen stehen sich dabei gegenüber. Beobachten Sie nun aufmerksam die Kraft und Energie, die zwischen Ihren Handflächen ins Fließen kommt. Es kann sich wie ein magnetisches Feld anfühlen, ein magnetisches Feld,

das entweder Anziehungskraft oder auch Abstoßungskraft hat. Sobald Ihr schöpferisches und heilendes Unbewusstes bereit ist, mit der therapeutischen Arbeit zu beginnen, werden Sie verspüren, wie die Hände von selber aufeinander zukommen, um ‚Ja' zu signalisieren."

[Pause]

Falls sich die Hände nicht näher kommen:

„Aber wenn es ein anderes Thema gibt, das Sie zuerst erforschen sollten, werden Sie spüren, wie die Hände sich abstoßen, um ‚Nein' zu signalisieren. In diesem Fall wird Ihnen eine Frage in den Sinn kommen, mit der wir uns beschäftigen werden."

2. Bearbeiten von Problemen

„Während Ihr Unbewusstes die Ursachen von und wichtigen Erinnerungen an … (Problem) erforscht, wird sich einer der beiden Arme ganz allmählich senken."

[Pause]

Wenn sich ein Arm senkt:

„Dieser Arm kann sich weiter senken und schließlich in Ihrem Schoß zu ruhen kommen, sobald Sie sich auf neue und produktive Weise mit dem Problem beschäftigen."

[Pause]

Nachdem der Arm im Schoß ruht:

„Und jetzt wird Ihr anderer Arm sich ganz von alleine senken, während Ihr Unbewusstes eine ideale Lösung für dieses Problem erforscht, ganz so, wie es für Sie im Moment am passendsten ist … Wenn Ihr Unbewusstes das Problem zufrieden stellend gelöst haben wird, legt sich auch dieser Arm in Ihrem Schoß ab."

3. Abrundung des neu erworbenen Lösungsmusters

„Möchte Ihr Unbewusstes den Kopf zur Bestätigung Ihrer therapeutischen Arbeit ganz von selber nicken lassen?"

Oder:

„Wenn Ihr Unbewusstes sowie Ihr Bewusstes sicher sind, dass Sie dieses Problem handhaben können, werden Sie bemerken, wie Sie sich strecken und recken und erwachen, indem Sie Ihre Augen öffnen."

Oder:

„Wenn Sie verspüren, dass Sie heute ein Stück weitergekommen sind, werden Sie sich einfach zufrieden fühlen und die Hypnose abschließen wollen."

2.9.3.4 Mobilisation von Ressourcen zur Bewältigung von Schwierigkeiten – unter Nutzung einfacher ideomotorischer Signale

Beschreibung der Schrittfolge und anschließende Aufzeichnung einer Intervention im Wortlaut.

Vor der Hypnose

1. Darstellung des Problems.
2. Definition des momentanen Therapiezieles (konkret oder weniger konkret).
3. Entscheidung für Hypnose.

Während der Hypnose

a) Einleitung der Hypnose
1. Konzentration auf die Atmung, um sich geistig zu fokussieren.
2. Bewusste Verzögerung der Ausatmung, um sich vegetativ auf körperliche Ruhe einzustellen.
3. Hypnoseinduktion durch bildhafte und gefühlsmäßige Erinnerung an einen guten hypnotischen Zustand in der Vergangenheit.
4. Anknüpfen an das Thema der Stunde. Der Therapeut erwähnt das Problem und streut gleichzeitig neue Ideen (Ideen säen) ein oder lässt weitere Optionen anklingen.

b) Zugang zu unbewussten Ressourcen mithilfe der Zeitregression
1. Der Therapeut initiiert die unbewusste Suche nach einer Situation in der Vergangenheit (die mit der jetzigen nicht in Zusammenhang steht), in welcher ein Problem/ein Konflikt konstruktiv bewältigt und Talente und Stärken wie selbstverständlich genutzt wurden.
2. Das (durch den Therapeuten angeregte) unwillkürliche Anheben eines Fingers der linken (oder auch rechten) Hand bestätigt, dass diese Situation aufgefunden wurde.
3. Suggestive Förderung zur bewussten Erinnerung an diese Situation.
4. Verbalisieren, d. h., der Patient schildert diese Situation.
5. Trancevertiefung im Sinne einer „fraktionierten Hypnose“ nach der sprachlichen Aktivität.

c) Integration dieser Ressourcen für eine erfolgreiche Lösungs-/Konfliktstrategie
1. Unbewusste Übernahme der Fähigkeiten dieser Situation für die Lösung der aktuellen Schwierigkeiten.
2. Visualisation der erfolgreichen Handlung in der Zukunft mithilfe der Zeitprogression.
3. Bestätigung der Integration durch das unwillkürliches Anheben eines Fingers der rechten (oder auch linken) Hand.

d) Posthypnotische Suggestion
Vertiefung der gerade geleisteten Arbeit und suggestive Aufforderung, hinzugewonnene Talente spontan zu nutzen. Der Therapeut betont dabei, dass gefühlsmäßige Barrieren (Angst, depressives Empfinden), welche sinnvollen Handlungen bislang entgegenstanden, wegfallen. Die mentale Orientierung ruht auf dem Langzeitziel, momentane Befindlichkeiten spielen keine Rolle.

e) Ausklang der Hypnose
Abrundung und Integration der therapeutischen Arbeit. Der Therapeut streicht den erreichten Erfolg heraus und setzt ihn in Szene. Der Patient bleibt von seiner therapeutischen Erfahrung nachhaltig beeindruckt.

Nach der Hypnose

Bei rigiden, allzu diskussionsfreudigen Persönlichkeiten lenkt der Therapeut – um die erfolgte therapeutische Intervention zu schützen – durch Themenwechsel ab nach dem Motto: „Das Unbewusste wirkt im Stillen."

2.9.3.5 „Jetzt erst recht!" – Mobilisation von Ressourcen (im Wortlaut wiedergegeben) unter Benutzung von Redewendungen des Patienten

Wörtliche Aufzeichnung einer Demonstration der Technik „Mobilisation von Ressourcen" innerhalb einer Ausbildungsgruppe. Die Teilnehmerin Beatrice (S. 91 ff.) ist HNO-Fachärztin und möchte ihren aktuellen Konflikt in der Klinik lösen. Sie hatte bei mir schon ein Jahr vorher einen einwöchigen Ausbildungskurs mit dem Thema „Hypnose und Schmerz“ absolviert. Zu Beginn der jetztigen Ausbildungseinheit berichtete sie, wie sie mit zweimal täglich zehn Minuten Selbsthypnose ihren Zigarettenkonsum von 40 Zigaretten pro Tag aufgeben konnte. Seit sechs Wochen „clean“, war sie von Hypnose überzeugt. Sie ist leicht hypnotisierbar und erlebt in der Hypnose fantasievolle Bilder (siehe 1.3).

Beatrice stellt ihr aktuelles Problem dar. Je länger sie redet, umso betroffener wirkt sie, was sich auch in ihrer Sprache widerspiegelt:

„Seit Oktober bin ich nun an der neuen Arbeitsstelle. Was dort passiert, kommt mir vor wie Mobbing. Ich hab so was noch nie erlebt: Der Oberarzt dort ist oberehrgeizig, führt sich auf wie ein Guru, ist total darauf fixiert, dass er der Obergute ist, und von seiner Persönlichkeit her haut er einem gern eins aufs Säckel. Er schaut halt ständig drauf, ob man was falsch macht.

Z. B. habe ich eine Patientin untersucht, die Ohrenschmerzen hatte. Sie hatte massenhaft Cerumen im Ohr. Ich habe das Cerumen entfernt, aber es war halt noch ein bisserl was drinnen. Er hat das dann vollständig entfernt und ist mit diesem kleinen Batzen zum Chef gerannt. Das ist wirklich ein urkindisch blödes Verhalten. Das spricht nicht für ihn. Aber es zeigt die Situation, wie sie für mich ist.

Oder ich will einen Patienten verlegen, und der Chirurg meint zu mir: ‚Na, wieso? Jetzt liegt er schon immer da, und jetzt kann er von uns auch weiterbehandelt werden.‘ Natürlich gelingt es dem Oberarzt dann doch, dass der Patient verlegt wird. Dann prahlt er noch so damit. Na, es ist eine ungute Situation. Der Chef, der ist ganz nett, na ja, aber alle schauen halt, ob ich was falsch mache. Ich mache das Fach gerne, aber es ist einfach eine ungute Situation. Und ich werde dann trotzig. Also, ich gehe innerlich ins Eck, anstatt dass ich mich selbst motiviere. Da kann ich mich nicht mehr motivieren, da merke ich, da ist was in mir, wo ich einfach selber meine eigene Gefangene bin … in diesem Trotz unheimlich verfangen bin. Da kann ich nicht aus … Das hängt sicher auch mit meiner frühesten Kindheit zusammen, das ist etwas, was ganz tief sitzt. Das sitzt sehr, sehr tief, das geht weit zurück …

Und dann heißt es nur noch: ‚Nein, jetzt erst recht nicht, jetzt bin ich nicht so, wie du mich haben willst.‘“

Agnes zu Beatrice: „Gut. Man könnte natürlich auch hypnotherapeutisch in diese früheren Situationen gehen. Wir haben uns aber etwas anderes vorgenommen, etwas anderes ausgemacht. Ich will das jetzt nicht wechseln, denn unter dieser Bedingung, die wir ausgemacht haben, hast du dich auch hierher gesetzt. Und mit der Technik ‚Mobilisation von Ressourcen" kann man an diesem aktuellen Problem hier gut arbeiten.'

Zur Gruppe: „Und ich habe jetzt nebenbei ein bisschen notiert. Das mache ich auch in der Therapie, dass ich mir nebenbei ein paar bestimmte Sätze vom Patienten, die mir auffallen, aufschreibe. Die verwende ich nachher möglichst wörtlich in der Hypnose. Eventuell setze ich sie dabei in einen anderen Rahmen (reframing) oder verändere sie entsprechend im Sinne des Therapiezieles [siehe 2]."

Zu Beatrice: „Was ich von dir gehört habe: Du bist jetzt seit einem guten halben Jahr an einer neuen Stelle, an einer neuen Klinik. Es ist ja auch nicht ganz einfach, so einen Neuanfang zu machen, sich da zu behaupten – auch als Frau – und zu beweisen, dass man seine Stärken hat, sein Wissen und seine Erfahrungen.

Das hast du ja sehr plastisch geschildert – diese kleine, dämliche Geschichte, mit der sich der Oberarzt eigentlich lächerlich gemacht hat. Dass der mit dem Rest von Ohrenschmalz am Steckerl zum Chefarzt gegangen ist ...! Das hört sich so an, als ob man dich überführen wollte, indem man zu beweisen versucht, dass du nicht einmal fähig bist, Ohrenschmalz zu entfernen. Und das als HNO-Ärztin! Dass du nicht mal das können solltest, ist schon wirklich ein gutes Maß an Lächerlichkeit. Das macht dir aber natürlich dort den Tagesablauf schwer. Und gerade, wenn das auf dein Muster trifft, das du selbst gut erkannt hast und auch hier nüchtern dargestellt hast. Nämlich, dass in dir dann das Kind wach wird, das trotzige Kind, kommt es zu einem inneren Konflikt. Mit deinem Trotz stellst du dich in die Ecke, und es wird zu einem immer größeren Problem, denn du sagst zu dir selbst: ‚Jetzt erst recht nicht.' Und du merkst dabei: ‚Ich bin meine eigene Gefangene.' Das ist ein typisches Dilemma, du sitzt innerlich in der Klemme ... **scheint es** [!] ... Jetzt schauen wir mal da weiter. Gut. Also: Du brauchst jetzt überhaupt nichts mehr zu tun, wie üblich. Sitzt du bequem, oder hättest du es gerne anders?"

Beatrice: „Es ist gut so."

Agnes: „Gut. Schließe doch einfach mal die Augen ... Und du bist ja eine Meisterin der Hypnose [!], da brauchen wir ja gar nicht viel zu machen.

Ich würde jetzt aber nicht an den Ort gehen, den du sonst in Hypnose aufsuchst, sondern lass dich einfach innerlich ganz frei und offen werden, bereit für neue Erfahrungen, bereit für Bewegung. Und ich zähle von außen – das ist auch eine Methode der Induktion, eine von vielen – einfach mal bis zehn, ganz in Ruhe, ganz langsam, und während ich von außen die Zahl nenne, kannst du im Stillen an die Zahl anfügen: ‚... und ich lasse los, und ich entspanne mich ...' Gut ... und eins ... zwei, drei ... und die Atmung kann ruhiger werden und jedes Mal, bei jeder Zahl kann eine Welle der Entspannung durch den Körper fließen, ganz angenehm, ganz wohlig, und vielleicht prüfst du noch einmal nach, ob deine Beine gut stehen, ob alles bequem ist ... gut ... und ich berühre dich mal bei der Schulter und prüfe, ob die Schulter noch ein bisschen absinken kann, ich berühre dich mal links hier ... und auch rechts ... [B. hatte die Schultern hochgezogen] und das kann noch mehr nachlassen mit der Zeit ... vier und fünf ... sechs ... sieben ... und acht ... und neun ..., Ich lasse los, und ich entspanne mich ...' und zehn ... gut ...

Lass dir einfach alle Zeit für dich, um dich wohlig warm und angenehm und entspannt zu fühlen ... und – du kannst auch reden – ist es gut mit dem Kopf so, oder brauchst du was, um dich anzulehnen? Ist es o. k.? Ja ...? Schön ... Und du kannst jederzeit reden, mir etwas mitteilen, wenn du was brauchst ... Gut ... Und lass dir alle Ruhe und alle Zeit, zu dir selbst zu finden und damit zu deinem ganzen Erfahrungsschatz und dem ganzen Reichtum an guten Erlebnissen und Erfolgen, die, ob du es wahrhaben willst oder nicht [!], in dir lagern ...

... die ganze Kompetenz als Mensch, als Frau, als Fachfrau, in deinem Beruf ... und auch auf anderen Gebieten ...

... gut ...

Und du bekommst eine besondere Aufgabe ... jetzt ... du bekommst sie aber nur auf der unbewussten Ebene. Das heißt, du kannst dich gleichzeitig mit allem Möglichen beschäftigen. Einfach irgendwo wandern gehen, wo es schön ist ... einfach dort frei ausschreiten und den Wind um die Nase wehen lassen ...

[Pause]

... und gleichzeitig kann auch dein Unbewusstes herumwandern, und zwar dorthin, wo deine guten Erfahrungen sind, deine guten Erlebnisse, wo du souverän mit einer Situation umgingst oder wo du Herausforderungen handlungsfähig begegnet bist. Und dein Unbewusstes kann irgendwas herausgreifen, irgendeine Situation ganz besonderer Art, egal, wann die war. Die kann zurückliegen. Die kann weit zurückliegen, eine Situation, in der ein anderer Mensch irgendwas an dich herangetragen hat. Und die Art, wie er es machte, war nicht in Ordnung gewesen. Er wollte irgendwas beweisen, was gegen dich sein sollte. du aber, ganz wie von selbst aus deiner inneren Kraft heraus, bist mit der Situation so umgegangen, dass sie letztendlich erfolgreich für dich wurde.

Ja, das ist erstaunlich! Während du gedanklich oder gefühlsmäßig vielleicht mit was ganz anderem beschäftigt bist, kann dein Unbewusstes solch eine Situation heraussuchen …

[Zeitregression]

… einer Schwierigkeit auf erfolgreiche Art und Weise begegnen … handlungsfähig sein …

Und wenn das Unbewusste fündig geworden ist, kann ein Finger der linken Hand deutlich ein Zeichen geben, sich heben und es anzeigen …"

Nach einer kleinen Weile hebt sich ein Finger der linken Hand mit einer ziehenden Bewegung.

„Wunderbar, da haben wir schon ein Zeichen. Dann lass dir mal diese Situation gegenwärtig werden, eindeutig und klar, damit du es erkennst … wieder erinnerst. So wird es auf die bewusste Ebene gehoben, und du kannst uns vielleicht sogar ein wenig davon schildern … noch nicht jetzt, aber gleich, wenn es dir präsent ist …

[Pause]

Magst du mal erzählen, was es für eine Situation ist?"

Beatrice schildert anschaulich eine komplizierte Situation, in der sie als junge Ärztin für eine Engländerin, eine Epileptikerin, eine richtige und lebensrettende Maßnahme traf.

„Gut …. Jetzt kannst du wieder tiefer in Hypnose sinken. Und dank dir für den Bericht … Jetzt lass dich noch mal zurückgehen. Alles ist gegenwärtig, du bist in deinem Arztkittel, du hast deine Patientin da. Sie ist in einer Krise. Du redest mit ihr auf Englisch, und … du bist vollkommen bei dir und in Kontakt mit deinen Kompetenzen, souverän, voll Erfahrung, mit der Fähigkeit, klar zu denken. Unabhängig von dem, was andere meinen und sagen, bist du fähig, eine gute, sinnvolle Entscheidung zu treffen. Und es ist gut, jetzt richtig in sich hineinzuspüren, wie sich das anfühlt, wenn du so selbstbewusst und standfest handeln kannst …

… gut in Kontakt zu kommen mit dieser Fähigkeit ist das Wichtige … und das kann sich richtig schön anfühlen …

Und wann immer du bereit bist, wirst du unbewusst überprüfen, ob du diese Fähigkeit, die dir eigen ist, in zukünftigen Situationen unter anderen und weiteren Bedingungen anwenden wirst … Und warum solltest du die Stärken, die du da an den Tag gelegt hast, nicht zur Lösung deines heutigen Problems nutzen?

Und wenn das Unbewusste bereit ist, dir dabei zu helfen, dir sozusagen Schützenhilfe zu leisten, dann kann ein Finger der rechten Hand ein deutliches Zeichen geben."

Es erfolgt ein deutliches ideomotorisches Signal eines Fingers der rechten Hand.

„Mhm … na, wenn das kein Zeichen ist … hervorragend …

Lass dir nun Zeit wiederum, dass sich das wirksam zusammenfügt. Diese Fähigkeit, die dir innewohnt, und die Fähigkeit, **aus der Ecke herauszugehen** und dich zu präsentieren und dazustehen … fest auf deinen zwei Beinen, und dabei flexibel zu bleiben … handlungsfähig … **jetzt erst recht …!**

… in deiner Mitte ruhen und aus der Stärke heraus handeln …!!

Und diese Fähigkeit kann sich dir automatisch kundtun und ebenso automatisch greifbar sein. Und auch, wenn kurz noch mal so ein kleiner Anflug von dem Früheren kommt, ich meine, so wie du dich kürzlich noch verhalten hast – und das ist ja erlaubt-, lässt du das einfach beiseite in dem Wissen, du kannst es anders, du kannst es besser.

[Therapieziel:] Und du lässt dein momentanes Unbehagen unberücksichtigt zugunsten eines Langzeitzieles, zugunsten deiner Selbstbehauptung, zugunsten deines Respektes dir selbst gegenüber. Und so werden auch die anderen dich respektieren.

[Pause]

Vielleicht magst du dir jetzt einfach, so wie in einer Art Vorschau [Zeitprogression], mal vorstellen, du bist in der Klinik … aber du kannst auch kurz erzählen, wenn irgendetwas ist, jetzt im Moment, wenn dich irgendetwas bewegt … nicht? O.k. … gut … ja, du gehst mit dieser Fähigkeit, die du jetzt mobilisiert hast, in der inneren Fantasie über die Station und schon probierst mal aus, wie es ist, wenn es anders ist …

Und da kann noch einmal ein Finger der rechten Hand, der gleiche von eben, signalisieren, wenn du in dieser Vorschau bist. Diese Vorschau, die dir helfen wird … morgen das, was du heute in der Fantasie erlebst, Wirklichkeit werden zu lassen.

Du fühlst dich sicher und stabil, selbstverständlich, aufgerichtet. Die frühere Angriffsfläche ist von dir abgefallen. Und die anderen können ihre Lächerlichkeiten für sich alleine tun, wenn sie wollen. Aber das ist völlig unwichtig für dich …"

Das Fingerzeichen erfolgt.

„… schön!

Gut … sehr gut … Und der Finger kann noch mal ein Zeichen geben, wenn so richtig die volle Erlaubnis einfließt – wie warmer, goldener Honig hineinfließt –, die Erlaubnis, morgen schon darauf zurückzugreifen … ganz einfach und ganz selbstverständlich …"

[Pause]

Es erfolgt das Fingerzeichen.

„… mhm … gut … und ohne es vielleicht gleich zu bemerken … und erst morgen Abend festzustellen, dass da irgendwie doch etwas anders war … Auch wirst du merken, wie du abends, wenn du nach Hause kommst, frischer bist, mehr Kräfte hast und unerwartet guter Dinge bist … Gut … Denn du hast eine weitere Option dazugewonnen.

Du kannst das ‚Jetzt erst recht nicht!' beibehalten, wenn es sinnvoll ist. **Und** du hast zusätzlich alle Freiheit, auch das ‚Jetzt erst recht!' zu benutzen. Du kannst weiterhin dein Eck aufsuchen, aber nicht als einzige Möglichkeit. Denn du kannst in freier Wahl heraustreten – hineingehen und heraustreten – in aller innerer Freiheit. So wie es halt gerade für die entsprechende Situation sinnvoll ist …

Lass dir nun Zeit, das alles sinken zu lassen und einzubauen und dann Schritt für Schritt gemächlich wieder die Zahlen hinaufzuwandern. Bei zehn angefangen, dann zu neun gehend usw. Das kannst du innerlich in deinem Rhythmus machen, um bei eins wach, frisch und klar und froh und neugierig auf morgen Abend [!] wieder hierher zu kommen …“

Beatrice strahlt. Sie orientiert sich wieder im Raum, ist aber, wie üblich nach der Hypnose, noch leicht in Trance. Jedes Wort muss nun sorgsam gewählt werden, weil es noch suggestiven Einfluss haben kann.

Agnes: „Magst du nicht noch was dazu sagen? Erzähl doch ein bisschen! Wir sind alle so neugierig. Davon können wir ja schließlich alle lernen.“

Beatrice: „Mich nicht an ‚meinen‘ Ort zu begeben, das war schon mal sehr gut.“

Agnes: „Ja, ich wollte diesen Ort schützen, damit man ihn nicht ausleiert. Der hat ja seine magische Kraft für andere Aufgaben.“

Beatrice: „Genau, so habe ich zuerst auch keinen bestimmten Ort gehabt. Dann kam ich an die Salzach, da bin ich entlangspaziert. Dort fiel mir plötzlich diese alte Geschichte mit der Epileptikerin ein, diese Situation, ganz klar …“

Agnes: „Was hast du da erlebt?“

Beatrice: „Da war einfach das positive Gefühl: Ich weiß, was zu tun ist. Alles ist klar und gut entschieden.“

Agnes: „Hast du etwas gespürt, als von dem Finger die Zustimmung kam?“

Beatrice: „Das ist ganz was Eigenes, wie nicht von mir. Die Auswirkung war ein gutes Gefühl: So ist es jetzt.“

Agnes: „Ich habe dann vorgeschlagen – ich weiß nicht, ob du das gemacht hast –, wie nach dem ‚Wunder‘ dir vorzustellen, du gehst über die Station. Es ist anders … usw.“

Beatrice: „Ja, das war dann die Visite, da war alles o. k.“

Agnes: „Da bin ich aber gespannt, was du uns beim nächsten Treffen wieder für Erfolge berichten wirst!“

Lachen in der Runde.

Eine Ablenkung durch Themenwechsel nach der Intervention war hier nicht nötig, da Beatrice über eine flexible Verhaltens- und Erlebnisstruktur verfügt. Wir konnten ein wenig über das Erlebnis in Hypnose plaudern, da ich sicher war, sie würde das therapeutische Ergebnis nicht analysieren und zerstören. Im Gegenteil, bei der nächsten Kurseinheit acht Wochen später berichtete sie ihre Neuigkeiten.

Beatrice: „Ohne bewusst drauf zu achten, handele ich seit unserer Übung viel souveräner. Ja, das ist wie reflektorisch. Ich habe überhaupt keine Angst mehr. Ich merke erst jetzt, wie gelähmt und handlungsunfähig ich war. Die letzten Wochen habe ich einfach meine Arbeit gemacht, ich habe die alten Gedanken nicht mehr gehabt. Es ist mir sehr gut dabei gegangen, ja, ich kann sagen, ich habe ein gute Zeit gehabt. Der Chef ermuntert mich und lässt mir volle Freiheit. Ich spezialisiere mich gerade in der Hirnstammaudiometrie, das ist sehr interessant. Außerdem habe ich meine ersten Erfolge mit Hypnose bei Tinnitus-Patienten gehabt. Der Oberarzt sagt nix mehr, und wenn er hinterrücks was sagt, dann ist es mir egal. Und, übrigens, Zigaretten sind mir weiterhin völlig gleichgültig."

So eine Therapiesitzung ist natürlich geradezu „bilderbuchmäßig", aber, wie Berichte von Kollegen bezeugen, nicht selten.

2.9.4 Strategie mit differenzierten Signalen

Eine differenzierte Antwort auf eine gestellte Frage erhalten wir nach Etablierung des Antwortsystems der Fingersignale. Detailliert ist die Installation ideomotorischer differenzierter Signale in Kaiser Rekkas (1998) beschrieben. An dieser Stelle sei nur eine Kurzform präsentiert (siehe auch 3.4.).

2.9.4.1 Bahnen und Installieren von ideodynamischen Signalen (IS)/Fingerzeichen (FZ)

1. Einführung der Fingerzeichen: „Ihr Unbewusstes weiß oftmals über Erfahrungen und Tatbestände Bescheid, die Sie vergessen oder bewusst

nie gewusst haben. Man kann dieses Wissen aktivieren und Ihren Fingern mithilfe der unbewussten ideomotorischen Signale das ‚Sprechen' überlassen."

2. Bahnen und Installieren von Fingerzeichen: „Ja", „Nein", „Ich bin noch nicht bereit, bewusst zu wissen" / „Ich will nicht antworten", „Es ist etwas Neues geschehen":

„Ja."

„Versetzen Sie sich jetzt in ein Gefühl der Zustimmung und denken an etwas Schönes, und fühlen Sie jetzt ‚Ja, ja, ja'. Beobachten Sie dann einfach, welchen Finger Ihr Unbewusstes wohl heben wird, um die Antwort ‚Ja' zu signalisieren."

[Pause].

Wenn innerhalb einer Minute kein deutliches Zeichen kommt:

„Manchmal fühlt es sich an, als würde ein unsichtbarer Faden einen Finger hochziehen."

Oder: „Manchmal fühlt sich ein Finger auch erst etwas komisch an, bevor er sich bewegt."

„Nein."

„Versetzen Sie sich jetzt in ein Gefühl der Ablehnung und denken und fühlen ‚Nein, nein, nein', bis ein anderer Finger derselben Hand sich hebt, um ‚Nein' anzuzeigen."

[Pause]

Wenn innerhalb einer Minute kein deutliches Zeichen kommt:

„Vergegenwärtigen Sie sich tief innerlich etwas, von dem Sie wissen, dass Sie es absolut nicht wollen."

„Ich bin noch nicht bereit, bewusst zu wissen"/
„Ich will nicht antworten"

„Manchmal ist das Unbewusste noch nicht bereit, das Bewusste etwas wissen zu lassen. Das ist eine wichtige Funktion. Es kann bedeuten, dass das Unbewusste es für ratsam hält, eine gewisse Zeit noch Schutz (vor Informationen oder zu schneller Veränderung) auszuüben. Beobachten Sie nun in aller Ruhe, mit welchem weiteren Finger derselben Hand Ihr Unbewusstes „Ich bin noch nicht bereit, bewusst zu wissen" anzeigt."

„Es ist etwas Neues geschehen"/„Der Neue"

Dieses Fingersignal wird nicht von vornherein installiert, sondern nach einer wichtigen Entwicklung innerhalb des Therapiegeschehens spontan und einmalig abgerufen. Es kann irgendein Finger sein, der für ideomototische Signale noch nicht benutzt wurde. Eben ein neuer.

3. Verankern der ideodynamischen Fingerzeichen: Zum Verankern der FZ empfiehlt es sich, gleich ein paar Fragen zu stellen. („Haben Sie heute Nacht etwas geträumt, was uns heute in der Therapiestunde nützlich sein könnte?" Siehe „Beispiel" in 7.2.)

2.9.4.2 Das Spiel hinter den Kulissen – Ein spannendes Interview

Ist ein Problem offenbart, ein Konflikt im Gespräch dargestellt oder/ und liegt eine körperliche Krankheit vor, können mithilfe ideomotorischer Befragung psychische Leistungen für die Bewältigung angesprochen werden. Mit der hier dargestellten Fragenabfolge erkundige ich mich nach dem „Spiel hinter den Kulissen". Die in den Fragen implizit enthaltenene Annahme, dass dem Unbewussten die seelischen Beweggründe bekannt sind, wirkt natürlich schon suggestiv und bringt innere Suchprozesse in Gang. Die angegebene Reihenfolge der Fragen leitet den Patienten behutsam, aber stringent in die therapeutische Zielrichtung. Sie setzt damit den Zug auf ein Gleis mit neuen Möglichkeiten und gibt der Lokomotive dann noch den richtigen Schubs.

Schrittfolge des Fragenablaufes

1. **Kenntnis der Lösung des Problems bzw. des Hintergrunds des Symptoms**
   Frage des Therapeuten: „Weiß Ihr Unbewusstes schon, was zu tun ist?"
2. **Bereitschaft, dieses Wissen preiszugeben**
   Frage des Th.: „Ist es bereit, dieses Wissen mitzuteilen?"
3. **Abruf der (vielleicht noch verschlüsselten) Information**
   Aufforderung des Th.: „Lehnen Sie sich nun zurück, und seien Sie vollkommen offen für einen Hinweis, der aus Ihnen selbst kommt und der Ihnen weiterhelfen wird. Und da der Hinweis etwas Neues beinhalten wird, wird der Finger für ‚das Neue' ein Zeichen geben."

4. **Fähigkeit, diese Information zu nutzen und Schritte der Veränderung zu vollziehen**
   Frage des Th.: „Gut. Wo Sie jetzt wissen, was zu tun ist, sind Sie auch fähig, es zu tun ist?"
5. **Bereitschaft, diese Schritte zu gehen**
   Th.: „Und sind Sie (nicht nur bewusst, sondern auch unbewusst) willens, das zu tun?"
6. **Psychische Erlaubnis für Veränderung**
   Th.: „Gibt es hierfür auf tieferer Ebene die Erlaubnis?"
7. **Möglichkeit, „jetzt" damit zu beginnen, jetzt den ersten Schritt zu tun**
   Th.: „Sind Sie bereit, damit anzufangen, und zwar *jetzt, mit aller inneren Erlaubnis?"*
8. **Aufforderung, dieses jetzt zu tun und mit dem ideomotorischen Signal des „Fingers für das Neue" zu bestätigen**
   Th.: „Na wunderbar! Dann tun Sie es. Nutzen Sie diese Chance *jetzt.* Bleiben Sie ganz bei sich und beobachten aufmerksam, was sich von alleine in den nächsten Minuten in Ihnen abspielen wird. Der ‚neue Finger' wird deutliche Zeichen geben, um den Fortschritt / den ersten Schritt in die Genesung / den Erfolg anzuzeigen."
9. **Nach Signal des „Neuen": „In-Szene-Setzen" des Erfolges durch den Therapeuten**
   Th.: „Hervorragend, herzlichen Glückwunsch!" Oder: „Ich bin neugierig, was Sie mir in der nächsten Stunde berichten werden …" Oder: „Sehr schön, das wird seine Wirkung tun. Bewahren Sie das neue Gefühl." Oder: „Es kann auf keinen Fall mehr so sein wie früher …" Oder: „Ob Sie wollen oder nicht, Besserung ist in Sicht …!"

Erhalten wir im besten Falle auf eine Frage die ideomotorische „Ja"-Antwort, bzw. bei Frage 3 eine Botschaft per Bild, Wort oder Gefühl, die dem Patienten ins Bewusstsein tritt und die er uns möglichst mitteilen sollte, rücken wir um einen Platz zur nächsten Frage vor. Signalisisiert das ideomotorische System hingegen ein „Nein", wird es spannend, denn wir können nun unseren Einfallsreichtum und somit unsere therapeutische Flexibilität unter Beweis stellen.

2.9.4.2.1 Wie gehe ich mit einem „nein", also einer Bewegung des „Nein-Fingers", konstruktiv-bejahend um?

Zum Beispiel so:

„Nein? Sehr gut. Da ist vorher noch etwas anderes zu tun. Und Sie wollen nicht den zweiten Schritt vor dem ersten tun. Das ist ja auch völlig richtig."

Die Technik des „positiven Reframings" bedeutet, etwas eigentlich Ungemütliches konstruktiv umzudeuten. Die Sinnhaftigkeit im Psychischen und / oder im Lebenskontext offenbart sich und wird in einen positiven Rahmen gesetzt. Das Symptom bekommt damit ein neues Gesicht. So können wir produktiv weiterarbeiten. Das „Nein" ist also keineswegs als (so genannter) Widerstand, Blockade, Hindernis oder Patt aufzufassen, sondern als Herausforderung.

Beispielantwort auf „Nein" bei Frage 1:

„Nein? Gut, *noch* nicht. Ist das Unbewusste in den kommenden Tagen bereit, sich mit dem Thema intensiver zu beschäftigen – vielleicht auch nächtens im Traum –, um damit mehr Wissen zu erlangen?"

Beispielantwort bei Frage 2:

„Braucht das Unbewusste noch etwas, um uns mehr hilfreiche Information zu geben?"

Bei „Ja" kann man davon ausgehen, dass es sich um mehr Zeit, um Sicherheit oder um ein Versprechen handelt. Bei jetzt erfolgendem „Ja":

Frage: „Gut, jetzt kam ein ‚Ja'. Braucht es einfach mehr Ruhe und Zeit?"

FZ: „Ja."

Der Therapeut nimmt nun zur Entlastung des Patienten und Förderung des Prozesses die „Schuld" auf sich: „Na, ich habe ja auch zu sehr gedrängelt. Bleiben Sie nur bei Ihrem eigenen Tempo, und passen Sie auf, dass sich nichts zu schnell verändert [!]."

Oder:

Th.: „Brauchen Sie noch etwas?"

FZ: „Ja."

Th.: „Können Sie sich das selber geben?"

FZ: „Ja."
Th.: „Dann tun Sie das!"

Oder:
Th.: „Kann ich etwas für Sie tun?"
FZ: „Ja."
Th.: „Schön, lassen Sie sich in den Sinn kommen, was das sein könnte, und teilen Sie mir es dann bitte mit!"

Es ist immer zuerst einmal der einfachste Weg auszuprobieren. Vielleicht führt er schon zum Ziel. Wenn nicht, gehen wir zur nächsten Variante über.

Beispielantwort bei Frage 5:
Th.: „Heute ist der … (Datum des Tages). Ist es noch sinnvoll, dieses Verhalten, das Ihnen eigentlich schadet, weiterzuführen?"
FZ: „Nein."
Das „Nein" bedeutet, wir haben den Fisch an der Angel. So fahren wir fort:
Th.: „Sind Sie dann bereit, damit aufzuhören?"
FZ: „Ja."
Th.: „Jetzt?"

Falls „Nein" auf die Eingangsfrage erfolgt:
Th.: „Es hat also noch einen Sinn. Gut, dass wir das wissen. Das muss man respektieren. Nehmen wir aber einmal an, es verlöre den Sinn. Könnten Sie dann damit aufhören?"
FZ: „Ja."
Th.: „Sind Sie unter diesen Umständen bereit, dem Sinn auf die Spur zu kommen?"
FZ: „Ja."
Th.: „ Führt die Spur zurück in die Kindheit?"
FZ: „Ja."
Th.: „Sind Sie bereit, diese Spur zu verfolgen, damit es Ihnen besser gehen kann?"
FZ: „Ja."
Th.: „Führt diese Spur in eine Zeit, in der Sie jünger als zehn Jahre alt waren?"
Etc., weiter nach Schema *Kindheitstrauma* (Kaiser Rekkas 1998, S. 140 ff.).

Bei der Frage 6 kann ein ungelöstes Loyalitätsproblem im Wege stehen, wie das Dilemma: „Es darf mir nicht besser gehen als meiner Mutter", „Ich darf nicht erfolgreicher sein als mein Vater". Der Patient muss dafür die Hypnose vertiefen und lesen, was auf den inneren Verbotsschildern steht. Sobald er das bildhaft oder sinnlich erfasst, ist die erste Hürde zur Auflösung schon genommen.

Variante A:
Frage nach einem erlernten rigiden Verhaltensmuster, das der Auflösung des Problems im Wege steht:

„Gab es in Ihrem Leben ganz früher mal ein Erlebnis, bei dem sich Ihnen einprägte,

- dass es gefährlich ist, neue Schritte zu machen?,
- dass Probleme nicht zu lösen sind?,
- dass man sich ins Unglück stürzt, wenn man an alten Glaubenssätzen rüttelt?"

FZ: „Ja."

„Ja? Ist es sinnvoll, auch weiterhin so vorzugehen?"

FZ: „Nein."

„Schön, dann lösen Sie es auf. Nutzen Sie die Chance jetzt!"

Oder nach dem ersten „Ja":

Th.: „Sind Sie bereit, sich diese Situation aus dem Blickwinkel von heute noch einmal anzuschauen?"

Variante B:
Zwischenschalten einer psychotherapeutischen Arbeit, um die nächste Frage in positivem Sinn beantwortet zu bekommen: Dabei ist das System des Patienten in Bezug auf erlerntes Verhalten, was Veränderungen, Abschiednehmen, Entscheidungen, Organisation von Nähe und Distanz, Selbstbehauptung u. Ä. betrifft, zu überprüfen: „Wie wurde früher in ihrer Ursprungsfamilie Veränderungen begegnet? Lösten sie Krisen aus?" Oder: „Wie wurden Entscheidungen getroffen: Überstürtzt, oder waren sie gefährlich und brachten Unglück? Wurde ihnen ausgewichen?" Usw.

Variante C:
Verschiebung der psychotherapeutischen Arbeit auf einen späteren Zeitpunkt: Wenn sich während der ideomotorischen Befragung verdeutlicht, dass ein größerer Komplex noch psychotherapeutisch berabeitet werden muss, kann man mit dem „Unbewussten einen Vertrag schließen". Man verspricht sich, dieses Thema bei nächster Gelegenheit zu bearbeiten. Das Symptom aber kann schon anfangen, sich aufzulösen (da es seine Signalfunktion verloren hat):

Th.: „Wenn wir nun verabreden, uns eingehend um den Ursprung (bzw. den Sinn) des Symptoms / des Problemes zu kümmern, kann das Symptom dann schon anfangen nachzulassen?"

FZ: „Ja."

Th.: „ Hervorragend. Es ist nur wichtig, dieses Versprechen einzuhalten. Geben Sie sich jetzt innerlich dieses Versprechen. Ich werde das meine dazu tun. Wenn das Versprechen in Ihnen erklungen ist, wird der ‚Ja-Finger' es anzeigen."

Nach einer Weile: FZ: „Ja."

Th.: „‚Ja', sehr gut. Und der Finger für das ‚Neue' gibt ein Signal, wenn sich das Symptom jetzt anfängt zurückzuziehen. Denn es hat seine Schuldigkeit getan."

In einer Ausbildungsgruppe wurde vorgeschlagen, einen hypothetischen Fall durchzuspielen, in dem der Patient auf *jede Frage „Nein"* signalisiert. Meine Antwort beinhaltet positives Reframing in Reinkultur:

„Da sind wir heute beträchtlich weitergekommen, sehr gut. Das war ja eine richtige ‚Nein-Hypnose' mit vielen wichtigen Informationen. Das ist die beste Voraussetzung für die weitere erfolgreiche Arbeit. Interessant, was nun in unserer nächsten Stunde zutage treten wird."

2.9.4.3 Ein schönes Kindheitserlebnis – Altersregression

Ein beschwingter Sommertag: Mutters gepunktetes Kleid, der geflochtene Picknickkorb, der Frosch, der mit endlos langen Hinterbeinen vom Bachufer ins Wasser hechtet … Wasserspritzer, die in der Sonne funkeln …

Jeder von uns hat schöne Kindheitserlebnisse im Buch seines Lebens stehen. Aber es ist sooo lange her. Vieles ist in Vergessenheit geraten. Die Seiten sind verklebt, die Bilder erloschen. Schade, oder?

Was wäre, wenn wir sie wieder belebten?

Wäre das nicht wunderbar?

Mithilfe der ideomotorischen Zeichen können wir auch lustvoll in der Vergangenheit stöbern und Vergessenes wieder hervorkramen. Es müssen nicht nur die seelischen Traumata sein. Nein, gerade zu Beginn einer Therapie geben schöne und gute Erfahrungen Kraft, stärken das Vertrauen in Hypnose und leiten in eine positive Richtung.

Technik: Nach der Tranceinduktion fragt der Therapeut auf der unbewussten Ebene über die Fingerzeichen: „Sind Sie bereit, sich an ein schönes Erlebnis in der Kindheit, dass Sie vergessen haben, zu erinnern?"

FZ: „Ja."

Th.: „Gut, dann schlendern Sie jetzt gemächlich durch das Archiv Ihrer Geschichte. Das Unbewusste wird irgendwann in den nächsten Minuten mit sicherem Griff ein Erlebnis auffinden, ein Erlebnis, das wert ist, wieder erinnert zu werden. Der ‚Ja-Finger' wird es anzeigen, wenn das Erlebnis gewählt worden ist."

FZ: „Ja."

Th.: „Schön, wie alt bist du? Jünger als zehn Jahre?"

FZ: „Ja."

Th.: „Jünger als neun Jahre?"

FZ: „Ja."

Th.: „Jünger als acht Jahre?"

FZ: „Nein."

Th.: „Aha, acht Jahre bist du."

FZ: „Ja."

Das Herausfinden des genauen Alters erleichtert die Annäherung an die Erinnerung. Im Gegensatz zur Traumaarbeit, in der immer der Kontakt mit dem Erwachsensein gehalten werden sollte, damit der Patient nicht zu stark in die Regression und somit in das Trauma gerät, kann hier eine vermehrte Identifikation mit dem Kinde stattfinden. (Deshalb die gewählte „Du"-Form.) Bei der Tranceausleitung ist allerdings auf die Assoziation mit dem realen Alter zu achten.

Th.: „Das Erlebnis kann jetzt in dir lebendig werden … beobachte mal genau …

Lachen … Sonnenschein … Heiterkeit … ein ganz besonderer Duft … das macht einem richtig die Brust frei …!"

Geruchswahrnehmungen sind für die Dissoziation in Kindheitserfahrungen besonders dienlich.

„Mögen Sie ein wenig berichten von dem, was Sie gerade erleben?"

Nach dem eventuellen verbalen Bericht geht der Patient wieder tiefer in Trance. Das wiedergewonnene Erlebnis kann nun therapeutische Dienste leisten: „Wer weiß, weshalb Sie sich gerade an diese Situation erinnern und wofür das nützlich sein wird …"

Eine Kollegin erinnerte sich an das kleine Holzhaus in Großvaters Garten und sah auf einmal ganz plastisch die alte geschmiedete Türklinke vor Augen. Vielleicht hat diese Erinnerung eine Bedeutung, die sich nicht gleich offenbart.

Ein Seminarteilnehmer erlebte sich als Achtjähriger in einem Kornfeld. Er genoss Körner kauend, gut versteckt und, unter einer Garbe liegend, mit der Natur verbunden, den Duft der Erde. Seiner Angabe nach war ihm diese schöne Situation aus der Kindheit völlig entfallen gewesen, und er freute sich, sie wieder entdeckt zu haben.

Beispiel: Dass ein schönes Kindheitserlebnis nun nicht unbedingt aus unserer Erwachsenenperspektive „schön" sein muss, belegt *eine Leiche:* Eine Tanztherapeutin erlebte ein bewusst vergessenes faszinierendes Schauspiel wieder. Im Haus ihrer Kinderzeit war eine alte Frau, die das Dachstübchen bewohnt hatte, verstorben. Für den Zeitraum, in dem die Leiche abgeholt werden sollte, verfrachteten die Eltern ihre Kinder fürsorglich zu den Nachbarn. Umso spannender wurde das Ganze natürlich. Die Kinder stahlen sich davon und kletterten auf einen Baum mit guter Aussicht auf das besagte Dachstübchen. Mit Herzklopfen, das auch die Erwachsene in Hypnose wieder verspürte, und voller Neugierde wartete man in schwindelnder Höhe ab. Wie eine Leiche wohl aussehen mochte? Endlich war es so weit. Unsere Kollegin hatte den besten Platz erwischt. Die Kinder wagten kaum, Luft zu holen. Der Kitzel war grenzenlos. Da wurde sie geholt. Fein säuberlich in ein weißes Laken gehüllt. Es war wie eine Erleuchtung. Endlich verstand man mehr von Gespenstern.

2.9.4.4 Retrospektiver Zugang zur Desensibilisierung von Traumata

Um ein Trauma aufzufinden und indirekt zu bearbeiten, wird die Erwachsenenperspektive beibehalten.

1. Formulierung der therapeutischen Hypothese
„Ist ein früheres Ereignis für Ihr heutiges Problem verantwortlich?“
Wenn „Nein“ erfolgt, ist zu fragen, ob es eine Reihe von Ereignissen seien.
Bei „Ja“-Antwort:

2. Herausfinden des Zeitpunktes durch Bestätigung via FZ mit „Ja“ bzw. „Nein“
„Waren Sie bei diesem Ereignis jünger als zehn Jahre … acht …“

FZ: „Ja.“

Th.: „Fünf Jahre?“ (Etc.)

„Schauen Sie jetzt aus der Erwachsenenperspektive [!] und aus der Zeit von heute [!] noch einmal an, was zu jener Zeit passiert ist. Wenn Sie wissen, was es ist, wird Ihr „Ja-Finger“ sich heben. Während er sich hebt, wird die Erinnerung auftauchen, und Sie werden darüber sprechen können.“

3. Therapeutische Neuorientierung
„Lassen Sie mich bitte wissen, was Sie gerade erleben. So kann ich Ihnen, wenn Sie es brauchen, beistehen.“

Patient berichtet.

Er wird angehalten, die auftauchenden Erinnerungen (die Not des Kindes) zu beschreiben, wonach die therapeutische Verarbeitung und Integration (z. B. nach Schema *Arbeit am Kindheitstrauma,* Kaiser Rekkas 1998, S. 140 ff.) gefördert wird.

4. Verankerung des Therapieerfolges
„Sie wissen jetzt mehr. Ist es Ihnen jetzt möglich, das Problem zu lösen, wenn vielleicht auch erst einmal auf der unbewussten Ebene?“

Ein „Nein“ bedeutet, dass weitere Einsicht und Umgestaltung erarbeitet werden müssen:

„Lassen Sie Ihr Unbewusstes ein Zeichen für das ‚Neue‘ geben, wenn es bereit ist, den Zeitpunkt für eine zufrieden stellende Lösung des Problems in Ihr Bewusstsein dringen zu lassen.“

2.9.4.5 Chronologischer Zugang zu seelischen Hintergründen körperlicher Erkrankung

Mit dieser Technik nehmen wir zu bedeutsamen, aber vergessenen Lebensereignissen Kontakt auf und beginnen deren therapeutische Bearbeitung.

1. Annäherung an das Problem

„Gehen Sie jetzt wie auf einer inneren Zeitlinie in Ihrer Geschichte zurück. Wenn Sie dort angekommen sind, wo es noch keine Schwierigkeiten gab / Sie noch gesund waren, gibt Ihr „Ja-Finger" ein Zeichen."

Pause. FZ und verbale Aussage abwarten.

FZ.

„Lassen Sie nun von diesem guten Zustand innerlich ein Bild entwickeln und sagen mir, wo Sie sind, was geschieht und wie es sich anfühlt."

„Gehen Sie jetzt Schritt für Schritt auf der inneren Zeitlinie wieder nach vorne, und zwar genau bis zu dem Moment, an dem Sie merken, dass zum ersten Mal etwas Wichtiges passiert, das mit Ihrem Problem zu tun hat. Wenn Sie dort angekommen sind, signalisiert das wieder Ihr ‚Ja-Finger'."

2. Therapeutisches Vorgehen

„Während sich Ihr Finger hebt, erzählen Sie mir, was Ihnen als Erstes in den Sinn kommt. Sprechen Sie einfach alles aus, auch wenn es seltsam erscheint."

Pause.

Zeit für emotionale Katharsis und / oder spontane Einsicht. Patient reden lassen.

„Gehen Sie jetzt weiter auf der Zeitlinie bis zum nächsten Ereignis, das aus dieser ersten Erfahrung Ihr Problem verursachte."

Pause.

Dem Patienten soll an dieser Stelle Zeit gegeben werden, spontane Einsichten zu äußern.

Dabei stützt der Therapeut den Patienten und lenkt den Prozess auf positive Weise.

Anschließend:
„Gibt es irgendeine andere/weitere Erfahrung, von der wir wissen sollten?“

3. Verankern des Therapieerfolges
„Gehen Sie nun bitte weiter auf der Zeitlinie in die Zukunft, und zwar bis zu dem Punkt, an dem Sie wissen, dass Sie das Problem gelöst haben werden und sich symptomfrei/geheilt fühlen. Wenn Sie dort angekommen sind, wird sich Ihr Ja-Finger heben.“

Pause, FZ abwarten.

„Lassen Sie nun vor Ihrem inneren Auge ein Datum in der Zukunft erscheinen. Es wird das Datum sein, an dem Sie …

Ihr ‚Ja-Finger‘ wird sich dabei heben. Während er sich hebt, nennen Sie mir bitte das Datum.“

Jegliche Schwierigkeit, dieses „Datum der Heilung“ zu nennen, bedeutet, dass mehr therapeutische Arbeit bei Schritt 1 oder 2 investiert werden muss.

„Wenn Ihr Unbewusstes weiss, dass es diesen Heilungsprozess fortsetzen kann, wird das wiederum Ihr ‚Ja-Finger‘ anzeigen. Und Ihrem Bewusstsein kommen alle Einsichten, die zur Heilung wichtig sind …“

FZ: „Ja.“

„Gut, dann werden Sie für die nächste Therapiestunde irgendwann einen Hinweis erhalten, was zu tun ist.“

2.9.5 Diagnostischer Fragenkatalog

Folgende Fragen, sieben davon von LeCron und Cheek und die achte von mir formuliert, sind zur Beantwortung auf der ideomotorischen Ebene über Fingersignale zu beantworeten. Sie sind zur schnellen Abklärung des Hintergrundes einer Krankheit oder eines selbstschädigenden Verhaltens geeignet und bringen auf indirekte und assoziative Weise Heilungs- und Lösungsprozesse in Gang. Sie können am Anfang einer Therapie sowie auch zwischendurch gestellt werden. Dabei muss man sich nicht an die unten aufgelistete Reihenfolge halten, sondern kann nach eigenem Gespür bestimmte Fragen bevorzugen. Am Anfang der Therapie empfiehlt es sich aber, zur Abschätzung der Gesamtlage den gesamten Fragenkomplex zu benutzen und die durch Fingersignale erhaltenen Antworten zu notieren. Sind bei einer bestimmten Frage auffällige Reaktionen (wie Aufregung, erhöhte Konzentration oder auch gefühlsmäßige Reaktionen) des Patienten zu beobachten, kann aber auch gleich in die therapeutische Arbeit eingestiegen werden.

Acht psychische Hintergrundthemen für Krankheit und ihre ideomotorischen Fragen:

1. *Krankheits-/Sekundärgewinn:* „Hat die Krankheit einen Sinn, eine positive Funktion in Ihrem Leben?"
2. *Aktueller Konflikt:* „Steht die Krankheit in Zusammenhang mit einer aktuellen Situation?"
3. *Kindheitstrauma:* „Ist ein Kindheitserlebnis verantwortlich für die Symptomatik?"
4. *„Organsprache":* „Will der Körper mit den Beschwerden etwas kundtun?"
5. *Prägung/Gewohnheitshaltung:* „Ist die Krankheit ein früher erlerntes Reaktionsmuster?"
6. *Identifikation:* „Ist das wirklich *Ihr* (z. B.) Kopfschmerz?" / „Gehört das Symptom eigentlich zu einer anderen Person?" (Siehe unten, 2.9.6.1.)
7. *Selbstbestrafung/unbewusste Schuldübernahme:* „Handelt es sich bei dem Symptom um eine Art unbewusster Selbstbestrafung?"
8. *Entscheidung:* „Haben Sie als Kind einmal eine wichtige, damals vielleicht lebensrettende Entscheidung getroffen, die letztendlich die Symptomatik auslöste?"

Abgesehen von der direkten Aussage, die wir durch die Antwort der Fingerzeichen erhalten, sind wir als Therapeuten von der (undankbaren) Aufgabe entlastet, dem Patienten etwas für ihn eventuell Unangenehmes unterbreiten müssen. Die Botschaft oder der Hinweis, die Krankheit habe einen Sinn, der Körper wolle ihm etwas sagen, die Pein sei durch irgendeine Art Schuldübernahme selbst auferlegt, kommt aus ihm selber. Der Patient ist durch die Aussage seiner Fingersignale erst einmal erstaunt. So kann die für ihn neue Botschaft ungehindert mit „durchschlüpfen" und wird der Beobachtung nach in der Regel akzeptiert. Erscheint es sinnvoll, kann die therapéutische Arbeit beginnen.

Für die mit der ideomotorischen Antwort bejahten Fragen sind im folgenden Vorschläge für die weitere, auch wieder das ideomotorische System nutzende Intervention gemacht. Sie setzen die Therapie in Gang, und spontan vertiefte Arbeit kann sich anschließen. Manchmal ist es günstig, die Fragen und deren Beantwortung bis zur nächsten Sitzung wirken zu lassen, um dann erst einmal zu überprüfen, ob sich nicht schon von alleine etwas getan hat. Warum nicht zuerst einmal den leichtesten Weg ausprobieren? Vielleicht erweist der sich schon als erfolgreich.

Folgefragen

Zu 1)
„Sind Sie bereit, daran etwas zu verändern?"
„Wissen Sie schon auf tieferer Ebene, wie Sie daran etwas ändern können?"
„Ist dieser Sinn noch sinnvoll?"
„Möchten Sie nach einem anderen, positiven Sinn in Ihrem Leben suchen?"

Zu 2)
„Sind Sie bereit, diesen Konflikt auszuräumen, um zu heilen?"
„Wissen sie schon, was zu tun ist?"
„Sind Sie willens, sich auf neue Art und Weise zu verhalten?"
Ideomotorisches „Nein":
„Ach, noch nicht. Gut."
„Brauchen Sie noch etwas, um den Konflikt zu klären?"
„Gibt es innerlich die Erlaubnis, den Konflikt zu klären?"
FZ: „Nein.":
„Oh, dann wissen wir ja, was zu tun ist, gut."
Etc.

Zu 3)
„Werden die Chancen für Ihre Gesundung größer, wenn wir uns in der Therapie mit dieser Situation beschäftigen?"
„Wollen Sie dieses Trauma auf neue Weise bearbeiten, damit es seine schlechte Auswirkung verliert?"
Bei ideomotorischem „Ja":
„Gut, sollen wir das heute schon machen?" Bei „Ja" ist eine Traumabearbeitung angezeigt.

Zu 4)
„Mögen Sie jetzt mal ganz aufmerksam nach innen horchen, um einen genaueren Hinweis zu erhalten?"

Bei ideomotorischem „Ja":

„Sobald Ihnen Ihr Körper etwas Wichtiges mitteilt, wird Ihr ‚Ja-Finger' ein Zeichen geben. Warten wir einfach ab."

Bemerkt der Patient irgendeine Sensation, frage man auf der bewussten Ebene:

Was kann das für Sie heißen?"

Zu 5)
„Das ist ein altes Muster. Sind Sie bereit, ein neues / weiteres auszuprobieren?"

Zu 6)
„Sind Sie bereit, das Symptom (symbolisch) wieder dahin zurückzugeben, wohin es eigentlich gehört?"

Zu 7)
„Sind Sie bereit, damit aufzuhören?"
Bei ideomotorischem „Nein":
„Sind Sie bereit, damit aufzuhören, und zwar einem anderen zuliebe, vielleicht auch Jemanden zuliebe, der nicht mehr oder der noch nicht auf der Erde ist?"

Mit dieser Frage treffe ich das psychologische System von „Schuld und Sühne" des Patienten.

Zu 8)
„Ist diese Entscheidung (z. B. sich nie wieder … / für immer und ewig … dies zu tun / zu lassen) … heute noch sinnvoll?"
„Damit es Ihnen besser geht, könnten Sie an der alten Entscheidung etwas ändern oder diese sogar aufheben, weil Sie heute erwachsen sind? Sind Sie bereit dazu?"

Erhalten wir auf diese Fragen (eventuell auch über Umwege) die ideomotorische Antwort „Ja", ist die Chance gegeben, sich jetzt der Lösung, der Aufhebung, der Veränderung zu nähern. Das kann man folgendermaßen kommentieren:
„Das sieht gut aus. Da kann ich Sie nur beglückwünschen. Bleiben Sie jetzt bitte ganz bei sich, in gesammelter Konzentration, und beobachten,

was von alleine passiert. **Der ‚neue Finger' wird Ihnen dann deutlich anzeigen, wenn das ‚Unbewusste' sich entschieden hat, den ersten Schritt zu tun, den entscheidenden Schritt auf dem Weg in die Gesundung.** Schön. Sie atmen tief und ruhig. – Auch ich bin jetzt still und aufmerksam."

2.9.5.1 Ein Beispiel: „Das Natürlichste auf der Welt"

Die Kollegin Violetta meldet sich kurz vor Ende (!) einer mehrtägigen Weiterbildung für eine therapeutische Arbeit. Als ihr Problem beschreibt sie, dass sie seit Jahren abends zwar gut einschliefe, nach 20–25 Minuten aber *„völlig desorientiert* (dissoziiert!) *und in großer Panik"* erwache. Sie wisse nicht, wo sie sei, und laufe völlig angstverstört in ihrem eigenen Zimmer herum. Es brauche einige Zeit, bis sie ihre Angst zähmen und sich wieder fangen könne. Erst dann könne sie sich wieder schlafen legen.

Violetta ist das achte von zehn Kindern einer Schweizer Bauernfamilie. Schlafwandlerei oder sonstige Schlafprobleme sind in ihrer Familie nicht bekannt. Sie selber hat eine Familie mit zwei Kindern und arbeitet lehrend in der Pflege und Sterbehilfe.

Agnes: „Schauen wir mal, was wir machen können, damit es dir besser geht."
Nach Hervorrufen der Handlevitation und Auslösen der Fingerzeichen wird Folgendes abgefragt:
A.: „Hat das Symptom einen tieferen Sinn?"
FZ: „Ja."
A.: „Will es dir etwas sagen?"
FZ: „Ja."
A.: „Bist du schon bereit zu erfahren, was es dir mitteilen will?"
Ohne Beantwortung meiner Frage berichtet Violetta direkt, dass sie sich in ihrer Fantasie auf einmal in ihrem Haus befinde, und zwar allein in ihrem Zimmer, das abseits der anderen Zimmer liege. Sie habe ein eindrückliches Bild und Gefühl: *Die kleine Violetta überfordert sich.*
A.: „Ist das eine wichtige Aussage?"
FZ: „Ja."
A.: „Gibt es noch etwas anderes Wichtiges?"

FZ: „Ja."
A.: „Was ist es noch?"

Violetta antwortet, sie spüre sich auf einmal sehr klein und allein mit ihren Ängsten. Die Mutter dürfe man aber nicht rufen. Weil diese immer so viel Arbeit habe, brauche sie ihren Schlaf.

A.: „Wie alt bist du, etwa fünf Jahre?"
FZ: „Ja."
A.: „Ist das neu für dich, hast du das gerade entdeckt?"
V.: „Nein."
A.: „Gibt es noch etwas anderes auf einer tieferen Ebene?"
FZ: „Ja."
A.: „Gut, wir sind auf der Fährte. Der ‚Ja-Finger' wird anzeigen, wenn es in dein Bewusstsein kommt."
FZ: „Ja."
V.: „Mir kommt das Bild vom Großvater. Der hat immer viel getrunken, und wenn er abends nach Hause kam, wurde es gefährlich. Meine Mutter hatte da als Kind wahnsinnige Angst. Mit ihren Geschwistern hat sie sich unters Bett verkrochen. Aber manchmal hat das nichts genützt …"
A.: „Steht das in Zusammenhang mit deinem nächtlichen Aufwachen?"
FZ: „Ja."
A.: „Hast du die Angst der Mutter übernommen?" (**Identifikation**)
FZ: „Ja."
A.: „Also, in diesem Falle könntest du die Angst an deine Mutter zurückgeben. Und wenn du das nicht möchtest, und das würde ich verstehen, könntest du das Kapitel anders schließen. Immerhin bist du eine erwachsene Frau, ja?"
FZ: „Ja."
A.: „Sag mal im Stillen und in Deiner Sprache (Schweizerdeutsch) dem kleinen Mädchen in dir alles das, was es noch braucht, um sich in den Nächten sicher zu fühlen. Du weißt, was es braucht.
Und wenn sich in dir jetzt etwas zum Guten verändert, kann der ‚neue Finger' das anzeigen."

Nach einer Weile: der „Neue".
A.: „Gut, deutlich sichtbar, sehr schön.
Und wird es dir helfen, wenn du abends vor dem Einschlafen das kleine Mädchen an dich drückst, es hältst und wiegst, ihm sagst, dass

du es lieb hast und immer für es da bist? Anders als deine Mutter, die einfach nicht konnte vor lauter Arbeit zu einer Zeit, wo es noch keine Waschmaschine, Spülmaschine, Staubsauger gab?"
FZ: „Ja."
A.: „Na, da weißt du, was du tun kannst. Und in dem Maße, wie das Kind in dir sicherer wird, kann das Symptom abnehmen. Auch falls du nachts noch mal wach wirst – und nachts aufwachen ist ja nicht ganz unnormal –, nimmst du, anstatt aufzustehen, einfach dein inneres Kind in den Arm und schläfst ruhig wieder ein. Du weißt, wer du bist und wo du bist. Und du hast jetzt den Sinn erfahren: Du sollst gut für dich sorgen. Das musst du ernst nehmen."

V., noch halb in Trance: *„Ja, es ist wirklich das Natürlichste auf der Welt, das Kind in den Arm zu nehmen."*

Zehn Wochen später bestätigt mir Violetta während eines Telefonates, dass es ihr hervorragend gehe und die Situation *„total verändert"* sei. Sie wache zwar weiterhin zwanzig Minuten nach dem Einschlafen auf, dies aber nur ganz kurz, um sich dann umzudrehen und weiterzuschlummern. Von Angst und Desorientation keine Spur mehr. Ihre Erzählung wird von den Worten umrahmt: *„Ich bin erstaunt, wirklich, total erstaunt!"*

Es handelte sich offensichtlich um eine Dissoziationsstörung, die durch die einmalige Intervention mithilfe einer Integrationsarbeit aufgelöst werden konnte. Ob sie ursächlich posttraumatischer Genese war oder tatsächlich ein Identifikationsgeschehen verdeutlichte, ist in Hinsicht der Symptomlöschung nicht mehr relevant.

Als Literatur bezüglich Hypnotherapie bei Dissoziationsstörungen empfehle ich Phillips und Frederick.

Eine weitere sehr schöne und ungemein effektive Technik mit ideomotorischen Signalen ist die Arbeit mit Träumen. Sie findet sich in ausführlicher Beschreibung in Kaiser-Rekkas (1998, S. 126 ff.).

2.9.6 Hilfe – keine Fingerzeichen!

Fingersignale erfolgen oftmals sofort, vor allen in hoch motivierten Therapiegruppen bei allen Teilnehmern, manchmal aber auch überhaupt nicht. Das kann verschiedene Gründe haben.

Bei einem Neurochirurgen, der etwas Wichtiges für sich auf der unbewussten Ebene klären wollte, erwartete ich aufgrund der feingliedrigen und sensiblen Hände selbstverständlich ideomotorische Zeichen. Aber umsonst. Nichts rührte sich. Er stellte infrage, ob nach Stunden diffizilster feinmotorischer Arbeit im OP die Finger aus der Regie der bewussten Konzentration vielleicht noch nicht entlassen seien. Diese Erklärung erscheint logisch.

Tatsache ist, dass eine neurophysiologische Untersuchung zu ideomotorischen Signalen nicht vorliegt und wir uns mit der Phänomenologie begnügen müssen. Praktisch heißt das, dass es keine Gewähr sowie keine Technik gibt, auf jeden Fall Fingerzeichen auslösen zu können. Deshalb sollte man sich nicht auf die Arbeit mit Fingersignalen kaprizieren. Die Hypnose kann auch ohne. Wir können den Patienten während der Hypnose reden oder anschließend malen lassen.

Wobei, ein bisschen eleganter und ein Quäntchen unbewusster ist es halt doch mit diesen Signalen. In Abständen kann man immer mal wieder einen Versuch starten.

2.10 „Der Eisbär" oder: Jedes Verhalten hat einen Sinn, wenn man den Kontext versteht

Kennen Sie die Geschichte vom Eisbären?

Tierfreunde betrachten einen prächtigen Eisbären in seinem engen Käfig, der zu einem ärmlichen Zirkus gehört. Er dauert sie. Sie kaufen ihn zu einer beträchtlichen Summe ab und bringen ihn in einen berühmten Zoo mit einem famos großen Eisbärgehege mit enorm viel Auslauf.

Na, die anderen Eisbären finden das natürlich aufregend: ein Neuer! Das wird ja ein „Hallo!" und eine Balgerei geben, herrlich …!!

Aber was passiert zu ihrer Enttäuschung? Der Neue verhält sich sonderlich, er geht auf einem kleinen Karree drei Schritte nach vorne, macht eine enge Kehrtwendung und geht dann drei Schritte in die rückwärtige Richtung, macht eine enge Kehrtwendung usw. usf. … Die anderen Eisbären ziehen die Brauen hoch, schauen sich gegenseitig bedeutungsvoll an, schütteln befremdet den Kopf. Konsterniert lassen sie erst einmal von ihm ab und lümmeln wie üblich herum. Aber nach einigen Tagen bricht die Neugier durch, und ein Mutiger fragt den Neuankömmling, aus welchem Grunde er sich so eigenartig verhalte. Der Neue: „Ich ecke sonst an."

Abb.: Bad Boys of the Arctic (© Thomas D. Mangelsen)

Aber ehrlich, haben wir selber nicht ab und an ein bisschen was Eisbäriges und neigen dazu zu sagen: „Wasch mir den Pelz, aber mach mich nicht nass“? Und ist es nicht schon eine Leistung, wenn jemand zugeben kann: „Ich habe mich schon so eingenistet in meiner Krankheit“, wie eine junge Frau mit ataktischer Störung?

Als Therapeuten haben wir alle die Erfahrung, dass Prozesse ins Stocken geraten, die Selbsthypnose nicht ausgeübt wird, Rückfälle sich summieren, der Heilungsverlauf sich – auf den ersten Blick unverständlich – verzögert. Aber nennen wir es bloß nicht Widerstand!

Allein schon dieses Wort blockiert uns, nimmt uns Humor und Abstand, spielerisch und flexibel einer Gewohnheitshaltung, Schutzhaltung oder Verstrickung zu begegnen. Frust, Ärger oder Enttäuschung dürfen nicht Macht über uns gewinnen. Wir müssen aus dem System des Patienten, seiner Familie und eventuell auch unserer Kollegen heraustreten, um handlungsfähig zu bleiben. Genauso, wie das „Neun - Punkte-Problem“ nur durch einen Standpunkt von außen zu lösen ist.

Verbinden Sie die neun Punkte mit vier geraden Linien, ohne den Stift abzusetzen (decken Sie die Lösung vorher zu!):

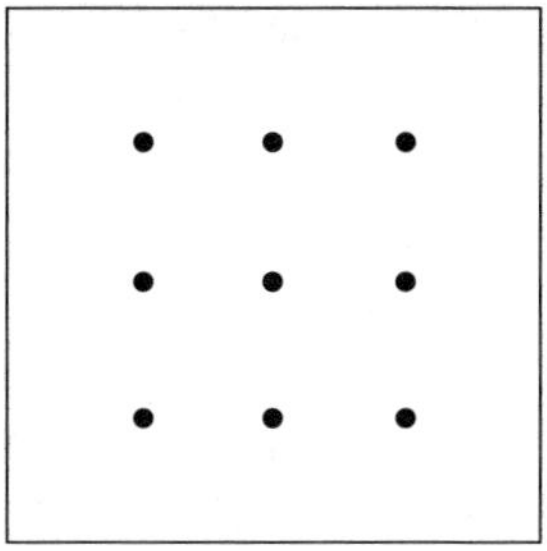

Nie dürfen wir zu Agenten der Veränderung werden, sonst siegt beim Patienten die Tendenz zur Homöostase über den Wunsch nach Veränderung. Den Impuls zur Veränderung muss er selber in sich tragen. (Abgesehen davon ist bei allem Wohlwollen gleich am Anfang der Therapie zu klären, ob eventuell ein Antrag auf Berentung, Anspruch auf Schwerbeschädigtenanerkennung oder Entschädigung durch die Versicherung gestellt ist. Das könnte das beste therapeutische Vorgehen in die Knie zwingen.)

Erleben wir in unseren Therapien Fortschritte wie Beatrice' *Mobilisation von Ressourcen* (2.9.3.4), wo alles so wunderbar glatt vonstatten geht, verwöhnt uns das. Und so unverblümt freche Do-it-Yourself-Tipps, wie sie Arist von Schlippe und Jochen Schweitzer geben (1997; siehe auch unten), lassen uns wissend schmunzeln, kennen wir doch menschliche Schwächen; natürlich vorwiegend bei anderen.

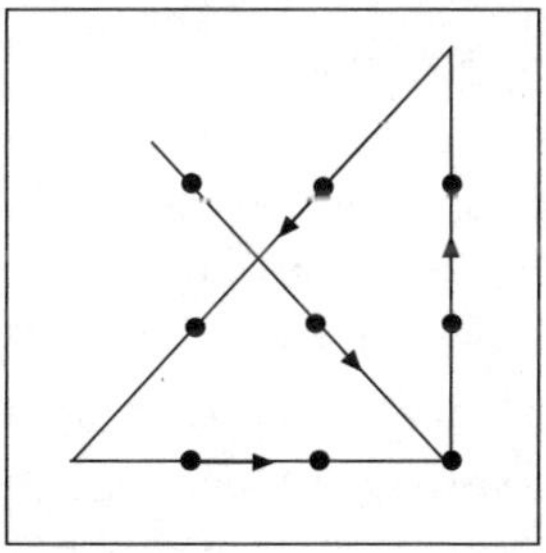

„Do it yourself": Tips zur Chronifizierung eines Problems, Grundkurs

1) Vermeiden Sie es, Unterschiede im Zeitverlauf wahrzunehmen! Richten Sie daher Ihre Aufmerksamkeit auf das, was gleichgeblieben ist, beachten Sie nicht, was sich verändert hat!

2) Vermeiden Sie es, Veränderungen in Ihrem Leben, wenn sie sich schon nicht umgehen lassen, durch Übergangsrituale deutlich zu markieren! Feiern Sie weder Geburtstage noch bestandene Prüfungen, weder Ihre Hochzeit noch ihre Pensionierung, gehen Sie weder zu Jubiläen noch zu Begräbnissen!
3) Betrachten Sie sich grundsätzlich als Opfer, nie als Täter / Akteur vergangener Geschehnisse! Analysieren Sie möglichst ausführlich, wie und warum Ihre lieblosen oder überfürsorglichen Eltern, Ihre unterdrückerischen Lehrer, Mitschüler, Chefs und Kollegen, Ihre Krankheit oder die gesellschaftlichen Verhältnisse Ihnen noch nie eine Wahlmöglichkeit gegeben haben!
4) Wenn Sie sich so eine stabile Problemvergangenheit geschaffen haben: Lassen Sie sich nicht von der Idee irritieren, Sie könnten es sich heute vielleicht besser gehen lassen als damals! Gehen Sie von der Devise aus: ‚Meine Vergangenheit ist mein Schicksal.'!
5) Beschreiben Sie sich Ihr gegenwärtiges Verhalten möglichst als Ausdruck von Defiziten, nie etwa als sinnvolle oder gar kreative Reaktion auf gegebene Umstände! Betrachten Sie Ihr Verhalten und das anderer Menschen nie in seinem Kontext, sondern als Ausdruck ewig gleichbleibender Eigenschaften oder Defekte!
6) Vermeiden Sie es, sich die Zukunft detailliert auszumalen, allenfalls global als ein finsteres oder leeres Loch! Falls es Ihnen derzeit schlechtgeht: Vermeiden Sie vor allem, sich genau zu vergegenwärtigen, was Sie anders als heute tun würden, wenn es Ihnen wieder besserginge!

Wenn dies mental geschafft ist, müssen Sie sich nur noch entsprechend verhalten, und Sie haben ein stabil chronifiziertes inneres problemdeterminierendes Erlebensmuster. Hilfreich ist nun, wenn wichtige Menschen um Sie herum diese Ansichten teilen, Sie darin bestärken und Sie entsprechend als einen ‚hilflosen, armen Wurm' behandeln" (von Schlippe u. Schweitzer 1997, S. 112).

Der Therapie ist aber letztendlich damit nicht gedient. Die provokant paradoxen Herausforderungen wirken kontraproduktiv. Auch wenn die psychischen Schachzüge für uns offensichtlich sind, ist sich der Patient selber seiner Verhaltensstrategien normalerweise nicht bewusst. So treffen ihn unsere artikulierten Beobachtungen an empfindlichster Stelle. Er fühlt sich ertappt, wahrscheinlich missverstanden oder zumindest unbehaglich. Das Vertrauen in den Therapeuten und die Therapie leidet. Anders dagegen, wenn wir unsere Beobachtungen während der Trance in ein Hypnosevokabular einbetten. Dank des Phänomens, in Hypnose gleichzeitig zwei Seiten einer Medaille wahrnehmen zu können, erhält unser Patient die einmalige Chance, für alternative Sichtweisen zugänglich zu sein. Wir rufen eine „Ja-Haltung" hervor, indem wir Verständnis für den leidvollen Weg unseres Patienten ausdrücken. Gleichzeitig bieten wir einen Ausweg mit neuen Optionen an. In hypnotherapeutischem Reframing erscheinen die Do-it-yourself-Vorschläge in neuem Licht, neue Perspektiven werden eröffnet. Fremdwörter erhalten eine deutsche Übersetzung.

Die angefügten Lösungs- und Veränderungsvorschläge werden im folgenden Text vielleicht zu rasant angeboten. Sie sind nur Formulierungsvorschläge.

Nach der Hypnoseeinleitung

Zu 1) „In Ihrer Situation mag man dazu neigen, keine Unterschiede im Zeitverlauf wahrzunehmen. Man richtet daher die Aufmerksamkeit auf das, was gleich geblieben ist, und achtet nicht auf das, was sich verändert hat. Aber jetzt in Hypnose erweitert sich der Horizont. Lassen Sie mal Ihre Gedanken umherschweifen und berichten mir dann, was Ihnen aufgefallen ist … und … Veränderung ist letztendlich ganz natürlich …

… Sie können sich aus anderen Blickwinkeln betrachten und sehen sich selbst von außen. Sie sehen sich selbst dort verfangen in der alten Attitüde, aber von diesem Standpunkt aus erhalten Sie neue Einsichten …"

Zu 2) „In der Vergangenheit haben Sie es vermieden, sich Veränderungen in Ihrem Leben deutlich zu machen. Sie haben vielleicht auch vorerst gar keine Lust, sowohl Geburtstage als auch bestandene Prüfungen zu feiern (Hochzeit als auch Pensionierung, Sie gehen weder zu Jubiläen noch zu Begräbnissen). Wahrscheinlich können Sie sich gar nicht vorstellen, was sich ändern würde, wenn Sie sich aus diesem alten Verhalten einen Schritt herauswagten? Aber sind Sie bereit, die

Hypnose jetzt dafür zu nutzen? Denn Sie kommen ja in die Therapie, um etwas Neues zu machen, etwas Ungewöhnliches … Mögen Sie sich überraschen lassen, ob es sich vielleicht gut anfühlt? Mögen Sie sich vielleicht irgendwann, im Schutze der Hypnose, vorstellen, Sie würden eine kleine Party feiern, Gäste einladen, Musik, Getränke und Lampions besorgen?" (Jetzt eventuell zur Selbststärkung die Übung *Parts' Party* in 2.9.9 anschließen.)

Zu 3) „Und all das durchlebte Leid kann einen dazu verführen, sich als Opfer vergangener Geschehnisse zu betrachten. Es kann so aussehen und sich so anfühlen, als ob andere oder widrige Umstände einem nie andere Wahlmöglichkeiten gelassen haben. Man fühlt sich sehr bedauernswert. Aber während man auf der einen Seite von dieser Überzeugung gefesselt zu sein scheint, kann auf der anderen diese Ansicht nicht geteilt werden wollen. Zu einem späteren Zeitpunkt können wir Ihr Unbewusstes fragen: ‚Gibt es einen Teil in Ihnen, der einen anderen Standpunkt vertritt? … Einen Teil, der weiß, dass diese Ansicht nur noch weiter in den Abgrund führt? … Einen Teil, der das Steuer aktiv in die Hand nehmen möchte?'

Der ‚Ja-Finger' [!] wird uns die Antwort signalisieren."

Zu 4) „Aus allem, was Sie mir heute berichtet haben, klingt die Devise ‚Meine Vergangenheit bestimmt meine Zukunft' heraus. Das ist auch wirklich verständlich, wenn man die Dinge nur von einer Seite aus betrachtet. Bei dieser Devise kann man bleiben, und man kann sich weiter in die Unabänderlichkeit fügen. Und Sie merken im Moment, wenn ich davon spreche, wie sich das anfühlt. Es fühlt sich schlecht an … [Zeit lassen] …

Machen Sie jetzt einen tiefen Atemzug, gehen tiefer in Hypnose und tun so, als ob Sie wie durch ein Wunder von dieser Devise befreit wären …

Wie fühlt es sich jetzt an, wenn Sie sich sagen: ‚Ich nehme mein Leben selber in die Hand'?"

Zu 5) „Sie beschreiben Ihr gegenwärtiges Verhalten als Folge von persönlichen Mängeln. Schlüpfen Sie jetzt doch mal für ein paar Minuten in die Person eines guten Freundes, der Sie wertschätzend und mit Abstand betrachtet. [Hier ausführlicher ausmalen.] Könnte der Ihr Verhalten aus seiner Perspektive eventuell als sinnvolle Reaktion auf Ihre Lebensumstände sehen?"

Zu 6) „Sie vermeiden es, sich die Zukunft genauer vorzustellen. Jemand, der es schlecht mit Ihnen meint, könnte vorschlagen, die Zukunft allenfalls als ein finsteres oder leeres Loch zu sehen und sich nicht auszudenken, was Sie anders tun würden, wenn es Ihnen wieder besser ginge. Aber wir beide wollen das nicht so halten, oder?"

Formulierungen des Patienten werden aufgegriffen oder das Resümee seiner Erzählung dargestellt. Danach erfolgt die therapeutische Distanzierung, Infragestellung oder Umgestaltung. Da das in Hypnose geschieht, ist für diesen Zeitraum seine Gewohnheit, neue Offerten rationalisierend in den Wind zu schlagen, außer Kraft gesetzt.

„Jedes Verhalten hat einen Sinn, wenn man den Kontext versteht:" Dieser kluge Satz aus der systemischen Therapie deutet schon auf Rückkoppelungseffekte hin, die nur zu entschlüsseln sind. Er sollte uns immer einfallen, wenn der therapeutische Prozess blockiert zu sein scheint. Verzögert sich die Heilung, obwohl es dafür keinen offensichtlich organischen Grund gibt, können folgende Fragen, auf der ideomotorischen Ebene oder als verbaler Denkanstoß während der Hypnose serviert, aufschlussreiche Antwort bringen:

„Hat die Krankheit einen Sinn / eine Funktion?"

Halten wir uns den Blick für den tieferen psychologischen Sinn, der in der Stagnation jedweden Therapieprozesses stecken kann, frei! Oftmals muss das Motiv zum Leid enträtselt werden. Der Patient kann sich vielleicht erst bewegen, wenn er aus einer Loyalität entbunden, einer Verstrickung befreit ist und sich sicher fühlt. Vielleicht wurde er zum Symptomträger der Familie, der so genannte identifizierte Patient der systemischen Familientherapie. Was passiert, wenn …, ja, ist es ihm überhaupt möglich …? Nein, natürlich nicht. Primär muss also der Hintergrund beleuchtet und bereinigt werden.

„Kann es sein, dass die Genesung auch Nachteile / Gefahren in sich birgt?" Eine 23-jährige Frau mit einem seit zwei Jahren bestehenden Morbus-Sudeck-Syndrom, Unterschenkel links, antwortete spontan: „Ja, denn dann würde ich in der Familie eine ganze Lawine lostreten." Demzufolge mussten wir uns in der Therapie erst einmal der Klärung innerhalb der Familie widmen. Erst nach den familientherapeutischen Sitzungen konnte die Frau gesunden.

Andererseits kann eine Krankheit auch gewisse Freiheiten gewähren", die vom Patienten schon als Narrenfreiheit empfunden werden.

Dabei handelt es sich aber vielleicht nur um einen Handlungsspielraum, der für andere ganz selbstverständlich und akzeptabel ist. Hier muss sich die therapeutische Arbeit vorerst auf den Ausbau erlaubter Handlungsspielräume konzentrieren (siehe 4.1, Beispiel Anna-Sofia).

In folgender *Übung* werden das positive Element des Beharrens honoriert und zugleich drei Ziele erreicht:

- Die Differenzierung der konträren Seiten von Wunsch nach Veränderung und Beharren im Alten.
- Das Aufzeigen des tieferen Sinnes einer Stagnation im therapeutischen Prozess.
- Die Möglichkeit der späteren Integration.

Der Patient wählt eine Hand aus, in die er in der inneren Vorstellung den Teil hineinlegt, der in ihm sagt: „Verändere nichts, mach die gleichen alten Sachen, es lohnt sich eh nicht, ich will einfach nicht, ich habe tiefere Gründe etc. …"

In die andere Hand kommt der Teil, der Veränderung wünscht, der den Patienten in die Therapie gebracht hat, der gesund werden möchte.

Der Patient lehnt sich zurück und atmet ruhig und tief. Unter therapeutischer Anleitung kommen nun die zwei Seiten, begleitet von ideomotorischer Bewegung der Hände, in Austausch, in Kommunikation, eventuell auch in Kontakt miteinander. Das kann sehr unterschiedlich erlebt werden, und viele Varianten sind möglich: das Kennenlernen, der Kompromiss, das gemeinsam Dritte, eine ganz neue Option. Dabei muss kein fertiges Produkt herausspringen. Eine Teilstrecke zu erledigen, ein Teilziel zu erreichen ist ein gutes Resultat.

Vielleicht geraten die zwei Teile wie zwei Gestalten auf einer Bühne in Wettstreit oder Diskussion, kämpfend oder auch verständig. Das Unbewusste souffliert mit Rückendeckung des Therapeuten. Der Patient ist in der hypnotischen Observer-Rolle.

Oder der Patient erfährt gar keine Bilder, die Hände bewegen sich – mit suggestiver Unterstützung des Therapeuten – und drehen sich, sodass sie sich gegenüberstehen oder eventuell sogar ein wenig aufeinander zubewegen.

2.10.1 Das Melonenbonbon – Eine Reise in die Zukunft durch eine Erinnerung aus der Vergangenheit oder: Von der Zeitregression in die Zeitprogression

Eigentlich galt seine große Liebe der Gitarre. Aber das wurde von seinen Eltern nicht ernst genommen. Überhaupt wurde nicht viel ernst genommen, und als er Kind war, schon gar nicht. Mit Bauchkrämpfen verzog er sich in die Ecke. Er musste eine technische Ausbildung, die ihn nicht interessierte, absolvieren. Nachts übte er heimlich auf seinem Instrument. Nur dabei vergaß er seine Schmerzen. Über viele Umwege fand er zu seinem heutigen Beruf und arbeitete später in renommierten Tonstudios. Sein Vater verstarb an dem Tag, an dem er erfuhr, dass der Sohn ein eigenes Tonstudio aufgebaut hatte. Seine Mutter überlebte den Vater nur kurz. Enger war das Verhältnis zu seinem Bruder. Dieser arbeitete für die *Aktion Sühnezeichen* in Frankreich und engagierte sich später – selber erkrankt – in der Aidshilfe. Er verlor auch ihn.

Der jugendlich wirkende, sympathische P. ist 50 Jahre alt und Tontechniker. Er wird mir von einer Psychiaterin mit der Diagnose „schwere Schlafstörungen, chronische Magenschmerzen, Kachexie, akute Depression" überwiesen. Er steht vorerst unter medikamentöser Therapie mit Antidepressiva und kurzfristig einem Schlafmittel zur Wiedererlangung des Schlafrhythmus.

Unglücklich über sein Alleinsein und die Unfähigkeit, seine Beziehungen, seine berufliche Situation und auch seine Finanzen, ja, seine Existenz in den Griff zu bekommen, ist alles über ihm zusammengebrochen. Er schläft nicht mehr, isst kaum noch. Das Leben hat für ihn nicht mehr viel Sinn.

Therapeutisch arbeiten wir zweigleisig für Körper und Seele. Er übt Selbsthypnose aus. Seine Beschwerden bessern sich, sein Selbstbewusstsein nimmt zu. Er schläft schon vor zwei Uhr nachts ein, ein echter Erfolg. Der Rapport ist gut, die Therapie läuft über einige Monate Erfolg versprechend.

Plötzlich setzen Rückfälle ein; Selbstwertkrisen, sozialer Rückzug und die alte Schlaflosigkeit. In der 12. Therapiesitzung erzählt er mir einen Traum: Er sitzt in einem großzügigen Wohnwagen – allerdings ohne Zugmaschine (!) – in einer ausgesprochen schönen Landschaft. Eine Frau taucht auf. Sie bleibt aber nicht lange bei ihm. Sie findet ihn „fad". Er wacht auf, frustriert.

Ich biete ihm eins von den Bonbons an, die mein Sohn auf dem Tisch liegen ließ. Aeneas mag sie, Kindergeschmack. Ich entschuldige mich für die Geschmacksrichtung. Es ist Melone, nicht besonders aromatisch, ja, eher etwas fade …

Er aber reagiert angetan. Eine der wenigen guten Kindheitserinnerungen taucht in ihm auf. Ferien im Italien der Fünfzigerjahre, Meloneneis in einer echten Orangenschale. Eine willkommenes Bild, um – Melonenaroma im Munde – mit Hypnose zu beginnen. In Hypnose zu gehen hat für ihn immer mit Neugierde zu tun, Neugierde auf neue Erfahrungen. Ich bitte ihn, die Hände mit den Handflächen nach oben zu drehen und in die eine Hand alles das, was es zu bewahren gilt, hineinzutun. Und dazu gehört ohne Frage das Meloneneis. Aber auch das, was sich nicht bewegen will, die Lethargie, die ihn tagelang im Bett hält, ihn grübeln lässt, die abwartet und sagt: *„Ich möchte nur hier sitzen bleiben!"*

In die andere Hand kommt die Initiative, die Bewegung und Fortkommen will und die ihn auch in die Therapie bringt. Ihr Slogan: *„Auf und davon!"* (Erst in der folgenden Sitzung erinnert er sich, dass *Auf und davon* der Titel eines vor langer Zeit selbst komponierten Liedes war.)

Er lehnt sich auf meine Aufforderung hin zurück, überlässt die Hände sich selbst. Unter meiner Anregung kommen die Hände unwillkürlich auf ideomotorische Weise in Bewegung und drehen sich nach einer kleinen Weile einander zu. Ich erzähle etwas von Zuwendung, von Unterschiedlichkeit, die unsere Person ausmacht, aber auch verbindet, von einem Reißverschluss, dessen Zähnchen beim Schließen eins nach dem anderen ineinander greifen, und vieles andere mehr. Das vermag ich nicht wiederzugeben, da sich durch die eigene zeitweilige Trance die schützende Amnesie zwischen Bewusstes und Unbewusstes schiebt. (Weshalb ich anrate, öfter eine Tonaufzeichnung von der Hypnoseintervention zu machen.)

Seine Hände bewegten sich zunächst, standen sich dann aber über die Zeit hinweg gegenüber und hielten … na, was? In bester Laune kommt er aus der Hypnose zurück und verrät es mir lachend: Ein Lenkrad. Die eine Seite, welche, ist ja wohl klar, sorgte für stabile Führung, die andere für sensible Lenkung. Und wo saß er? Natürlich im Führerhaus des Zugwagens für seinen Wohnwagen.

Und das Melonenbonbon war immer noch nicht ausgelutscht.

Der Anruf nach einer Ferienpause zur weiteren Terminvereinbarung bestätigt, dass das Melonenbonbon in seiner Wirkung noch anhält. Weitere Therapiesitzungen fördern die zunehmende Stärkung. Nach einigen Wochen kann er wieder engagiert arbeiten. Er sieht vollkommen verändert aus, stabiler und selbstbewusster. Seine Augen kriegen auf einmal Farbe – ein leuchtendes Hellblau. Er erzählt von seinen Erfolgen, vermisst aber noch den richtigen Schuss an Dynamik und ordnender Struktur in seinem Leben. Irgendwo habe ich eine wunderbar auf ihn passende Postkarte entdeckt, die ich ihm jetzt aushändige. Die Fotografie eines dollen Vehikels von Wohnwagen mitten in der Campagna. Das Lenkrad ist nicht gleich zu entdecken, sondern erst, wenn man eine kleines, schwarzes Karree (das Fahrerfenster) eine Weile fixiert … danach die Augen schließt … sich ruhigen Atemzügen überlässt. Dynamik und Struktur machen sich dann in Bildern und Gefühlen von alleine bemerkbar.

Eine Postkartenhypnosehausaufgabe.

Erfahrungsgemäß ist davon auszugehen, dass gerade das hypnotherapeutische Vorgehen unbewussten Boykott leichthändig außer Kraft setzt. Der hypnotische Zustand an sich sowie alle bisher beschriebenen Techniken, aber besonders die der ideomotorischen Arbeit und der metaphorischen Fantasiereisen, provozieren Öffnung und Neugierde im reinsten Sinn des Wortes. Anerkennen der Sinnhaftigkeit von Verzögerung, das spielerische Element sowie Entspannung in Zeit und Raum gestatten dem Patienten, sich mit sicherem Gefühl Schritt für Schritt vorwärts zu wagen. Respekt und Verständnis für die sich widersprechenden Anteile, ihre bisherige Funktion und die Akzeptanz ihrer Entstehungsgeschichte bilden die Basis für Wandlung.

Und letztendlich verfügen wir über eine absolut geniale Möglichkeit: *wie beim Billard „über die Bande" zu spielen.* Mit dosierter Kraft stoßen wir eine ganz andere Kugel an als diejenige, die wir eigentlich bewegen wollen. Berechnen wir richtig, trifft diese die Bande und – Einfallswinkel gleich Ausfallswinkel – rollt zurück und auf die wichtige Kugel zu, berührt sie und gibt ihr genau den richtigen Schub in die richtige Richtung. So sprechen wir das Symptom gar nicht direkt an, benennen das Problem nicht. Subtil lautet es: „In der Hypnose, ja, das ist ganz eigenartig, besitzen wir auf einmal einen anderen, einen neuen Blickwinkel … und auch wenn wir nach hinten schauen, reflektiert sich plötzlich – wie in einem Spiegel – das Bild von der Zukunft … und wir wissen mehr …"

2.11 Dem Patienten wird es in der Hypnose ungemütlich – Was tun?

Es kann schon mal vorkommen, und zwar vor allem bei einer der ersten Hypnoseinduktionen, dass der Patient beginnt, sich unwohl zu fühlen. Er äußert Sensationen von Unruhe, Schwindel, Angst, Übelkeit, Herzrasen oder auch nur Beklommenheit. Dahinter kann sich ein Trauma verstecken, ein so genanntes Flash-back-Phänomen (die Erinnerung an eine schlechte Tranceerfahrung) oder einfach Angst, Kontrolle abgeben zu müssen und in Entspannung – nach der er sich eigentlich so sehnt – zu gehen. Jetzt liegt es an uns, aus diesem Zustand einen therapeutischen Salto zu schlagen.

Die simpelste, aber nicht beste Intervention ist, den Patienten einfach nur die Augen öffnen und sich wieder orientieren zu lassen. Das entspräche voraussichtlich seiner üblichen Strategie. Prozesse, die für nicht mehr steuerbar gehalten werden, unterbricht man panikartig. So entstehen eingefahrene Interaktionsschleifen mit immer engerem Verhaltensrepertoire. Auch hier würde dieser Mechanismus durch den Abbruch der Hypnose verstärkt anstatt therapeutisch erschlossen werden. Eine schlechte Erinnerung verbliebe. Sie kann zudem Angst vor der nächsten Hypnose verursachen: Die Hypnose wird unserem Patienten unheimlich.

Besser: die verbale und nonverbale Botschaft „Ich bin bei Ihnen" *und* „Bleiben Sie bei sich/Bleiben Sie dabei!". Es gilt, unseren Patienten im Prozess zu halten.

Folgende Fragen und Feststellungen helfen weiter
„Was geht gerade in Ihnen vor?" Oder: „Was erleben Sie denn innerlich gerade?"

„Bitte beschreiben Sie mir das konkret!"

„Ich bin bei Ihnen." Eventuell den Patienten am Arm berühren oder näher zu ihm hinrutschen.

„Wir sind wohl gerade an einem wichtigen Punkt."

„Da gehen wir jetzt zusammen weiter."

„Wir haben das Problem im Moment ‚live', d. h., wir haben die Chance, daran jetzt arbeiten zu können."

„Jetzt kommen wir dem Problem auf die Spur. Sehr gut. Wir können jetzt etwas tun. Und dazu sind Sie ja hier, oder?"

Jetzt ist (vom Therapeuten!) zu entscheiden, ob auf der Symptom- oder der Ursachenebene weitergearbeitet wird.

Entweder: Intervention auf der Symptomebene

„Atmen Sie ruhig weiter und beobachten, was sich als Nächstes ändert [!]!"

„Das ist wie durch einen Tunnel zu gehen. Aber jeder Tunnel hat ein Ende, und da ist man auf einmal ein Stück vorwärts gekommen."

„Beschreiben Sie mir bitte, was jetzt geschieht!" Patient: „..."

„Aha, Sie verspüren jetzt ... (irgendein Symptom) vermehrt."

„Atmen Sie ruhig weiter und beobachten bitte, was als Nächstes eintritt." Patient: „..."

„Ihr Herz (z. B.) beginnt deutlich zu schlagen? Das macht mich neugierig."

„Seien Sie mal ganz aufmerksam und horchen, ob es Ihnen etwas mitteilen möchte!"

„Der Körper drückt manchmal etwas in der Körpersprache aus, das wir nicht gleich verstehen. Seien Sie mal ganz aufmerksam!" Pat.: „..."

„Sehr gut, nachdem Sie das wissen, kann es jetzt anders werden."

„Bleiben Sie ganz konzentriert dabei! Was geschieht als Nächstes?"

Patient äußert, dass es anders wird. Auf Aufforderung beschreibt er es genauer.

„Ja, es fängt an, leichter zu werden, sehr gut. Was beobachten Sie als Nächstes?" Etc.

Der Therapeut begleitet den Patienten Schritt für Schritt durch das Symptom hindurch. Der Patient erlebt im Moment die Veränderung und Erleichterung. Das Vertrauen in sich selbst und in die Therapie wächst.

„Sind Sie bereit, das anfängliche Symptom als Signal zu nutzen, und zwar als Signal, dass Ihr Herz (z. B.) zu Ihnen sprechen möchte? Ja? Wenn Sie also das Symptom von vorhin mal wieder erleben, wissen Sie sofort, dass Sie einfach nur aufmerksam für sich selber sein sollen. Dann erfahren Sie von alleine, was gerade wichtig für Sie ist.

Und das wird sich anschließend gut anfühlen [!]."

Der Patient bestätigt verbal die Bereitschaft.

„Schön, und der ‚Ja-Finger' kann sich heben, wenn Sie auch auf der Unbewussten Ebene bereit sind."

FZ: „Ja."

Bravo! Ende.

Oder: Intervention auf der Ursachenebene

„Sehr gut, wir sind auf der richtigen Fährte."

„Was fällt Ihnen gerade zu Ihrem Befinden ein?" Pat.: „…"

„Woher kennen Sie dieses Gefühl?" Pat.: „…"

„Überprüfen Sie mal, ob Ihnen dazu ein Bild auftaucht!" Pat.: „…"

„Wie alt fühlen Sie sich jetzt?" Pat.: „…"

„Was braucht das Kind?" Pat.: „…"

„Ist ein Teil in Ihnen bereit, dem Kind das zu geben, was es in dieser Situation braucht?" Etc.

Eventuell nach der Technik *Arbeit am Kindheitstrauma* (Kaiser-Rekkas 1998, S. 140 ff.) oder einer anderen psychotherapeutischen Methode vorgehen.

Ist für beide Arten von Intervention aus irgendwelchen Gründen keine Zeit oder Kraft vorhanden, lässt man den Patienten sich mit allen Sinnen wieder in die äußere Realität orientieren. Gleichzeitig bestätigt man seine unbewusste Leistung, Sorge zu tragen, dass nichts zu schnell geht. Man verabredet den nächsten Schritt für die nächste Stunde. Damit wird dem Motto: „Alles, was in der Hypnose passiert, ist gut und wird in einen positiven Rahmen (positives Reframing) gesetzt", Rechnung getragen. Der Patient kann nichts falsch machen. Himmlische Zustände sozusagen, aber irgendwie muss es in der Therapie ja auch ein bisschen anders zugehen als sonst auf der Welt, nicht wahr?

2.12 *„Die Süße des Lebens trinken!"* – Umwandlung eines Symptoms in ein Signal

Ein Symptom als Signal zu verstehen ist mehr als positives Reframing. Die hier vorgestellte ideomotorische Technik entschlüsselt zuerst bildlich sowie auf der Gefühlsebene den tieferen Sinn von Symptomen. So erfahren wir, was wir zu tun, zu lassen oder zu verändern haben. Im Laufe der therapeutischen Arbeit wird dem Symptom dann eine ausdrückliche Aufgabe zuerteilt. Wenn es noch auftritt, dann ausschließlich, um uns aufmerksam zu machen, wenn wir uns übernehmen / nicht gut für uns sorgen / am Leben nicht teilhaben.

„Die Süße des Lebens trinken!"

Meine Kollegin Antje stellt sich innerhalb der Ausbildungsgruppe zur Demonstration der Technik zur Verfügung. Ihr Problem / Symptom besteht darin, dass sie sich oft dabei ertappt, wie sie unbewusst an ihren Fingern rumdrückt oder rumknibbelt, was auch anderen auffällt.

Frage von Agnes an die FZ: „Bist du bereit, die tiefere Bedeutung (des Symptoms) zu erfahren?"
FZ: „Ja."
Agnes: „Gut, lehn dich zurück, und wenn irgendetwas Wichtiges in dein Bewusstsein tritt, wird es uns der ‚Ja-Finger' wissen lassen."
FZ: „Ja."
Agnes: „Du hast gerade etwas erfahren. Hat es für dich einen Sinn?"
Antje sagt: „Nein."
Agnes (neugierig): „Was hat dir denn dein Unbewusstes präsentiert?"
Antje: „Ich sehe eine reife, saftige Birne."
Agnes: „Köstlich! Na, beobachte mal, was sonst noch so kommt."
[Pause]
FZ: „Ja."
Agnes: „Oh, was Weiteres?"
Antje: „ Ja, ich sehe auf einmal einen ganzen Birnbaum auf einem weiten Feld stehen … dunkle Regenwolken am Himmel … komisch!"
Antje wirkt überrascht. Auf einmal kullert eine dicke Träne über ihre Wange.
Agnes: „Das ist wohl gerade sehr intensiv. Schön, bleib dabei! Du erfährst gleich mehr. Es scheint wichtig zu sein."
Antje: „Jetzt bin ich auf einmal selber auf dem Feld … es fällt sehr nasser [!] Regen … ein platschender Sommerregen …

Ich breite die Arme aus und fange die Tropfen ein … ich trinke …"
Agnes: „Wie geht es dir dabei?"
Antje: „Wundervoll!"
Agnes: „Der ‚Ja-Finger' kann anzeigen, wenn dir ein Satz dazu einfällt, der für dich wichtig sein wird."

Nach einer Weile FZ: „Ja."
Anke: „Das Leben trinken! ... Ja, die Süße des Lebens trinken."
Agnes an die FZ: „Ist das etwas Neues für dich?"
FZ: „Der Neue", Antje leise: „Ja!"
Agnes: „Ist das erlaubt?"
FZ zögernd, dann deutlich: „Ja."
Agnes: „Beneidenswert! ... In Zukunft werden die Finger sich nur noch miteinander beschäftigen, um dir einen Hinweis zu geben. Dieser Hinweis lautet, dass du dich gerade aus dem Leben ausklinkst. Du wirst es gleich bemerken und tun, was wirklich sinnvoll ist. Und dein Satz wird dir dabei helfen."

Im anschließenden Gespräch berichtet Antje, wie die Birne auf einmal zum süßen, dicken Tropfen wurde. Das berührte sie gefühlsmäßig sehr stark, weshalb ihr dann die Träne übers Gesicht rann. Es wurde ihr dabei auch deutlich, dass die Finger sich immer mit sich selber beschäftigten, wenn sie sich der Lebendigkeit entzog. Der Birnbaum aber zeigte ihr: Aufmachen, die Arme ausbreiten, zugreifen ...

Im folgenden Seminar zehn Wochen später berichtet Antje, dass sie das Symptom ebenso wie unsere therapeutische Arbeit zwischenzeitlich völlig vergessen hatte. Sie erlebe aber in allen Lebensbereichen Veränderungen. Beruflichen Herausforderungen begegne sie mit mehr Selbstbewusstsein, und im Privatleben fühle sie sich freier und gelassener. Der Birnbaum hat mit Sicherheit seinen Teil – in Form einer reifen, süßen Frucht – beigetragen. Wie viel, lässt sich nicht sagen. Wichtig ist, wie immer, das Ergebnis.

2.13 „Sich selber in die starken Arme nehmen" – Krisenintervention

Ein Mensch in der Krise braucht

... als Erstes Zuspruch, Unterstützung, Entspannung, Orientierung. Danach Hilfe, um aus seiner pathologischen Dissoziation, seiner „Symptomtrance", heraustreten, pathologische „Ich-Zustände" wechseln zu können (vgl. Kaiser Rekkas 1998, S. 157 ff.). Später erfolgen ein Ausblick in die Zukunft, da Krisen nicht lebenslänglich zu sein pflegen, sowie die Vereinbarung, zu einem anderen Zeitpunkt einen eventuellen seelischen Hintergrund auszuleuchten und zu bearbeiten.

Ein Mensch in der Krise bietet

... Motivation zur Veränderung seiner entgleisten Situation, Aufgeschlossenheit gegenüber unseren Interventionen, d. h. Wille zur Kooperation mit zugleich hoher Suggestibilität, welche unsere Interventionen sozusagen gleich in Fleisch und Blut übergehen lassen.

In Synthese daraus ergibt sich eine dynamische, prognostisch aussichtsreiche Arbeit nach allen Regeln der Hypnosekunst.

„Sich selber in die starken Arme nehmen"

Ein Mediziner und Facharzt in leitender Stellung bittet mich um einen Termin. Schlagartig aufgetretene Panikattacken mit Sprechblockierung und heftigsten vegetativen Reaktionen (Black-out-Symptom) zwangen ihn, sich für eine Woche krankzumelden. Wir verabreden uns für den nächstfolgenden Tag. Der ca. 40-jährige Mann ist von sportlicher, kräftiger und stabil wirkender Erscheinung. Freimütig äußert er, dass nicht nur seine Karriere, sondern seine ganze Existenz auf dem Spiel stehe. Anspannung und Nervosität sowie eine gewisse Kurzatmigkeit sind unübersehbar. Er wirkt traumatisiert und verzweifelt. Offen begegnet er meinen Fragen bezüglich seiner Lebenssituation. Ich erfahre, dass er ausgesprochen viel arbeitet und sich vor kurzem habilitierte; außerdem, dass er ohne Vater aufgewachsen ist, was ich vermerke, aber nicht weiter anspreche. Konkret beschreibt er mir die Paniksituation, die insgesamt dreimal auftrat. Das dritte Mal am stärksten, und zwar während einer beruflichen Routinebesprechnung. Als Symptom beschreibt er ansteigende Hitze im Kopf, Schnappatmung, Tachykardie, Schweißausbruch, Schwindel, Gefühllosigkeit im Körper, Denkhemmung, Unmöglichkeit weiterzusprechen und Ohnmachtsgefühl.

Das etwa halbstündige Gespräch vermittelt mir das Bild eines akuten Erschöpfungssyndroms mit eventueller kaschierter Reaktivierung alter traumatischer Situationen. Deshalb leite ich eine Entspannungshypnose im Liegen ein. Nichts Besonderes: zuerst Augenfixation, dann Augen schließen, zählen von eins bis zehn, an einen geschützten Ort gehen, mit den eigenen Stärken Kontakt aufnehmen – und dann noch eine volle Kanne guter Suggestionen. Danach geht es ihm etwas besser. Er äußert von alleine seine Bereitschaft, falls es notwendig sei, auch in eine psychotherapeutische Arbeit einzusteigen. Wichtig ist die Verabredung für weitere Termine, die vorerst der Krisenintervention gewidmet sein sollen, sowie meine Behauptung, dass wir ein gutes Team sind und erfolgreich zusammenarbeiten werden. Als Hausaufgabe bekommt er meine CDs, die er nach Belieben hören kann.

Zwei Tage später erscheint er zur zweiten Sitzung. Er meint, es gehe ihm besser, aber nicht gut. Er äußert Vertrauen in unsere Arbeit und wirkt weiterhin aufgeschlossen. Wir entscheiden uns für die Arbeit mit den „Ich-Zuständen" auf der „Zeitlinie". Er vergegenwärtigt sich dabei auf einer imaginären Zeitlinie in chronologischer Folge den Anfall. Dabei durchleidet er auch hier im therapeutischen Kontext alle Symptome. Sequenzweise fordere ich ihn auf, aus dem „Ich-Zustand", der alle pathologischen Trancephänomene aufweist, hinauszutreten und sich in Person eines guten Freundes von außen zu betrachten. Er nimmt wahr, dass er in dieser Situation klein ist und kaum mehr atmet. Als ich ihn auffordere zu fühlen, was er zur Auflösung der miserablen Situation braucht, wird ihm deutlich, dass es Rückhalt in „starken Armen" ist. In der hypnotischen Fantasie nimmt er sich daraufhin – außen stehend – väterlich in seine starken Arme. Als er auf der „Zeitlinie" wieder in die imaginierte Kliniksituation zurückgeht, kann er sich auf einmal aufrichten. Er erlebt zwar wiederum einen Anflug von Schwindel, ist aber fähig, durchzuatmen und sich gefühlsmäßig selbst im Arm zu halten.

Nach der hypnotherapeutischen Arbeit fühlt er sich besser und zuversichtlich. Ich bekräftige sein Vorhaben, die kommende Woche wieder in die Klinikarbeit zurückzukehren, um nicht durch Vermeidungsverhalten zusätzliche Ängste aufzubauen. Als therapeutische Hausaufgabe soll er sich ein paarmal täglich in Ruhe hinsetzen, seine Größe spüren und auf eine gute Atmung achten. Wenn er sich gut zentriert fühlt, soll er sich selber in seine starken Arme schließen.

Als er zur dritten Sitzung kommt, hat er schon drei Arbeitstage bewältigt. Der erste Tag, Montag, verlief völlig normal. Der zweite war trotz der obligaten Besprechung komplikationslos. Am dritten Tag erlebte er einen leichten Anflug der Symptomatik. Er übergab für etwa eine Minute einem Kollegen die Papiere, fing sich wieder, indem er gut atmete und sich selber auf seine Weise inneren Halt gab. Dann konnte er seine Aufgabe fortführen. Diese Situation ähnelte dem letzten Bild der „Zeitlinie", nachdem er gut für sich gesorgt hatte. Natürlich war er erleichtert und willens weiterzuarbeiten.

Daraufhin stand *Raggedy Ann*, eine Hypnoseanleitung zur Tiefenentspannung (siehe 3.2.1), auf dem Plan. Ich nahm die Übung auf Tonband auf, sodass er sie mit Anleitung auch zu Hause ausführen konnte.

Die vierte Sitzung fand vierzehn Tage später statt, da ich aus beruflichen Gründen zwischenzeitlich nicht in München war. Seine Arbeitsfähigkeit war wiederhergestellt. In einem längeren Gespräch aber tritt die auch mir fast unmenschlich erscheinende aktuelle berufliche Situation zutage. Empfindungen von Ausgebootet- und Hintergangensein sind nachvollziehbar. Auf meine Frage: „Kennen Sie diese Gefühle zufällig aus Ihrer frühen Geschichte?“, erhalte ich Zustimmung. Aus dieser Perspektive nimmt die aktuelle Krise Gestalt an, ist entschlüsselt. Sie nährt sich aus der Wiederholung eines Traumas. Die weitere Arbeit wird darauf eingestellt.

2.14 „Seismograph der Seele“ – Automatisches Schreiben

Unter automatischem Schreiben versteht man das Schreiben, Malen oder Skizzieren in Hypnose unter Ausschaltung bewusster Aktivität. Die Hand bewegt den Stift in unwillkürlicher Motorik über das Papier.

Indikation: Diese Technik kann man anwenden, wenn sich keine ideomotorischen Signale hervorlocken lassen oder man auf eine ungewöhnliche Technik zurückgreifen möchte. Erstaunen über erhaltene – wenn auch vielleicht zunächst verschlüsselte – Information aus tiefster innerer Quelle rufen Neugierde auf weitere therapeutische Schritte hervor.

Ziel: Suche nach einer Botschaft oder Antwort auf eine wichtige Frage (z. B. nach tieferer Bedeutung einer Erkrankung), der das Wachbewußtsein hilflos gegenüber steht.

Die Technik eignet sich auch sehr gut für Gruppen und bringt meistens viel Turbulenz, da völlig unerwartete Phänomene auftauchen. So fand ein Seminarteilnehmer bulgarischer Herkunft, der schon seit langem in Deutschland sein Zuhause gefunden hat, zu seiner großen Verwunderung auf seinem Blatt kyrillische Schriftzeichen vor. Eine Kollegin, die (nicht umtrainierte) Linkshänderin ist, schrieb – nein, nicht arabisch, aber in Spiegelschrift von rechts nach links. Eine Anästhesistin, durch Arbeitsbelastung sehr angestrengt, fing innerhalb eines Kurses auf einmal an, Ihren Kopf in leichtes Schwingen zu bringen. Sie fühlte ihren gesamten Oberkörper als Schreibarm, der fantasierte Federkiel auf dem Kopf zeichnete Kurven und Schlingen, nein, Buchstaben an die Zimmerdecke. Ihr Kopfschmerz löste sich spontan.

Kann sein, dass es vorläufig nur wie Krikelkrakel erscheint, was sich erst nach einer Zeit als Lesbares kundtut. Es kann auch etwas Schriftähnliches, aber nicht Entzifferbares zutage treten. Dann kann man wahrscheinlich in einer weiteren Hypnose mit offenen Augen die Hieroglyphen entschlüsseln. Weiterhin kann sich auf dem Papier rein gar nichts abbilden, das Wort oder der Satz dagegen vor dem inneren Auge erscheinen, also ... es gibt der Möglichkeiten unzählige. Alle Reaktionsweisen können bei Bedarf diagnostisch und therapeutisch verwertet werden.

Zutaten: eine harte Schreibunterlage, ein leicht schreibender Stift (weicher Bleistift) und eine Prise Hypnose.

Nach der Hypnoseeinleitung können folgende Formulierungen das Schreiben und die Mitteilung unbewusster Inhalte anregen:

„Wann immer du bereit bist, wird unbewusstes Wissen in deine Schreibhand gelenkt. Und während du dich behaglich zurücklehnst, und diese Hand dir vielleicht weit weg erscheint, kann das Schreibgerät/der Stift auf einmal von alleine anfangen, über das Papier zu wandern ... wie ein Seismograph, der sich ferngelenkt bewegt. Ähnlich wie der Seismograph die Erschütterungen der Erde aufzeichnet, gibt der Stift deine innere Bewegung wieder. So fließt aus deinem Inneren eine Antwort/Botschaft auf das Papier, damit du erfährst, was du dir selber zu sagen, nein: zu schreiben vermagst."

Beispiele aus einer psychoonkologischen Weiterbildung von sechs Tagen mit 30 Therapeuten, von denen einige selber einmal erkrankten und wieder gesund wurden oder deren Familienmitglieder betroffen waren.

Die Teilnehmer erhielten vor der Hypnose die Aufforderung, sich auf eine Frage oder Problemstellung zu besinnen, die durch die unbewusste Aktivität des automatischen Schreibens beantwortet werden sollte.

Eine Ärztin, deren Mutter vor kurzem infolge eines Krebsleidens verstorben war, fragte nach einer Botschaft der Mutter, die diese ihr noch geben wollte, aber nicht mehr konnte. Sie schrieb in Trance „Nimm dir Zeit! xxx" – mit drei kleinen Kreuzen dahinter. Die Frau war nicht nur wegen des Inhaltes der Botschaft zutiefst bewegt, sondern weil es die Eigenart der Mutter war, ihre Schreiben, beispielsweise Briefe, mit drei kleinen Kreuzen zu kennzeichnen.

Eine Kollegin stellte eine Frage bezüglich ihrer Sexualität. Sie schrieb „Wasser“ und malte darunter Wellen. Sie und der Rest der Gruppe waren ratlos. Nachts im Traum entrümpelte sie ihren Keller. Ratlos waren wir noch immer, aber entrümpeln ist auf jeden Fall gut.

Ein junger Kollege, der seinen Vater durch eine Krebserkrankung verloren hatte, verfasste ein Gedicht, das alle berührte. Seine Frage betraf seine eigene Zukunft. Seine Worte aber drückten auch aus, was die Gruppe in diesen Tagen erlebte:

Stufen sind Wege zum Himmel.
Es wächst aus sich selbst im Rhythmus des Lebens.
Was sein wird, ist jetzt schon.
Was war, ist gegenwärtig.
Halte Ausschau nach Liebe, damit dein Herz vollende, was geboren werden will.
Nehmen und Geben sind wie der Wind.
Das Herz steht still, auch wenn Sonne und Mond vergehen.
Blumen am Wegesrand sind Kinder des Lebens.
Sie kennen kein Morgen.
Sei eine Blume, und empfange, was dir gegeben wird, dann sind Weg und Ziel eines.
D.

Zu diesem poetischen Phänomen, das durch die Trance aus sich selbst ersteht und erst nachträglich sein Echo in die Tiefe sendet, passen die Worte des französischen Philosophen Gaston Bachelard in der *Poetik des Raumes* (1987): „Das dichterische Bild ist ein plötzliches Hervortreten des seelischen Geschehens …“

2.15 Als Aperitif – Die prähypnotische Suggestion

In der Hypnoseliteratur wird der posthypnotischen Suggestion zu Recht große Bedeutung beigemessen. Ihre Depotwirkung über den Zeitraum der eigentlichen Trance hinaus ist hoch wirksam und sollte auf jeden Fall, auch in der Selbsthypnose, genutzt werden. Am errfolgversprechendsten wird diese Suggestion eher gegen Ende der Hypnose, wenn sich der Patient möglichst tief in Trance befindet, ausgesprochen.

Der prähypnotischen Suggestion dagegen ist bislang nicht groß Aufmerksamkeit geschenkt worden. Dabei erhalten wir sie sozusagen gratis mitgeliefert, und zwar im Gespräch vor der Hypnose. Nur etwas achtsam müssen wir sein. Jeglicher Kommentar und jegliche Information unsererseits zum möglichen Ablauf der anschließenden Hypnose enthalten suggestives Substrat. Es kann sowohl zum Gelingen wie auch Misslingen der Behandlung beitragen. Horrorszenarien wie „Wenn die Hypnose gut angeleitet wird, kann es nicht passieren, dass …" sind grundsätzlich zu vermeiden. Die Worte sind mit Bedacht zu wählen und positive Formulierungen zu bevorzugen.

Wir können davon ausgehen, dass unser Patient schon im Eingangsgespräch oder in der Unterhaltung zu Anfang der Stunde, wenn auch unbewusst, aber höchst willig unsere Ansichten wie auch unsere eigene Erwartungshaltung aufsaugt. Äußere ich Zuversicht, wie unter 6.4.3 *Handschuhanästhesie* nachzulesen, wird die Intervention auch bei komplizierter Ausgangslage eine bessere Chance haben. Neben einfachen positiven Bemerkungen zum Gesamtverlauf können wir kurz vor der Hypnose noch eine süffige Suggestion zum Besten geben: „Das ist bislang wirklich gut gelaufen. Prima! Da sind wir beide stolz auf Sie, oder? Jetzt aber bin ich hoch neugierig, was Ihr Unbewusstes heute für uns auf Lager hat …"

Wie bei einem Essen der Aperitif, macht eine gut gewählte prähypnotische Suggestion Appetit auf mehr und ist der beste Einstieg in Hypnose.

Abb.: Döst er oder hypnöst er? (© Norbert Rosing)

2.16 „Das Herz läuft ja richtig schön rund!" – Die einmalige Intervention Hypnotherapeutische Schritte bei funktioneller Hypertension mit kardialem Beschwerdebild

Vorgehensweise mit Hypnoseinduktion im Stehen

Angabe der Zeiteinteilung bei einer einmaligen Intervention von 90 Minuten, der sparsamen Anleitung sowie knappen Kommentare vonseiten der Therapeutin.

Manchmal haben wir mit unserem Patienten nur eine einzige Chance. Sei es, er lebt ganz woanders, oder die Lebensumstände gewähren keinen Freiraum für eine Reihe von Therapiesitzungen. Aber gerade aufgrund der Exklusivität der Situation kann unsere Intervention von Erfolg gekrönt sein. In den USA werden oft weite Flüge in Kauf genommen, um eine einmalige Sitzung bei einem Therapeuten, von dessen Arbeit man sich viel verspricht, erleben zu können. Es versteht sich, dass diese Rahmenbedingung, allein schon von außerordentlicher Suggestivkraft sind und daher besondere Tragweite haben.

Voraussetzung für den Erfolg einer einmaligen Intervention ist hohe Motivation und Kooperationsfähigkeit aufseiten des Patienten sowie schnelle Auffassungsgabe, Einfühlungsvermögen und fachliche Kompetenz aufseiten des Therapeuten. Keiner von beiden darf in Bezug auf eine bestimmte Anzahl von Sitzungen, die für ein zufrieden stellendes Ergebnis absolviert werden müssten, voreingenommen sein. Weiterhin ist die Intervention zeitlich zu limitieren. Meines Erachtens sollte eine Doppelstunde nicht überschritten werden.

Beispiel: Herr N. ist Ende vierzig und als Kollege in leitender Stellung therapeutisch in einer anderen Stadt tätig. Vor zehn Monaten hatte er schon einmal eine Hypnosesitzung bei mir wahrgenommen. Davon ist mir im Gedächtnis verblieben, dass er viel arbeitet, Familie hat und damals offensichtlich von der Intervention profitierte.

Heute kommt er wegen einer schon länger währenden medizinisch abgeklärten funktionellen Hypertonie mit Hypertrophie der linken Herzkammer und wegen Rhythmusstörungen. Da er die Medikation mit Betablockern nicht gut verträgt und unter den Nebenwirkungen leidet, nimmt er zur Behandlung der Hypertonie auch homöopathische Mittel. Die von seinem Arzt prognostizierte Herzinsuffizienz deprimiert und verunsichert ihn verständlicherweise. Auch fühlt er sich unwohl, nicht belastbar und leidet unter Durchschlafstörungen. Es geht ihm einfach nicht gut. Er wünscht sich in dieser Therapiestunde, für die wir 90 Minuten (die wir auch exakt einhalten) veranschlagt haben, mehr Kontakt zu sich zu bekommen und auf der unbewussten Ebene eine erste Hürde für eine positive seelisch-körperliche Beeinflussung zu nehmen. Er betont, dass er im Laufe der Zeit schon alle möglichen Therapien gemacht habe, seine Ursprungsfamilie „bearbeitet" und auch in „Familienaufstellungen nach Hellinger" einiges für sich habe klären können. Das brauche er hier bei mir nicht, er wünsche Hypnose.

45 Minuten dauert unser ausführliches Gespräch: nicht nur um Information zu sammeln, sondern um ein Gefühl für Herrn N. als Menschen zu entwickeln, ein Zusammenspiel in die Wege zu leiten sowie die Möglichkeit prähypnotischer Suggestionen zu nutzen.

1. Aktuelle äußere Lebenssituation

Ich befrage ihn zunächst bezüglich seiner Lebensgewohnheiten (Ernährung, Schlaf, körperliche Bewegung und Arbeitspensum). Danach nehme ich Bezug auf seine familiäre Situation und die Einschätzung und Reaktion seiner Frau, was die Problematik anbelangt. Ich erfahre, dass er sich bewusst ernährt, nicht raucht, der Schlaf sich verbessert hat, aber Durchschlafstörungen bestehen und sich die körperliche Bewegung auf Radfahren beschränkt. Die berufliche Situation hat er verändert, und zwar in Richtung von noch mehr Verantwortung, wobei er seine Entscheidung im Nachhinein als Fehler einschätzt. Da wir Psychotherapeuten immer zu sehr „auf der Seite des Gebens" stehen, erkundige ich mich nach seinen Auftankmöglichkeiten. Die Antwort „in Konzerte gehen" hört sich nicht so an, als ob damit ausreichend Kraft geschöpft werden könnte. Früher hat er meditiert, das aber aus Zeitgründen aufgegeben. Selbsthypnose praktiziert er nicht. Seine Frau unterstütze ihn und interessiere sich sehr für seinen Blutdruck. Sie frage des Öfteren nach und dränge ihn, etwas zu unternehmen.

2. Motivation und Engagement für weitere selbsttherapeutische Arbeit (Selbsthypnose)

Als Nächstes überprüfe ich die tiefere Motivation für therapeutische Schritte und damit den Willen, sich beispielsweise mit Selbsthypnose zu engagieren. Ist er bereit (und ist es letztendlich innerlich erlaubt), etwas für sich zu tun, und zwar – in Anbetracht des Befundes – für eine längere Zeitdauer? Ich führe aus, dass es mir wenig erfolgversprechend erscheint, mit ihm jetzt therapeutisch zu arbeiten, wenn er die hypnotische Intervention nicht in sich nachklingen lasse. Ich stelle klar, dass er sich hier und jetzt für ein entsprechendes Engagement entschließen und eine konsequente Hinwendung zu persönlicher Fürsorge und Heilung ins Auge fassen müsse. Obwohl die Antwort kein ausdrückliches „Ja" ist, fahre ich fort.

3. Ausmalen der Veränderungen, die erwünscht sind

Um einen möglichen therapeutischen Erfolg abzusichern, versuche ich herauszufinden, was er mit einem Mehr an Wohlbefinden, Energie und körperlicher Belastbarkeit anfangen würde. Als Kollege weiß er natürlich, dass ich nicht hören möchte, dass er sich dann noch mehr in die Arbeit stürzt oder sich anderweitig zusätzlich belastet. Er erzählt mir, was er konkret anders machen werde. Ich belasse es bei dieser Beschreibung in Anbetracht der Verbindlichkeit, die das therapeutische Setting mit sich bringt.

4. Beobachtete Reaktionen

Auf alle Fragen reagiert mein Kollege aufgeschlossen, zeitweise nachdenklich. Es scheint ihm während unseres Gespräches deutlicher zu werden, dass es weniger um „Ich muss was für mich tun!" als um eine liebevolle Hinwendung zu sich selbst geht. In kleinen Ausschnitten berichtet er mir dabei aus seiner Geschichte: über die Schwierigkeiten, sich selber anzunehmen, aber auch über die inzwischen wachsende Selbstakzeptanz. Auch darüber, wie er seinen Körper deutlicher spüre. Ich animiere ihn, öfter innezuhalten und momentane Spannungen bewusst wahrzunehmen und aufzulösen.

Eine Umorientierung steht an. Wir fassen das in folgende Worte: **Sich selber beistehen und treu sein**. Er äußert glaubhaft seinen Willen, sich für sich selber einzusetzen. Das Wie wäre jeweils Thema der Selbsthypnose.

5. Mein Eindruck

Innerhalb des Gespräches skizziert sich in mir ein – natürlich subjektives – Bild von Festgefahrensein, vorzeitiger Alterung und einer gewissen Freudlosigkeit, die sich auch in der Sprache, Körperhaltung sowie Körperkontur offenbart. Weil ich darunter aber ein Fünkchen Lebenslust verspüre, sehe ich eine Chance für die Intervention.

5 Minuten Pause, die ich zum Reflektieren der erhaltenen Informationen nutze.

6. Meine Entscheidung für die Art der Intervention

Im Stillen überlege ich das weitere Vorgehen. Hypnose im Sitzen für Psychotherapie oder im Liegen vermehrt für physische Entspannung, Ruhe und Entkrampfung der Gefäße? Beispielsweise *Rageddy Ann* mit der Beachtung des Herzens? Aber ich sehe den Mann in seiner Kleidung hängen und fühle ihn nicht im Körper zentriert. Deshalb wähle ich zunächst etwas ganz anderes, um dann zur psychotherapeutischen Hypnose mit ideomotorischen Signalen überzugehen.

10 Minuten körpertherapeutisches Vorspiel mit Tranceeinleitung im Stehen.

7. Hypnokörpertherapeutischer Zwischenschritt vor Beginn der eigentlichen Hypnose

Ich bitte den Mann, sich der Schuhe zu entledigen, auf den Teppich in den Raum zu stellen und entspannt durch das Fenster in das schöne, herbstlich bunte Laub zu schauen. Meiner Aufforderung, einen aufrechten, elastisch sicheren Stand einzunehmen, kann er nicht folgen. Seine Haltung wirkt eingefallen, der Kopf hängt nach vorne. Doch kommentiere ich das nicht. Hinter ihm stehend, lege ich meine Hände von oben weich auf seine Schultern und übe einen leichten Druck von oben, aber auch gleichzeitig in die Breite ziehend, aus. Das halte ich für ein paar Minuten ein, wobei ich mich erkundige, ob es angenehm sei, was er bejaht. Ich erzähle etwas von „in die Breite atmen, die Flanken durchlüften, den Brustkorb geräumig werden lassen, dem Herzen Platz einräumen, während der Kopf aus den Schultern wächst, sich nach oben streckt, wie bei einer anmutigen Afrikanerin, die einen Krug Wasser auf dem Kopf balanciert …"

Ich lasse meiner Fantasie freien Lauf: „… den Krug des Lebens auf dem Kopf tragen … das innere Haus bewohnen … den Körper in Besitz nehmen …" Etc. pp.

Der Körper strafft sich ein wenig. Ich lasse meine Hände zu seinen Schulterblättern gleiten und übe dort leichten, flächigen Druck aus. Ich bitte ihn, diese breiten Knochengebilde wahrzunehmen und eine Vorstellung des Sichanlehnens an die Schulterblätter zu entwickeln. Die Atmung vertieft sich von alleine. Dann fordere ich ihn auf, die sich nun ausbreitende Energie zwischen den Schulterblättern wahrzunehmen, auch die im Rücken hochsteigende Kraft, die wachsende Basis im Becken und die Öffnung im Brustkorb. Ich beobachte ein Absinken der Schultern und – mit einem Blick von vorne und einem flüchtigen Abtasten – das Zurücktreten der Schlüsselbeine mit der Füllung der kleinen Näpfe unterhalb der Schlüsselbeine.

Daraufhin trete ich zur Seite und rege ihn an, die körperliche Veränderung einen Moment einfach still zu empfinden: das Gefühl der breiten Schultern, der wie ein Buch aufgeklappten Schulterblätter, die Halt geben, und der Kraft im Rücken.

Er bestätigt, leichter Luft zu bekommen, sich anders zu fühlen und mehr in sich zu ruhen.

20 Minuten direkte hypnotherapeutische Intervention.

8. Fortführen und Vertiefen der Hypnose im Sessel

Daraufhin lasse ich ihn wieder in seinem Sessel Platz nehmen und eine Handlevitation provozieren. Da er zwischenzeitlich an einer von mir geleiteten Fortbildung zur „Ideomotorischen Arbeit" teilgenommen hat, gehe ich jetzt davon aus, dass bei ihm Fingersignale leicht abrufbar sind. Ich versuche, Fingerzeichen zu erhalten, was mir nicht gelingt. Er gibt an, dass sich die ganze Hand regungslos und wie betäubt anfühle. So insistiere ich nicht, um auf keinen Fall Druck – weder auf ihn noch auf mich – auszuüben. Ich formuliere das folgendermaßen:

„Das ist völlig in Ordnung. Das Unbewusste hat sich wohl einen anderen Weg vorbehalten, um uns Information zu vermitteln … Information, die wichtig sein wird, um Ihr Problem zu lösen und Sie gesund werden zu lassen. Nehmen Sie sich nun einfach alle Zeit, um die innere Ruhe und Aufmerksamkeit zu entwickeln, die Sie brauchen, um Hinweise von der Instanz in Ihnen, die gut für Sie zu sorgen vermag, entgegenzunehmen ...!"

[Pause]

„Und ganz unerwartet kann auf einmal eine Botschaft kommen ... wie eine Luftblase, die im Wasser aus der Tiefe aufsteigt ... auftaucht ... an die Oberfläche tritt ... kurz als Sprechblase erscheint ...

Die Blase zerplatzt ... und gibt den Inhalt frei ... Sie wissen mehr ...!"

[Pause]

9. Eine spontan beim Klienten auftauchende Frage veranschaulicht das Dilemma

Herr N. wirkt bewegt: „Ja, da kam es schon. Ich weiß den Inhalt!"
Agnes, neugierig: „Ja?"
Herr N.: „Das ist eine Frage."
A. neugierig: „Mögen Sie mir die vielleicht mitteilen?"
Herr N.: „Ja, sie lautet: ‚Darf ich überhaupt mehr Weite in Anspruch nehmen?'"
A., vieldeutig: „Aha!"
[Pause]
A., aufmerksam: „Ist diese Frage neu für Sie? Ich meine, neu auf der bewussten Ebene?"
Herr N.: „Ja, so klar war mir nie, dass es da um Erlaubnis geht."
A., geheimnisvoll: „Diese Frage ist ja wohl nicht zum einfachen Beantworten da ... eher zum Wahrnehmen und Überprüfen, oder?"

10. Die bisherige Enge wird momentan deutlich empfunden und bildlich erlebt

Herr N. gequält: „... ein richtiger Panzer ... wie in Ketten gelegt ..."
A., ermutigend: „Bleiben Sie nur aufmerksam dabei. Sie machen das gut! So kann Ihnen alles Wichtige deutlich werden!"
Herr N.: „Jetzt taucht ein Bild auf, das ich schon kenne: Ich stehe oben auf einem Berg, einsam und verlassen ... ganz allein ..."
A., unterstützend: „Lassen Sie das Bild auf sich wirken! Und beobachten Sie, was sich als Nächstes verändert! Atmen Sie einfach ruhig und regelmäßig, bleiben Sie dabei! Sie können das ... Gut!"
[Pause]

11. Spontan tritt eine in einer Metapher verschlüsselte Veränderung im Sinne der Therapie ein

Nach einer Weile:
Herr N.: „Jetzt ist es auf einmal weitergegangen. Ich konnte auf einmal fliegen … völlig unerwartet konnte ich fliegen … es war sehr schön und leicht … hat sich sehr gut angefühlt … sehr offen und frei …

Ich bin langsam ins Tal geflogen … und bei den Menschen dort gelandet. Alles war sehr schön und entspannend.

Ich bin sehr froh."

Dieses „luftige" Erlebnis muss für einen Menschen, der eher schwere, erdige und auch versinkende Anteile lebt, eine echte Novität sein. Entsprechend löst es beinah euphorische Gefühle aus.

12. Bestätigung und Verankerung des in der Therapie gewonnenen Entwicklungsschrittes

A., bestätigend: „Das ist ja fantastisch …! … Sehr schön!"
[Pause]
Herr N., erstaunt: „Alles ist locker plötzlich!"
A., empathisch: „Und Sie nehmen das gute Gefühl voll auf!"
Herr N., wie erlöst: **„Das Herz läuft ja richtig schön rund, ohne Stolpern, alles weich und weit …"**

A., leicht amüsiert: **„Das kann man ja nur noch genießen!"**
Herr N., besinnlich, wie auch in Freude zustimmend: **„Fürwahr!"**
[Längere Pause]

13. Posthypnotische Suggestion

A., suggestiv: „Ein ganz natürliches Recht in Anspruch zu nehmen, erscheint manchmal nicht leicht. Aber wenn man den ersten Schritt mal getan hat … und mit allen Fasern verspürt, wie wohl das tut … wer wollte es da wohl wieder aufgeben?"

5 Minuten Nachgespräch mit Resümee der Sitzung.

14. Bestätigung der erreichten Erfolges

Herr N. gibt an, sich vollkommen wohl zu fühlen und neue Ideen zu entwickeln, die er allerdings noch nicht formulieren könne.

Wir besprechen die Art der Selbsthypnose. Herr N. erhält die CD *Seifenblasen* als unterstützendes Medium.

5 Minuten weitere Planung und Honorarabrechnung.

Wir planen eine weitere Sitzung nach drei Monaten.

Herr N. ruft mich aber schon nach einer Woche zurück. Er möchte sich bedanken. Die Intervention habe sich „in jeder Hinsicht positiv ausgewirkt." Er habe „so gut wie keine Herzrhythmusstörungen mehr, nur noch bei großer körperlicher Anstrengung". Jede Nacht habe er gut geschlafen. Das sei „eine große Entlastung" und habe „erheblich zum Wohlbefinden beigetragen". Die Schlaftiefe sei auch viel besser. Nur zweimal sei er nachts aufgewacht, und nur einmal für länger. Da habe er meine CD gehört und sich man nächsten Tag rundum wohl gefühlt. Auch das Verhältnis zu seinem Körper sei verändert, er habe eine „andere Körperidentität", sei „mehr in sich drin". Nur seine Blutdruckwerte seien weiterhin schwankend, was er aber auf eine besonders anstrengende berufliche Woche, während der er jeden Tag in einer anderen Stadt arbeitete, zurückführe.

Er bestätigt, dass er Selbsthypnose ausübe, wünscht sich aber auch einen zweiten Termin in vier Wochen speziell für die Behandlung der Hypertension. Was macht er? Ja, er nimmt etwas in Anspruch. Bravo!

Bei einem Anruf drei Wochen später bezüglich einer organisatorischen Angelegenheit versichert er, dass er tief und fest schlafe, sein Herz weiterhin „rund" laufe und er Selbsthypnose praktiziere.

3. Konzept und Therapieplan

Das im Folgenden aufgezeichnete Konzept beschreibt den strategischen Aufbau eines allgemein gültigen und somit übertragbaren Therapiemodelles bei psychosomatischen Erkrankungen. Angefangen beim Erstkontakt, führt es über alle Stadien der therapeutischen Begleitung bis zu prospektiven Interventionen nach Wiedererlangung guten Befindens bzw. Genesung und möglicher Rehabilitation. Das Spektrum sinnvoller hypnotherapeutischer Methoden mit didaktisch kommentierten Anleitungen im Wortlaut wird in chronologischem Fortgang zu den entsprechenden Phasen der Therapie dargestellt. Da die Eigeninitiative des Patienten eine wesentliche Rolle spielt, werden Beispiele der Anleitung zur Selbsthypnose und Visualisation beschrieben.

In der symptomatischen Behandlung hat der Gebrauch von direktiven Suggestionen durchaus seine Berechtigung. Für die psychotherapeutische Arbeit sind dagegen nondirektive Techniken wie Metaphern, Fantasiereisen und ideomotorisches Signalisieren zu bevorzugen. Ebenso kann aber – der Spezialisierung des Therapeuten entsprechend – die Therapie zur „Therapie in Trance“ werden, wenn die jeweilige Qualifikation in persönlichem Stil mit Hypnose kombiniert wird.

Exemplarische Fallbeispiele aus verschiedenen medizinischen Fachgebieten und deren Erläuterung erleichtern den Einblick in die Arbeit und zeigen auf, wie die Methoden modifiziert auf einzelne Krankheitsbilder angewendet werden.

3.1 Neuorientierung des Patienten und Engagierung für aktive Mitarbeit

In der ersten Sitzung wird das Fundament für die Therapie gelegt. Deshalb ist, wenn möglich, hier etwas mehr Zeit zu investieren. Auf dem Programm stehen nicht nur Exploration, Anamnese und psychologische Diagnose vor dem Hintergrund des medizinischen Befundes, sondern auch:

- Darstellung des Therapieansatzes und -konzeptes,
- Aufklärung über Hypnose,
- Gewinnung und Engagierung des Patienten,
- Formulierung des (vielleicht zuerst vorläufigen) Therapiezieles,
- erste Einweisung in Hypnose (Kurzintervention von 5 Minuten),
- „therapeutische Hausaufgabe“, wie unter *Zehn therapeutische Anregungen* (3.1.1) beschrieben,
- Arbeitskontrakt und Verabredung für die nächsten Sitzungen.

Bei der Erläuterung des Therapieplanes wird darauf hingewiesen, dass wir vorerst symptombezogen arbeiten und Hypnosetechniken für das Praktizieren zu Hause lehren, zu gegebener Zeit aber das Augenmerk auch auf mögliche psychische Gründe der Erkrankung richten werden. Dem Patienten soll offensichtlich werden, dass ihm etwas abverlangt wird. Aus der passiven Patientenrolle herauszutreten, das System von Hoffnungs- und Hilflosigkeit zu verlassen und Verantwortung zu übernehmen ist ein gewagter Schritt, den wir deshalb versüßen müssen. In dieser Hinsicht sollten wir das erste Treffen so gestalten, dass alles wie eine Offenbarung klingt. Neugierde wird geschürt, Motivation aktiviert, auch durch Berichte positiver Behandlungsverläufe bei anderen Patienten: „... und warum sollten Sie das nicht auch schaffen können, vielleicht einfach anders, auf Ihre eigene Art und Weise ...?“ Das Angebot, sich aktiv an der Verbesserung der Symptomatik zu beteiligen, muss verheißungsvoll klingen.

Die erste Stunde dient aber vor allem der Ermutigung, und die kurze Hypnose vermittelt das Gefühl, sich „bedient“ vorzukommen. Sie wirkt wie ein Geschenk nach der Aufregung und Anstrengung, sich einem neuen Menschen preiszugeben: Man darf in Decken eingekuschelt oder mit Kissen gestützt regredieren, man darf erlaubterweise faul sein, muss nichts Besonderes tun, nichts Besonderes verstehen ... So können auf der Stelle erste kleine Veränderungen der Symptomatik erfahren werden, die Lust machen auf mehr. Eine sich oft sekundär entwickelnde Depression erfährt schon jetzt einen kleinen Sonneneinbruch. Idealerweise wirkt unser Patient nach der ersten Stunde etwas glücklicher und hoffnungsvoller als bei seiner Ankunft. Mit Arbeitsmaterial wie Selbsthypnoseanweisungen oder den „Zehn therapeutischen Anregungen“ (s.u.) an der Hand zieht er von dannen. (Mehr in Kaiser Rekkas 1998, S. 52 ff.)

Der Therapeut ist Modell für positive Interaktion, und die Therapie selber soll Prototyp eines positiven und erfolgreichen Prozesses sein. Wir sind nicht verantwortlich für die Entwicklung des Patienten, aber dafür, wie sich der Verlauf des Prozesses gestaltet. Der Therapeut stellt sich auf den Patienten ein, der Patient lässt sich auf die Therapie ein, beide bilden ein Team. Ein Team, das Belastungen wie Rückfällen und unvorhergesehenen Schwierigkeiten standhalten und dabei Disziplin sowie Geduld und manchmal sogar ein wenig Bescheidenheit aufbringen muss.

3.1.1 Zehn therapeutische Anregungen für den Patienten

Der Patient braucht am Anfang der Therapie Anleitungen, Richtlinien. Einen kleinen „Spickzettel", der ihn ermahnt, den inneren Dialog zu überprüfen, die Erlebnisebene zu beachten, die Verhaltensebene systemisch zu entstören und die Selbsthypnose auszuüben ... ja, und in sein Nachtgebet halten Suggestionen für die Traumarbeit Einzug. Hier ein Beispiel.

Zehn therapeutische Anregungen für Sie

1. Leisten Sie sich mehrfach täglich kleine Auszeiten. Nehmen Sie dabei achtsam körperliche Gefühle wahr. Lösen Sie immer wieder und überall unnötige körperliche Spannungen, die sich oft unwillkürlich aufbauen. Dafür einige ruhige und tiefe Atemzüge machen, die Energie fließen lassen und einfach „bei sich sein". Achten Sie stets auf guten Kontakt zu allen Körperbereichen!

2. Praktizieren Sie Selbsthypnose, zweimal täglich ca. 15 Minuten zu festgelegten Zeiten, siehe *Anleitung für die Selbsthypnose, 3.4!*

3. Halten Sie während des Tages immer wieder inne und hüllen die betroffenen Körpergebiete in Liebe / gute Gedanken!

4. Achten Sie sorgsam auf Ihre Gefühle und Befindlichkeiten. Bewerten Sie diese aber nicht, sondern respektieren sie zuerst einmal. Bedenken Sie, dass alle durchlebten Gefühle Ihren Körper entlasten!

5. Lassen Sie sich nicht drängen oder unter Druck setzen! Erst nachspüren, dann reagieren! Meist ist nicht wirklich Eile geboten. Sagen Sie nicht einfach gleich „Ja" oder reagieren automatisch im alten Muster!

6. Wechseln Sie im Zwiegespräch mit sich selbst das Wort „müssen" durch „wollen / können / mögen / werden" aus!

7. Achten Sie im Zusammenspiel mit anderen Menschen auf einen Ausgleich zwischen „Geben und Nehmen"!

8. Alle unsere Gedanken, Glaubenssätze, Bilder und Gefühle üben Einfluss auf unsere körperlichen Vorgänge aus. Nehmen Sie deshalb alle Details des Tages immer sehr aufmerksam wahr und beurteilen klar, was Ihnen gut tut und was schadet! Lassen Sie sofort Gedanken los, die Ihnen schlechte Gefühle verursachen. Hängen Sie Bilder ab, die Ihnen Unwohlsein bereiten. Verändern Sie Ihre Glaubenssätze in Richtung Hoffnung, innere Freiheit, Verlassen alter Pfade und Finden neuer Möglichkeiten. Richten Sie Ihren inneren Dialog eindeutig auf Gesundheit!

9. Vor dem Einschlafen: Entbinden Sie im inneren Dialog Ihren Körper von der Last, Sie mit dem Symptom auf etwas aufmerksam machen zu wollen. Versprechen Sie Ihrem Körper, Dinge, die geistiger und seelischer Natur sind, auf geistige und seelische Art zu regeln oder zu erledigen. Indem Sie diese Aufgabe übernehmen, kann der Körper sich auf die Heilung konzentrieren. Bitten Sie außerdem das Unbewusste, sich nachts im Schlaf und in den Träumen mit der Heilung zu beschäftigen, womit ich die körperliche *und* die seelische Heilung meine. (Bei schweren Krankheiten: Bitten Sie es auch, die innere loyale Verpflichtung von „Ich folge dir nach!" vollkommen aufzulösen. Das brauchen Sie nicht zu verstehen, tun Sie es aber bitte!)

10. Uneingeschränkt erlaubt sind Lachen, Tanzen und alles, was sich gut anfühlt!

Sollte der Patient nun genau wissen wollen, wieso und wozu das alles und argumentieren und die Zeit vertun, fragt der Therapeut auf der ideomotorischen Ebene:

Therapeut: „Weiß das Unbewusste, was damit gemeint ist?“ (Z. B. die loyale Verpflichtung des „Ich folge Dir nach“ bei Suiziden von Familienangehörigen in der frühen Geschichte von Krebserkrankten (Hellinger 1995.)

FZ: „Ja.“
Th.: „Gut, das reicht aus. Das Unbewusste weiß Bescheid.“

Andernfalls:
IS: „Nein.“
Th.: „Dann hat der Satz keine Gültigkeit für Sie. Vergessen Sie ihn.“

Der Therapeut lässt sich mit seiner ganzen Energie auf die Therapie ein. Er hat daher das Recht, dem Patienten auch etwas abzuverlangen. Manchmal sage ich zu meinen Patienten: „Wissen Sie, *ich* jedenfalls, möchte erfolgreich arbeiten.“

3.2 Anleitung in hypnotischer Tiefenrelaxation

„Ist es nicht interessant, wie in der Tiefe der Entspannung sich Dinge von alleine regeln … und zwar ohne dass wir ihnen bewusst Aufmerksamkeit schenken …?“

Die hypnotische Tiefenentspannung sollte täglich praktiziert werden, da sie erwiesenermaßen (W. Bongartz 1990; Hasenhündl-Vecsei 1998) alle physiologischen Vorgänge unterstützt, die Abwehrkräfte stärkt und somit das Immunsystem stabilisiert. In Ruhe und Stille tankt der Patient auf, fühlt sich erfrischt und erholt. Hat er Mühe, sich von Anfang an zu konzentrieren, sollte er mit der Augenfixation beginnen, der Atmung Aufmerksamkeit schenken und sich im Stillen beim Ausatmen eine Ruheformel („Ich lasse los und entspanne mich!“) sagen, die er selber findet und die ihm hilft, die Hypnose zu vertiefen. Das weitere Ziel lautet dann ausschließlich: Ruhe, Stille, Entspannung; keine großartigen Bilder und Szenarien, keine Psychotherapie. Die Ruhe eines Klostergartens, die Stille eines Tannenwaldes, die Entspannung in einem Pool warmen Wassers.

Nach B. Bongartz und W. Bongartz, die in Hypnosetherapie (1998) ihre ausführlichen Untersuchungen zur Sprache der Hypnose darstellen, wirken im Gegensatz zu den direkten die indirekten Formulierungen deutlich trancevertiefend. Indem man der Beschreibung eines sich in der Sommerbrise wiegenden Kornfeldes lauscht, wird man innerlich nicht nur zum Zuschauer, sondern verspürt auf einmal selber ein wiegendes Gefühl (siehe Kornähre, 3.9).

Wir können Musik verwenden, „mesmersches Streichen" ausführen und, falls wir zu zweit sind, mit der „Doppelinduktion" arbeiten.

Unschlagbar aber ist das „Lumpenpüppchen", die kleine Gliederpuppe namens *Raggedy Ann* (s. u.; als *Raggedy Ann* wird eine möglichst selbst gemachte Gliederpuppe aus Stoffresten bezeichnet). Besonders zu empfehlen ist eine aus dem Amerikanischen entlehnte (Jencks 1973) und von mir modifizierte Übung für Patienten, die aufgrund ihrer Beschwerden nicht leicht entspannen können oder ihren Gedanken sehr verhaftet sind. *Raggedy Ann* hält den Patienten in direktiver Anleitung, trainiert mental vorgestellte Bewegung sowie das Lenken des Atemflusses und zeigt Liebe, Liebe gegenüber dem eigenen Herzen. Über vier aus dem autogenen Training übernommene Phasen leitet sie schließlich in die Tiefenentspannung über, und das auch noch auf einer himmlischen Luftmatratze …

3.2.1 *Raggedy Ann* – Anleitung für tiefe therapeutische Hypnose, möglichst im Liegen auszuführen, wobei die Hände neben dem Körper auf kleinen Kissen ruhen

Auf den Rhythmus der Atmung einstellen

„Es ist immer gut, anfänglich erst einmal auf die Atmung zu achten!
Gut … schließen Sie die Augen … denn mit geschlossenen Augen erfährt man die Welt anders … man kann auf einmal besser hören … auch besser fühlen … aber vor allen Dingen kann man sich besser etwas vorstellen … und diese Vorstellungen und die Bilder, die dabei entstehen … können uns für die unbewusste Arbeit behilflich sein … und Sie brauchen nichts Besonderes zu tun, das wissen Sie …

Sie brauchen auch nichts zu verstehen … Sie dürfen sich einfach zurücklehnen … und ich mache Ihnen für die Hypnose Angebote, die Sie verfolgen oder die Sie abwandeln können, je nachdem, wie es am besten zu Ihnen passt und Ihnen am besten hilft, und das Unbewusste wird da schon seine Auswahl treffen … um diese Hypnose wirklich sinnvoll zu nutzen …

Konzentrieren Sie sich jetzt auf den Fluss Ihrer Atmung … der ja in einer Wellenbewegung beim Einatmen Brustkorb und Bauch hebt … und beim Ausatmen elastisch absinken lässt … und danach kommt eine kleine Pause … bevor der nächste Atemzug die Lungen wieder mit Luft weitet … sehr schön …"

Eine körperliche Bewegung in Fantasie ausführen

„Erfahren Sie nun, wie einfach Sie Ihren Körper durch eine vorgestellte Bewegung tief entspannen können! Fangen wir mit dem Oberkörper an! … Gut … und wenn Sie Ihren Rhythmus gefunden haben … dann heben Sie die linke Hand beim Einatmen etwas an, der Ellbogen beugt sich, der Unterarm hebt sich … und beim Ausatmen lassen Sie die Hand runterfallen … – genau – … ganz locker und entspannt. Und das machen Sie jetzt einfach einmal über fünf bis sechs Atemzüge.

Anheben beim Einatmen und entspannt fallen lassen beim Ausatmen … so als wenn Ihr Arm einer Gliederpuppe gehörte … so als ob der Arm beim Handgelenk angehoben würde und beim Ausatmen losgelassen. Er fällt zurück … plumps, ganz entspannt, locker, weich, losgelassen … und bei jedem Ausatmen kann eine Welle der Energie … von der Hand in den Unterarm … in den Oberarm fließen und in die Schulter … und dann in den Brustraum hinein … gut, sehr gut. Und das wiederholen Sie einige Male … lassen aber dann die Bewegung kleiner werden … klein und kleiner in der äußeren Wirklichkeit, aber in der inneren Vorstellung und Empfindung … – und das ist wichtig – … bleibt die Bewegung gleich groß …

… Die äußere Bewegung wird kleiner und kleiner … nur noch eine leichte Anspannung … ja, und nun bleibt der Arm einfach liegen …

Aber in der inneren Vorstellung hebt sich der Arm weiterhin im Rhythmus der Atemzüge … fällt dann locker und entspannt … – rein in der Vorstellung – hinunter … und beim jedem Ausatmen fließt über diesen linken Arm, wie wenn sich eine Schleuse öffnete, eine Welle der goldfarbenen Wärme und Energie in den Oberkörper, auch in den Halsbereich, Schultern-, Nackenpartie und in die Brust … Gut, und die Hand kann äußerlich gesehen einfach nur auf ihrem Kissen liegen bleiben, und nur im inneren Bild und im inneren Gefühl hebt sich der Arm weiter, und jedes Ausatmen bringt Entspannung … gut. Und kann sein, der Arm fühlt sich größer, länger und auch irgendwie wichtiger und lebendiger an, auf jeden Fall angenehm gelöst …

Jetzt machen Sie das Gleiche mit der rechten Hand, vielleicht nicht so oft, weil der Körper schon weiß, wie es geht: drei-, viermal den Arm, den rechten, anheben … und dabei äußerlich die Bewegung immer kleiner werden lassen …

und auch da … plumps … fällt die Hand locker entspannt hinunter … und jedes Mal fließt Entspannung wie eine Welle der goldfarbenen Wärme und Energie durch Unterarm, Oberarm, in die Schulter und in den Brustraum, und alles strömt und verbindet sich mit dem guten Gefühl von der anderen Seite, lockert den Schulter-, Nackenbereich, den Halsbereich … gut …

Und jetzt bleibt auch der rechte Arm von außen betrachtet einfach vollkommen entspannt da liegen. Die Hand ruht auf dem Kissen. Und kann sein, dass auch dieser Arm sich größer, länger und auch irgendwie wichtiger und lebendiger anfühlt … Auf jeden Fall aber angenehm gelöst und entspannt …

In Ihrer Vorstellung aber – und Sie fühlen das richtig – heben sich nun beide Arme … – nur in der Fantasie – beim Einatmen und sinken locker, entspannt zurück beim Ausatmen …

Und jedes Ausatmen entspannt Sie mehr … und die Energien fließen zum Körper hin und kreisen in der Brust … werden immer wieder aktiviert … bei jedem einzelnen Atemzug … das geht nun schon ganz reflektorisch … gut …!

Der gesamte Oberkörper ist nun geräumig, lebendig und gleichzeitig entspannt … fühlen Sie mal aufmerksam hinein! Gut ventiliert … luftig … weitläufig …

Alles läuft jetzt ganz selbstständig ab, und Sie beobachten nur noch die gute Wirkung!

Wenden wir uns nun dem Unterkörper zu! Machen Sie das Gleiche anfangs erst mit dem linken Bein. Nur eine kleine Bewegung: Sie winkeln das

Bein etwas an, ziehen die Ferse über dem Bett heran, ein paar Zentimeter … und beim Ausatmen lassen Sie das Bein einfach wieder locker fallen … locker … sehr gut, schön … anziehen … und dann wieder locker lassen … und auch da fließt wieder ein Schwall der Energie durch den Fuß hoch in den Unterschenkel, durch die Kniekehle hindurch in den Oberschenkel und dann in die Hüfte und ins Becken … und auch die Hüftmuskulatur entspannt sich … Das Bein rollt dadurch beim Lockerlassen vielleicht ein bisschen nach außen genauso wie bei der Gliederpuppe. Wie wenn man die Gliedmaße anhöbe, etwas am Knie hochzöge und dann locker ließe … Machen Sie das einfach mit, eine richtige reale äußere Bewegung über ein paar Atemzüge … und dann ist es nur noch eine isometrische Anspannung – eine Haltespannung – bei der Einatmung … und dann nur noch die Vorstellung einer Bewegung … wie das Bein sich anhebt beim Einatmen … und wieder sinkt, ganz entspannt beim Ausatmen, und der Fuß vielleicht noch tiefer hineinsinkt, warm und entspannt … und noch einmal. Mhmm, gut … Und die Entspannung kann weiterfließen, vom Oberschenkel in das Becken … Sehr angenehm … sehr wohltuend …

Und jetzt ist die Bewegung nur noch innere Vorstellung … inneres Empfinden …

Sie machen das in Ihrem Takt, in Ihrem Rhythmus … und bei jedem Ausatmen fließt eine Welle der Entspannung, der goldfarbenen Wärme und Energie hinauf … und in den Unterkörper hinein … Sie machen das sehr gut …!

Dann bleibt das Bein in der äußeren Wirklichkeit gelöst und ruhig liegen, aber in der inneren Wirklichkeit ziehen Sie es beim Einatmen weiterhin an … und beim Ausatmen sinkt es satt und zufrieden zurück … Gut so!

Während sich die Fantasiebewegung der drei Gliedmaßen schon verselbstständigt hat und bei jedem Atemzug mehr und mehr Entspannung auslöst, kommt jetzt noch das rechte Bein hinzu …: Machen Sie einfach das Gleiche mit dem rechten Bein! Erst einmal mit etwas äußerer Bewegung anziehen … dann locker lassen … Ja, wunderbar, sehr schön, beim Einatmen etwas heranziehen … und danach wieder fallen lassen, locker … entspannt. Und wiederum fließt es von unten das Bein herauf, warm, gelöst … wohltuend … Auch da öffnen sich wieder die Schleusen … es fließt zur Körpermitte hin und kreist dort als warmer, nährender

Energiestrom … Und während Sie sich auf das rechte Bein konzentrieren und das Bein nur noch in der Vorstellung anbeugen, machen die anderen drei Gliedmaßen das von alleine weiter … und so beugen sich beim Einatmen beide Ellenbogen und Knie an. Die Hände heben sich, die Knie ziehen sich an …

… locker und entspannt … und bei jedem Ausatmen fließt eine Welle der goldfarbenen Wärme und Energie, kommt dann in der Körpermitte zum Kreisen … durchflutet den gesamten Körper …

So fühlt er sich geräumiger an, angenehm weit …

Und gelassen schwebend … oder vielleicht auch geruhsam sinkend, erstaunt es Sie womöglich, wie wohl Sie sich schon fühlen … ganz im Besitz Ihres Körpers …"

Der Körper warm, der Kopf aber angenehm kühl

„Empfinden Sie nun deutlich, wie der Körper schön warm, der Kopf dagegen klar und kühl ist! Während Sie dieses schwebende Sinken oder auch sinkende Schweben genießen, kann es im Kopf erfrischend kühl werden, kühl und weit und klar. Der Körper dagegen ist wohlig warm. So als wenn Sie einen schönen, altehrwürdigen Baum auffänden und die Gliederpuppe dort hinsetzten. So sitzt sie angelehnt, den festen Baumstamm im Rücken. Der Kopf im Schatten dank der mächtigen Baumkrone … und vielleicht ist es Vormittag oder später Sommernachmittag, auf jeden Fall scheint eine angenehm warme Sonne auf den Leib.

Der Kopf kühl und klar im Schatten … licht und weit, wie der weite Himmel über Ihnen … der Körper aber angenehm warm … Und der Körper kann sich erinnern, wie sich das anfühlt, die Wärme der Sonne auf der Haut und wie die Wärme tiefer in den Körper eindringt und den Körper mit warmem Licht goldfarben ausleuchtet …

Alles ist in harmonischer Verbindung miteinander … ganz im Hier und Jetzt"

Gefühl zum Herzen entwickeln

„Schenken Sie nun dem Herzen ein wenig Aufmerksamkeit! Gut … schön … und egal, wie intensiv Sie das verspüren oder ob Sie erst erlernen, das zu verspüren, oder ob Sie es nur unbewusst erleben und bewusst woanders sind. Es ist alles in Ordnung … denn in Hypnose geschieht alles ganz ohne Anstrengung, von alleine. Und Sie können sich auf Ihr Körpergedächtnis verlassen, das zu einem späteren Zeitpunkt Erinne-

rungen an das wohlige Gefühl von diesem Zeitraum jetzt hervorrufen kann, ganz spontan und unerwartet ... Erinnerungen, die Ihnen gut tun ... und die im Sinne des Therapiezieles wirken ...

Und so können Sie Ihrem Herzen Aufmerksamkeit schenken, diesem kleinen Motor in Ihnen ... der unermüdlich und ausdauernd für Sie schlägt ... aus eigenem rhythmischen Antrieb heraus immer bereitwillig seine Arbeit leistet, ganz von alleine, in seinem Schritt, in seinem Tempo, einmal ruhiger, wenn sie in Ruhe sind, und mal kräftiger, wenn es vonnöten ist. Das Herz arbeitet ohne Unterlass zuverlässig im Wachen und im Schlafen, zu jeder Tages- und Nachtzeit seit Beginn Ihres Lebens, ob Sie Obacht geben oder nicht. Nein, man gibt ja normalerweise nicht Obacht, sondern alles ist ja ganz selbstverständlich ...

Aber vielleicht mögen Sie jetzt doch im Stillen Ihrem Herzen so etwas wie eine Wertschätzung geben, einen Moment der Achtung schenken, eine liebevolle Zuwendung ...? Und das Herz in den Arm nehmen ...?

Und das Herz freut sich ...! Und auch das Herz atmet auf ... entlastet und fühlt sich auf einmal freier ... genau. Spüren Sie mal nach! Vielleicht merken Sie, dass das Herz sich anders anfühlt, mehr Raum hat und mit mehr Ruhe schlägt ... Seine Aufgabe ist es, den Körper zu durchbluten, aber jetzt wird es auch selber besser durchblutet!"

Den Atem durch den Körper strömen lassen

„*Lassen Sie sich nun von klärendem Luftstrom durchfluten!* In der Vorstellung fließt nun die Luft bei Einatmen durch die Fingerspitzen in den Körper hinein ... die Luft fließt durch die Fingerspitzen hinein, durch die Hände hoch in die Unterarme, Oberarme, in die Schultern und kommt in die Lungen ...

Und beim Ausatmen flutet die Luft aus den Lungen hinaus nach unten in den Bauchraum, ins Becken, durch die Oberschenkel, Unterschenkel, durch die Füße hindurch und vorne aus den Zehenspitzen wieder hinaus ... Und so durchströmt die Luft Sie reinigend und klärend ... mit jedem Atemzug ... gut ... Und alles, was bislang gebremst war, auch alle Unreinheiten, Abbauprodukte und Schadstoffe kommen nach und nach ... und ganz in eigener Regie zum Fließen ... Mit jedem Atemzug, den Sie tun ... natürlich und gesund ... werden Sie heilsam durchlüftet ...

Und die Vorstellung arbeitet für sich alleine ... und Sie beobachten nur, wie schön es ist und wie das dem Körper alles bekömmlich ist ..."

Auf wiegender Unterlage tief entspannen

„Haben Sie nicht Lust, nun auf einer Luftmatratze Ihrer Wahl auf einem Wasser Ihrer Wahl tief, tief in Hypnose zu sinken? Dann breitet sich – während die Luft Sie weiterhin klärend durchströmt – wie von ungefähr eine Kollektion von herrlich bunten Luftmatratzen vor Ihnen aus. Sie wählen sich eine, die supergemütlich und tragfähig ist, vielleicht mit kleinem Sonnendach versehen, halt eine, die Ihnen gefällt ...

Und mit dieser Luftmatratze unterm Arm schlendern sie zum Wasser. Alles steht Ihnen zur Auswahl: ... der weite Ozean ... ein klarer Bergsee ... ein privater Swimmingpool mit Palme ... oder ein behäbig dahinfließender Fluss ... Wählen Sie ganz nach Ihrem Geschmack! Legen Sie die Luftmatratze auf das Wasser, lassen sich auf dieser nieder, strecken sich genüsslich aus und lassen sich einfach treiben ... und gehen mit jedem Atemzug tiefer und tiefer in diesen veränderten Bewusstseinszustand ... wo besondere Kräfte zum Wirken kommen, Kräfte, die Ihnen helfen ... mit sich Freundschaft zu schließen und sich treu zu bleiben, Kräfte, um Ihre Aufgaben mit Freude zu erledigen ... und die Sie anhalten, Sinnloses zu lassen und Sinnvolles zu tun ...

Und wenn Ihnen meine Stimme weiter weg erscheint, ist das ein gutes Zeichen: Sie sind jetzt mehr mit sich selbst verbunden.

In neuer Tuchfühlung mit sich selbst gehen Sie tiefer und tiefer in Hypnose und spüren das leichte Wiegen ... ganz angenehm ... riechen das Wasser ... und nur noch Wohlbefinden ist wichtig, Wohlbefinden, das Sie wirklich erholt und nährt ... eine Wohltat für den Körper, der er sich hingibt, mit Haut und Haar ...

... und lassen Sie sich nun alle Zeit dieser Welt ... um Ihren Bildern nachzugehen ... und zu träumen ...

In der Hypnose ist alles richtig und alles erlaubt und alles willkommen, wichtig ist, Sie fühlen sich wohl und tun sich gut!

... und lassen Sie sich nun mindestens fünf Minuten Zeit, äußere Zeit ... ganz andere innere Zeit ...
... heilende Stille breitet sich aus ...tankt auf ... füllt das Reservoir ...

… sich in einer wirklich guten Hypnose einfach wohl fühlen … und diesem Wohlgefühl hingeben … um später ganz frisch, wach und gestärkt wieder hierher zu kommen …

Und das Unbewusste gibt vor, wann die Luftmatratze wieder an Land treibt.

Dort verweilen Sie noch ein wenig am Ufer, sinnieren über das Erlebte und prägen sich das schöne Bild und das gute Gefühl ein. Erst dann tauchen Sie gestärkt und erfrischt wieder hier auf.

Hallo!"

Utilisation der tiefen Entspannung für einen jungen Mann mit Phantomschmerz nach traumatischer Unterarmamputation rechts

„… Wasser, legen sich hinauf und machen es sich bequem und lassen sich treiben … Sie liegen auf dieser gemütlichen, tragfähigen Unterlage und gehen tief und tiefer in diesen veränderten Bewusstseinszustand, den man auch Hypnose nennen kann. Tief und tiefer, ganz angenehm … und hören das Wasser plätschern … und riechen den eigenen Geruch des Wassers … und spüren die Sonne auf der Haut, die leichte Brise …

Das ist der Zeitraum, in dem der Körper ganz von alleine umschalten kann, damit es Ihnen besser geht. Was sich an Nervenimpulsen in den vergangenen achtzehn Monaten eingewöhnt hat, kann sich umpolen … jetzt … und kann anfangen, neu zu reagieren, so wie es für Sie gut ist.

Der Phantom*schmerz* vergeht, weil er sinnlos ist!
Das Phantom*gefühl* verbleibt, weil es sinnvoll ist!

Und wo diese Umschaltung stattfindet, ob in den Nerven der Extremitäten oder im Zentralnervensystem, das weiß der Körper, das wissen Ihre unbewussten Kräfte … und Sie können einfach dahingleiten, hören das Wasser plätschern, und von weitem schlägt irgendeine Kirchturmuhr. Sie spüren die Sonne auf der Haut, und es verändert sich ganz im Stillen, ohne dass Sie es gleich bemerken … wie nachts im Traum. Das Unbewusste weiß, dass dieser Schmerz wirklich keinen Sinn mehr hat, und hilft, ihn loszulassen, denn es ist nicht sinnvoll, Sinnloses mit sich herumzuschleppen. Sie machen das gut, ganz gut. Wenn man in das Gehirn hineinschaute, könnte man sehen, wie diese Gehirnareale sich entspannen, wie wenn eine zärtliche Hand darüberstreicht und sich alles glättet. Auch die chemischen Prozesse, die Informationen übermitteln, alles beruhigt sich, stellt sich um … Ruhe, angenehme Temperatur … und Loslassen …

… die Hand (die nicht mehr vorhandene) öffnet sich mehr und mehr, während Sie sich zurücklehnen und beobachten, was von alleine passiert. Gut. Ganz gut. Das kann von alleine noch besser werden … und jedes Mal, wenn Sie die Übung machen werden, wird es Ihnen besser und leichter und schneller gelingen …!

Jede Nacht im Schlaf passiert etwas ganz von alleine, sodass es am nächsten Morgen besser sein kann …

Und jetzt können Sie einfach, wenn Sie merken, es ist genug für heute, die Übung abschließen. Sie kommen an Land, stellen die Luftmatratze ab, ziehen sich wieder an und kommen dann Schritt für Schritt, ganz ausgeruht und sich vollkommen wohl fühlend, hierher. Sie strecken und recken sich und schlagen die Augen auf. Alles ist friedlich und angenehm, warm und gelöst. So wird es bleiben, falls es nicht noch besser wird …!“

Dieser Patient wurde aus der Anästhesiologie des berufsgenossenschaftlichen Unfallkrankenhauses Murnau an mich überwiesen. Der junge Mann, ein BWL-Student, hatte von außen gesehen den Verlust seiner Hand durch einen Unfall mit einem Cabrio erstaunlich gut verkraftet. Er litt aber unter quälenden Phantomschmerzen und einschießenden krampfartigen Schmerzattacken von einer Dauer bis zu 30 Sekunden. Außerdem klagte er über das Gefühl von Verkrampfung und Eingeschlafensein des Armes. Keine der medizinischen Maßnahmen, wie Calcitonininfusionen, Triggerpunktinfiltrationen sowie ein axillarer Plexuskatheter, konnten die Symptomatik unterbrechen. Es traten eher weitere unangenehme Sensationen wie Kältegefühl und völliges „Eingeschlafensein“ des Armes auf. Da sein Vater Biomediziner und Spezialist orthetischer und prothetischer Versorgung ist, war er auch prothetisch bestens ausgerüstet. Vonseiten des behandelnden Arztes wurde eine Zentralisierung des Schmerzgeschehens vermutet, weshalb eine Hypnosebehandlung bei mir vorgeschlagen wurde.

Der Patient zeigte sich freundlich, kooperativ und verständig. Er praktizierte zuverlässig seine Selbsthypnose, war aber dabei wenig fantasievoll und empfindungsfähig. Auch konnte er nach den Hypnoseinterventionen bei mir keine Verbesserung der Symptomatik feststellen. Von Skiwochenenden kam er aber ausgelassen und guter Dinge zurück. Er verfolgte den Plan, für einige Zeit nach Kanada zu gehen. In der fünften Sitzung erklärte er mir, dass ihm die Hypnotherapie leider nicht helfe. Er habe jetzt aber auch andere Dinge im Kopf. Seine Reise war vorzubereiten.

Ein halbes Jahr später teilte er mir in einem Telefongespräch mit, der Phantomschmerz existiere noch. Er drückte sich aber so aus, dass ich annehmen konnte, er habe keine größere Bedeutung mehr für ihn.

Half die Hypnose nun, oder half sie wirklich nicht? Ich kann es nicht sagen.

Auf jeden Fall hat sein Leben andere Schwerpunkte bekommen. Vielleicht konnte er dadurch den Schmerz tatsächlich „links liegen lassen" (2.3)? Vielleicht hat die Hypnose aber auch so ganz anders gewirkt, als er sich vorstellte. Und die Seele ... die hatte inzwischen Zeit, das Trauma zu verarbeiten.

3.3 Therapeutisches Visualisieren – Mentale Konzentration auf heilende Vorgänge

Technik, Intervalle und Inhalte

Viel mehr als der bewusste Wille beeinflussen uns unsere Vorstellungen, viel mehr als Verstehen und Einsicht verändert uns das Erleben. Der Verhaltenstherapeut Arnold Lazarus schreibt 1977 in seinem Buch *In the Mind's Eye. The Power of Imagery to Give Control over your Life:* „In meiner Praxis mache ich, wann immer ein Patient Zeichen von Stress, Anspannung und psychosomatischen Störungen aufweist, von der ‚heilenden Vorstellungskraft' ausführlich Gebrauch. Sich selbst in positiven Vorstellungsbildern zu ‚baden', scheint eine tiefe Wirkung auf das autonome Nervensystem zu haben" (dt. 1993: Innenbilder. Imagination in der Therapie und als Selbsthilfe).

Während der Visualisation erlebte Gegenstände und Szenen haben keine materielle Substanz, kein Gewicht, aber Tragweite hinsichtlich ihrer Energie. Diese Energie hat Kraft über unsere Emotionen sowie über unsere Körperfunktionen. Wird die Visualisation innerhalb der Therapie richtig und auf die Person abgestimmt ausgeführt, kann sie körperliche und seelische Erholung und Heilung bedeutend unterstützen. Deshalb sollte bei Beginn der Therapie in das therapeutische Visualisieren eingeführt werden.

Im Gegensatz zu den Bildern in Hypnose, die sich von alleine entwickeln, werden für die Visualisation Bilder entworfen und dann möglichst lebendig und ausdrucksvoll imaginiert. Ein roter Holzstuhl vor einer blauen Wand, die heilende Quelle, das Zuwachsen von Wundrändern, Schließen einer Wunde …

Voraussetzung

Damit sich der therapeutische Einfluss auf die Heilung entfalten kann, bedarf es vonseiten des Patienten der Motivation zur Veränderung, den (auch unbewussten) Willen zur Genesung, Offenheit für neue Erfahrungen und Engagement. Die Übungen werden dreimal täglich für drei bis fünf Minuten neben der Selbsthypnose praktiziert oder darin integriert. Der Therapeut vermittelt die Technik und gibt Vorschläge für Tätigkeiten, Bilder und Szenerien, die der Patient abwandeln kann, sodass diese wirklich die seinen sind.

Das Therapieziel ist klar zu definieren, wobei es ratsam ist, dieses nicht zu weit zu stecken.

Vorübung

Die Begabung zu visualisieren (mit fließenden Übergängen zum Halluzinieren) ist bei jedem Menschen unterschiedlich ausgeprägt. Durch folgende Übungen lässt sie sich aber leicht und spielerisch fördern.

1. Über den Zeitraum einer halben Minute ein Bild oder einen Gegenstand betrachten. Danach mit geschlossenen Augen das innere Abbild entstehen lassen.
2. Eine besonders schlüssige Übung, bei der man meist ganz von alleine zu visualisieren beginnt, ergibt sich auf die Frage: „Wie viel Fenster hat Ihre Wohnung / Ihr Elternhaus / Ihr Ferienhaus?“ Der andere wird auf einen Punkt schauen oder die Augen schließen, in Fantasie durch das Haus wandern oder außen herumlaufen und die Fenster zählen. So wird er die Zahl herausfinden.
3. Situationen aus der Vergangenheit bildlich vergegenwärtigen.
4. In der Imagination zum Beispiel den Duft einer Rose oder eines Maiglöckchens wahrnehmen, in einem Pinienwald tief durchat-

men, Schneeluft wittern, den Geruch eines Sees riechen und dazu im Vergleich den des Meeres; die Brandung des Ozeans hören, das Trällern einer Lerche im Sommer und das Zirpen der Zikaden in südlichen Ländern; das sonnendurchwärmte Fell eines Tieres streicheln und die Kühle eines Eiswürfel auf dem Handrücken fühlen; mit nackten Füßen über weiches Gras laufen, in der Hand ein Frisbee halten; das Aroma einer Erdbeere schmecken, das einer Zitrone, eines knusprigen Brötchens oder den Geschmack von salziger Haut nach dem Meerbad.

5. Übung „Obstschale" auf der CD *Wie von Zauberhand* (Kaiser Rekkas 1999).
6. Übung „Kamera": In einer Art Partnerübung zu zweit hintereinander durch ein beliebiges Gelände wandern. Der Vordermann ist die „Kamera", die durch den Hintermann, den „Fotografen" geführt wird. Die „Kamera" hält die Augen geschlossen und öffnet sie nur kurz, wenn der „Fotograf" bei der „Kamera" den vorher vereinbarten „Auslöser" drückt (auf die Schulter klopfen o. Ä.). Der Film kann bis zu sechsmal „belichtet" werden. Es entstehen in der „Kamera" durch die kurze Belichtung intensive Bilder, die nachher zu beschreiben sind. Diese Übung wurde ursprünglich an der *Stanford University* zum bewussten Aufnehmen visueller Wahrnehmung entwickelt.

Bei allen sechs „Fotos" ist die sekundäre körperliche und gefühlsmäßige Reaktion auf die innere Abbildung zu beobachten.

Geistige Einstellung und körperliche Position

Es braucht innere Ruhe, aber keine Tiefenentspannung. Die geistig-seelische Verfassung sollte nicht zurückgelehnt lethargisch, sondern hell, klar und wach sein. Mit geschlossenen Augen wird gedanklich das therapeutische Thema bzw. Ziel schon anvisiert.

Als Sitzhaltung ist der so genannte Pharaonensitz zu empfehlen: auf einem Stuhl mit gerader Lehne aufrecht sitzend, die Arme auf den Lehnen ruhend, der Kopf frei gehalten, die Beine nebeneinander, die Füße auf dem Boden stehend. Da die Übung nur kurze Zeit beansprucht, kann diese Stellung normalerweise problemlos beibehalten werden. Nur bei einigen wenigen Übungen wie auch Krankheitsbildern ist die liegende Position zu bevorzugen.

Atmung

Durch verzögertes Ausatmen wird physische Ruhe eingeleitet. Wie bei der Selbsthypnose liegt zur Stimulation des Nervus vagus die Betonung auf der Ausatmung, die durch den Mund erfolgt. Die Atemabfolge beginnt also mit einem entspannten, langsamen Ausatmen, wonach die Luft leicht durch die Nase einstreicht ... wiederum ausatmen durch den Mund ... einatmen durch die Nase ... ruhiges Ausatmen durch den Mund. Danach mag die Atmung von alleine weiterfließen.

Inhalte

Bilder und Szenen, die dem therapeutischen Ziel dienen, können von physiologisch prägnant über sinnbildlich bis abstrakt verfremdet angeboten werden. Dem Spiel von Licht, Farben und Naturgleichnissen sind keine Grenzen gesetzt. Für die metaphorische Reinigung ist das Blau des lichten Himmels die klärende Farbe. Auch „Heilwasser" ist blau, genauso der schützend umhüllende Kokon sowie die Kühle für akuten Schmerz und Verbrennungen. Das Gold der „Sonnenstrahldusche" dagegen rieselt wärmend, stärkend, aufbauend und heilend durch den Körper. Seherische Fähigkeiten, schöpferische Handlungen und heilende Rituale werden im Körper selber oder an einem stellvertretenden symbolischen Objekt ausgeführt. Imaginierte Melodien oder das Rollen der Meereswellen harmonisieren den Organismus durch ihre Schwingungen / Frequenzen. Alles ist erlaubt, insoweit es passt und keine Störung hervorruft.

Inneres Erleben

Die Aufgabe liegt nun einzig in der Hingabe an die innere Bilderwelt. Diese Welt hat dann vielleicht nicht nur optische Dimensionen, sondern beeindruckt auch weitere Sinnesmodalitäten. Gerade das momentane physische und somit physiologische, aber auch seelische Erleben von Stärkung und Veränderung, aber auch Befreiung löst Krankhaftes auf. Durch therapeutische Anleitung initiiert, setzt sich in zumeist allegorischer Übersetzung Energetisierung, Reinigung, Klärung und Heilung in Gang. Die Aufmerksamkeit ist vollständig auf das Hier und Jetzt gerichtet, denn die gewünschte Heilung vollzieht sich in der gegenwärtigen Situation.

Übungsintervalle

Bei akuten Erkrankungen und Verletzungen ist das Üben in Intervallen von drei bis vier Stunden anzuraten. Bei länger währenden Problemen und Krankheiten sowie chronischen Prozessen widme man sich täglich dreimal zu festgelegten Zeiten diesen selbsttherapeutischen Übungen. Der Erfahrung nach bewährt sich ein Turnus der konstanten Übung von 21 Tagen, wonach sieben Tage der Pause folgen. Nur durch die schöpferische Pause ist ein immer neues Abenteuer in die Welt der Fantasie gewährleistet. Dem biorhythmischen Zyklus folgend, tritt nach der psychophysischen Aktivität eine natürliche Phase der Ruhe, der Entspannung und des Wirkenlassens ein. In diesem Zeitraum können andere Selbsthypnoseübungen praktiziert werden.

3.3.1 „Die Stille des Ozeans" – Therapeutische Visualisation

Bilder eines Patienten, 38 Jahre alt, Filmarchitekt, ausgeprägte Psoriasis mit Gelenkbefall (Arthropathia psoriatrica), Symptome: Gelenkbeschwerden (Schmerzen und Bewegungseinschränkungen), Hautläsionen am gesamten Körper, Kältegefühl.

Prolog: „Ich liebe das Meer und bin leidenschaftlicher Taucher. Gerne wäre ich ein Oktopus und würde in einer lichten, warmen Tiefe tauchen."

Bilder: „Ich liege an einem Strand auf sonnendurchglühtem Sand direkt am Wasser. Die Ebbe reicht mir gerade bis an die Fußspitzen. Die Sonne wärmt wohltuend meine Haut und dringt bis in meine Knochen. Dann plätschern kleine, sanfte Wellen spielerisch das Wasser über meine Füße. Die Flut steigt langsam, und das Wasser umspült meinen ganzen Körper mit feinem Sand. Ich sehe und fühle, wie meine Haut allmählich wie durch feines Schmirgelpapier gereinigt wird. Sie wird glatter und weicher, elastischer und entspannter.

Mit der Flut nähert sich ein prächtiger Oktopus. Er legt sich über meinen Körper. Seine Knöpfe saugen sich auf meinen Plaques fest. Ihre speichelartige Flüssigkeit dringt in die Plaques und löst sie auf. Die Arme saugen die Reste auf, was sich wie eine Massage anfühlt.

Mit der aufkommenden Ebbe zieht sich der Oktopus ins Meer zurück und stößt die roten Häute aus. Ein Schwarm bunter Fische nähert sich neugierig den Plaques und vertilgt sie restlos. Es bleibt nichts außer der Stille des Ozeans.

Mit der nächsten Flut erscheint das Meerestier von neuem und legt sich wiederum über mich. Haarfeine, transparente Tentakeln dringen in meinen Körper und umfühlen alle meine Knochen und Muskeln. Wie Saugröhren ziehen sie die roten Entzündungen, das grüne Gift und die weißen kristallinen Ablagerungen heraus. Auch dieses Mal fühlt es sich wie eine wohltuende Massage an. Mit der aufkommenden Ebbe taucht er wieder ins Meer zurück und stößt die grüne und weiße Flüssigkeit aus, die sich im Meer komplett auflöst.

Es bleibt nichts außer der Stille des Ozeans.

Bei der dritten Flut tauche ich mit dem Oktopus durch die Tiefen des Meeres. Meine Gelenke sind weitgehend beschwerdefrei und flexibel, meine Bewegungen geschmeidig. Diese Vorstellung dauert eine Weile an. Zurück am Strand, schmiere ich mich mit einer heilenden öligen Milch ein und gehe nackt am langen Strand spazieren.

Ich genieße Sonne und Wind auf der Haut, ich fühle mich wohl."

Anmerkung: Der Patient entwirft weitere, sehr fantasievolle Bilder, die oft auch ganze Sequenzen (Filme) mit Weiterentwicklung aufweisen. Neben unserer Psychotherapie nimmt er braunerdiges Pulver aus der traditionellen chinesischen Medizin, reibt sich auch mit irgendetwas Geheimnisvollem ein; man riecht es in meiner Praxis noch tagelang ... Er löst sich aus einer festgefahrenen Partnerschaft und baut neue soziale Kontakte auf. Nach ein paar Wochen ist sein Gang elastisch, seine Haut ausgeheilt. Was hat nun geholfen? Wohl die Entscheidung, etwas für sich zu tun, und sonst alles zusammen. Ein Jahr später höre ich über eine gemeinsame Freundin, er fühle sich wohl.

3.4 Training in Selbsthypnose

In der täglich konsequent auszuübenden Selbsthypnose (SH) widmet sich der Patient je nach Zielsetzung körperlichen und/oder seelischen Vorgängen. Dafür kann er die vom Therapeuten besprochenen Tonaufzeichnungen nutzen. Schon die Stimme des Therapeuten zu hören vermittelt Ruhe und Zuversicht und hilft, Unbehagen zu reduzieren. Es ist aber bald Wert darauf zu legen, dass der Patient auch ohne Hilfsmittel und in jeder Umgebung seine Selbsthypnose (eventuell auch nur eine Kurzfassung) praktizieren kann. Ein möglichst einfaches und klar strukturiertes Schema mit formaler Hypnoseinduktion ist die beste Voraussetzung dafür. Am Anfang der Therapie stehen physische und mentale Entspannung sowie Einfluss auf körperliche Vorgänge im Vordergrund. Dabei sollte der Therapeut den Patienten in den Ablauf der SH einführen und ein Schema wie das unten beschriebene schriftlich mitgeben. Es muss abgesichert sein, dass die SH in konstruktive Trancezustände führt (siehe 1.5, *Hypnose als therapeutische Kunst*). Deshalb sollte zur Vermeidung von unangenehmen oder ängstigenden Bildern anfänglich vorerst eine unverfängliche Visualisation geübt werden. So malt sich eine Patienten mit Morbus Bechterew aus, eine liebevolle Hand würde ihre Wirbelsäule berühren, Krümel mit dem Staubsauger aufsaugen, die Kissen (Bandscheiben) aufschütteln und glatt streichen, das innere Mobiliar (Wirbelkörper) mit Möbelpolitur pflegen, aber vor allem gut durchlüften.

Überließe sich der Patient in der SH seinen von alleine aufkommenden Bildern, könnte sich ja zum Beispiel auch ein bedrohlicher Tiger anschleichen. Hochgeschreckt würde er die Hypnose beenden. Ergibt sich dieses heikle Vorkommnis dagegen im sichernden Beisein des Therapeuten, schaut man sich das Untier näher an, lernt es kennen und macht sich vielleicht sogar etwas von ihm zunutze: Instinkt, katzenhafte Gelenkigkeit, Sprungkraft.

Natürlich kann nach einiger Erfahrung die SH auch eigenständig modifiziert werden.

Der Patient wird überrascht sein, wie leicht er lernt, die Beschwerden zu lindern und seine Selbstkontrolle zu erhöhen. Er wird immer schneller, besser und tiefer entspannen und sowohl seine vegetativen Reaktionen als auch das Schmerzgeschehen beeinflussen können. Als ich kürzlich einen an Krebs erkrankten Patienten für eine Demonstration während des Ausbildungscurriculums zum Thema „Schmerz“ einladen wollte, sagte dieser dankend ab. Er wisse, dass er davon schon einmal sehr profitiert habe, könne aber seine Schmerzen seit langem mit Selbsthypnose zufrieden stellend bewältigen.

Die Studie unter Leitung von Elvira V. Lang (2000) am Bostoner *Beth Israel Deaconess Medical Center* belegt die Vorzüge von Selbsthypnose. Sowohl in der *Neuen Zürcher Zeitung* (17.5.2000) sowie zeitgleich in der Frankfurter Allgemeine Zeitung erschienen Artikel über die amerikanische Studie. Den NZZ-Artikel gebe ich an dieser Stelle wegen seines Informationsgehaltes in voller Länge wieder:

Hypnose statt Narkose?
Autosuggestive Methoden sparen Schmerz- und Beruhigungsmittel
Bwe. Ein operativer Eingriff verläuft möglicherweise für den Patienten angenehmer, wenn seine Wahrnehmung zusätzlich durch nichtmedikamentöse Methoden beeinflusst. wird. So beschreiben verschiedene Studien einen günstigen Effekt von Hypnosetechniken auf das Schmerzempfinden, die Stabilität der Herz-Kreislauf-Funktionen sowie den Bedarf an Beruhigungs- und Schmerzmitteln. Besonders interessant ist dieser Ansatz für so genannt minimal-invasive Eingriffe. Denn immer häufiger ersetzt die gewebeschonende Methode der „Knopfloch-Chirurgie" die konventionellen Operationstechniken. Meistens ist dazu keine Vollnarkose notwendig. Die Patienten erhalten Narkotika, Beruhigungs- und Schmerzmittel intravenös oder durch einen Katheter im Rückenmarkskanal [muss heißen: Spinalkanal; A. K. R.]. Allerdings können diese Substanzen in hoher Dosierung Kreislauf und Atmung beeinträchtigen. Trotzdem müssen die Medikamente in genügender Menge verabreicht werden, denn besonders längere Eingriffe führen zu erheblichem Stress des Patienten mit zunehmender Unruhe und Angst. Amerikanische Mediziner haben deshalb prospektiv untersucht, ob die Patienten mit Hilfe selbsthypnotischer Methoden beruhigt, der Verbrauch von Narkotika und Schmerzmitteln reduziert und möglicherweise sogar die Dauer des Eingriffs verkürzt werden kann.

Von 240 Patienten, die sich einem minimal-invasiven Nieren- oder Gefässeingriff unterziehen mussten, erhielt ein Drittel eine „StandardBehandlung". Weitere 80 Patienten wurden mit vermehrter Aufmerksamkeit, so genannter „structured attention", bedacht, und dem letzten Drittel wurden zusätzlich selbsthypnotische Entspannungsübungen suggeriert. Alle Patienten konnten sich über einen Katheter selbständig so viel Schmerz- und Beruhigungsmittel zuführen wie notwendig. Schmerz und Unruhe wurden vor dem Eingriff, während und im Anschluss an ihn aufgezeichnet, ebenso wurde der Medikamentenverbrauch dokumentiert.

Die Patienten der „konventionellen" Gruppe klagten im Verlauf der Operation über zunehmende Schmerzen, und auch in der Gruppe mit „structured attention" stieg die Kurve an, allerdings deutlich flacher. Dagegen verlief die Schmerzkurve bei den autosuggestiv beeinflussten Patienten flach. Anspannung und Ängstlichkeit reduzierten sich während des Eingriffs in der Hypnosegruppe am ausgeprägtesten. Entsprechend benötigten diese Patienten signifikant weniger Medikamente. Zudem dauerte ein Eingriff bei den hypnotisch entspannten Personen erheblich kürzer, was den Schmerz- und Beruhigungsmittelverbrauch zusätzlich reduzierte. Mit dem Ausdruck „structured attention" umschreiben die Autoren eine vermehrte Anteilnahme durch das Pflegepersonal mit gezielten Fragen nach dem Befinden und den aktuellen Erfahrungen des Patienten. Die „selbsthypnotische Entspannung" umfasste Anleitungen zur Muskelrelaxation, zur Konzentration auf körperliche Empfindungen und zu Atemübungen. Diese Suggestionen wurden von Medizinalpersonen vermittelt, die einige Trainingsstunden hinter sich hatten, jedoch keineswegs Fachleute auf dem Gebiet der Hypnose waren [!].

Die Autoren folgern, dass nichtpharmakologische Methoden durchaus geeignet sind, das Befinden von Patienten während Eingriffen zu heben und gleichzeitig den Medikamentenverbrauch erheblich zu senken. Wie sich Schmerz und Unruhe bzw. Angst gegenseitig beeinflussen, ist jedoch unklar. Ebenso offen ist, weshalb die Herz-Kreislauf-Situation der zur Selbsthypnose angehaltenen Patienten tendenziell stabiler war als bei den „structured attention"-Personen.

Quelle: „The Lancet" 355, 1486–1490 (2000)

Auf der psychischen Seite erhält der Patient – unter der Führung des Therapeuten – für seine SH aber auch mehr und mehr Abstand von selbstschädigenden Verhaltensweisen wie u. a. dem Rauchen. Erst im weiteren Verlauf des Therapieprozesses gewinnen tiefere psychotherapeutische Themen an Gewicht (siehe 3.10).

Bewährt hat sich das Führen eines Hypnosetagebuches, in dem Erfahrungen und Fortschritte, die sonst bis zur nächsten Therapiesitzung in Vergessenheit geraten könnten, notiert werden.

Anleitung für die Selbsthypnose (zweimal 10–15 Minuten, möglichst zu festgelegten Zeiten)

- Optische Konzentration auf einen Punkt (Augenfixation).
- Wahrnehmen des Atemrhythmus zur Beruhigung und Zentrierung.
- Verlangsamen der Ausatmung zur vegetativen Umschaltung auf Ruhe und Entspannung.
- Schließen der Augenlider.
- Im Stillen langsam von ein bis zehn (zwanzig) zählen und beim Ausatmen denken: „Ich lasse los … ich entspanne mich …"
- Vertiefen der Hypnose durch Handlevitation.
- Einen sicheren und schönen Ort auffinden, an dem man mit sich selbst zufrieden ist und an dem „die Uhren anders gehen".
- Dort das Gefühl von Sicherheit, Geborgenheit und Friedlichkeit empfinden und durch Zusammendrücken von Daumen und Zeigefinger einer Hand „verankern".
- Innerlich eventuell eine vorher formulierte Suggestion aussprechen, sich dem erkrankten Organ zuwenden, in Vorstellung den Körper frei bewegen oder in sich hineinhorchen.
- Ein Bild von der Zukunft nach Erreichen des Therapiezieles visualisieren.
- Eine posthypnotische Suggestion aussprechen (z. B. Andauer des positiven Effektes oder therapeutische nächtliche Träume).
- Jeweils beim Einatmen (zur Energieanreicherung) zurückzählen von zehn (zwanzig) bis eins, um die Hypnose zu beenden.
- Abschließen der Hypnose mit Durchspannen des Körpers (zur Stabilisierung der orthostatischen Druckverhältnisse) und Öffnen der Augen.
- Eventuell Tagebucheintrag.

Beatrice, eine Ärztin aus der Ausbildungsgruppe, hatte sich entschlossen (!), das Rauchen aufzugeben. In ihrer Selbsthypnose, die sie konsequent zweimal täglich für ca. 15 Minuten ausübte, ist sie in ihrer inneren Vorstellung in einem weitläufigen Park an eine Quelle gegangen. Dort hat sie den am Himmel vorüberziehenden Wolken zugeschaut und sich gesagt *und* erlebt (!):

„Ich bin einfach glücklich und habe alles, was ich brauche."

Nachdem sie dann noch ihren „Kraftbaum" umarmt hat, ist sie zurückgekehrt. Sie hörte nach einigen Sitzungen wie von alleine und schlagartig zu rauchen auf. Als ich dies hier schreibe, raucht sie inzwischen seit acht Monaten nicht mehr. Alles war völlig unkompliziert.

Die Reihenfolge lautete: 1. Entschluss fassen, 2. Verantwortung übernehmen, 3. über zwei Monate diszipliniert SH ausüben, auch nachdem die Lust auf Zigaretten schon nach ein paar Sitzungen vergangen war, 4. den Erfolg feiern.

Dieser Erfolg regte eine andere Kollegin an, für eine Freundin die Raucherentwöhnung mittels Hypnose durchzuführen. Überraschenderweise hatte sie selbst ab dieser Hypnose (musste wohl gleichzeitig auch eine SH gewesen sein) keine Lust mehr auf Zigaretten. Zur Vorsicht übte sie aber täglich auch noch Selbsthypnose mit dem Bild, „an einem schönen Ort völlig zufrieden zu sein und nichts mehr zu brauchen". Die Freundin verspürte erst nach einiger Zeit und wie in der posthypnotischen Suggestion formuliert, „... und du wirst selber den Zeitpunkt bestimmen, der richtig ist, um das Rauchen zu beenden ...", dass ihr die Zigaretten gleichgültig wurden.

Im Gegensatz zu dieser knappen und standardisierten Selbsthypnosetechnik malen sich manche Patienten fantasievolle Reisen (siehe *Carlottas Reisen*, Kaiser Rekkas 1998) aus oder entwerfen komplexe therapeutische Vorgänge, wie in der Aufzeichnung des schon oben erwähnten Patienten unter 4.2 dargestellt.

3.5 Installation „ideomotorischer Signale"

Das ideomotorische Antwortsystem auf der unbewussten Ebene ermöglicht eine äußerst einfache und erfolgreiche Beeinflussung körperlicher Reaktionen. Wir benutzen es deshalb für einfache Signale zur Bestätigung von (selbst)suggerierten, direkten körperlichen Vorgängen.

Besonders in der Schmerztherapie ist es als einfaches Feed-back-System sehr nützlich. (Siehe Übung ‚Badesee', Kaiser Rekkas 1998, S. 219 ff.)

Als differenzierte ideomotorische Signale dienen uns die Fingerzeichen (FZ) in der komplexen psychotherapeutischen Diagnostik und Therapie. Ohne Umschweife gelangen wir zu zentralen Punkten, nämlich den möglichen seelischen Hintergründen der Erkrankung, aber auch zu Erfolg versprechenden Lösungsstrategien. Außerdem schult die Arbeit mit dem ideomotorischen Antwortsystem den Patienten in der Wahrnehmung seiner psychischen Vorgänge und ihrer Bedeutsamkeit. Auch wenn die Fragen vom Therapeuten geschickt lanciert werden, kommen die Antworten doch aus dem Patienten selbst. Keiner muss den „schwarzen Peter" ziehen, wenn das Unbewusste, diese geheimnisvolle Instanz, beispielsweise meint, die Krankheit habe auch eine Funktion, einen Sinn. Die Ambivalenz bezüglich des Therapiezieles wird offen gelegt, ohne jemanden zu brüskieren. Im Gegenteil, diese Nachricht macht neugierig und wirkt spannend. Da ist der Faden aufzugreifen, da geht es weiter. Der Therapeut rückt mit der Frage „Sind Sie (unbewusst) bereit, daran etwas zu ändern?" wiederum einen Schritt weiter vor. So werden Sackgassen vermieden, und Patient wie Therapeut nähern sich Stück für Stück einer befriedigenden Auflösung des Problems.

Da die Arbeit mit ideomotorischen Zeichen und Signalen schon in Kaiser Rekkas (1998) ausführlich beschrieben ist und als ‚Basistraining' das Fragenmanual hier unter 2.9 vorliegt, beschränke ich mich hier auf eine mögliche Version der Kodierung ideomotorischer Signale.

3.5.1 Installieren von Fingerzeichen am Anfang einer Therapie

Beispiel einer Anleitung im Wortlaut

„Wir haben uns jetzt eine ganze Zeit lang unterhalten, und ich bedanke mich für alle Informationen, die Sie mir gegeben haben. Es ist sehr wichtig, dass ich mir ein Bild davon machen kann, worum es geht. Genauso wie Sie möchte auch ich erfolgreich arbeiten. Und jetzt schauen wir mal auf der anderen Ebene weiter, auf der unbewussten, denn wir beide wissen ja, dass da auch Informationen vorliegen. Sozusagen ein besonderes Wissen mit einer besonderen Intelligenz, was uns weiterhelfen kann.

Und schließen Sie mal, gerade so wie Sie sind, gerade so wie Sie sitzen, die Augen und machen ein paar ruhige, langsame und tiefe Atemzüge, und entweder kann eine Hand von alleine leichter werden, oder Sie winkeln den Ellenbogen an, und die Hand kann locker in der Luft schweben, die Finger ganz entspannt.

Und ein Finger dieser Hand kann zum so genannten ‚**Ja**-Finger' werden. Er signalisiert mit einer kleinen Bewegung die unbewusste Antwort ‚Ja' auf der Körperebene. Der Finger macht das von ganz alleine, ganz unabsichtlich und unwillkürlich: eine kleine Bewegung für die Antwort ‚Ja'. Und warten wir einfach mal ab, welcher das ist. Es kann so sein, als ob der Finger wie von einem unsichtbaren Faden ein wenig hochgezogen wird oder als ob er einen kleinen Sprung macht und hochschnellt oder dass er sich ein wenig anbeugt oder auch nur ganz vorsichtig bewegt. Und nachdem ich jetzt so lange schon darüber geredet habe, kann sich auf jeden Fall ein Finger einmal anders anfühlen. Das bedeutet, dass sich die Bewegung schon anbahnt. Wenn sie noch nicht erfolgt, kann es sein, dass es noch ein paar beruhigend tiefe Atemzüge braucht. Mögen Sie sich einfach mal darauf konzentrieren, wie schön es ist, zu bemerken [die Sonne zwängt sich gerade zwischen den Wolken durch und scheint ins Therapiezimmer] – auch mit geschlossenen Augen –, dass jetzt auf einmal die Sonne hereinscheint. Wie es so licht und warm wird und alles von alleine geschehen kann? Ist das nicht ein angenehmes Gefühl? [!]" [FZ „Ja" erfolgt.]

(Falls noch kein Zeichen erfolgt ist: „Wenn der ‚Ja-Finger' sich noch nicht gerührt hat, dann können Sie sich etwas vorstellen, was Sie von ganzem Herzen bejahen. Und wenn er sich jetzt nicht bewegt, dann ist das auch in Ordnung, dann kann es das nächste Mal erfolgen.")

„Und wenn der ‚Ja-Finger' sich gezeigt hat, ist der ‚Nein-Finger' nicht weit. [!]

In Hypnose ist einfach immer alles richtig und in Ordnung, und Hypnose geschieht immer ohne Anstrengung. Und der ‚Ja-Finger' ist da, er leitet von alleine den **‚Nein-*Finger*'** dazu an, ein Zeichen zu geben, ganz von alleine, in der Körpersprache. So kann der Körper ausdrücken, was die Seele empfindet oder was das Unbewusste weiß. Und unser Kopf, der kann dabei ganz weit und klar bleiben und sich vielleicht sogar mit etwas ganz anderem beschäftigen. Gut. Und auch dann, wenn der ‚Nein-Finger' ein bisschen Zeit braucht, ist das in Ordnung. Man kann sich dazu auch etwas vorstellen, etwas, was man innerlich ablehnt. Dann, auf einmal, der ‚Nein-Finger' zeigt es an, sagt ‚Nein', bzw. er sagt es ja nicht, er tut es. [!] (FZ erfolgt.) Prima, gut.

Und aller guten Dinge sind drei. Da gibt es noch den Finger für: **‚Ich will nicht antworten'**, was so viel heißt wie „Ich bin noch nicht bereit, mich bewusst damit zu konfrontieren". Und auch er kommt ganz von alleine. Das ist ein wichtiger Finger für eine wichtige Antwort. Es ist auch die Antwort, die uns schützt, zu schnell oder zu viel auf einmal zu machen. Wie wichtig ist es, in seinem eigenen Tempo zu bleiben und nicht den zweiten Schritt vor dem ersten und nicht den dritten vor dem zweiten zu machen, sondern erst den ersten und dann den zweiten und dann den dritten!

Die richtige Reihenfolge, das ist wesentlich in der Therapie, und der Finger für ‚Ich will nicht antworten' gibt ein Zeichen. [FZ erfolgt.]

Und letztendlich haben wir dann, für ein besonderes Ereignis, wo **etwas Neues** passiert, etwas Neues sich eröffnet, noch einen Finger, der etwas grundlegend Neues anzeigt. Aber den brauchen wir jetzt noch nicht. Ich spreche das nur einfach an. Dann kann er sich jetzt schon bahnen und sich dann zeigen, wenn wir ihn brauchen. Das ist wie eine innere Resonanz auf eine positive Entwicklung.

Gut. Jetzt könnte man in die Arbeit intensiver einsteigen. Aber spüren Sie erst mal nach, wie tief die Hypnose ganz nebenbei schon geworden ist. Denn indem man die Fingerzeichen abruft, kann sich ganz von alleine die Trance einleiten. Und sie kann sich noch vertiefen, während Sie sehr aufmerksam für sich selber werden, für neue Erfahrungen und neue Bilder."

3.6 Die Fee, das Tier und der Freund – Die hilfreiche innere Instanz

Mit dem bildhaften Ausmalen einer Projektionsfigur im hypnotischen Zustand erobert sich der Patient eine hilfreiche innere Instanz. Je lebhafter die Vorstellung, umso besser kann der Patient – selbst in größter Not – Trost und Erleichterung finden.

Es kann sich dabei um ein menschliches Wesen wie den zuverlässigen **inneren Freund** (Susen 1996), mit dem man jederzeit in Dialog treten kann, handeln. Der Freund erhält Gesicht, Figur, Kleidung und seinen Platz. Wichtig ist seine Stimme. Er verkörpert unbewusstes Wissen, das jeweils in Hypnose anzutreffen ist. Eine feste Institution also. Mit ihm kann man alles bereden, er ist verständig und gütig. Vor allem aber hat er eine andere Perspektive. So reflektiert man mit ihm schwierige Situationen, um danach im realen Leben selbstverständlicher handeln zu können. Er ist immer zugegen, wenn man ihn braucht, und ganze Therapieabläufe können sich mit diesem inneren Freund gestalten.

Ganz einzigartige Fähigkeiten besitzt – und das brauche ich nicht zu betonen – das **magische Tier,** das persönliche „Krafttier" der schamanischen Tradition. Vielleicht findet man es nicht sofort, sondern muss erst durch den Wald streifen, die Steppe durchreiten oder im Dschungel auf Pirsch gehen. Kann sein, es lässt sich tagsüber auch gar nicht blicken, ist eine nachtaktive Ausgabe.

Es begleitet einen überallhin, ist für andere aber natürlich unsichtbar. Man kann mit ihm davonfliegen und spannende Abenteuer erleben, viel interessanter, als eine medizinische Intervention zu verfolgen …

Ist es Pegasus, das geheimnisvolles Einhorn oder ein anderes Fabelwesen? Das hängt von der Person ab, die es braucht und der es dienen wird. Besonders beliebt ist das Tier natürlich bei Kindern. Und da kann es auch einfach ein großer, treuer Hund sein. Auf Schritt und Tritt verleiht er an der Seite seines kleinen Frauchens oder Herrchens Ruhe und Sicherheit. Ja, man kann seinen mächtigen, zuverlässigen Leib richtig als Sofa hernehmen und dort tagträumen … schöner als alles andere (!) …

Na, und die **gute Fee** verscheucht alle schlechten Weissagungen, das ist ja nun mal ihre Besonderheit. Aber sie hat unzählig viel andere „Fee-igkeiten", wohlwollend und völlig unkonventionell Einfluss zu nehmen. Und außerdem, sie besitzt ja den magischen Schwamm … (vgl. 3.8).

3.7 „Der sichere Ort" – Ein stets verfügbarer Schutzraum

Ein wesentliches Element für den Selbstschutz, das sich der Patient am Anfang der Therapie erobern sollte, ist die Rückzugsmöglichkeit in ein jederzeit erreichbares Fantasierefugium. Diesen sicheren Ort kann er immer aufsuchen, sei es, sich zu erholen und aufzutanken oder um eine unangenehme Situation wie eine diagnostische (z. B. eine Computertomographie) oder medizinische Intervention (beispielsweise eine Chemotherapie oder einen chirurgischen Eingriff) zu überbrücken. Im dissoziierten Zustand sind unangenehme Situationen besser zu meistern, und Kraftreserven werden geschont.

Zum Auffinden dieses Schutzraumes wird der Patient nach der Hypnoseinduktion angeleitet, sich in Fantasie einen guten Ort zu wählen. Das kann der Dachboden des großelterlichen Hauses sein, auch der schattige Platz unter einem alten Olivenbaum vom letzten Urlaub oder der über einen Regenbogenspaziergang erreichbare andere Stern, und das wären nur drei von endlos vielen Möglichkeiten. Wichtig ist, dass der Ort absolut geschützt, sicher, ruhig und heilsam ist und der Patient sich dort geborgen fühlen kann. Bei der Imagination vertieft er sich mit allen Sinnen in die Details, erlebt, riecht, hört, fasst an, verspürt den Lufthauch, sieht Farben und Formen. Die therapeutische Aufforderung lautet: „Beobachten Sie mal, ob es etwas zu riechen gibt!" Diese Formulierung lässt mehr Freiheit zum Auskundschaften als: „Nach was riecht es denn?" Je intensiver die Erfahrung ist, umso mehr können äußere Störungen, auch Schmerz, verblassen.

Natürlich kann dieser Ort auch einfach der Muße und Besinnung dienen. Er kann über die Dauer der Therapie immer gleich sein, aber auch den Jahreszeiten unterliegen oder sich anderweitig wandeln. Immer wird er ein Ausdruck desjenigen Menschen sein, der ihn bewohnt.

Die Baumstammhöhle
Eine Patientin fand einen besonders guten Platz: Im Stamm eines mächtigen, alten Baumes entdeckte sie ein verstecktes Loch, das ihr als Einschlupf in eine wunderbar gemütliche und sichere Baumstammhöhle dient. Die Höhle bietet Ruhe und einen weiteren Trumpf … man ist darin unauffindbar.

3.8 Komposition von persönlichen Hypnoseanleitungen auf Tonträgern zur individuellen Begleitung des Patienten

Der Therapeut sollte während der laufenden Therapie in Abständen immer wieder eine ganz persönlich auf den Patienten zugeschnittene CD aufzeichnen. Dies kann auch durch Mitschneiden einer Live-Hypnose erfolgen. Der Patient trägt somit eine „Instantvariante“ der Therapie, auf die er jederzeit zurückgreifen kann, bei sich. Der Inhalt orientiert sich an den Ressourcen, berücksichtigt den Lebenskontext sowie den laufenden Prozess. Fragestellungen, Ängste, Konflikte sind aufzugreifen, aber eher allgemein zu behandeln. So besitzt der Text für eine längere Zeitdauer seine Gültigkeit.

Aufbau einer Hypnose für eine Aufzeichnung auf Tonträger anhand des Beispieles *Der magische Schwamm*

Der nun folgende in Inhalt und Struktur kommentierte Text wurde für eine Patientin mit metastasierendem Adenokarzinom nach Hemikolektomie in der 5. Sitzung auf Tonband gesprochen. Die Patientin war zu dem Zeitpunkt 58 Jahre alt. Als Medizinerin wissenschaftlich engagiert, lebte sie privat zurückgezogen und begründete das für sich mit einem essenziellen Tremor bei Schilddrüsendysfunktion, der sie in Gesellschaft behindere. Als Therapieziel formulierte sie, mit Hypnose den Körper unterstützen und ihre Fähigkeit mit anderen Menschen Kontakt aufzunehmen, wieder aufbauen zu wollen. Tatsächlich gelangen ihr innerhalb kurzer Zeitspanne mehrere wichtige Entscheidungen, u. a. den Beruf nur noch zeitweise auszuüben, die Beziehung zur Tochter zu klären und ihre Freizeit mit mehr sozialen Kontakten zu füllen.

Zu jener 5. Sitzung traf sie fassungslos ein. Es sei ein Rezidiv diagnostiziert worden. Es erschüttere sie, dass sie keinerlei körperliche Anzeichen dafür verspürt habe. Wiederum „ist der Zug für mich abgefahren, schon wieder ist es zu spät“. (Schon der Primärtumor wurde spät entdeckt.) Sie fühle sich bedroht, enttäuscht, angespannt und zeigte sich auch mir gegenüber distanziert. Trotzdem war sie bereit, sich auf eine Hypnose im Liegen einzulassen. Ich nahm die Sitzung auf Tonband auf.

Nach der Hypnose äußerte sie sich positiv über die Intervention und meinte, ich hätte ihren Rhythmus getroffen und es gehe ihr wesentlich besser. Beim nächsten Termin bestätigte sie nochmals die positive Auswirkung; sie habe viele Bilder in den Selbsthypnosen gehabt, fühle sich durch das Tonband begleitet, zugleich weder eingeengt noch bevormundet, meinen Vorschlägen unbedingt folgen zu müssen. Die Patientin kam zu drei weiteren Terminen und wünschte dann zu pausieren. Nachdem ich über sieben Monate nichts von ihr gehört hatte, rief ich sie an, worüber sie sich offensichtlich freute. Sie berichtete, sie habe ein sehr gutes halbes Jahr gehabt und höre öfter einmal den *Magischen Schwamm*.

Ich kopierte das Band für mich und ließ es auf einer psychoonkologischen Ausbildung mit 35 Teilnehmern anhören. Die Resonanz sowohl der Patientin als auch der Ausbildungsgruppe bewog mich, den Text didaktisch auszuarbeiten. Auch veränderte ich den Inhalt für eine allgemeine *Fantasiereise* (siehe auch CD *Seifenblasen*).

Zum besseren Verständnis des Textaufbaues folgt die akribische Aufschlüsselung der Anleitung. Unter 3.8.1 findet sich ausschließlich die inhaltliche Struktur und unter 3.8.2 die inhaltliche Struktur mit den jeweiligen Formulierungen.

3.8.1 Inhaltliche Struktur einer Hypnoseanleitung an dem Beispiel *Der magische Schwamm*

Vorspiel

1. Direktive Anweisung für einen Patienten in traumatisiertem Zustand, zur Ruhe zu kommen.
2. Anknüpfen an das vorherige Gespräch zur Bestätigung des therapeutischen Rapportes.
3. Angebot, dem Problem gemeinsam auf besondere Art zu begegnen.

Hypnoseeinleitung

1. Indirektes Ansprechen einer allgemein gültigen Erfahrung zur Erzeugung von „Ja-Haltung“ und assoziativem „Mitschwingen“.
2. Hypnose als natürliches Phänomen, eine Feststellung, die suggestiv wirkt.
3. Hervorrufen einer automatischen Hypnoseinduktion mittels Erinnerung an eine frühere Hypnose.
4. Betonung, dass alles von alleine geschehen kann, selbst der Stimme des Therapeuten ist nicht bewusst zu lauschen.
5. Direktive Anweisung mit scheinbaren Wahlmöglichkeiten.
6. Die geballte Faust, die sich langsam löst, als Metapher.

Trancevertiefung

1. Trancevertiefung durch Zählen von eins bis zwanzig und Konfusion, Ansprechen vom Fließen zeitlicher Prozesse.

2. Kontakt zu den Vitalstellen des Körpers und damit zur physischen Stabilität.
3. Durch physische Stabilität ermöglichte seelische und geistige Öffnung für Neues.
4. Bei zwanzig den inneren Freiraum finden.
5. Rückkoppelung des veränderten Bewusstseinszustandes durch ein ideomotorisches Zeichen, das Anheben eines Fingers.

Hypnosenutzung für den somatischen Bereich

1. Aufnahme des Hauptthemas, Ansprechen der gesunden Potenziale.
2. Sinnbild der guten Fee, die mit einem magischen Schwamm die „Unreinheiten" im Körper aufsaugt.
3. Angebot, ein eigenes, anderes Bild zu entwickeln, falls das des Therapeuten abgelehnt wird.

Hypnosenutzung für die psychische Ebene

1. Anerkennung der innerhalb der Therapie schon geleisteten psychischen Arbeit.
2. Aufgreifen einer Redewendung des Patienten aus dem vorangegangenen Gespräch.

Direktive, eindringliche und klare Aufforderung in Bezug auf das psychotherapeutische Hauptthema mit starker Suggestivkraft durch die mittlerweile erreichte Hypnosetiefe.

Integrationsphase

1. Option der Spontanremission.
2. Betonung der Selbstbestimmung im Rahmen der therapeutischen Anleitung.
3. Anerkennung der unbewusst geleisteten Arbeit in dieser Hypnose.
4. Blick in die Zukunft, Zeitprogression.
5. Wohlbefinden und Zufriedenheit, jetzt, nach getaner Arbeit.

Posthypnotische Suggestionen

1. Verankerung des Wohlbefindens durch „Fingerschluss".
2. Posthypnotische *Suggestion.*

Ausleitung der Hypnose mit Verbleib heilender Trance in bestimmten Körperbereichen.

3.8.2 „Der magische Schwamm" – Kommentierter Text

Vorspiel

1. *Direktive Anweisung für einen Patienten in traumatisiertem Zustand, zur Ruhe zu kommen*

„Lehnen Sie sich nun zurück, lehnen Sie sich körperlich, aber auch seelisch und geistig zurück."

2. *Anknüpfen an das vorherige Gespräch zur Bestätigung des therapeutischen Rapportes*

„Sie sind mit einer Nachricht gekommen, die Sie betroffen gemacht hat."

3. *Angebot, dem Problem gemeinsam auf ungewöhnliche Art zu begegnen*

„Das heißt, es gibt etwas für uns zu tun, und … es ist auf besondere Art und Weise zu tun."

Hypnoseeinleitung

1. *Indirektes Ansprechen einer allgemein gültigen Erfahrung zur Erzeugung von „Ja-Haltung" und assoziativem „Mitschwingen"*

„Und immer, wenn wir etwas Besonderes tun wollen, konzentrieren wir uns. Und um uns gut konzentrieren zu können, schalten wir von anderen Dingen ab und entspannen uns erst einmal. Wir achten dabei auf unsere Atmung, und zwar besonders auf das Ausatmen, und nichts anderes. Wir alle wissen, dass wir handlungsfähiger sind, wenn wir aus der Entspannung heraus handeln: Der Geist kann klarer Gedanken fassen, die Seele ruhiger ihre Gefühle betrachten und der Körper zu Kräften kommen."

2. *Hypnose als natürliches Phänomen, Feststellung, die suggestiv wirkt*

„Sie können Hypnose."

3. *Hervorrufen einer automatischen Hypnoseinduktion mittels Erinnerung an eine frühere Hypnose*

„Nichts muss angestrengt werden. Ganz von alleine kann sich jetzt die Erinnerung an die letzte gute Hypnose in Ihnen breit machen, üppig und warm …"

4. Betonung, dass alles von alleine geschehen kann, selbst der Stimme des Therapeuten ist nicht bewusst zu lauschen
„Lassen Sie sich jetzt in diesen veränderten Bewusstseinszustand gleiten, und meine Stimme ist bei Ihnen, wie ein Bach, der neben ihnen plätschert, eine Hintergrundmusik …"

5. Direktive Anweisung mit scheinbaren Wahlmöglichkeiten
„Gut, und jetzt sinken Sie zwanzig Stufen tiefer und tiefer in Hypnose. Sie sinken, Sie sinken angenehm, ganz, wie Sie es bevorzugen, nach jedem Atemzug tiefer.

6. Die geballte Faust, die sich langsam löst, als Metapher
„Der Körper – eben noch wie eine Faust geballt, die, weiß vor Druck, sich erst allmählich öffnet – lehnt sich zurück, entspannt sich langsam, aber kontinuierlich in Ihrem Rhythmus, und Zeit wird unwichtig."

Trancevertiefung

1. Trancevertiefung durch Zählen von eins bis zwanzig und Konfusion, Ansprechen vom Fließen zeitlicher Prozesse
„Eins … zwei … drei … vier … die erste, zweite, die dritte, die vierte Stufe liegen hinter Ihnen, die fünfte, sechste, siebte noch vor Ihnen und auch schon bald wieder hinter Ihnen. Die achte, neunte, zehnte vertiefen angenehm die Hypnose."

2. Kontakt zu den Vitalstellen des Körpers und damit zur physischen Stabilität
„Auch die Schultern sinken zurück. Dabei fühlen Sie Ihre Schulterblätter. Sie lehnen sich an diesen inneren Rückhalt an. Und während Sie die innere Anlehnung finden, verspüren Sie – vielleicht noch nicht gleich – dort mehr und mehr Geborgenheit. Und nach einigen befriedigenden Atemzügen werden Sie überrascht feststellen, wie sich zwischen den Schulterblättern ein Kraftfeld – ein Energiefeld, licht und fließend – bildet."

3. Durch physische Stabilität ermöglichte seelische und geistige Öffnung für Neues
„Und während sich dieses Kraftfeld bei jedem Einatmen immer wieder von alleine auftankt, stärken Sie sich für neue Erfahrungen. Leichtfüßig

gleiten Sie – ganz nebenbei – tiefer in Hypnose, die elfte, zwölfte, dreizehnte Stufe … vierzehnte, fünfzehnte, sechzehnte Stufe.

Eine warme Welle, die Ihre Brust durchfließt, öffnet für Neues. Und wenn Sie einmal in den Bereich unterhalb der Schlüsselbeine spüren … Noch ist dort Leere, wie in einem ausgetrockneten Seebett. Doch es füllt sich, füllt sich mit jedem Atemzug, reichert sich an, füllt sich aus. Sie tanken auf, genießen Wärme und Licht. Sie öffnen sich für den Austausch mit dem Leben, für ‚Geben und Nehmen' …"

4. Bei zwanzig den inneren Freiraum finden
(Leise, fast flüsternd) „… siebzehnte, achtzehnte, und dann gehen Sie die neunzehnte und zwanzigste … aber nicht, bevor Sie sich nicht innerlich vollkommen ausgestreckt haben, bevor Sie nicht bereit sind, in tiefe Hypnose zu gehen und sich dieser besonderen Arbeit zu widmen, mit aller inneren Erlaubnis."

5. Rückkoppelung des veränderten Bewusstseinszustandes durch ein ideomotorisches Zeichen, das Anheben eines Fingers
„Und sobald sich die innere Schranke hebt, das Tor öffnet für die inneren Gefilde, die Sie nur in Hypnose durchwandern können, hebt sich zugleich ein Finger der rechten Hand.

Jetzt … sehr gut … vielleicht noch ein paar ruhige Atemzüge …

Und Sie finden Eingang in Ihre „freundlichen Weiten" bei zwanzig …

[Pause]

Hypnosenutzung für den somatischen Bereich
1. Aufnahme des Hauptthemas, Ansprechen der gesunden Potenziale
„Ohne es bewusst vielleicht zu bemerken, beginnen Sie nun, sich Ihrer besonderen Aufgabe zu widmen. So können alle gesunden Körperzellen jetzt tätig werden, um das zu tun, was zu tun ist, um gesunden Austausch herzustellen: gesunde Informationen senden und überall dort helfen, wo Hilfe gebraucht wird."

2. Sinnbild der guten Fee, die mit einem magischen Schwamm alle „Unreinheiten" im Körper aufsaugt
„Vielleicht mögen Sie sich dafür vorstellen, in Gestalt einer guten Fee durch Ihren Körper zu wandern, in der einen Hand ein Licht, in der anderen einen magischen Schwamm. Und das Unbewusste wird Sie

automatisch dahin dirigieren, wo Sie sorgen müssen. So leuchten Sie Ihren Weg und finden die Stellen, die durch Unachtsamkeit vernachlässigt und verunreinigt sind. Und wischen mit dem magischen Schwamm alles auf. Sie gehen wie durch Ihr inneres Haus, in dem jemand herumgekleckert hat, und bereinigen liebevoll die Stellen. Eilen Sie nicht! Der Schwamm nimmt auf magische Art alle Brösel, Flecken, Unappetitlichkeiten und Rückstände, auch alle Gifte, alle festen und flüssigen Bestandteile, die dem Körper Schaden zufügen, auf. Manchmal geht's leichter wegzuwischen, manchmal mühsamer, machen Sie das auf Ihre eigene Art und Weise ..."

3. Angebot, ein eigenes, anderes Bild zu entwickeln, falls das des Therapeuten abgelehnt wird
„Das Bild, das Ihnen jetzt gerade erscheint, ist genau das passende. Bleiben Sie dabei, es ist gut so und kann ganz anders sein als das von mir angebotene."

Hypnosenutzung für die psychische Ebene.
In die Metapher eingebettete Suggestionen
für die psychische Befreiung und Weiterentwicklung

1. Anerkennung der innerhalb der Therapie schon geleisteten psychischen Arbeit
„Nehmen Sie sich alle Ruhe dieser Welt, diese Arbeit ordentlich zu tun, wo Sie schon so viel erledigt haben, und beobachten Sie, wie Ihr Unbewusstes Sie wie schlafwandelnd leitet. Und während die Fee von ihrer Arbeit ganz absorbiert ist, kann auf anderer Ebene, und ganz ungestört, etwas Weiteres geschehen."

2. Aufgreifen einer Redewendung des Patienten aus dem vorangegangenen Gespräch
„So kann man denken, der Zug sei schon abgefahren, man sei zu spät. Aber vielleicht erscheint es auch nur so, oder es war sogar der falsche Zug. Und warum sollte es nicht ein anderes Gleis geben, ein ganz eigenes, das nur zu Ihnen gehört, eines, das wirklich weiterführt, anders als bisher?"

3. Direktive, eindringliche und klare Aufforderung in Bezug auf das psychotherapeutische Hauptthema mit starker Suggestivkraft durch die mittlerweile erreichte Hypnosetiefe

„Und egal, was andere von Ihnen erwarten oder nicht erwarten, versichern Sie sich jetzt: Sie sind nicht auf der Welt, um anderer Menschen Wünsche zu erfüllen. Nein, Sie werden dafür respektiert, dass Sie sich selber respektieren. Und je mehr Sie das beherzigen, umso besser kann der Körper für sich sorgen ..."

Integrationsphase

1. Option der Spontanremission

„Und warum sollte Ihr Körper dann nicht zu etwas fähig sein, was man normalerweise nicht für möglich hält ...?"

[Pause]

2. Betonung der Selbstbestimmung im Rahmen der therapeutischen Anleitung

„Sie wissen von alleine, wenn Sie erst einmal genug erledigt haben für heute, und auch, wie Sie Ihre Arbeit beenden."

3. Anerkennung der geleisteten unbewussten Arbeit in dieser Hypnose

„Und die Fee entfernt den angefüllten Schwamm aus dem Körper. Doch was macht sie nun? Sie bläst, sie bläst mit gespitztem Mund auf den Schwamm. Und was passiert? Der Schwamm hat den Unrat auf zauberische Art gewandelt, und heraus fliegen ... Seifenblasen, eine Unmenge schillernd bunter Seifenblasen. Doch sie entgehen ihrem Seifenblasenschicksal nicht! Noch fliegen sie, tanzen in der Luft, zerplatzen dann, platsch ... vorbei ...

Und der Körper verspürt, was das bedeutet ... Ihm ist wohl ..."

4. Blick in die Zukunft, Zeitprogression

„Sie ruhen, ruhen wie in der Mittagspause in einen tiefen Schlaf gesunken, so tief, wie Sie ihn schon lange wünschten, so friedlich, so ersehnt ...

[Pause]

Sie sehen einen Traum, einen Traum, der Sie in die Zukunft bringt, irgendwohin, wo Sie sich wieder treffen ... ganz in Wohlbefinden ..."

[Pause]

5. Wohlbefinden und Zufriedenheit, jetzt, nach getaner Arbeit

„Der Körper ruht, die Seele ruht, der Kopf wird ganz klar und, begleitet vom leichten Fließen der Lebendigkeit, das Wärme in alle Gliedmaßen ausstrahlt, bleiben Sie jetzt so lange in Hypnose, wie es Ihnen gut tut. Erlauben Sie dem Körper diese Ruhe und das Wohlbefinden."

Posthypnotische Suggestionen

1. Verankerung des Wohlbefindens durch „Fingerschluss"

„Sobald Sie sich nun vollkommen wohl fühlen, auch sicher und aufgetankt, drücken Sie die Spitzen von Daumen und Zeigefinger der linken Hand so zusammen, dass sich ein kleiner Kreis bildet. So verankern Sie diese Erfahrung, die Sie damit immer wieder abrufen können."

2. Posthypnotische Suggestion

„Sie lernten während der ganzen Dauer dieser Hypnose, ohne wissen zu müssen, dass Sie lernten und wie Sie diese Erfahrung nutzen werden. Ist das nicht hervorragend?"

Ausleitung der Hypnose mit Verbleib heilender Trance in bestimmten Körperbereichen

Sammlung, Integration und Ausklang

„Und irgendwann, wenn Sie fühlen, es ist an der Zeit, kehren Sie langsam die zwanzig Stufen zurück, so wie Sie es für richtig halten, ganz in Ihrem Maß und ganz bei sich. Und während Sie als Person wieder erfrischt und vollkommen klar hierher kommen, kann der Körper die verbleibende Trance noch genießen."

3.9 Fantasiereisen

Die Fantasiereisen sind hypnotherapeutische Geschichten, die den Patienten unterstützen. Er kann sie immer mal wieder auf CD oder Tonband hören, um auf der unbewussten Ebene indirekte Arbeit zu leisten. Die Anleitungen rufen über metaphorische Bilder körperliche Erholung, Wohlbefinden und Stärkung der Immunabwehr hervor. Eingebettet in die lebensvollen Fantasiereisen finden sich eindeutig sowie verschlüsselt sinnreiche Suggestionen für die unbewusste therapeutische Arbeit an den seelischen Hintergründen einer psychosomatischen Erkrankung. Hiermit kommen diese Texte auch „hinter den Kulissen" zur Wirkung.

Didaktisch vermitteln sie sprachliche Nuancierung und Bildhaftigkeit der Hypnose.

3.9.1–4 Sammlung *Seifenblasen* (2000)

Vier hypnotherapeutische Anleitungen für (psycho)somatische Krankheitsbilder

1. **„Sonnenstrahldusche"**, Energie, Halt und Standsicherheit, 13,5 min.
   Die „Sonnenstrahldusche" füllt das Gefäß des Körpers mit goldfarbener Energie, wonach die Seele neue Freiräume erobern kann.
2. **„Lichtersee"**, heilendes Licht und Versprechen an den Körper, 19 min.
   Der See in Form des eigenen Körpers wird liebevoll ins Licht gesetzt, er wird zum „Lichtersee". Der Körper erhält ein Versprechen, das ihn entlastet und heilende Arbeit ermöglicht.
3. **„Der magische Schwamm"**, Klärung und innere Freiheit, 22 min.
   Während tiefer Hypnose saugt die Fee mit dem „magischen Schwamm" bei ihrer Reise durch den Körper alle Krankheitstoffe auf. Sie verwandelt diese in „Seifenblasen … doch diese entgehen ihrem Seifenblasenschicksal nicht"!
4. **„Sternbild"**, körperliche Kräftigung und geistige Unterstützung, 18 min.
   „Sternbild": Nachdem beim Schwingen auf der Schiffschaukel alles Belastende herausgepustet wurde, bietet der heraufziehende Sternenhimmel eine Überraschung …

3.9.5–9 Weitere Anleitungen

5. **„In Form"**, die Fülle verspüren.
6. **„Die chinesische Muschel"**, metaphorische Lösung eines Problems.
7. **„Kornähre"**, Tiefenentspannung im Sitzen, Einschlafübung.
8. **„Pianissimo"** oder „vertieft wie ein Kind", Konzentration.
9. diesmal in Trance: **„Parts' Party"** – (in Gedenken an Virginia Satir), Integration der Persönlichkeitsanteile.

1. Sonnenstrahldusche

Energie, Halt und Standsicherheit
(sehr langsam zu sprechen)

„Sie schließen die Augen und lassen Ruhe und Besinnung einkehren.

Mit jedem Ausatmen entspannen Sie sich mehr und mehr.
Und je mehr Sie sich entspannen, umso wohler können Sie sich fühlen.

Und sobald wir uns wohler fühlen,
können wir leichter heilenden Fantasien nachgehen.

Gleichgültig, was eben noch wichtig erschien,
es verhallt, verebbt, verblasst
und …
in Ihrer Vorstellung entrollt sich vor Ihren Füßen
– wie ein Teppich –
ein saftig-sattgrüner Rasen.

Ein samtiger Rasen,
von der Sonne beschienen,
von einer Landschaft umrahmt, die Ihnen gefällt.

Das Gras duftet.
Libellen stehen – kleinen Hubschraubern gleich – in der Luft,
Schmetterlinge flattern von Blüte zu Blüte.

Alles ist unbeschwert, heiter, sommererfüllt!

Ist das nicht einladend?

Schon tragen Ihre Füße Sie wie von alleine auf diese Wiese.
Sie fühlen das zarte Kitzeln der Grashalme,
die sich unter Ihrem Tritt elastisch biegen …

Und nun stehen sie mittendrin!
Rundum Sommer!

Voller Lebenslust strecken sich Ihre Arme nach oben, recken sich der Sonne entgegen.

Die Handflächen wenden sich der Sonnenscheibe zu
und fangen die Strahlen der Sonne ein.

Fühlen Sie, wie die Strahlen der Sonne goldfarben warm in Ihren Körper hereinrieseln?

Die Strahlen strömen durch Ihre Hände,
durchfließen Unterarme, Oberarme, Schultern
und durchfluten wohltuend Ihren gesamten Brustraum.
Von dort durchrieseln sie in lustvollen Schauern den Bauch,
ergießen sich ins Becken,
sinken dann weiter durch Oberschenkel, Unterschenkel in die Füße.
Vielleicht führt unten aus den Fußsohlen vorerst noch ein Abfluss hinaus,
durch welchen Unreinheiten und Schlackenstoffe entweichen.

Allmählich aber schließen sich die Öffnungen,
und der Körper füllt sich – wie ein Gefäß – nach und nach an.
Von oben fließen die Strahlen der Sonne mit ihrem goldenen Licht herein,
stetig steigt von unten der Pegel der Energie:
genussvoll warm, harmonisierend und heilsam ...

Bedächtig füllt sich das Gefäß Ihres Körpers,
bis es vollkommen goldfarben ausgeleuchtet ist.

Haben Sie schon bemerkt, wie Ihr Körper sich strafft und aufrichtet?

Und wenn der Körper sich aufrichtet, richtet sich auch die Seele auf.
So stehen Sie da, aufrecht wie eine Palme, sonnendurchflutet,
und der Himmel ... der Himmel umhüllt Sie schützend mit einem lichtblauen Kokon,
während die grüne Tragfläche Sie erdend hält.

Je mehr der Körper nun Energie, Schutz und Halt verspürt,
umso mehr breitet die Seele ihre Schwingen aus und erobert sich neue Freiräume.

Der Geist, licht und klar, erhält Einsichten,
die er wird nutzen können.

Der Körper aber findet sein Gedächtnis für gesunde Funktionen und eindeutige Botschaften wieder.
Ganz natürlich und völlig selbstverständlich aktiviert er sein Wissen um Heilung.

Er sendet es an jede einzelne Zelle …
Und sein Immunsystem erkennt deutlich alle Fehler und weiß sie zu korrigieren.

Im Gold der Sonne, im Blau des Himmels und Grün der Wiese geschehen *wunder-same* Dinge …

Mag sein, Sie haben Freude daran, sich auch von außen zu betrachten, aus einiger Entfernung … vielleicht vom Rande der Wiese aus …

Versunken in den schönen Anblick,
nehmen Sie das Bild Ihrer Gestalt tief in sich auf."

2. Lichtersee

Heilendes Licht und Versprechen an den Körper
(möglichst in liegender Position des Patienten)

„Mit unserem bewussten Wollen können wir oftmals nicht beeinflussen,
dass wir uns wohler fühlen.
Lehnen Sie sich deshalb zurück,
senken die Lider … schließen die Augen … und tun gar nichts mehr.

Ja, Sie brauchen sich nicht einmal zu fragen,
wie Sie jetzt wohl am leichtesten zu Ruhe und Entspannung finden.
Verlassen Sie sich einfach auf Ihr Körpergedächtnis,
ein eigenes Gedächtnis, über das der Körper verfügt.
Er kann Erfahrungen speichern und diese spontan wieder beleben.

Was mögen Sie wohl verspüren, wenn Sie hören:

den Hauch eines lauen Sommernachtwindes …

Rascheln von Herbstlaub, das man als Kind durchwatete …

Prickeln einer Schneeflocke auf der Wange …

Wärme der ersten Frühlingssonne …

Eindrücke aus jeder der vier Jahreszeiten, plötzlich gegenwärtig …

Überlassen Sie sich doch einer guten Erinnerung und beobachten einfach,
was von alleine geschieht.

So werden Sie bald schon erleben,
wie der Körper von alleine geschmeidig in Ruhe und Entspannung gleitet.
Nach und nach und vollkommen ungewollt
kann jedes Ausatmen eine Welle des Loslassens auslösen.
In alle Himmelsrichtungen breitet sich Wohlbefinden aus.

Gut.

Und Ihr Körper beginnt, sich wohlzufühlen wie ein See in seinem Seebett.
Was für ein Bild: ein See in der Form Ihres Körpers,
gemütlich in seinem Seebett ausgestreckt.
Und dort, wo der Körper endet, hat er sein Ufer und beginnt Land.

Mancherorts ist das Wasser eher seicht, und der Untergrund trägt schwebend,
andernorts hält Felsgestein verlässlich in der Tiefe.
Ein See, der sich mit den klaren Bächen aus den Bergen füllt.
Im Frühjahr prall rauschend, im Sommer nur glucksend,
ergießen sie sich zu Tal.
Wegen dieser Zuflüsse und auch unterirdischer Quellen
finden sich immer leichte Strömungen im Wasser,
die man von der Oberfläche aus nicht erkennen kann.
Sie sorgen für Austausch,
für Reinigung,
Klärung
und Sauerstoff.

In Ihrer Fantasie kann sich alles natürlich und stimmig abbilden. Ganz auf Ihre eigene Art und Weise,
und alles ist völlig in Ordnung.

Mit jedem Atemzug sinken Sie behaglich tiefer.

Mag sein, ein feiner Regen setzt ein
und benetzt den See erfrischend mit kühlenden Tropfen.
Der trinkt genussvoll das himmlische Nass,
trinkt, bis der Durst gestillt.

Die Wolke zieht vorüber, der Himmel blaut auf,
die Sonne sendet wieder ihre wärmenden Strahlen.

Ihre Aufmerksamkeit aber – schon weitergewandert – entdeckt ein kleines Ruderboot.
Es verlockt Sie einzusteigen.
So nehmen Sie Platz und lassen sich Ihren See befahren:
Vielleicht bei einer Schulter anfangen und dort in die Kurve gehen,
dann den Arm hinunter, in die Hand hinein und in die Enge des kleinen Fingers?
Aber da geht's nicht weiter, ist auch ein wenig schilfig.
Das Wasser schwappt und beruhigt sich gleich wieder.
Sie drehen um und fahren Ihre Strecken,
sehr behutsam, sehr liebevoll …

Und jetzt erst bemerken Sie in dem Boot lauter Kerzen, Schwimmkerzen.
Vielleicht haben Sie schon einmal von dem indischen Lichterfest ‚Diwali' gehört:
Das Wasser in den Flüssen und Seen ist übersät mit Lichtern.
Desgleichen setzen nun Sie überall Lichter aus.
Ein Stück fahren, ein Licht zu Wasser lassen …
schön vorsichtig, damit im Wellengang des Bootes keines verlösche …

Ein kleines Licht ins Wasser,
weiterfahren
und wieder ein Licht zu Wasser lassen,
ein einzelnes, im Gesamt eine Kette,
später ein ganzer Lichtersee …
So fahren Sie weiter und weiter
und wissen intuitiv, welche Wege zu nehmen sind.

Dunkelheit schwindet,
Licht leuchtet die Dunkelheit aus.

Licht nimmt zu, glitzert und spiegelt …
Das lässt den See fühlen, dass Sie ihn in Liebe beleuchten, dass Sie für ihn sorgen.
Und überall da, wo dieses warme Licht hinstrahlt, kann er sich wohler fühlen,
sich tief erholen und heilenden Einfluss erfahren.

So fahren Sie munter Ihren Körper entlang und entdecken ihn auf neue Weise.
Mag sein, dass ein Wind über den See streicht, die Wasseroberfläche sich kräuselt,
ein angenehmer Schauer …

Es leuchtet umso mehr und sieht ganz hübsch aus.

Sie reisen weiter und weiter und erkunden mit Neugierde den gesamten See,
und das Unbewusste leitet Sie.

Licht um Licht geht auf Seereise,
und eine sanfte Brise bläst die Lichter besonders an Stellen,
für die es wichtig ist,
während Sie tiefer …
und tiefer …
und tiefer …
in heilende Hypnose sinken.
Je mehr der See leuchtet, umso tiefer.

Und wenn man jetzt von weitem schauen würde, von einem Berghang,
hinunter auf den See,
erschiene er einem ganz geheimnisvoll.
Und man würde es nicht genau wissen,
aber man könnte ahnen, dass dort etwas ganz Besonderes geschieht.

… und die Fische in der Tiefe, die wundern sich stumm …

Während alles ruht, vergeht die Zeit,
und jeden Morgen bricht ein neuer Tag an.

Steigt die Sonne höher, wird man die Lichter nicht so deutlich wahrnehmen können, sondern eher meinen, es spiegele die Sonne sich im Wasser.

Mittags dagegen liegt der See tiefblau, leuchtend gepunktet,
wie ein überirdisch schönes Gewand hingesunken da.
Der Nachmittag schenkt den warmen Ton …

der Abend taucht ihn in Silberlicht …

und in der Nacht, ja, da sieht es ganz verzaubert aus: Sterne, vom Himmel ins Wasser heruntergeschwebt …

Der See ruht mit ‚see-ligem' Gefühl …!

Wie gut, mit dieser lichten Vorstellung noch eine Weile zu verbleiben
und dabei – wie selbstverständlich – zu erledigen, was zu erledigen ist,
um die Heilung zu unterstützen.

Auch versprechen Sie dem Körper,
die Aufgaben zu übernehmen, die auf der geistigen Ebene liegen,
so dass *er* es nicht mehr zu tun brauche.

Und Sie versprechen dem Körper,
die Aufgaben zu übernehmen, die auf der seelischen Ebene liegen,
damit er davon ablasse.

So hat der Körper Muße, sich um *sein* Wohl zu kümmern …

Nur das Unbewusste weiß, was sich jetzt in der Tiefe ändert …,
welche Wege sich eröffnen,
von denen Sie bislang nicht einmal träumten …

Die Wärme, das Licht und die Liebe bewahrend
und dem Versprechen verpflichtet,
geben Sie sich über geraume Zeit der Ruhe hin … ganz still …

Und egal, ob Sie in erquickenden Schlaf fallen
oder die Hypnose schon bald beenden,

Sie werden – wenn es an der Zeit ist – gestärkt und erfrischt erwachen.

Der Körper aber hat die heilende Trance gespeichert."

Ein Bild, das in der Stille weiterwirken wird,
damit sich des Rätsels Lösung und der Frage Antwort finde …"

3. Der magische Schwamm

Tiefe Hypnose, Klärung, geistige Freiheit und gesunde Körperfunktion

Stärker als der bewusste Wille beeinflussen uns innere Bilder.
Und warum sollten wir sie dann nicht nutzen, die tiefen Trancezustände der Hypnose, in denen heilende Fantasien so viel Kraft erhalten?

„Sie können Hypnose, Sie können Hypnose einfach von Natur aus. Und das Erstaunliche ist, dass uns diese natürliche Begabung besonders dann zur Verfügung steht, wenn wir sie am meisten brauchen.

… ganz in Ruhe – nichts muss angestrengt werden …

Sind Sie bereit? Dann lassen Sie uns anfangen:

- Spüren Sie, wie sich der Brustkorb beim Einatmen hebt und weit wird?
- Bemerken Sie auch, wie es dabei innerlich geräumiger wird …?
- Fühlen Sie, wie der Brustkorb beim Ausatmen wieder elastisch nachgibt und dabei Anspannung abfließt?
- Nehmen Sie wahr, wie mit den Wellen der Atmung allmählich Ruhe in Sie einkehrt?

Vielleicht überrascht es Sie selber, wie einfach alles ist.

Als Nächstes können Ihre Schultern beginnen, gelöst abzusinken.

- Ob Sie sich wohl vorstellen können, wie Ihre Schulterblätter, diese flächigen Knochengebilde, Sie wie mit zwei Händen von hinten halten?

Sie können sich an diesen inneren Rückhalt anlehnen, mit jedem Ausatmen mehr. Und indem Sie die innere Anlehnung finden, verspüren Sie mehr und mehr Geborgenheit. Und nach einigen befriedigenden Atemzügen können Sie beobachten, wie sich zwischen den Schulterblättern ein Kraftfeld – ein Energiefeld, licht und fließend – bildet.

Schön,
und bald werden Sie mit Behagen verspüren, wie Sie tiefer und tiefer … über zwanzig Stufen angenehm tiefer und tiefer in Hypnose gleiten. Sie sinken, Sie sinken wohlig, ganz, wie Sie es bevorzugen, mit jedem Ausatmen eine Stufe tiefer.

Eins … zwei … drei … vier …
die erste, zweite, die dritte, die vierte Stufe liegen hinter Ihnen, die fünfte, sechste, siebte noch vor Ihnen und auch gleich schon wieder hinter Ihnen. Die achte, neunte, zehnte verdoppeln die Gelassenheit. Die Hälfte der Strecke in tiefe Hypnose ist bald schon erreicht.

Leichtfüßig geht es weiter, die elfte … zwölfte … dreizehnte Stufe … vierzehnte … fünfzehnte … und sechzehnte Stufe.

- Ob Ihnen wohl bewusst ist, wie nahe Sie Ihren unbewussten Fähigkeiten schon sind?

Und spüren Sie einmal in den Bereich unterhalb der Schlüsselbeine! Dort füllen sich mit jedem Atemzug – ruhig und tief – vitale Stellen der Körper-Seele-Einheit auf.

- Können Sie sich vorstellen, wie sich diese Bereiche gleich zwei Blüten öffnen, öffnen für den Austausch mit dem Leben, für das ‚Geben' im Leben, aber auch für das ‚Nehmen'?

Siebzehnte … achtzehnte … und dann die neunzehnte … aber nicht, bevor Sie sich innerlich nicht vollkommen ausgestreckt haben, bevor Sie nicht bereit sind, in wirklich tiefe Hypnose zu gehen und sich einer besonderen Arbeit zu widmen, mit aller inneren Bereitschaft.

Und es ist ein gutes Zeichen, wenn Ihnen meine Stimme weiter weg erscheint, wo Sie doch jetzt näher zu sich hingehen. Vielleicht mag es auch so klingen, als sei meine Stimme wie das Plätschern eines Baches.

Ein Geräusch der Natur, das Ideen sät, Ideen für heilsame Bilder. Bilder, die Ihr Unbewusstes selber malt und denen Sie volle Aufmerksamkeit schenken.

Und bald wird sich die innere Schranke heben und somit das Tor zu den inneren Gefilden, die Sie nur in Hypnose durchwandern, öffnen. (Und gleichzeitig kann sich, als unbewusste Bestätigung dieses Vorganges, ein Finger der rechten Hand ganz von alleine heben.)

Sehr gut … vielleicht noch ein paar ruhige Atemzüge …

Jetzt …

Und Sie finden *Ein*gang in Ihre ‚freundlichen Weiten' und somit *Zu*gang zu Ihren Fähigkeiten, um vieles zu tun, was sonst nicht getan werden kann.

Zwanzig …

So begegnen Sie hier einer guten Kraft, einer guten Fee. Sie hält in der einen Hand ein Licht zum Leuchten, in der anderen *etwas ganz Besonderes* …: einen magischen Schwamm …

Sie verbinden sich mit dieser guten Kraft und schlüpfen in Gestalt der Fee in Ihren Körper hinein, um dort besondere Arbeit zu leisten. Und das Unbewusste wird Sie wie von selbst dorthin leiten, wo Sorge notwendig ist. So leuchten Sie Ihren Weg und finden die Stellen, die vernachlässigt und verunreinigt sind. Und Sie wischen mit dem magischen Schwamm alles auf. Sie gehen durch Ihr inneres Haus und reinigen sorgfältig alle Stellen. Der Schwamm saugt auf magische Art alles auf: Brösel, Flecken, Unappetitlichkeiten und Rückstände, auch alle Gifte, alle festen und flüssigen Bestandteile, die dem Körper bislang Schaden zugefügt haben.

Manchmal geht's leichter, manchmal mühsamer …

- Eilen Sie nicht …!
- Wandern Sie durch alle Stockwerke …!
- Öffnen Sie jeden Raum …!
- Schauen Sie in alle Ecken …!
- Reinigen Sie überall … auch unter dem Teppich …!!

Der Schwamm erscheint vielleicht klein, aber er hat ein unerschöpfliches Fassungsvermögen ...

Und die Fee ... man sieht es ihr nicht an, aber sie ist pfiffig und wird schnell fündig, eine Detektivin auf richtiger Fährte ...

Gönnen Sie sich alle Zeit dieser Welt, die Arbeit ordentlich zu tun, wo Sie so viel schon bewältigt haben. Ihr Unbewusstes führt Sie, womit Sie am richtigen Ort das Richtige tun.

Die Fenster bieten bald gute Durchsicht, der Spiegel das klare Bild ...

Und während die Fee von ihrer Arbeit vollkommen absorbiert ist, kann hinter den Kulissen, auf anderer Ebene – und ganz ungestört – Weiteres geschehen ...

Manchmal meint man, der Zug sei für einen schon abgefahren, man sei zu spät. Aber vielleicht erscheint es auch nur so, oder es war sogar der falsche Zug. Und warum sollte es nicht ein anderes Gleis geben, ein ganz eigenes, das nur zu einem selber gehört, eines, das wirklich weiterführt, anders als bisher?

So wird es gleichgültig, was andere von Ihnen erwarten oder nicht erwarten. Versichern Sie sich jetzt: Sie sind nicht auf der Welt, um anderer Menschen Wünsche zu erfüllen! Nein, Sie werden dafür respektiert, dass Sie sich selber respektieren!

(Und vielleicht hebt sich nun ganz von alleine ein Finger der linken Hand, um die unbewusste Zustimmung zu signalisieren ...)

Das ist gut so ...

Und je mehr Sie das beherzigen, umso besser kann der Körper sich um seine eigenen Belange, um seine Heilung kümmern ...

- Und warum sollte Ihr Körper dann nicht zu etwas fähig sein, was man normalerweise nicht für möglich hält ...?

Und irgendwann ist genug geschehen für heute. Es muss nicht alles auf einmal sein. Die Fee entfernt den angefüllten Schwamm aus dem Körper. Doch was macht sie nun? Sie bläst, sie bläst mit gespitztem Mund gegen den Schwamm … fffffffffffffff …

Und was passiert? Der Schwamm hat den aufgesaugten Inhalt auf zauberische Art verwandelt, und heraus fliegen …

Seifenblasen, eine Unmenge schillernd bunter Seifenblasen …

Doch sie entgehen ihrem Seifenblasenschicksal nicht! Noch fliegen sie, tanzen in der Luft … zerplatzen aber plötzlich … platsch … vorbei …

Nehmen Sie wahr, wie der Körper verspürt, was das bedeutet …? Ihm ist wohl …

Nun können alle gesunden Körperzellen tätig werden, um das zu tun, was zu tun ist:

- **gesunde Information senden …**
- **gesunden Austausch herstellen …**
- **und klar erkennen, wo Hilfe gebraucht wird, und zu tun, was zu tun ist.**

Es ist nur natürlich, wenn Sie jetzt, nach erledigter Aufgabe, das Bedürfnis haben auszuruhen. So ruhen Sie, ruhen wie in der Mittagspause – in einen tiefen traumlosen Schlaf gesunken, so tief, wie Sie ihn schon lange wünschten, so friedlich, ruhig, erholsam …

Der Körper ruht, die Seele ruht, der Kopf ist klar und begleitet vom leichten Fließen der Lebendigkeit, das Wärme in alle Gliedmaßen ausstrahlt, bleiben Sie jetzt so lange in Hypnose, wie es Ihnen gut tut. Erlauben Sie dem Körper diese Ruhe und das Wohlbefinden …

Und wenn Sie mögen, drücken Sie für einen Moment die Spitzen von Daumen und Zeigefinger der linken Hand zusammen, sodass sich ein kleiner Kreis bildet. Damit verankern Sie dieses Wohlbefinden und können es zu gegebener Zeit wieder abrufen.

Und irgendwann, wenn Sie fühlen, es ist genug, kehren Sie gemächlich die zwanzig Stufen zurück, ganz in Ihrem Maß und ganz bei sich. Und während Sie dann als Person erquickt und vollkommen klar wieder hier auftauchen, kann der heilende Körper die verbleibende Trance noch genießen.“

4. Sternbild

Freie Atmung, körperliche Kräftigung und geistige Unterstützung

„Egal, was Sie gerade noch beschäftigte, Sie schalten davon ab.
Egal, was Sie gerade noch bewegte, Sie nehmen Abstand davon.
Sie schließen die Augen und kommen zur Ruhe, mit jedem Ausatmen mehr …
Der Körper entspannt sich nach und nach und ganz von alleine,
und Sie kommen sich innerlich näher und näher
und spazieren in sich hinein wie in einen wunderbaren Laden voller Kostbarkeiten.
Aber … in diesen Laden darf man nur mit Respekt, Anerkennung und Wertschätzung eintreten.
Alles andere hat draußen zu bleiben.

Erst dann öffnet sich die Tür, ein feiner Klang ertönt …
Und hier sind Sie, ganz bei sich,
in eigener Zeit und eigenem Raum …

Voller Neugierde schlendern Sie gemächlich umher und erahnen so manchen Schatz …
um dann zielsicher zu Fähigkeiten zu steuern,
die sich oft erst in der Hypnose offenbaren!

Da steht auf einmal die ganze Welt offen … und alles wird möglich …

Ihr Blick fällt auf eine schöne Schneckenmuschel aus der tiefen See.
Die führen Sie intuitiv ans Ohr, um
– wie als Sie noch klein waren –
das Meer drin rauschen zu hören.
Sie lauschen, lauschen ein paar tiefe, befriedigende Atemzüge lang,
und zaubern sich dadurch an eine freie, weite Küste,
der Himmel bewegt, das Meer schaumgekrönt …

Vollends erwacht nun das Kind in Ihnen!
Weshalb?
Es entdeckt eine Schiffschaukel,
eine bunte Schiffschaukel wie auf der Kirmes vergangener Zeiten.
Sicher im Boden verankert, lädt sie ein zum kindlichen Vergnügen.

Sie klettern hinein und beginnen, das Gesicht dem Meere zugewandt, zu schaukeln.
Sie schaukeln im Rhythmus der Atmung,
nach vorne … und zurück,
nach vorne … und wieder zurück …
Immer höher … ganz sicher … immer höher!
Vor … und zurück …
Das Gewicht nach hinten verlagernd, stemmen Sie sich in die Knie und fliegen nach vorne,
dabei pusten Sie alles, was belastet, bedrückt und beengt, aus sich hinaus,
dem Meer und den grau aufgetürmten Wolkenbergen entgegen …

Sie lehnen sich nach vorne,
die Schiffschaukel saust dabei nach hinten,
und Sie atmen tief die jodhaltige, gesunde Luft ein.
Dann schwingt die Schiffschaukel wieder nach vorne, Sie pusten aus … fffuuuuuh,
nach hinten, Sie atmen ein …
nach vorne … Sie atmen aus …
nach hinten … Sie atmen ein,
nach vorne … mit aller Kraft blasen Sie alles Ungute aus vollen Lungen hinaus …
weit, weit, weit weg …
so lange, bis es völlig verschwunden ist.
Wie tut das gut …!
Welche Befreiung, welche Wohltat …!

Das Haar flattert im Winde,
die Hände spüren die Kühle der haltenden Streben,
die Zunge leckt das Salz des Meeres von den Lippen.

Ganz verträumt in den Anblick des Meeres,
dessen Horizont tief sinkt, wann immer Sie nach vorne fliegen,
und hoch über Sie steigt, wenn Sie nach hinten schaukeln,
genießen Sie die schwungvolle Bewegung.

Die Wolken verziehen sich, der Himmel klärt sich.
Ist es Ihr kräftiges Pusten, das die Wolken verscheucht?

Die reine Luft des Meeres tankt Ihren Körper auf.

So schaukeln Sie im Rhythmus der Atmung,
und die regelmäßige Schwingung überträgt sich harmonisierend auf jede Zelle.

Alles fließt in lebendiger Bewegung,
das Herz juchzt.
Sie schwingen in unendlichem Gleichmaß,
klären und kräftigen sich,
ganz im Erleben,
ganz im ‚Hier und Jetzt'.

Der Kopf wird frei und klar,
alles vergessend, was besser vergessen,
um sich später wirklich Wichtigem zu widmen.

Während Helios den Sonnenwagen über den Rest seiner Bahn lenkt,
lässt das Schaukeln in dem Maße nach,
wie sich Sättigung einstellt.
Und wie ein Pendel, das immer weniger ausholt
und langsam, langsam, langsam die Mitte findet,
finden Sie Ihr Lot – Ihre Mitte in sich selbst.
Ein warmes Pulsieren durchströmt den Körper.
Wo es wohl am meisten zu spüren ist …?
Von dort mag es sich in Wellen ausbreiten,
und mit dem farbenfrohen Versinken der Sonne in den Fluten
in ein ruhiges, gutes, gelassenes Gefühl verwandeln …

Und völlig unerwartet und zu Ihrem Erstaunen
weitet sich nun die Schiffschaukel, baucht sich
und bietet ein prächtig samtseidiges Bett,
in das Sie sich einfach hineinsinken lassen können.
Genüsslich plumpsen Sie in die bequemen Kissen …

Der Himmel wölbt sich über Ihnen erst nur mit dem Abendstern,
dann zieht die ganze Sternenschar herauf …
ein wahres Himmelbett!

Staunend betrachten Sie die Pracht des Himmelszeltes mit Sternbildern,
die Ihnen vertraut …
der Große Bär,
der Kleine Dephin,
ja, die Unendlichkeit der Milchstraße …
Dann, inmitten der bekannten, entdecken Sie ein ganz besonderes Sternbild,
von niemandem zuvor erspäht.
Es funkelt ganz hell und fröhlich direkt über Ihnen,
mit kleinen und größeren Sternen in eigener Formation.

Wie mit Morsezeichen blinkert es Ihren Namen.
Sie verstehen, es ist ureigen nur Ihr Sternbild,
und nur Sie wissen die Signale zu deuten.

Und während sich dadurch die Hypnose nochmals vertieft,
erhalten Sie eine besondere Botschaft:

‚Wir strahlen für dich, wir leiten dich, wir leuchten dir, damit du deinen Weg besser erkennst, wir beschützen dich, wir helfen dir, wir sind bei dir, nur dir gilt es …! Und jetzt geben wir dir etwas in der Sternensprache, sei nur aufmerksam … jetzt …!'

In der Tiefe verstehen Sie die Signale aus der Höhe.

Und solange es notwendig ist, lassen Ihre Sterne nachts im Schlaf feinen Silberstaub herniederrieseln. Es fühlt sich an wie eine zarte Berührung, ein leichtes Kitzeln. Dabei passiert immer ein kleines Wunder. Es löst sich Altes, Untaugliches, und Neues erhält Raum.

Ob Sie es bemerken oder nicht,
erhalten Sie Hilfe in der Stille der Nacht.
Sie werden erinnert, gut zu sich zu sein und für sich zu sorgen,
sich immer wieder zu entspannen,
auf Ihre Gefühle zu achten und diese zu schützen,
und aufmerksam immer wieder Klarheit zu verschaffen.

Und jede kommende Nacht leuchtet Ihr Sternbild aus der Höhe
und nimmt Verbindung auf zu Ihnen in der Tiefe.

So werden Sie – nach gutem Traum – gestärkt am Morgen erwachen und sicher einen Schritt vor den anderen setzen.

Der Himmel färbt sich im Osten, violett … orange …
dann trifft ein erster Strahl das Land.
Rotgolden fließt die Sonne am Horizont herauf … ein neuer Tag beginnt.

In aller Ruhe ordnen Sie das Erlebte,
und im Vertrauen auf die in Ihnen liegenden Kräfte beenden Sie die Hypnose,
recken und strecken sich …
kehren zurück …
und wenden sich dem Leben zu."

5. In Form –
Die Fülle verspüren

Ziel: Hypnoseeinleitung oder körperliche Entspannung

„Gönne dir einen Moment Zeit, und komme zur Ruhe!

Schalte von der wachen, bewussten Tätigkeit auf eine ebenso wache, aber unbewusste Arbeit um. Das ist Arbeit, die von alleine erfolgt, die du nicht organisieren musst, die du dir nicht ausdenken musst und die von alleine innere Bilder, ja, neue Bilder, hervorruft.

[Pause]

Zeitgleich entspannt sich der Körper … und vielleicht magst du dir dafür vorstellen, dass deine Haut, deine äußere Abgrenzung so etwas wie eine Kuchenform ist. Eine Kuchenform, schön ausgefettet, erst einmal einfach mit einem Klumpen Teig drin. Dein Inneres ist demnach der Kuchenteig. Und der Teig, mit der Ruhe und Wärme, breitet sich immer mehr aus, schmiegt sich in die Kuchenform hinein, entspannt und glättet sich mit jedem Ausatmen mehr … streckt sich langsam in die Form hinein und dehnt sich aus.

[Pause]

Und so sinkst du ganz friedvoll und entspannt in deine Form, eine eigene Form, die nur du besitzt und die ganz typisch für dich ist und ganz unverwechselbar … und füllst sie aus bis in jeden kleinen Winkel … spürst überall hin und entdeckst dabei vielleicht Neues …, der Teig geht auf …

[Pause]

... und breiter und weiter werdend kommt mehr Fülle hinein, und wenn mehr Fülle kommt, wird die Basis stärker, und alles um dich herum kann unwichtig werden, auch zum Beispiel das Läuten der Glocke, das andeutet, wie die Zeit draußen vergeht. Aber innerlich zählt für dich eine andere Zeit ... und in Ruhe sinkend und gleichzeitig schwebend, kannst du einer Erfahrung nachgehen, die für dich jetzt wichtig ist ...

[Pause]

Je mehr du weißt, dass du innerlich in deiner Form ruhst und gehalten bist, ja, je mehr du in dir bist, um somehr kannst du geistig die Weite ausschöpfen und geistig auf Reisen gehen. So kannst du manch neue Erfahrung machen, die dich weiterbringt, sodass vielleicht auch die Form selber sich noch weiterentwickelt.

[Pause]

Lass dir Zeit, deinen Bildern nachzugehen, die sich von selbst entwickeln ...

Wann immer du es für richtig hältst, wirst du – vollkommen in dir ruhend und ganz entspannt – mit Wohlgefühl wieder hierher kommen und in einen guten Tag hineinwandern.

6. Die chinesische Muschel

(hypnotherapeutische Anleitung für eine Gruppe im Wortlaut, mit Pausen zu sprechen)

Ziel: Indirekte Lösung eines Problems oder Beantwortung einer Frage mithilfe einer Metapher

„Bitte nehmt euch jetzt eine Frage oder Problemstellung, die euch beschäftigt, vor. Wenn ihr gerade nichts haben solltet, dann gebt die Aufgabe an das Unbewusste weiter, das wird schon etwas finden. Etwas, was euer Bewusstsein vergessen hat, was aber trotzdem tief drinnen belastet oder unnötig Energie verbraucht.

[Pause]

Und ich spreche jetzt in der Du-Form weiter, weil ich jeden von Euch einzeln erreichen möchte.

[Pause]

Greife also irgendetwas auf, vielleicht etwas, was dir ganz spontan in den Sinn kommt: eine Frage, die dich schon länger beschäftigt, ein

Problem, das irgendwo lagert, eine Sache, die du schon länger vor dir herschiebst, eine Anspannung – und wir verstehen uns schon – eine physische Anspannung samt dem, was dahinter steht …

Und wenn du es nicht schon gemacht hast, schließe die Augen. Lass dir Zeit, atme ruhig und tief …

[Pause]

Nimm nun im Geiste das, was du entweder bewusst oder unbewusst gefunden und artikuliert hast, diese Frage oder das Problem oder diese Aufgabe, in die Hände. Forme dafür jetzt deine Hände so, dass sie wirklich etwas zu halten vermögen. Verschließe nun die Hände, und halte den Inhalt fest. Du nimmst ihn in die Hände wie ein Päckchen, drückst die Hände zusammen und hältst ihn dort fest.

[Pause]

Und während deine Hände den Inhalt festhalten, kannst du dich zurücklehnen, wie wenn du dich entfernst von den Händen, die weit da vorne aktiv sind und mit besonderer Kraft etwas Besonderes tun. Du nimmst dich zurück, mit jedem Ausatmen mehr, gehst weiter und weiter nach hinten, sodass dir die Arme vielleicht sogar ganz lang erscheinen mögen und die Hände ganz weit vorne. Da vorne ist die Fragestellung, das Problem, die Aufgabe, und du gehst weiter und weiter zurück, und je weiter du Abstand nimmst, umso mehr kannst du dich entspannen und wohl fühlen. Wie wenn du in einem schönen Theater mit weichen Samtsesseln säßest und weit, weit vorne auf der Bühne ist die Handlung … und du sinkst ganz angenehm mit jedem Ausatmen tiefer in den Sessel, tief und tiefer, angenehm …

[Pause]

Und sobald du dich wohl und entspannt und angenehm fühlst, kann dein Unbewusstes ganz von allein und ohne dass du es vielleicht gleich bemerkst, anfangen, da vorne auf der Bühne an der Frage Antwort und des Problems Lösung zu arbeiten,

… und manchmal hilft eine besonders geschickte Souffleuse weiter …

Es wird dich vielleicht überraschen, dass sich die Hände über kurz oder lang von alleine vorsichtig anfangen zu lockern, und zwar umso mehr, je mehr es dir gelingt, mit Vertrauen Abstand zu nehmen und vielleicht inzwischen schon ganz woanders zu sein …

[Pause]

Vielleicht kennst auch du die ‚chinesische Muschel'. Das ist etwas, was ich als Kind besonders gerne gemocht habe und manchmal – leider ganz selten nur – geschenkt bekommen habe. Das ist eine echte kleine Muschel, so richtig in der Muschelform wie von Shell, eine verschlossene Muschel, mit einem Papierbändchen herum. Sie sieht von außen gar nicht besonders aus, und als ich das erste Mal eine geschenkt bekommen hatte, war ich eigentlich ziemlich enttäuscht gewesen. Man hat mir dann gesagt, man müsse diese Muschel in ein Glas mit Wasser tun. So habe ich die Muschel in ein Glas mit Wasser plumpsen lassen, aber es passierte nichts. Das Wasser bildete bloß ein paar Bläschen, weiter nichts. Aber nach ein paar Stunden hat sich das Papierbändchen gelöst, allerdings weiter noch nichts. Und nach ein paar weiteren Stunden hat sich tatsächlich die Muschel ganz, ganz wenig geöffnet, so einen Millimeter, zwei Millimeter ... und nach einiger weiterer Zeit guckte auf einmal aus diesem kleinen Schlitz etwas Buntes heraus. Da wurde ich dann schon neugierig. Und mir erschien die Zeit eeeeewig ... und nach weiterer Zeit reckte sich so etwas wie eine kleine Knospe heraus, eine richtige kleine Blütenknospe, aus Papier ... Sehr geheimnisvoll!

[Pause]

Und es verstrich wiederum Zeit, und ganz in der Stille öffnete sich die Muschel weiter und weiter, und dann kam noch eine zweite kleine Knospe heraus und ein Blatt, ein grünes Papierblättchen ... und auf einmal ... ‚schwupp' ... schwebte so eine ganze Blüte hoch, an einem Faden gehalten, der offensichtlich in der Muscheltiefe verhaftet war. Und die Zeit ging vorüber, und aus der Muschel wuchs eine richtige Papierblume hervor, mit vielen weiteren Knospen, die auch noch aufgingen, und Blättchen. Eine richtige Wasserblume, die aus einer Muschel wuchs, die unten auf dem Boden des Glases geöffnet dalag, zwei Muschelhälften ...

Und nach und nach entfaltete sie sich immer mehr und entwickelte sich immer mehr, und alle Knospen gingen auf, es wuchs eine richtige, prächtige Blume mit vielen Blüten in dem Wasser ... und alles braucht seine Zeit ... und seine Ruhe ...

... und die Hände lösen sich, entfalten sich von alleine und können sich mehr und mehr entspannen, die Fingerspitzen, die Finger, die Hände ... die Entspannung fließt auch in die Unterarme, in die Oberarme, in die Schultern, und irgendwann, ganz leichthändig, noch nicht jetzt ... wenn sich innerlich eine tiefere Bewegung vollzieht, können die Hände auseinander gleiten und loslassen. Und die Hände können sich öffnen und loslassen, sodass vielleicht etwas ganz anderes hervorkommt, als es vorher noch gewesen war ... als du erwartetest ... So setzt sich Kraft frei ... und Schwung nach vorne ... und Neugierde ... und das Wissen, dass es mindestens immer eine Möglichkeit *mehr* gibt ... und dass wir uns dafür offen halten, indem wir uns sagen: ‚Ich bin mal neugierig, was nachher anders ist und was mir für eine Idee kommen wird.'

[Pause]

Und jetzt bin ich einfach still, und du bleibe dabei, solange du magst, für einige Minuten äußerer Zeit, ganz anderer innerer Zeit, um deinen eigenen Bildern nachzugehen, deinen eigenen Gedanken nachzusinnieren und das alles auf deine ganz eigene Art und Weise zu vervollkommnen, sodass du nachher aus der Hypnose auftauchst und dich einfach nur wohl fühlst in dem Bewusstsein, dass nicht nur die Tage von damals zählen, sondern vor allem die Zeit von heute und von morgen ...

... und diese Muschelblumen, das ist ganz einzigartig, die verblühen nie, auch das Wasser bleibt klar ... klar über lange Zeit ..."

7. Kornähre

Ziel: vestibuläre Reize für hypnotische Tiefenentspannung im Sitzen
Indikation: Spannungskopfschmerz, Cervicalsyndrom, Einschlafstörung

Ich stehe hinter dem bequem sitzenden Patienten und lege meine Handflächen auf seine Schultern. So nehme ich körperlichen Kontakt mit ihm auf, erspüre ihn, während er wiederum sich an meine Berührung gewöhnen kann. Danach gleite ich mit den Händen höher und halte den Kopf von beiden Seiten, sodass dieser in meinen Händen wie in einer Schale getragen wird. Wenn ich fühle, dass der Patient anfängt, mir den Kopf vertrauensvoll zu überlassen, beginne ich, den Kopf ganz sachte seitlich zu wiegen, erst nur ein paar Millimeter, dann etwas mehr, aber nie gegen Widerstand. Ich stelle mich dabei sehr auf den Patienten ein, schließe eventuell dafür zeitweise die Augen. Die dabei sehr langsam gesprochene Beschreibung der sich wiegenden Kornähre im Kornfeld dient als Metapher. Das leichte Wiegen begünstigt die Hypnoseeinleitung, ein physisches und geistiges Loslassen und das Absinken in Bild und Gefühl. Im Kopf hochgehaltene und gestaute Energie kann abfließen. Der Patient reagiert mit Entlastung, Entspannung und Wohlbefinden. An dieser Stelle kann die „Einschlafsequenz" eingebaut werden.

Es ist darauf zu achten, dass dem Patienten jeweils vorher angekündigt wird, wie und wo man ihn anfasst.

„Schließe jetzt bitte die Augen, spüre den festen Boden unter den Füßen, und atme ruhig und regelmäßig. Ich stehe hinter dir und berühre dich an den Schultern und fühle mich auf dich ein …"

[Zeit lassen]

Nun werden meine Hände den Nacken hinauf zu deinem Kopf gleiten und ihn ganz leicht von den Seiten her halten.

[Nicht die Ohren zuhalten!]

Deine Ohren sind frei, und du kannst mich hören. Du kannst immer wieder abwägen, wie weit du mir deinen Kopf überlassen magst. Ich werde das spüren und dann ganz leicht und vorsichtig beginnen, Deinen Kopf ein bisschen nach links und dann nach rechts zu neigen. Gut … Und du kannst jederzeit mit mir reden und mir mitteilen, wenn etwas mitzuteilen ist oder wenn du etwas anderes wünschst …

Und ich halte deinen Kopf und bewege ihn ganz sachte … gut …

Sehr schön … die Bewegung wird weicher und etwas größer … et-was mehr, schön … von der einen Seite … zur anderen Seite … und zurück …

Wenn du magst, kannst du dir vorstellen, es ist ein herrlicher, warmer Sommernachmittag. du befindest dich mitten in einer schönen Landschaft … und dein Blick ruht versonnen auf einem Kornfeld … auf einem sich golden färbenden, reifen Kornfeld mit Tupfen vom Blau der Kornblume und Rot des Klatschmohns. Sanft, fast zärtlich streicht der Wind darüber … und die Ähren wiegen sich mit fließender Bewegung im Winde … eine Wellenbewegung auf dem Meer … auf dem weiten Kornfeldmeer … Die Brise streift die Ähren, die sich elastisch biegen … und oben der Kopf der Ähre wiegt sich, die Schwingung fließt weiter durch den Hals der Ähre … durch den gesamten Halm … pflanzt sich fort nach unten … bis zu der Wurzel hin, die fest im Boden verankert ist und die nur ein leichtes Ziehen und angenehmes Dehnen verspürt …

Und man kann sich so richtig vorstellen, wie die Energie, die bislang oben noch festgehalten wurde, beginnt abzufließen … wie wenn sich eine Schleuse öffnete und alles abfließt, was unnötig gestaut war …

Die Ähre wiegt sich im Winde … ja, sie kann es richtig genießen … diese fließende, weiche Bewegung im Halm und die zuverlässige Erdung der Wurzel …

Geht das? Ist das gut?

[Rückfrage, ob alles als angenehm erfahren wird.]

Gut. Ein ganz eigener Rhythmus. Gut …

Und alles, was hier oben der Kopf unnötigerweise noch trägt, kann über die Schulter nach unten abfließen, sehr gut. Alles, was auf der Stirn lastet, fließt nach hinten, den Nacken hinunter, über die Schultern, die Arme, die Oberarme, die Unterarme und über die Hände hinaus, gut … und du begleitest das schön mit der Atmung, prima, gut, du weißt, was zu tun ist …!

… in der Ferne das kleine Dorf … der Klang von Kirchenglocken …

Angenehm und ganz in Ruhe … und all das Unnötige fließt ab, und der Wind trägt es davon … und auch, wenn er etwas nachlässt … ist das Wiegen weiterhin zu spüren …

[Ich lasse die Bewegungen etwas kleiner werden.]

„Gut, wunderbar … Mhmm. Und auch wenn die Bewegung klein und kleiner … wenig und weniger wird … ist die innere Schwingung weiterhin zu spüren … gut … und auch wenn langsam, langsam, langsam der Kopf die Mitte findet … kann das Gefühl des Wiegens beibehalten werden … ganz harmonisch … elastisch … die Atmung wird tiefer und holt richtig aus … und bei jedem Einatmen wird der Körper aufgetankt und erfrischt und bei jedem Ausatmen entlastet …

Nun kommt er zur Ruhe, und du kannst tief und tiefer in Trance gehen, um zu lernen – jetzt –, mhm, gut … wie du für dich sorgen kannst, damit es dir in Zukunft besser geht, du erfährst es im Moment …

Und der Körper wird sich in Zukunft automatisch an diese Entlastung erinnern und auch an den Weg dorthin. So frei … auch die Augen wie zwei spiegelglatte, klare Seen … mhmm, gut, ich lasse meine Hände hier ruhen …

[Meine Hände liegen nun wieder weich, aber mit leichtem Druck auf den Schultern.]

… die Schultern sinken nach unten … und nach hinten … und es ist richtig schön zu spüren, wie die Schultern nachgeben und elastisch werden … ganz schön, ganz gut, mhm, sehr schön, hier auch, sehr gut …!!

Der Kopf wächst aus den Schultern, der Nacken streckt sich, der Blick wird frei …

[Ich lege meine flachen Hände im Rücken auf den Bereich der Schulterblätter und gebe dort einen leichten, zunehmenden Druck.]

Spürst du schon, wie du hier deine Anlehnung findest im Rücken … mhmm, gut, und wie sich das Gebiet vorne unter den Schlüsselbeinen mehr öffnet … die Atmung besser fließt …? Und vielleicht, ganz von alleine, weil die Schwere entlassen ist, kann eine Hand leichter werden, leicht und leichter, um richtig zu fühlen, wie Leichtigkeit sich einstellt, auch innere Bewegung. Wie sich alles von alleine öffnet und von alleine vor sich geht, mhmm, gut …

[Eventuell eine Handlevitation hervorrufen.]

Wenn du die Übung alleine machen möchtest, brauchst du dich bloß an das Kornfeld zu erinnern, und ganz von alleine kann die Ähre ins Schwingen kommen. Durch den ganzen Halm hindurch setzt sich die Schwingung fort. Oben fühlt es sich an, als ob überall kleine Hähne aufgedreht werden, und es anfängt, angenehm zu fließen … sodass sich der Kopf entstaut und alles nach unten abließt, alles, was früher unnötig festgehalten wurde …

Aber diese alte Angewohnheit wird mit der Zeit immer schwach und schwächer, vergisst sich, sodass der Kopf sich wohl und wohler fühlen kann … und weit … und licht … und blau … und klar … wie der strahlende Himmel über dem Kornfeld.

Alles kann ganz von alleine eintreten, einfach, weil du von jetzt an das Bild von dem Kornfeld in dir trägst …

In der Selbsthypnose kehrst du dann einfach dahin zurück. Dann kann sich alles ganz von alleine entwickeln, wie ein Film, in dem man nicht nur Bilder hat, sondern auch Gefühle, angenehme Gefühle. Und durch das Körpergedächtnis, dieses eigene Gedächtnis, über das der Körper verfügt, wird alles erinnert."

An dieser Stelle kann bei Bedarf tiefere psychotherapeutische Arbeit beginnen oder auch das Einschlafen „wiedererlernt" werden.

Bei Einschlafstörungen

„Und jetzt hast du eine besondere Chance:
Du wiedererlernst das Einschlafen. Ich frage jetzt über die Fingerzeichen dein Unbewusstes: ‚Bist du bereit, dich jetzt zu erinnern, wie man spontan einschläft?'
Und bist du willens, das jetzt für 2–3 Minuten auszuprobieren?"
FZ: „Ja."
„Sehr gut, dann kannst du nun, gerade so, wie du bist, einnicken. Nur die Hand, die kann einfach herniedersinken und sich dir auf den Körper legen ... kein Mensch schläft mit einer Handlevitation ein ... [!] einfach loslassen ... sehr schön ... es beginnt ... du kannst es ... und wenn der Körper die Berührung der Hand spürt, ist das wie die Berührung vom Sandmännchen aus der Kinderzeit, wo Einschlafen so einfach war ... Wie ruhig das aussieht ... psst ... Stille ... pssst ... [leise] das Kind in dir erinnert sich einfach, wie leicht Einschlafen ist. Kinder halten die Augen offen, bis sie wirklich am Einschlafen sind. So schließt du jetzt in deiner inneren Vorstellung die Augen, sobald dich der Schlaf übermannt. Wie schön das ist ...!
[Hier einen Zeitraum von ca. 2 Minuten gestatten.]
Bleibe nun einfach eine geraume Zeit in diesem vorzüglichen Schlaf, ganz so, wie es für dich recht ist. Danach kannst du wach und frisch und klar wieder hierher kommen, ausgeruht und wohlig entspannt ... gut in Balance ..."

8. „Pianissimo" oder: „Vertieft wie ein Kind" – Hypnoseanleitung für einen Pianisten

Ziel: Ruhe, Sicherheit, Stabilität und Konzentration
Indikation: Nervosität, psychovegetative Labilität bei beruflicher Herausforderung, Performance-Angst
Technik/Vorgehensweise: Tiefenentspannung, Altersregression mit Erinnerung an die kindliche Fähigkeit, sich zu vertiefen und zu konzentrieren, Erleben der eigenen Person während der Aufführung aus der Ferne/Dissoziation, Erleben, dass das Klavierspiel nicht aus den Händen, sondern aus dem Kopf/Geist und dem Herzen/der Seele erfolgt, Einsteigen in die eigene Person/Fühlen und Hören der Tätigkeit/

Assoziation, Verankerung der durch die Hypnosearbeit gewonnenen Sicherheit.

Da sich beruflicher Druck, Performance-Ängste und hohe Konzentrationsanforderungen bei Menschen, die sich nicht einer stabilen Gesundheit erfreuen, besonders negativ auswirken und möglicherweise einen erneuten Krankheitsschub auslösen können, ist die Anleitung für einen Pianisten hier eingereiht. Sie ist relativ direktiv formuliert und beinhaltet klare positive Suggestionen. Diese Führung ist für Prüfungssituationen günstig, beinhaltet sie doch eindeutig, was zu tun ist. Andererseits ist diese Anleitung auf die Persönlichkeit des Pianisten zugeschnitten. Es brauchen keine Ambivalenzen berücksichtigt zu werden: Er will und er kann; er braucht einfach ein bisschen Ruhe und Vertrauen in sich und die Möglichkeit, sich besser von Außenstörungen abzugrenzen.

„Wir beginnen die Hypnose mit der so genannten Augenfixation. Finde jetzt bitte einen Punkt, auf den du fest und unverwandt schaust. Du fixierst diesen Punkt. Deine Konzentration liegt auf diesem Punkt.

Du hast ein besonderes Ziel und fängst an, daran zu arbeiten … schon jetzt … und schaust weiter auf diesen Punkt und wirst feststellen, dass binnen kurzem – und das ist ganz natürlich – dasjenige, was du siehst, anfängt sich zu verändern … zu wandern … zu schwimmen … und ein interessantes Eigenleben zu treiben …

Und du wirst bemerken, selbst wenn du ausschließlich auf diesen Punkt schaust, dass du anfänglich noch alles Mögliche hier herum im Raum wirst wahrnehmen können … doch das Sichtfeld wird sich nach und nach einengen …

Für Hypnose ganz natürlich, erlebst du das so genannte Tunnel-sehen. Das nennt man so, weil es scheint, als ob man durch einen Tunnel schaue … Das Sichtfeld wird immer enger, die Konzentration auf den Punkt immer höher … und es ist interessant, zu beobachten, wie du dabei immer tiefer entspannst und was sich so von alleine ereignet …

Und du atmest langsam und ruhig, während deine Augenlider müder werden … und schwerer … die Atmung kommt und geht, und die Augenlieder werden müder und schwerer, und gleichgültig, was mit diesem Punkt ist, ob es auf einmal so scheint, als ob du ihn hypnotisiertest oder wohlmöglich er dich hypnotisiert *(!)*, irgendwann werden sich die Augen ganz von alleine schließen, und das wird richtig angenehm sein … Gut. Genau, ein tiefer Atemzug, sehr schön …

Die Augenlider haben sich gesenkt und geschlossen wie Vorhänge, die heruntersinken, schwer und samtig, und alles ausgrenzen, was momentan unwichtig wird. Somit kann man ganz in Ruhe und Gelassenheit bei sich sein. Und für eine kleine Weile kann, nachdem du die Augenlider geschlossen hast, noch der Negativabdruck des Punktes vor deinem inneren Auge spielen. Jetzt aber wird es einfach nur angenehm ruhig und dunkel. Du kannst dich vermehrt auf die Atmung konzentrieren. Du weißt, wenn wir die Betonung auf die Einatmung legen, erfrischt uns das und vitalisiert uns, reichert uns an mit Energie. Wenn wir dagegen der Ausatmung mehr Achtung schenken, stellt sich automatisch Ruhe ein …

Und du kannst mit der Ausatmung surfen, bei jedem Ausatmen die Welle hinuntersurfen, tiefer in Ruhe und Entspannung … so richtig ausgleiten lassen bei jedem Ausatmen … Gut. Und eine Pause danach … Das Einatmen geschieht von alleine …

Bei jedem Ausatmen sinken die Schultern angenehm locker nach hinten unten … Gut. Bei jedem Ausatmen mehr, die Schultern nach hinten unten. Gut …

Und es ist eine ganz natürliche Umstellung, die der Körper von alleine macht. Eine vegetative Umstellung auf Ruhe und Entspannung und Gelassenheit, wenn wir uns mit der Ausatmung hinabgleiten lassen, angenehm sicher und warm. Und dabei kann die Vorstellung entstehen, dass du dich an deine Schulterblätter anlehnst, an diese flächigen breiten, etwa dreieckigen Knochengebilde, die einem von hinten wie mit zwei Handflächen Rückhalt verleihen. Ein Anlehnen an sich selbst, um Ruhe und Sicherheit zu finden … und auch Halt. Und während der Halt sich dort verstärkt, kann Energie aufsteigen zwischen den Schulterblättern, die Wirbelsäule hoch, wie ein helles Licht, das da hinauffließt. Da ist Halt und Energie im Rücken, und so können sich vorne die Bereiche unter den Schlüsselbeinen weiten und füllen. Das sind die Bereiche, die für den Austausch mit dem Leben und für besondere Leistungen stehen. Und es geht einfacher mit dem Halt im Rücken, mit der Energie und mit der Kraft, etwas zu präsentieren, etwas darzustellen … und alles kann wie von alleine geschehen … Während ganz automatisch jedes Ausatmen die Hypnose vertieft und man vielleicht innerlich von eins bis zehn zählt kann, kann jegliche unnötige Anspannung oder Enge tiefer und tiefer rutschen, ja, bei jedem Ausatmen tiefer … bis sie unten zu den Füßen hinausfließt … So wird alles frei und weit …

Und du findest dich ganz woanders ein, an einem Ort, der nur dir gehört, sicher und geschützt, behaglich und geborgen. Du beobachtest die Farben dort … und alle Gegenstände … vielleicht Vertrautes … vielleicht auch Neues … vielleicht Gerüche … vielleicht auch Klänge …

Und alles geht wie von alleine. Auch wenn da ein Gedanke kommt und selbst wenn der Gedanke lautet: Ob mir das wohl helfen wird? Das ist alles in Ordnung.

Und du verweilst dort vollkommen in Ruhe, dort, an einem anderen Ort, in einer anderen Zeit, der Körper ganz leicht und trotzdem geerdet und im Zusammenspiel mit deinem Geist und mit deiner seelischen Ausdrucksfähigkeit … und der Fähigkeit, dich zu erinnern …

Und ein Teil in dir kann sich hervorragend daran erinnern, wie du dich als Kind in dein Spiel vertiefen konntest und völlig versunken warst in das Aufstellen von Bauklötzchen oder das Zusammensetzen von Legosteinen. Vollkommen absorbiert, völlig egal, was um dich herum war. Ob es geklingelt oder geraschelt, ob jemand geredet oder gehustet hat, ob jemand dich gerufen oder nur angeschaut hat, das war völlig unwichtig … und ausgegrenzt …

Das Kind ist vertieft in seine Angelegenheit und lernt und tut und handelt fließend, von alleine und vollkommen konzentriert …

… die äußere Welt aber, die ist ganz ‚pianissimo' …

Und so verging damals die Zeit, wie auch jetzt die Zeit vergeht, ohne dass man es bemerkt, und eigentlich ist sie auch unwichtig … Wichtig aber ist, dass du dich wohl und ruhig fühlst, sicher und geerdet … und, dass du dich erinnerst … dich erinnerst an diese Fähigkeit, die du als Kind hattest und die auch weiterhin dein Eigen ist:

… vollkommen bei sich zu sein, ganz absorbiert vom eigenen Spiel. Ausschließlich das ist ‚fortissimo'… egal, was um dich herum ist …

Natürlich ist das Repertoire jetzt erweitert, und aus den Bauklötzchen ist etwas anderes geworden … aber die Fähigkeit ist die gleiche geblieben … ganz versunken … in großer innerer Aufmerksamkeit … und auch großer Freude …: sich zu erproben … und Erfolg zu haben … und andere zu begeistern … hören lassen, was man kann …

Und du schleichst dich in den Aufführungsaal und siehst dich dort aus der Ferne [sich von außen sehen = Dissoziation von der Situation] … ganz vertieft, vollkommen gelassen und in guter Spannung am Flügel sitzen. Du beobachtest mit großem Interesse deine Konzentriertheit und wie sich die Hände von alleine über die Tasten bewegen und die Finger die Tasten drücken. Und die Töne scheinen nicht von den Fingern verursacht zu sein, nein, von der Musik im Kopf und der Melodie im Herzen. Die Schnelligkeit, die Geschmeidigkeit sind im Geist, aber die Fülle kommt von der Seele. Und das fließt wie selbstverständlich in die Finger. Du hörst dich spielen, du hörst dich dich selber betören … bis du näher … und näher … zu dir selber kommst und auf einmal selber diese Klänge hervorlockst [sich von innen hören und fühlen = Assoziation in die Situation]. Freudig … mit Schwung … voller Leben … und in dir ruhend …

Vielleicht wirkt es wie ein Traum, was sich da gerade abspielt in deinem inneren Geschehen, wie eine Probe, wie ein inneres Üben auf der inneren Bühne … du sitzt am Flügel und spielst und bist ganz bei dir und somit ganz bei deinem Spiel. Und dieses Spiel verkörpert mal duftige Zartheit, mal üppige Dramatik. Denn das Herz ist dir weit und die Seele leicht und luftig, der Geist vollkommen klar, und die Verbindung zwischen Geist und Körper und Handlung ist vollkommen im Fluss, und alles andere ist unwichtig …

… und das Unbewusste koppelt die Fantasie auf zauberische Weise an die Wirklichkeit …

Und wenn du dich an dem besonderen Tag auch in der äußeren Wirklichkeit an dein Instrument setzen wirst, kannst du genauso bei dir sein … genauso vertieft wie als Kind … genauso ruhig atmend und genauso freudig engagiert … seelisch dabei … und alles fließt … und ist natürlich … und vollkommen selbstverständlich … alles Eingeübte ist präsent … das Muskelgedächtnis der Finger spielt seine Läufe … die Finger bewegen sich wie von alleine über die Tasten … die Seele fügt den Schmelz hinzu …

Und nur, wenn du merken willst, was an Positivem und Gutem und an Begeisterung von den anderen kommt, kannst du es bemerken. Es wird dich beleben und noch besser machen …

Und für Hypnose typisch sind Zeitreisen. Und eine Art Zeitreise bringt dich nun in die Situation nach dem Konzert … du triffst dich nach dem Erfolg und siehst dich, wie du strahlst und glücklich bist … Hände schüttelst … und wie du mit Genuss die Komplimente entgegennimmst …

Und wenn du in den Tagen vor dem Spiel außer dem ganz normalen kleinen Lampenfieber noch irgendein Gefühl verspürst, von dem du meinst, es passe nicht, sage dir: ‚Es ist alles in Ordnung.' Dann wird es vorbeigehen.

Vielleicht wirst du überrascht sein, wie dich ganz von alleine Ruhe erfüllt. Völlige Gelassenheit und Sicherheit werden sich ausbreiten, je näher dein Auftritt rückt. Und sobald du dich auf dem Klavierhocker niederlassen wirst und die Tastatur vor dir siehst [Verankerung] … wirst du sehr klar und konzentriert sein, wirst dich vollkommen wohl fühlen, und es wird dir eine Freude bereiten, anzufangen, es wird eine Lust sein, zu spielen …

Und das alles nur, weil du eine kindliche Fähigkeit wiedererinnerst … das kindliche Vertiefen in ein Spiel …

Und lass dir einfach Zeit, noch die Zeit, die du brauchst, um das jetzt Erlebte zu sortieren, um es zu bewahren und nutzbar zu machen. Du brauchst dich nicht darum zu kümmern, wie alles, was hilfreich ist, zur Wirkung kommen wird. So kannst du dich zurücklehnen, gut durchatmen und allem mit Vertrauen entgegengehen.

Mag sein, heute Nacht im Schlaf schickt das Unbewusste dir noch einen schönen Traum, der dich weiterhin unterstützt, vielleicht ein Traum, an den du dich am nächsten Morgen erinnerst und der dir gut tut und der deine Begabung richtig zum Glänzen bringt.

Und dann kommst du nach und nach wieder hierher, gehst die Stufen wieder zurück, schließt die Hypnose ab, bist frisch und wach und in innerer Harmonie und tauchst wieder hier auf."

Der Pianist hat sein Konzert bravourös gemeistert.

9. Parts' Party

Ziel: Steigerung der Kompetenz, der Selbstkontrolle und des Selbstwertes

Die Integration der Persönlichkeitsteile auf der „Parts' Party" stammt von Virginia Satyr, der großen Familientherapeutin. Im Rollenspiel lädt die betreffende Person ihre verschiedenen Persönlichkeitsteile zu einer Party ein. Die ausgewählten Rollenspieler erhalten einen für diesen Teil typischen Satz, mit dem sie sich auf der Fete begrüßen. Unter einfühlsamer therapeutischer Leitung verselbstständigt sich das Geschehen, bis letztendlich alle Teile um die Hauptperson einen Kreis bilden, sie berühren und Kontakt herstellen.

Meine erste Erfahrung mit dieser Technik war meine eigene „Party" während der Familientherapieausbildung vor zwanzig Jahren. Als wäre es heute, entsinne ich mich der Szenerie. Auch daran, wie ich mir gar nichts dabei dachte, dass ich einem sonnigen Alten namens „Mister Mani" (!), den ich in der Karibik kennen gelernt hatte, die Rolle der Lust am Leben zuerteilte. Meine Mutter, eigentlich Pianistin für ausschließlich klassische Musik, trudelte mit dem Begrüßungssatz „Ich spiel heut ausnahmsweise Tango!" ein. Aber natürlich waren auch noch ganz andere Gestalten vertreten, auch die graue Eminenz.

Das zweite Mal erlebte ich die Parts' Party mit Virginia selber, aber nicht für mich, sondern ... für sie. Wir hatten in einer Mannschaft von 50 Leuten zehn Tage mit Virginia lernen dürfen, eine großartige Zeit. Für die Abschlussfeier verkörperte jeder von uns einen Teil dieser brillianten alten Dame. Na, und Virginia badete sich natürlich mit Wohlgefallen in ihrer Vervielfältigung!

Da es zu meinen Schwächen zählt, möglichst alle Verfahren in Hypnose zu vermarkten, erprobte ich Parts' Party auf der „inneren Bühne mit inneren Gestalten". Dabei machte ich die Erfahrung, dass unter Voraussetzung guter bzw. geschulter Vorstellungsfähigkeit damit gut zu arbeiten ist.

Hier die wörtliche Niederschrift der Parts' Party für einen Patienten, der sich unter 3.10 *(Theaterstück)* näher vorstellen wird.

„Schön ... und jetzt haben Sie Zeit für sich ... und nutzen das ... um wieder ein Stück weiterzugehen ... neue Schritte zu machen, mit aller inneren Aufmerksamkeit und mit Neugierde ... und es ist schon so viel geschehen in der letzten Zeit, und Sie haben so viel Einsichten bekommen, und Sie können sich jetzt einfach zurücklehnen … vielleicht noch mal kurz durch den Körper fühlen … nachspüren, wie das momentane Befinden ist … Machen Sie das ganz akzeptierend und wertfrei – das ist wichtig –, einfach zu spüren: ‚Ach, da ist eine Anspannung, und da ist es ein wenig eng, dort ist es gehalten … da fließt es noch nicht so. Das ist alles in Ordnung.' Und Sie werden bemerken, wie es sich von alleine nach und nach löst … und wie bei jedem Mal, wenn Sie Hypnose machen, so etwas wie eine alte Verkrustung abfällt. Das ist eine ganz natürliche Erscheinung. Wie auch unser Körper sie zeigt, wenn man ihn verletzt. Zuerst ein Schnitt, dann blutet es, dann heilt es langsam zu, es gibt einen Schorf, der fällt ab, und dann ist das Gewebe noch ein bisschen rot, aber nach einiger Zeit wieder schön glatt. Vielleicht sieht man noch eine harmlose, kleine Narbe. Es ist alles ein natürlicher Prozess der Seele. Und wir können viel selber dazu beitragen, vor allen Dingen, wenn wir in Hypnose gehen und unbewusste Kräfte schalten und walten lassen …

Lassen Sie sich jetzt einfach mal im Rhythmus der Atmung in Hypnose geleiten … und wir haben letztes Mal diese Übung gemacht, in der Sie beim Einatmen in der Vorstellung die Gliedmaßen angezogen haben und beim Ausatmen diese ganz locker entspannt zurückfallen ließen. Die Luft strich durch den Körper. Und der Körper mit seinem eigenen Gedächtnis kann sich jetzt daran erinnern und von alleine diese Empfindung wiederherstellen. Bei jedem Ausatmen entspannt sich der Körper mehr und mehr, lässt nach … und Sie merken einfach nur, wie das von alleine funktioniert … und bei jedem Ausatmen sinken Sie tiefer in Hypnose, tief und tiefer …

Ohne etwas Besonderes zu wollen, ohne Anstrengung, ohne fixes Vorhaben … Es ist so, wie wenn man das Fenster aufmacht, und man hat noch keine Idee, welche Luft jetzt hereinwehen wird, wie es riecht … Es riecht anders, wenn das Haus auf einer Sommerwiese steht … anders im Herbst, wenn die Blätter fallen … anders die Luft, wenn Schnee liegt … und anders im Frühling … Und die Luft strömt durch den Körper mit jedem Atemzug … frische, energetisierende Luft reinigt und klärt ihn … entspannt ihn.

Sie aber können, wenn Sie wollen, einer Vorstellung folgen … und zwar der Vorstellung, dass Sie als Gastgeber ein Fest vorbereiten … ein

Fest, das vielleicht unter einem bestimmten Motto steht … und einen bestimmten geistigen Austausch zum Ziel hat … [Der Patient plant Marcel-Proust-Literaturfeste.]

Sie sind an irgendeinem Ort, der für Sie passend ist, bereiten die Einladung vor … und Sie wissen vielleicht noch nicht genau … Sie haben Gäste eingeladen … und werden sich überraschen lassen, wer da kommt …

Auf Ihre eigene Art stellen Sie Tische auf, auch Sitzgelegenheiten … dekorieren … Lampions … Kerzen … Getränke und Snacks … und Musik …

Und es naht die Zeit, zu der Sie den Termin gesetzt haben … Der erste Gast taucht auf … und es wird Sie vielleicht nicht wenig überraschen, sofort intuitiv zu erkennen, dass dieser Gast ein bestimmter Persönlichkeitsteil von Ihnen ist, ein Teil von Hans-Peter. Er schaut vielleicht anders aus, hat eine andere Stimme … aber in seiner Person wohnt ein Teil, eine Qualität von Ihnen … Er kommt auf Sie zu und begrüßt Sie mit einem bestimmten Satz, den nur Sie wissen … und jetzt hören …

Sie sind zu zweit, aber nicht lange. Es klingelt wieder, und es kommt der Nächste, und natürlich, Sie werden es schon ahnen, ist es auch jemand, der Ihnen zwar weitläufig bekannt ist, den Sie aber noch nicht so genau kennen, aber wissen … er gehört zu Ihnen. Beobachten Sie mal Gestalt … Gang … Bewegungen … Mimik … Und auch er begrüßt Sie mit einem ganz persönlichen Satz …

Die zwei, die schon da sind, fangen an, miteinander zu plaudern und sich auszutauschen, vielleicht mit kontroversen Ideen … Während Sie das so ganz nebenbei mitverfolgen und vielleicht noch etwas ordnen, vielleicht ein Getränk anbieten, klingelt es noch mal, und vielleicht stehen gleich drei Gäste vor der Tür. Sie öffnen und lassen Sie herein. Beobachten Sie einfach, was sich von alleine ereignet, beobachten genau, schauen genau hin. Jeder Einzelne hat seine Aussage und einen bestimmten Satz …

So kommen die Gäste in verschiedener Aufmachung hereinspaziert, und jeder Teil sieht anders aus … hat anderes im Sinn … und jeder Teil sagt zur Begrüßung einen besonderen Satz, der typisch diesen Teil versinnbildlicht …

Gut … genau wahrnehmen: Was für eine Figur, Ausstrahlung, was für einen Stimmenklang … und jeder hat seine bestimmte Gestalt … seinen eigenen Gang … seine Bewegung, Gesichtsausdruck. Sind es alles Männer, die da auftauchen … oder gibt es auch weibliche Seiten, die durch Frauen vertreten sind? Und das ist alles in Ordnung und richtig so …

Inzwischen reden alle miteinander, und Sie können Sie ganz alleine lassen und sich vielleicht wundern, was da alles abläuft und wie sich schon ab und an, ganz von alleine, Verständnis aufgrund von Gespräch und Austausch entwickelt, ohne es bewusst beeinflussen zu müssen …

… und wie Sie nichts arrangieren müssen, sondern sich von alleine ein Gemeinsames ergibt, die Gäste in Kontakt miteinander treten, sich vielleicht mehr oder vielleicht weniger bekannt sind, aber erst beginnen, sich richtig kennen zu lernen, beginnen zu kommunizieren, in Austausch zu treten … und auch wenn Sie unterschiedlicher Ansicht sind, diese unterschiedliche Ansicht vielleicht schätzen … als verschiedene Seiten von einem Ganzem, die zusammen genommen nur widerspiegeln … dass alles vielseitig ist, auch vielschichtig und in seinem Zusammenspiel erst richtig lebendig … und vielleicht spielt Musik, und mit dem Rhythmus kommt mehr Bewegung in Gang … und Sie beobachten wie ein Zuschauer die Szene … aufmerksam lernend.

Da ist auch ein Teil, der an einer bestimmten Gewohnheit festhalten will, obwohl diese Gewohnheit schädlich ist, und ein anderer Teil, der es schön findet, was für die Gesundheit zu tun … und es gut findet, sich wiederum mit einem anderen Teil zusammenzutun, der optimistisch ist und eine Erfahrung hat, die ihm mit Sicherheit sagt: ‚Wenn ich das eine loslasse, wartet wahrscheinlich das andere schon auf mich, aber das Loslassen ist der erste Schritt, sonst gibt es nie eine neue Chance …'

So reicht der eine Teil dem anderen die Hand. Es ist ein buntes Treiben, ein Stimmengewirr … wie es halt ist auf einer Party, auf der es lebendig zugeht. Man schnappt immer mal wieder einen Wortfetzen auf … und schaut hierhin und schaut dorthin, hört Lachen, das Erheben der Stimme … Wortfetzen, aber auch Schweigen … das In-sich-einsinken-Lassen von neuen Erfahrungen … und die ganz besondere Offenheit, diese neuen Erfahrungen zur Wirkung kommen zu lassen … aber vor dem Hintergrund, dass das Alte akzeptiert wird …

Jeder Teil, der eingetroffen ist auf dieser Party, steht auf der Basis, die heißt: ‚Du bist in Ordnung, du bist okay, du hast deine Geschichte.' Von dieser Basis aus ist es möglich, sich zu verändern und weiterzugehen. Und wie war es, als wir noch klein waren, ein kleines Kind, wo wir jeden Tag etwas Neues gelernt haben, eine neue Fähigkeit angenommen haben und das Gestern gestern war und das Heute morgen schon wieder gestern sein wird … und jeder Tag bringt einen weiter …

Lernen ist nicht nur möglich, Lernen ist unumgänglich … und auch wir Erwachsenen haben noch etwas von dieser kindlichen Lernfähigkeit in uns. Neugierig zu sein auf Neues, auf die Zukunft … und Altes hinter uns zu lassen … und wir haben eine besondere Fähigkeit als Erwachsene, anders als Kinder: Wir können momentan unangenehme Gefühle zur Seite lassen und im Hinblick auf ein Langzeitziel negieren. Im Hinblick auf die Zukunft, die jetzt noch vor uns liegt, wo aber morgen das Heute schon gestern ist. Und die Zukunft ist wichtig, sie wird anders sein, besser und angenehmer, da man das Leben greift und gestaltet, selber, autonom … und vielleicht summt man innerlich eine Melodie, die einem gefällt …

Ist es nicht erstaunlich, wie sich alles so von alleine ereignet?

Und irgendwann holt Sie einer der Gäste, und Sie wissen noch den Satz, den er oder sie gesprochen, in die Mitte. Vielleicht anfangs noch zaudernd und zögernd, stellen Sie sich in den Kreis … spüren aber mehr und mehr die Energie und die positive Spannung … Während jeder eingeladene Gast Sie leicht mit der Hand berührt, die Hand vielleicht auf die Schultern legt, den Arm, den Rücken, kommen Sie in Berührung mit sich selbst … und es ist nicht nur richtig, dass diese Anteile unterschiedlich sind … es ist wichtig …

… und es beginnt der innere Tanz im inneren Reigen, und Sie stehen in der Mitte … und alle Teile bewegen sich in Harmonie um Sie herum … So sind Sie zusammen mit so viel Talenten, mit so viel Fähigkeiten, Sie bekommen mehr Mut für die Zukunft, um, ohne besonders zu überlegen, vielleicht nachher schon einen Schritt anders zu setzen … mit Energie, Kraft und Mut … vorwärts zu gehen … spüren Sie einfach jetzt, wie es sich anfühlt – hmhm …

So erleben Sie das Zusammenfinden Ihrer Person in ihrer Gesamtheit und erhalten Zugang zu all Ihren Begabungen, die Ihnen an jedem Ort und zu jeder Zeit zur Verfügung stehen werden, womit Ihr Vertrauen in sich selbst wächst.

Die Sätze können so bleiben oder sich auch wandeln ... um Ihnen zu helfen, sich weiterzuentwickeln ... und die alten Verletzungen zu heilen und aus eingefahrenen Bewegungen herauszutreten ... um innerlich frei zu werden, frei entscheiden zu können, wirklich das zu tun, was heute angemessen ist, und wirklich das zu fühlen, was im Moment vorhanden ist ... während die Geister der Vergangenheit verblassen und Sie sich mehr und mehr in Kontakt mit sich selber fühlen, im Kreis ihrer eigenen inneren Freunde ..., die mehr und mehr Austausch unter sich herstellen können ... gut ... und Sie gehen tief und tiefer in Hypnose, ganz in Ruhe und völlig abschaltend. So kann der Körper sich erholen, alles in Balance bringen ... und heilen. Und wenn Sie nach der Hypnose wieder aufwachen werden, werden Sie sich wohler fühlen; das Gewebe ruhig und glatt ... und Sie werden das Bedürfnis haben, sich gut zu tun und ausschließlich Gutes zuzuführen, und Sie wissen selber, was gut und was nicht gut ist ...

Die Schultern können zurücksinken, der Brustkorb sich beim Einatmen weiten, der Bauch sich entspannen, das Becken sich wohl fühlen, und alles kann in eine gesunde Spannung, in einen gesunden Tonus führen ... und die Energien fließen. Der Blick ist nach vorne gerichtet, und Sie wissen, was richtig ist.

Jetzt gönnen Sie ich einfach den Zeitraum, den Sie brauchen, um alles auf sich wirken zu lassen ... Und wenn für heute genug geschehen ist, werden Sie das Bedürfnis verspüren, die Hypnose abzuschließen ... und voller Spannkraft wieder hierher zu kommen ...“

Abschließendes Gespräch

Therapeut: Wie viel waren denn da?

Patient: Gar nicht so viele, es war eine nette, kleine Party.

Th.: Was heißt, nicht so viele, unter zehn?

Pat.: Unter zehn, vielleicht sechs!

Th.: Hmm, das reicht ja, gut.

Pat.: Aber ich glaube, das war heute etwas mit tiefer Wirkung. Ich habe es gleich gespürt, bis in die letzte Faser, wie sich der Körper verändert, so tote Winkel, die plötzlich aufgehen ...

Th.: Ja, das hört sich gut an. Ist Ihnen irgendetwas von den Worten noch im Kopf?

Pat.: Also, ich hab eigentlich bei jedem spontan immer vor allem ein und denselben Satz gehört. Das war: „Ich bin auch da, ich will auch zur Kenntnis genommen werden."
Th.: Aha, interessant! Und es kann sein, wenn Sie das Tonband wieder einmal hören und die Übung noch einmal machen werden, dass sich weitere Dinge ereignen.

Der Patient praktizierte noch des Öfteren mit der auf Tonband mitgeschnittenen Hypnose. Jedes Mal tauchten neue Gäste auf, ja, ein kompletter Roman spielte sich ab. Es traten neue Figuren auf, die sich genauer zu erkennen gaben: der Boykotteur, der Spieler sowie der Finanzminister, der Unersättliche, aber auch die Urmutter. Jedes Mal erfuhr der Patient mehr über sich und heilte dabei Schritt für Schritt. Der physisch kranke, depressive Mann begann zu joggen, sich gesund zu ernähren, behauptete sich vor Gericht in eigenem Plädoyer und konnte mehr und mehr Abstand vom Kauf teurer und unnützer Luxusartikel nehmen. Aber, wie oben angedeutet, wir werden ihn wieder treffen …

3.10 Psychotherapeutische Arbeit

Im Schlepptau einer erfolgreichen rein symptomatischen Behandlung kann sich die zugrunde liegende Problematik manchmal spontan auflösen. Dann ist es einfach. Wie wir wissen, kann ein „Auslöschen" der Symptomatik aber auch eine Symptomverschiebung oder dramatische Zuspitzung der psychischen Situation nach sich ziehen. Nicht immer ist von Anbeginn abzuschätzen, welche Dynamik die Krankheit birgt. Umsicht ist geboten.

Wenn wir – wie mit Hypnotherapie ja so einzigartig möglich – gleichzeitig auf Ursachen- und Symptomebene arbeiten, kann psychische Heilung geschmeidig und indirekt über sinnbildhafte Fantasiereisen vor sich gehen. So lösten sich, nachdem andere therapeutische Interventionen nichts gefruchtet hatten, bei einer Stottererin gleichzeitig Zunge und Seele, als meine Kollegin Regina mit ihr in Hypnose innere Bilder malte, in denen Wasser spielerisch Kieselsteine umfloss. Ebenso erbrachten viele Stunden Gesprächstherapie kein Fortkommen bei einer Veterinärmedizinerin, die, in ihrer Beamtenstelle eingeklemmt, auch noch – entgegen ihren Idealen – für die Bewilligung von Tierversuchen zuständig war. Erst als ihr in tiefer Hypnose etwas von einem Kokon, aus dem sich nach einiger Zeit ein vorwitziges Flügelchen streckt, na und so weiter ..., erzählt wird, tut sich was. Die Ärztin, zwar über so viel Fantasie erschrocken, stornierte weitere Sitzungen ..., um nach einem Jahr anzurufen: gesund, schwanger, in einer Tierarztpraxis auf dem Lande höchst zufrieden ihr Leben gestaltend.

Konkret psychotherapeutisch ist zu arbeiten, wenn die Krankheit traumatische Ereignisse (PTSD) und / oder starke ungelöste emotionale Konflikte kaschiert, die sich offensichtlich nicht durch indirekte Arbeit lösen lassen. Sie brauchen fokussierte Beachtung und direkte Bearbeitung. Wir sind aufgefordert, das körperliche Krankheitsgeschehen von der psychodynamischen Seite her aufzurollen und zu enträtseln. Dabei behalten wir im Auge, dass die Erkrankung immer den Versuch einer Integration oder Kompensation darstellt und zunächst einmal einen Sinn erfüllt. So kann nach Klußmann (1988, 1999) die körperliche Manifestation verstanden werden als

- Anpassungsleistung im Sinne einer ökonomischen Lösung,
- Selbstschutz,
- Konfliktbewältigung,
- Verlustbearbeitung,
- emotionale Ich-Erweiterung,
- narzisstische Selbsterweiterung,
- Selbstzerstörung.

Bei der Anpassungsleistung im Sinne einer ökonomischen Lösung hat das Krankheitsgeschehen eine *schützende Funktion.* Das Leiden an der Krankheit bzw. die Sorge etwa um ein Organ ist erträglicher als die Angst vor Hilflosigkeit, Trennung oder Aggression. Auch besitzt das Symptom einen *psychohygienischen Faktor,* kann es doch einen seelischen Zusammenbruch oder eine Depression verhindern. Hinzu kommt, dass unsere Gesellschaft im Gegensatz zur seelischen Dekompensation körperliches Leiden eher akzeptiert *(adaptive Schutzfunktion).*

Die Krankheit kann aber auch das körperliche Symptom einer besonderen Form von Trauerverarbeitung darstellen. Als *Verlustverarbeitung* hilft sie, die schwere psychische Krise bei Tod oder Verlust eines Menschen, mit dem meist eine ausgeprägt abhängige Beziehung bestand, zu bewältigen. Bei der emotionalen Ich-Erweiterung wird nun, mit dem

Ziel, die innere Balance und Vollständigkeit wiederherzustellen, dem erkrankten Organ alle Aufmerksamkeit geschenkt.

Nach schweren Kränkungen und tiefen Erschütterungen des Selbstwertgefühls, die unerträglich und nicht überwindbar erscheinen, kann sich ein *Schutz- und Abwehrvorgang* vollziehen. Bei gleichzeitigem sozialem Rückzug wird zunehmendes Interesse auf den eigenen Körper und seine Funktionen bzw. Dysfunktion verlagert.

Eine besondere Form von Hilflosigkeit zeigt sich in der progressiven *Selbstzerstörung*. Sie stellt die verzweifelte Reaktion auf eine aussichtslos erscheinende Lebenssituation angesichts der Unmöglichkeit, die dahinter liegenden Konflikte auf irgendeine Weise zu lösen, dar. Dazu zählen schwere chronifizierte Erkrankungen, in denen der seelische und körperliche Defektautomatismus unaufhörlich fortschreitet.

Die organische Erkrankung entsteht oft aus aktuellen Anlässen, aber vor dem Hintergrund von *unzulänglichen Anpassungs- und Abwehrmechanismen*, wenn andere Möglichkeiten des Selbstschutzes, der Trauerarbeit und der Konfliktabwehr und -bearbeitung aufgrund der persönlichen Entwicklung nicht gelernt werden konnten. In diesem Kontext ist sie als eine sinnvolle psychische Leistung, die durchaus Achtung verdient, zu betrachten. Soll der Patient sie aufgeben, muss er etwas Besseres bekommen, etwas Neues lernen. Dafür ist unsere Therapie zuständig.

Zielsetzung der psychotherapeutischen Arbeit ist die diagnostische Erfassung dieser Schutz- und Abwehrmechanismen in der Hypnose. Destruktive Selbstsuggestionen, pathologische Rückkoppelungsprozesse, Traumata und tiefere Konflikte müssen aufgefunden und bearbeitet werden. Weltbilder, Erlebens- und Verhaltensmuster, die den Körper zum „Leid-Tragenden“ werden ließen, sind auszutauschen. Krankheitsbeschwerden können allein durch die Tatsache, dass man sich mit diesen Hintergründen beschäftigt, parallel abnehmen oder schon zu Beginn der Therapie relativ schnell schwinden. Der Arbeit am Therapieziel muss man aber verpflichtet bleiben, da sonst das Symptom wieder wachgerüttelt wird. Ressourcenorientiert bauen wir auf den Potenzialen auf, die unser Patient bietet. Er weitet seine potenten Ich-Zustände aus und überträgt sie auf Situationen, in denen er vorher versagt hatte. Wir anerkennen dabei immer die Sinnhaftigkeit bisherigen Tuns und Empfindens, eröffnen aber Schritt für Schritt weitere Optionen. Der Patient erwirbt sich die Fähigkeit, kompetent von einem Ich-Zustand in den anderen zu wechseln. So lässt sich beispielsweise die Souveränität des Lenkens einer Trambahn auf das Lenken eines wichtigen Gespräches zu übertragen. Dass dies am einfachsten im hypnotischen Zustand erfolgt, kann man sich vorstellen. Der Patient betritt mithilfe der Trance in jeder Therapiestunde neues Terrain, gewinnt dazu und verlässt uns jedes einzelne Mal mit etwas mehr Kompetenz und Selbstvertrauen. Wenn vonseiten des Therapeuten zusätzlich noch Empathie, Geduld und Fingerspitzengefühl einfließen, münden allmählich Ohnmacht in Macht, Verstrickung in Freiheit, Schuld in Unschuld und Verbot in Erlaubnis.

Ein Vorteil der Arbeit mit Hypnose ist, dass wir nicht viel Zeit in die Einzelheiten der Lebensgeschichte stecken müssen. Wenn ich von einem Patienten erfahre, dass er auf einen Kinderscherz hin als sechsjähriger – sozusagen als pädagogische Maßnahme – von den Eltern abends im Pyjama mit Köfferchen im Wald ausgesetzt wurde, damit er dort mutterseelenallein eine ihm endlos erscheinende Zeit lang seine Tat bereue, weiß ich eigentlich schon genug. Auch wenn eine Studentin mit chronischem Kopfschmerz berichtet, wie sie als Kind Briefe von ihrer nach Brasilien ausgewanderten Mutter erwartete. Weil sie die Hoffnung schon aufgegeben hatte, dass die Mutter aus ihrem Leben berichten oder ihr etwas Liebevolles schreiben würde, verfertigte sie ein Papier, auf dem die Mutter nur etwas zu ergänzen hatte, und zwar jeweils die Fortsetzungen von ein paar Sätzen aus einem Buch, das jede von ihnen besaß. Die Patientin war damals neun Jahre alt, die Mutter erfüllte den Wunsch nie, sie ließ das Kind im Stich, über Jahre.

Wir können unserem Patienten die Qual weiterer derartiger Berichterstattungen ersparen. In Hypnose können wir ein Beispiel dieser Situationen aufgreifen und stellvertretend für viele andere bewältigen (und das bauen wir in die posthypnotischen Suggestionen ein: „… und wie der Teil in Ihnen, der es gut mit Ihnen meint, dieses alte Trauma langsam unwichtig werden lässt, kann er auch andere ungute Situationen in der Tiefe nach und nach bearbeiten, damit Sie innerlich frei und freier werden und gesunden können …").

Wenn möglich, sollten wir uns dabei ausgiebig der ideomotorischen Signale bedienen. Sie sind das Mittel der Wahl, da sie sowohl Patient als auch Therapeut entlasten und wertvolle Zeit ersparen. Konkret und stressfrei können die seelischen Komponenten, die die Erkrankung mitbedingen und der Gesundung im Wege stehen, aufgedeckt werden. Gleichermaßen werden systemische Verstrickungen, schlechte Prophezeiungen und Glaubenssätze aufgelöst und heilende Vorgänge in die Wege geleitet. Selbstartikulation und Selbstbehauptung nehmen zu. Mithilfe der ideomotorischen Signale kann in der nächsten Sitzung überprüft werden, inwieweit Entwicklungen vollzogen wurden und welche weitere Arbeit jetzt sinnvoll ist.

Manchmal reicht es aus, nach einem einfachen Schema vorzugehen:

1. Bestätigen, dass das Gefühl (Trauer, Wut) in Bezug auf die Situation normal und berechtigt ist,
2. Herstellung des Kontakts zu einem inneren Teil (Fee, Tier und Co.), der verantwortlich Sorge trägt.
3. Zukunftsvisualisation, Bild vom Zustand nach Erreichen des Therapiezieles.

Auf jeden Fall wird hier die Therapie zur „Therapie in Trance", und genauso wie die Beispiele *Wunder* oder *Parts' Party* können eine Vielzahl von Techniken in Hypnose eine neue Wirkung entfalten. So kann man auf das eigene Repertoire zurückgreifen und dieses neu einkleiden.

Wörtliche Wiedergaben psychotherapeutischer Interventionen mithilfe ideomotorischer Signale finden sich in reicher Zahl sowohl hier als auch unter Kaiser Rekkas (1998). Jetzt werden – mitten aus dem Lauf länger währender „Therapieleben" gegriffen – Beispiele hypnotischer Imagination beschrieben.

Bei dem *Theaterstück* ist die Szenerie von mir vorgegeben und wird vom Patienten in Trance mit Leben gefüllt. Zur Veranschaulichung einer Abfolge von Hypnosesitzungen sind Skizzierungen der nachfolgenden Intervention angefügt.

Die von der Patientin selber *Erlösung* betitelte Arbeit ist dagegen Prototyp überwältigend fließender traumartiger Bilder, während derer es dem Therapeuten nur obliegt, die üppige Fantasie therapeutisch zu zügeln.

Das Theaterstück *Ober- und Unterhaus treten in Kontakt* ist die Aufzeichnung der dreizehnten Sitzung eines 45-jährigen Patienten, den seine Depression, gestörtes Essverhalten, Verschwendungssucht, unausgelebte Homosexualität und eine chronische Cystitis unklarer Genese vor 18 Monaten erstmals zu mir in die Therapie brachten. Seine

Mutter war zur Zeit der Geburt allein stehend, weshalb er die ersten sieben Lebensjahre in einem Heim aufwuchs. Als sie sich verheiratete (nicht mit dem Kindsvater), konnte er mit seiner Schwester nach Hause kommen. Er studierte das Fach Kunsthistorik, in dem er auch promovierte. Obwohl er gebildet und interessiert ist, blieb ihm die ersehnte Universitätslaufbahn versagt, und er arbeitet seit längerem in leitender Position in einer Wach- und Schließgesellschaft. Er übt konstant mit Selbsthypnose und verwendet dazu meine innerhalb der Therapie aufgenommenen Tonbänder. Besonders die *Parts' Party* fasziniert ihn. Er praktiziert sie mit der Anleitung des Öfteren und lernt jedes Mal einen neuen Anteil von sich kennen. Als einmal auf der Party nicht nur die gewohnten Personen aus dem *Oberhaus* auftraten, sondern sich auch die „Unterhäusler" reinschmuggelten, wurde ihm bange. So griffen wir diese Situation in unserer Stunde auf. Meine Anleitung ist bezüglich der Rahmenbedingung (drei Akte) direktiv gehalten, was dem Patienten Halt verleiht. Unter dieser Führung hat er bislang große Fortschritte machen können. Der sich an die Hypnose anschließende Dialog veranschaulicht, wie der Therapeut sich in seinen Kommentaren zurückhalten sollte, um das beeindruckende Erlebnis als solches zu belassen.

3.10.1 Theaterstück *Ober- und Unterhaus treten in Kontakt*

Hypnotische Imagination mit anschließendem Austausch
(langsam und mit vielen längeren Pausen gesprochen)

„Schon wieder hat sich seit dem letzten Mal eine Menge bewegt, das ist wirklich eine Anerkennung wert … und wenn wir uns einmal vorstellen, dass wir nur einen Bruchteil davon bewusst wahrnehmen, was un–bewusst vor sich geht und sich verändert … na, da würden wir bewusst gar nicht mehr mitkommen. Tauchen wir besser ab, nutzen wir einfach wieder Hypnose, diesen besonderen Trancezustand, um das, was in Bewegung ist, weiterhin in die therapeutische Zielrichtung zu fördern, damit es Ihnen besser geht … damit Sie innerlich freier werden … stärker, autark … und sich wohler fühlen …

Und inzwischen können Sie schon ganz schnell in Hypnose gleiten … mit jedem Ausatmen einfach so einen Schwung tiefer … ganz wohlig und ganz angenehm … und mit dem Tiefergehen in Hypnose ist auch verbunden, sich selber zu respektieren … ernst zu nehmen …, sich wertzuschätzen … und natürlich gleichzeitig Abstand zu nehmen von alledem, was um Sie herum ist … die Geräusche im Haus oder irgendwas, was vorher noch Thema war, aber was jetzt gar nicht dazugehört …

Vielleicht können Sie sich vorstellen, dass beim Ausatmen alle Belastungen hinausfließen, wie wenn sich für geraume Zeit unten an den Fingerspitzen kleine Öffnungen bildeten … da fließt einfach aller Druck hinaus … fließt von oben durch die Arme hinunter … Oberarme, Unterarme, Hände … und dann hinaus aus den Fingerspitzen … und genauso ist es auch bei den Zehenspitzen … Anspannung, unnötige Anspannung sackt der Schwere nach durch den Körper hinunter, fließt nach unten und strömt hinaus … durch die Beine, die Füße zu den Fußspitzen … aus den Zehenspitzen hinaus … kleine Öffnungen wie ein Ausfluss … so lässt auch der Druck im Kopf nach … alles fließt … sickert … wie bei einer Sanduhr, bei der der Sand nach unten strömt. Aber in diesem Falle ist die Sanduhr unten offen … und so wird es luftig und frei … weiträumig im inneren Gehäuse [!] …

Und Sie können sich die vom ‚Oberhaus' in Ihnen und vom ‚Unterhaus' in Ihnen schon gut vorstellen. Sie haben mir das ‚Unterhaus' mit seinen ‚primitiven Gebärden' und seinem ‚proletarischen Gehabe' ja gerade plastisch beschrieben … beschrieben, wie es Sie oft drangsaliere, nötige und störe, Ihre Gedanken, Ihre Träume … Sie geradezu vergewaltige … es ist Ihnen jetzt noch nahe … auch die Szene, die die auf Ihrer letzten ‚Party' veranstaltet haben …!!

Aber nun ist Folgendes wichtig: Ziehen Sie sich davon nun einmal zurück … und überlassen diese Begegnung sich selbst … und vielleicht können Sie sich dazu einfach einmal in ein Theater begeben … mit großer Zuschauertribüne. Wählen Sie sich einmal ein passendes Theater aus, wo Sie Zuschauer sind für die Aufführung der Begegnung von Ihrem Ober- und Ihrem Unterhaus … Ob das jetzt ein Theater in einem schönen Gebäude ist … oder die Arena von Verona … lassen Sie sich mal Zeit, irgendwo hinzufinden, wo es für Sie jetzt passend und stimmig ist …

… und ich schlage Ihnen vor, sich nicht in die erste Reihe zu setzen … sondern ruhig erst einmal auf einen der billigeren Plätze … also weiter hinten … denn Sie nehmen Abstand – physisch und psychisch – und wissen nur, es ist ein inneres Schauspiel … aber veräußerlicht da vorne auf der Bühne … und hat heute drei Akte … und wenn sich der Vorhang hebt, beginnt der erste Akt … Beobachten Sie mal, ob Musik spielt

… ob es einen Tusch gibt … ja, und wer und was dann auf der Bühne erscheint …

Was auch immer geschieht, es ist der Aufmarsch der beiden Parteien … und wenn Sie mögen, können Sie immer den Platz wechseln und noch weiter nach hinten gehen …

So werden Sie zum Zuschauer für Ihr inneres Schauspiel … das Sie kennen und auch nicht kennen. Da ganz vorne auf der Bühne begegnen sich die zwei Parteien: das Oberhaus und das Unterhaus … und jede Partei stellt sich erst einmal dar … wie wenn alles nicht zu ihnen gehörte … Sie nehmen ganz wertfrei die Informationen auf, die Ihnen erst die eine Partei gibt und dann die andere … und sehen von außen, was Sie bislang noch nicht gesehen haben … und hören, was ihnen bislang noch nicht auffiel …

[lange Pause]

… und dann spielt die Handlung des ersten Aktes … und vielleicht verwundert Sie etwas …

[Stimme gesenkt, leise]

… und Zeit kann innerlich ganz anders vergehen … Das, was sonst im Stadttheater vielleicht eine halbe Stunde dauert oder eine Dreiviertelstunde kann innerlich in Ihrem Privattheater auf Minuten verkürzt werden …

… es ist die Essenz, die uns wichtig ist in der Hypnose … und die gefühlsmäßige Reaktion …

… und irgendwann werden Sie verspüren, dass der erste Akt zu Ende geht …

… und der Vorhang fällt … und wenn der Vorhang fällt, kann der Zuschauer sich ausruhen, sich zurücklehnen … sich erholen … und neugierig werden, wie es wohl weitergehen wird …

… gut … dann beginnt der zweite Akt, Vorhang auf … und schauen Sie mal hin, es kann sein, dass etwas völlig überraschend Neues … in völlig neuem Licht … in anderen Farben … in anderen Kostümen spielt …

… und das Unbewusste kann seinen Teil dazu beitragen … aus tiefem Wissen und reichem Erfahrungsschatz, etwas, was sinnvoll ist … um alles zum Positiven zu wenden …

Vielleicht taucht noch ab und zu etwas von dem Alten aus dem ersten Akt auf … aber es schwindet im neuen Licht des zweiten Aktes … und das Unbewusste weiß immer wieder etwas aus seinem Schatzkästlein hervorzuholen … um ein Gemenge aufzulösen … um ein Gespräch oder eine Hinwendung in Gang zu bringen … um die Situation produktiv zu gestalten … und dahin zu lenken, dass Fortschritte erreicht werden können …

… und Sie sitzen da … zurückgelehnt in Ihrem Sessel … und beobachten, was von alleine passiert … denken vielleicht zwischendurch sogar an etwas anderes, das passiert ja manchmal im Theater oder im Konzert … und dann sind Sie wieder voll dabei … und auf einmal … bevor Sie sich versehen … ist auch der zweite Akt zu Ende … senkt sich der Vorhang …

Pause, große Pause …

… man kann aufstehen, sich die Beine vertreten, frische Luft schnappen, vielleicht was trinken … um dann wieder in die Reihe zurückzukehren …

… [Längere Pause]

… und Vorhang auf für den dritten Akt: … und da ist wirklich etwas neu … und da kann man die Veränderung deutlich feststellen … und ich weiß nicht, was Sie erfahren, und kann nur vermuten, dass diese Szene jetzt … fast nichts mehr gemein hat mit dem ersten Akt …

denn mit Ihrem ganzen unbewussten Wollen … Wissen … und Können tragen Sie dazu bei … innerlich Frieden zu schaffen … zu klären … zu heilen … und die innere Basis zu stärken, dadurch, dass Sie sich mit sich selber verbünden … und Kraft aus der Begegnung mit sich selber gewinnen … damit Sie in aller Freiheit das tun können, was für Sie wirklich sinnvoll ist und auch erfolgreich. So nehmen Sie Ihr Leben in eigener Regie in die Hand … und sind dabei glücklich und zufrieden … und werden gesund …!

… Und Sie können tiefer in Hypnose gehen … und sich ganz diesen Bildern überlassen, Bildern, die eine Wirkung auf uns haben, ob wir wollen oder nicht … Bildern, die Sie begleiten werden, bis zum nächsten Mal, wenn wir uns wiedersehen …"

Patient: räkelt sich, streckt sich, seufzt: „Ahhh."
Therapeut: lacht.

Pat.: „Ja, es ist schon toll, es ist eine ganz spannende Geschichte gewesen!"
Th.: „Ja?"
Pat.: „… und zwar im ersten Akt eine Begegnung der beiden getrennten, nicht eigentlich verfeindeten Parteien, die sich ignorieren. Erste Kenntnisnahme, die Underdogs bestehen halt darauf, ihren Platz einzunehmen und dass sie genau so wertvoll sind wie die anderen, dass vor allem auch sie die Träger der Kraft, der Energien sind …"
Th.: „Gut, sehr gut."
Pat.: „… und ja, wie gesagt, die Ausgeschlossenen stellen sich dar, verlangen auch, dass sie wahrgenommen werden, dass man ihnen ihren Platz einräumt. Und dann der zweite Akt, da kommt also vonseiten der Oberhäusler, kommen da Annäherungsversuche, die nicht immer positiv aufgenommen werden, da kommen Antworten wie: ‚Du brauchst mir gar nicht so auf die Pelle zu rücken, es reicht mir, wenn du mich zur Kenntnis nimmst, mich wahrnimmst, mir mein Recht gibst' und …"
Th.: „Hmmm …"
Pat.: „… ansonsten gibt es da keine Unterschiede zu negieren. Also es ist nicht so, dass da eine Berührungsparty ist oder eine Nivellierungsparty. Andererseits nehme ich auch einige der Jungs aus meiner Zeit, so mit 15, 16, die da bei mir in der Gegend herumliefen, wahr. Die werden von den Oberhäuslern auf einmal viel positiver wahrgenommen … und sie haben zwar eine wenig kultivierte Ausstrahlung …"
Th.: „Hmm …"
Pat.: „… aber sie haben sehr viel Kraft. Andererseits wird ihnen auch ihre Benachteiligung anerkannt, ihre Zurückgesetztheit und dass sie doch auch sehr liebenswerte und anziehende Züge haben, dass bei ihnen auch sehr viel sexuelle Kraft …"
Th.: „Gut …!"
Pat.: „… ungehinderte und unverklemmte sexuelle Kraft aufgehoben ist …"

Das war also der zweite Akt, wo außer der Kenntnisnahme jetzt eigentlich die richtige Distanz und erste echte Wertschätzung stattgefunden hat. Und in der Pause taucht plötzlich die große Mutter auf und sagt „Ich übernehme jetzt das Ganze."

Th.: „Ja?"

Pat.: „… und auf der Bühne dann schart sie alle Oberen wie Niederen um sich, sie sind also alle ihre Kinder, und sie zieht natürlich besonders die Underdogs, die Unterhäusler, zu sich heran, weil die bisher ziemlich ausgesperrt waren, und lässt sie also zu sich kommen, und sie thront jetzt wirklich in der Mitte der Bühne. Dann sehe ich mich wieder als kleines dreijähriges Kind, und diese Mutter hebt mich hoch, nimmt mich also auch ein bisschen den Oberhäuslern weg und überlässt mich den Unterhäuslern … Es kommt zwar die Stimmung auf: Um Gottes Willen, was macht sie da, kann sie doch nicht machen, das Kind da ausliefern!! Aber siehe da, die spielen mit mir, sind glücklich und sind begeistert, ich hab statt der High-Tech-Spielzeuge dann nur Holzspielzeug oder diverse andere Sachen …"
Th.: „Super!"
Pat.: „… und … äh … ich sehe dann auch, wie die Oberhäusler aufleben und erholt zusammen sind. Es ist wie eine Konfirmation, wie sie bei uns da auch stattfand, also auch mit großen Tischen, natürlich mit Plastiktischdecken, aber dicken Bauerntorten darauf, so wo es immer eine Wohltat ist, den Krawattenknoten zu lösen, mal hemdsärmlig zu sein und richtig zu feiern und es krachen zu lassen …"
Th.: lacht.
Pat.: „… wie man das genießt!!!
… Das ist es zunächst auch erst mal."
Th.: „Gut, das ist ja auch wirklich genug, sehr schön, wunderbar. Das bleibt wohl auch weiterhin äußerst spannend."

In einer der nächsten Sitzungen ist mein Patient als Bursche in seinen Lehr- und Wanderjahren unterwegs; er begegnet einem Hund, der ihm für eine Weile treu folgt, ein paar gefährlichen Wegelagerern, aber auch hilfreichen Wesen.

Inzwischen ist vieles im Umbruch. Sogar die seit der Jugendzeit deklarierte Homosexualität steht infrage. Das Interesse an Frauen wächst. Nicht, dass dies mein geheimes Therapieziel gewesen wäre und durch eine geschickte Suggestion ins Rollen gebracht wurde. Nein. Aber worum geht es in der Therapie? Ja, um eine Option mehr.

Vier Wochen später: Der Kaufdrang schwindet mehr und mehr. Die Symptome schleichen sich, Vitalität macht sich breit. Es wird gejoggt und auf gesunde Ernährung geachtet. Der Mann kriegt „mehr Biss".

Aber wie diese erwachende Körperlichkeit in den Griff kriegen? Der Tonbandmitschnitt rekapituliert eine Sequenz meiner Intervention:

„… und zu lernen, wie leicht es geht … einfach so, wie die Natur es vorgibt …

… und der Kopf kann aufhören zu denken … und er übernimmt Verantwortung, genauso wie im Schlaf, wo der Körper auch dafür sorgt, dass Sie weiteratmen … dass alle Funktionen gut und normal und richtig sind … und Sie auch im Bett liegen bleiben, nicht herausfallen … genauso übernimmt in vielen Situationen der Körper auch einfach die Verantwortung … und der Kopf kann schöne Bilder sehen oder sich ausruhen … so, wie es der Natur entspricht … Und wenn der Kopf sich ausschaltet, fühlt der Körper sich wohler, und alles geht von alleine … und Sie brauchen nicht zu wissen, wie er das macht … sondern Sie können einfach nur beobachten, wie angenehm sich das anfühlt …

… und als wäre es jetzt schon, können Sie in den Körper hineinspüren, hinunterwandern durch die Schultern, den Brustraum, in den Bauch … und ins Becken hinein … und weiter durch das Becken hindurch in die Schenkel, Knie, Unterschenkel, in die Füße … und in der Verbindung werden der Körper und die Seele sich entscheiden, was die nächsten Schritte sein werden und in welche Richtung … und der Kopf kann einfach nachlassen … gut …

… und vielleicht ist es einfacher als erwartet, sich diesem Lebensstrom zu nähern, ihn zu fühlen, zu riechen, zu schmecken … und zu beobachten, wie da, wo Leere war, Fülle hineinkommt … und Sie machen das ganz, ganz gut … Und ist es nicht an der Zeit, mehr und mehr die alten Einschränkungen hinter sich zu lassen und sich auch nicht mehr auf sie zu berufen … sondern das, was da ist, zu ergreifen – jetzt … und das Leben auszukosten?

… sodass, wenn man sich innerlich auslotet … auf Substanz trifft … Substanz, die einen innerlich hält, Kraft gibt, Nährboden … und einen Sinn. Auch Möglichkeiten für Austausch und stabile Verankerung im Leben … gut …

… und gehen Sie einfach Ihren Gedanken und Gefühlen nach, so, wie es für Sie richtig ist, und Sie haben alle Zeit … ein, zwei Minuten … um dann auf Ihre Weise die Hypnose zu beenden und sich anders zu fühlen als vorher, reicher und erfüllter, sicherer und selbstbestimmter … und ich bin einfach still …"

Vierzehn Tage später erzählt der Patient zufrieden, wie der „Wanderbursche" wirke und dass er sich besser behaupten könne. Erst jetzt sei ihm klar geworden, dass er unter Menschen mit „gebrochenem Rückgrat" groß geworden wäre. Sein Selbstrespekt wächst. Auf meinen Vorschlag, die Übung *Sammeln und Loslassen* (Kaiser Rekkas 1998, S. 116 ff., 120 ff.) zu machen, um sich endlich alter, unsinniger Dinge zu entledigen, reagiert er positiv. Ja, so ein „Ausmisten" wäre jetzt wirklich an der Zeit. In meiner Anleitung kommen auch die Barrieren, unter denen man sich immer hindurch ducken musste, in die später ideomotorisch auszuleerenden Hände. Anschließend wird die im Rücken hochsteigende Energie verspürt.

Wie nennen wir diese Hypnose? Natürlich, den „Aufrechten Gang".

Danach entlässt ihn die Firma, weil er sich nicht mehr alles gefallen lässt. „Rückfällig" bittet er um einen Termin, möglichst kurzfristig. Ausschweifend berichtet er über seine wieder aufgetauchte Antriebsschwäche und Perspektivlosigkeit, sich dabei in alter Manier permanent kratzend. Sobald sich die Chance bietet, leite ich Hypnose ein. Er kommt sofort zur Ruhe. Das inhaltliche Thema: Die neu gewonnene Freiheit und die zu erobernde Handlungsfähigkeit.

„Wie eine Schwalbe" – Handlungsfähigkeit

Hypnoseanleitung für die Bewältigung einer aktuellen Schwierigkeit (Kündigung und momentane Antriebsschwäche hinsichtlich der Suche einer neuen Arbeitsstelle)

Ziel: innere Entlastung, Energetisierung, Akzeptanz und anschließendes Beiseitelassen von Gefühlen

Methode: körperliche Entspannung und geistige Lenkung, in die Metapher der Schwalbe eingestreute direktive Suggestionen

Hypnoseinduktion

„… es geht also darum, etwas Gutes und etwas Konstruktives aus der momentanen Situation zu machen … Und Sie haben sich bequem hingesetzt, haben die Augen geschlossen und beginnen, sich zu konzentrieren.

[Ja-Haltung provozieren]

Dafür beobachten Sie Ihre Atmung ... und spüren nach, wie die Luft Ihren Brustkorb dehnt und weitet ... und wie beim Ausatmen dagegen der Brustkorb elastisch zurücksinkt ... und sich Ruhe einstellt ...

[Pause]

Und wenn Sie die Ausatmung absichtlich etwas vertiefen, verlängern und verzögern ... wird die Einatmung umso intensiver und energievoller ...

So gibt es mit der Zeit einen Wechsel von ganz natürlichem Hinausfließenlassen und Loslassen beim Ausatmen ...
und Auftanken, Energieanreichern und Weitwerden beim Einatmen ...

... und falls Sie irgendwo noch Enge verspüren, Druck oder Last, dann lassen Sie diese bei jedem Ausatmen einfach ein Stückchen tiefer rutschen ... tiefer und tiefer ... der Schwerkraft nach, tiefer und tiefer, bei jedem Ausatmen tiefer ...

... hinausfließen lassen und loslassen beim Ausatmen ...
und auftanken, Energie anreichern und weit werden beim Einatmen ...

[Pause]

So fließen die Enge, der Druck und die Last durch den Körper hindurch nach unten, durch Oberschenkel, Unterschenkel, Füße – und unten an den Füßen hinaus ...

Spüren Sie mal nach, wie Ruhe, angenehme Schwere und Sicherheit anfangen, es sich in Ihnen gemütlich zu machen [!] ...

Und wo die Enge entweicht und Sie innerlich geräumig werden, reichern Sie sich bei jedem Einatmen mit Kraft, Energie, Wohlbefinden an ...

und gehen dabei tiefer und tiefer in Hypnose, mit jedem Atemzug wohltuend eine Stufe tiefer ...

[Pause]

... um sich dort, ganz woanders, an besonderem Ort eine geraume Weile dem Ausruhen zu widmen, dem Wohlergehen, man kann sagen, dem süßen Nichtstun ...

[Pause]

Und das geschieht von alleine. Sehr, sehr gut ...!“

Utilisation

„Und Sie sinken tiefer und tiefer in Hypnose und erlauben sich dabei alle Gefühle ... Es ist wichtig, dass diese Gefühle zum Ausdruck kommen dürfen: an einem bestimmten Platz, zu einer bestimmten Zeit. Jetzt, in der konzentrierten Aufmerksamkeit der Hypnose!

[Pause]

Alles ist in Ordnung, alles ist erlaubt. Sie stehen sich selbst freundschaftlich zur Seite, ohne Besonderes tun zu müssen.

Und je mehr Sie im Moment Ihre Gefühle wahrnehmen und annehmen und sich selbst dabei respektieren und wertschätzen, umso besser können diese später in den Hintergrund treten, damit Sie zu handeln fähig sind.

So betrachten Sie geruhsam Ihre Gefühle mit dem inneren Auge …

Und mit der Zeit beginnen Sie, auszusortieren und zu filtern …

Vielleicht übereignen Sie dabei schon diese und jene Gefühle bestimmten Orten …

Oder auch bestimmten Kapiteln im Buch Ihres Lebens …

So werden Sie handlungsfähig und unabhängig von diesen Gefühlen, die Sie sonst behindert und gebremst haben und die vielleicht auch gar nicht zu diesem Abschnitt Ihres Lebens gehören. Jetzt aber wirkt der Geist und entscheidet der Intellekt, was die richtige, nächste sinnvolle Tat ist, um ihr Leben zu organisieren, nachdem sich neue Möglichkeiten eröffnet haben …

So werden Sie im ‚Jetzt und Hier' Ihr Leben in die Hand nehmen können!

[Direktive Suggestion]

Sie werden verspüren, wie Sie sich an sich selber anlehnen, sich selber halten und die Energie den Rücken hinaufaufsteigt. Der Hals streckt sich, und der Kopf wird ruhig und klar, auch die Haut kühl, glatt und klar …

Sie stellen sich tatkräftig dem Leben, weil das Selbstvertrauen mehr und mehr zunimmt."

[Pause]

Metapher

„… sich innerlich frei bewegen …
wie eine Schwalbe lustvoll tirilierend am Himmel aufsteigen …
sich von den Lüften tragen lassen …
die Dinge mit Abstand betrachten …
dann pfeilschnell und zielstrebig absegeln …
um sich in einer eleganten Kurve wieder zu fangen …
und voller Lebenslust die Bewegung und Selbstbestimmung zu genießen …

Vielleicht mögen Sie noch einmal kurz tiefer sinken, in Entspannung, Ruhe und Erholung, einfach in Stille ..."

Posthypnotische Suggestion
„... um dann zu bemerken, wie Sie sich überraschenderweise vollkommen wohl und **ausgeglichen und tatkräftig** fühlen und es fast nicht erwarten können, die Hypnose abzuschließen und aufzutauchen ...

... um **Ihr Leben in eigener Regie zu führen**. Und Ihr Unbewusstes wird Ihnen dafür Signale geben ..."

Hypnose-Beendigung
„Sie werden von alleine merken, wenn es an der Zeit ist, die Hypnose zu beenden ... einfach, weil Sie den Gefühlen freien Raum gelassen haben, um anschließend Ordnung zu schaffen und Wesentlichem den Vorzug zu geben.

Und Sie werden sich anders fühlen."

3.10.2 Erlösung oder *Das perlmuttfarbene Kissen*

In Kontrast zu der gelenkten hypnotischen Imagination des „Theaterstückes" steht Pias Metamorphose. Die hübsche, blonde Frau Pia fiel mir auf einer Fortbildungswoche durch ihre Schweigsamkeit auf. Als wir zu zweit ins Gespräch kommen, erfahre ich, dass sie auf einem Ohr taub ist und auf dem anderen nur mit Gerät hören kann sowie unter Tinnitus leidet. Sie wünscht bei mir ein paar Therapiestunden, worauf wir uns verabreden. Voller Erwartung reist sie einige Zeit später aus einer entfernten Stadt an. Sie berichtet von sich. Ich höre von einer Kindheit, die eine Zeit voller Leid gewesen sein muss. Als Pia acht Jahre alt war, wurde eine familiäre Abschiedszeremonie veranstaltet, da die (heute noch lebende) Mutter an Krebs erkrankte. Die Familie erwartete den Tod. Einer nach dem anderen verabschiedete sich. Das Mädchen Pia aber konnte kein „Adieu" herausbringen, ihr Mund war „wie versiegelt".

In ihren Teenagerjahren erlebte sie den Suizidversuch sowohl der Schwester als auch den der Mutter. Beide Male wurde sie das Opfer, welche die Intoxikierten entdeckte. Beide Male unternahm sie nichts. Sie verstand deren Leid, war wie gelähmt. Andere fanden und retteten, Mutter wie Schwester leben heute noch. Sie aber trägt schwer an der

Schuld, nichts unternommen zu haben. Sie will nicht mehr hören, was in der Familie vor sich geht. Bedrohung durch Tod scheint das Mädchen in Bann geschlagen zu haben. Sie erleidet kurz nach den Erlebnissen Hörstürze, schwere Erkrankungen im Kopfbereich folgen, eine chronische Mastoiditis, Operationen. Heute ist Pia durchgehend erschöpft, infektanfällig, die Ehe gefährdet. Ein Sonnenschein hält sie aufrecht, das ist ihre kleine Tochter.

Als Ziel für die Stunde formuliert Pia ihren „Herzenswunsch": sich der Schuld entledigen und die Angst verlieren, zu hören und zu sprechen.

Oftmals kommen Menschen wegen Hypnose, weil sie sich davon versprechen, damit noch einen wesentlichen Schritt weiterzukommen. Das geht meist nicht wunschgemäß in einer Sitzung, aber die hohe Motivation ist eine Triebfeder, die ein gutes Stück vorwärts bringt. Pia hatte schon eine Gestalttherapie gemacht, die ihr sicherlich sehr geholfen hat. Aber sie wusste, dass sie noch etwas zu erledigen hatte. Und das wollte sie jetzt und hier tun.

Diese hypnotherapeutische Stunde war eine Gratwanderung für uns beide. Die ebenso vehementen wie auch wundervollen Bilder und Gefühle entsprangen ohne Vorgaben meinerseits aus ihr selber. Pia gab mit ihren Fantasien, die sie mich während der Hypnose wissen ließ, die Reise vor. Ich half ihr nur, einen Absturz zu vermeiden. Die Beschwernis, der Strudel, die Schwärze, die schuldabwaschenden Bürsten und Schrubber, der Unterwasserpalast mit den Perlenschnüren und Kristallblumen, ja, letztendlich das Sinnbild der Reinheit, das perlmuttfarbene Kissen, auf dem die Nereide endlich ruhen kann, das alles stammt von Pia.

Dieser wörtlich übernommene Bericht aus Pias Feder ist ein beeindruckendes Beispiel für einen Menschen, der in der Kindheit vielen Qualen ausgesetzt war. Sie hat früh gelernt, zu dissozieren, in eine andere Welt zu fliehen, in Träumerei und Fantastik. Ihren Körper hat sie damit nicht retten können, aber ihre Psyche. Und ihre Fantasie ist ihr geblieben.

Bericht Pia

Als ich zwölf oder 13 Jahre alt war, entschloss sich meine Schwester, ihrem Leben ein Ende zu bereiten. Sie teilte mir das einige Stunden zuvor mit. Ich wusste, dass sie es ernst meinte, und konnte es, da ich die Beweggründe kannte, verstehen. Ich entschloss mich, nichts zu unternehmen. Meine Schwester war damals 17 Jahre alt und tief verzweifelt. Meine Eltern sperrten sie regelrecht ein, und Dinge, die für andere in ihrem Alter eine Selbstverständlichkeit waren, blieben für sie verboten. Sie verstand sich nicht mit meiner Mutter und hatte seit Jahren permanent starke Kopfschmerzen.

Ein Jahr später unternahm meine Mutter einen Suizidversuch, weil sie ihr Leben und die Zustände bei uns zu Hause nicht mehr ertrug. Ich fand sie damals in ihrem Bett und wusste, dass sie Tabletten genommen hatte. Auch hier entschloss ich mich nach einem großen inneren Kampf an ihrem Bett, nichts zu tun, da ich wusste, wie sehr sie gelitten hatte und wie unerträglich ihr Leben wirklich war.

In beiden Situationen war ich wie ***betäubt****. Bei beiden Frauen konnte ich den Wunsch, aus dem Leben zu scheiden, verstehen, war das Leben, das sie lebten doch die Hölle. Bei beiden dachte ich, dass jemand anderer sie finden wird, wenn sie nicht sterben sollten.*

Meine Schwester wurde von meinem Vater gefunden, meine Mutter von meiner Großmutter. Beide überlebten. Beide leben heute ein sehr schwieriges Leben und sind nicht glücklich. Für mich war es schon kurz nach den entsetzlichen Ereignissen (und ist es heute noch) unverzeihlich, dass, nachdem ich es wusste und sie fand, nicht ich es war, die ihren Selbstmord verhinderte. Ich bekam damals mehrere Hörstürze, mein Gehör begann, sich zu verschlechtern, bis es nach etwa vier Jahren nahezu verloren war.

Es ist der 6. Juli 1999. Ich bin nach München gereist, weil ich frei werden möchte von den Schatten der Vergangenheit, einem sehr alten, schweren Kindheitstrauma, das mit dazu beigetragen hat, dass ich schwer krank wurde und den größten Teil meiner Hörfähigkeit verloren habe. Ein Trauma, dessen Auswirkungen ich tief in mir spüre und das ein Teil dessen ist, was meiner Heilung – soweit diese in diesem Körper möglich ist – entgegensteht. In mir ist die Gewissheit, dass ich an einem zentralen Punkt angelangt bin, dass es möglich ist, frei zu werden, und dass ich bereit bin, mich darauf einzulassen, das Alte loszulassen. Der Weg der Hypnotherapie ist vor drei Wochen anlässlich einer Fortbildung aufgetaucht. Ich spüre, dass nach Jahren, in denen auf dem damaligen Geschehen und seinen Auswirkungen auf mich der Deckel ganz fest drauf war, ich dadurch einen Schritt weiter werde gehen können.

Ich liege geschützt und bequem in der Praxis von Agnes in München. Die Augen sind geschlossen, und ich vertraue mich ihr und ihrer Stimme an, die mir helfen wird, tiefer und tiefer in Hypnose zu gehen. Ich höre die Geräusche von der Straße, die durch das offene Fenster dringen, und den Vogel, der piepst. Nach einer Weile sind diese Geräusche völlig in den Hintergrund gerückt. Mein Unterbewusstsein ist bereit, die Arbeit zu beginnen. Es möchte befreit werden.

Es begibt sich an den Ort des Geschehens, ich sehe die Bilder von damals, die, die ich immer schon gesehen habe. Keine anderen Bilder. Je weiter ich vorangehe, desto stärker spüre ich den alten Schmerz in seiner ganzen Intensität, die Trauer über das, was passiert ist, und die Trauer darüber, dass es passiert ist.

Agnes hat etwas gesagt. Ich höre die Stimme, verstehe den Inhalt aber nicht. Plötzlich taucht in meinem inneren Film ein kleines Mädchen auf, so etwa fünf bis sechs Jahre alt. Sie trägt ein weißes Kleid, hat lange, goldene Locken und läuft am Ufer eines Baches entlang, dessen Wasser rauschend und gurgelnd unter den Bäumen dahinschießt. Sie hebt ihre Schürze mit beiden Händen hoch. Diese ist ganz schwer, angefüllt mit dickem, schwarzem Ballast.

Es scheint keine Sonne durch die Bäume, obwohl ich spüre, dass sie da ist. Die Gegend ist irgendwie grau und tot. Ich bin dieses kleine Mädchen, und ich versuche, zum Ufer des Flusses zu gelangen, um meine Schürze dorthinein zu entleeren. Aber ich gelange nicht zum Wasser. Unter meinen Füßen sind große Kieselsteine, und immer, wenn ich sie betrete, rutsche ich ab. Die Kanten der Steine sind rau und scharf. Ich verletze mir die Füße. Endlich gelingt es mir, an das Wasser zu gelangen. Ich leere wieder und wieder meine Schürze hinein, aber sie füllt sich sofort wieder. Ich muss in dieses Wasser springen, sonst werde ich den Ballast nicht los.

Ich sehe das kleine Mädchen mitten im Wasser treibend. Sie ist eingetaucht. Sie geht sofort in einem starken Sog unter, und das Wasser färbt sich augenblicklich tiefschwarz. Es wird zum reißenden, schwarzen Strudel. Das kleine Mädchen sieht nichts mehr. Es wird selbst zu einem schwarzen Wirbel, bis das schwarze Wasser dicker und dicker wird und das kleine Mädchen von dickflüssiger, schwarzer Lava umgeben und überzogen ist. Sie kann sich nicht mehr bewegen. Alles ist starr und fest.

Ab und zu spreche ich und erzähle, was sich in mir abspielt. Ich höre Agnes reden, verstehe aber nicht. Ich merke nur, dass sich dann jeweils eine gute Wendung ergibt. Gott sei Dank, denn die Bilder und Gefühle sind immer wieder sehr beängstigend.

Das kleine Mädchen wird geschrubbt von dicken Bürsten, tief im Wasser drin. Aber die schwarze Masse löst sich kaum ab. Das Bürsten und Schrubben dauert sehr lange. Die Haut schmerzt, und irgendwann schimmert rosige Haut durch. Das kleine Mädchen verwandelt sich im Laufe unendlicher Zeit in eine Meerjungfrau. Als die Schwärze abfällt, zeigt sich ein schön geformter, grün schimmernder Unterkörper. Der Fischschwanz möchte sich bewegen. Aber er ist nahezu bewegungsunfähig. Das Wasser ist trüb und grau. Keine klare Sicht. Die Meerjungfrau ist schön und sehr klar in ihrer Form.

„Schwimm dahin, wo du sehen kannst!"... „Unter Wasser hören wir anders"... dringt Agnes Stimme zu mir durch.

Da nehme ich wahr, dass es ganz still in der und um die Meerjungfrau herum ist. Sie fängt an zu schwimmen, immer schneller und kräftiger, taucht tiefer und tiefer. Sie muss sehr weit schwimmen, bis das Wasser klar ist und sie wieder sehen kann. Sie spürt die Kühle des Wassers auf der Haut, ihre langen, weichen Haare. Sie schwimmt und schwimmt, bis sie ganz müde wird, aber das Wasser klar und rein ist.

Es ist ganz still.

Vor ihr liegt eine Muschel am Flussgrund. Sie ist klein und leuchtet perlmuttfarben. Zartes Rosa, Blau und Grün ... strahlendes Weiß. Dort will die kleine Meerjungfrau sich ausruhen. Als sie bei der Muschel ankommt, verwandelt sich diese in einen strahlenden Unterwasserpalast wie aus Tausendundeiner Nacht. Weißes Licht schimmert überall, es überstrahlt alles. Türme, Säulen, Erker, Fenster, Musik, die die Meerjungfrau spüren – nicht hören – kann. Sie berührt den Türgriff und versucht, die Tür zu öffnen. Aber es bewegt sich nichts. Sie versucht es immer wieder. Schließlich nimmt sie all ihren Mut zusammen und reißt die Tür mit einem heftigen Ruck auf und gleitet hinein ins Innere des Palastes. Die Tür fällt hinter ihr ins Schloss. Abertausende von feinen Schnüren mit strahlenden Perlen und Kristallblumen hängen von den Wänden. Alles leuchtet und strahlt, fühlt sich frisch und rein an. In der Mitte des kleinen Palastes liegt eine andere Muschel, ein perlmuttfarbenes Kissen. Die Meerjungfrau schiebt die Perlenschnüre beiseite, schwimmt zu dem Kissen, umschließt es mit den Armen, legt ihren Kopf darauf und schläft ein, umgeben von den leuchtenden Pastellfarben des Palastes.

Nachtrag

Am Abend des 6. Juli, als ich von München zurückkam, legte ich mich gegen 23.00 Uhr ins Bett. Als ich bereits im Halbschlaf lag, merkte ich, wie in mir mit einem ratternden Geräusch ein Motor ansprang. Vor meinem inneren Auge tauchte ein Auto auf, das sich mit diesem Rattern in Bewegung setzte und durch eine Landschaft fuhr. Es war bereits dämmrig, die Sonne blickte nur noch vereinzelt durch die dichten Baumkronen links und rechts der Straße. Bei dem Auto handelte es sich um einen Oldtimer. Innen war alles alt und modrig, außen glänzte das Auto und sah sehr gut erhalten aus. Die Bilder der Landschaft zogen sehr schnell vorbei. Das Auto fuhr schnell geradeaus. Mein ganzer Körper vibrierte, er war dieses Auto. Es fuhr sehr schnell durch die Nacht. Plötzlich ein tiefes, raues Ruckeln, ein leises Zischen, das Auto hielt an, und der Motor erlosch. Ich spürte, dass ich in meinem Leben an einen anderen Platz gefahren war. Die Umgebung sah anders aus, und ich fühlte eine tiefe Erleichterung in mir. Ich schlief ein. Am nächsten Morgen wachte ich auf und fühlte mich leicht und glücklich.

Etwa drei Wochen später, als ich nachts im Bett lag, hörte ich erneut dieses Rattern und spürte im Halbschlaf, wie sich das Auto wieder in Bewegung setzte. Es fuhr sehr schnell durch eine sonnendurchflutete Landschaft. Ich konnte klar die Bäume, Blumen, die Tiere erkennen.

Es war eine sehr schöne Gegend. Das Auto war neu und glänzte in der Sonne, und die Sitze fühlten sich gut an. Plötzlich erlosch der Motor, das Auto blieb stehen, und ich spürte, wie etwas von mir abfiel und mir leicht und warm ums Herz wurde. Ich war wieder an einen anderen Platz gefahren, ein Stück weiter.

Pia kam im nächsten halben Jahr in langen Abständen. Sie hatte noch Krisen, aber alles deutete auf eine Lösung hin. Sie bildete sich zur Tanztherapeutin aus. Sie tanzt und betrachtet sich dabei im Spiegel, ohne Angst. Ja, sie kommt in Kontakt mit ihrer heiß ersehnten „Wildheit". Sie tanzt, sie spricht, sie lacht ... sie ist lebendig. Nachts aber ruht sie auf dem Perlmuttkissen.

3.11 Praxis und Themenkomplex der psychotherapeutischen Selbsthypnose

Die psychotherapeutische Selbsthypnose sollte alle zwei bis drei Tage ausgeübt werden und ca. zwanzig Minuten beanspruchen. Erste Zielsetzung ist die Hinwendung in aller Stille zu sich selbst. In sich hineinzuforschen und sich selber zuzuhören, d. h., sich ernst zu nehmen, sich selber sein Ohr zu schenken ist ein wichtiger Lernschritt. Und was sagt er, der Körper? Oder was rät sie, die Seele? Oder was möchte es, das Herz? Entsprechend ist zu erlernen, Gedanken, Bedürfnisse und

Gefühle bewusst wahrzunehmen, zu respektieren und auszudrücken. Der daraus wachsende Kontakt mit sich selber zentriert den Patienten, stärkt seine Basis. Er wird zunehmend mehr aus der inneren Stärke heraus handeln können.

Je nach Persönlichkeitsstruktur, Krankheitsbild und kontextabhängigen Kriterien stehen bestimmte Themen im Vordergrund. Diese können entweder allgemein wie die Abgrenzung von schädigenden Einflüssen und die Hinwendung zu Lust und Vitalität, aber auch die positive Selbstbehauptung und der Austausch in nährenden Beziehungen sein. Meist zeigt der aktuelle Stand des Therapieprozesses automatisch die konkreten Inhalte der Selbsthypnose an. Dann kann Detailarbeit geleistet werden. Eventuell offenbart die hypnotische Situation selber Hinweise für die nächsten Schritte.

Der Therapeut steht dem Patienten wie ein Supervisor zur Seite, d. h., er nimmt ihm nicht die Initiative ab, stellt aber mit ihm gemeinsam eine persönliche Themenliste für die Selbsthypnose zusammen. Das ist vor allem dann sinnvoll, wenn die Sequenz der Therapiestunden durch lange Intervalle von Krankenhausaufenthalt, Kur oder Urlaub unterbrochen wird. Ein gewähltes Thema sollte wie eine Melodie während der Hypnose mitschwingen und von alleine Bilder und Assoziationen auslösen.

Beispiel einer persönlichen „Themenliste" für einen Patienten, der mich mit der Mitteilung überraschte, dass er – trotz seiner schweren Erkrankung – für fünf Wochen nach Südafrika an den Indischen Ozean flöge, um sich auf sich selbst zu konzentrieren.

Themenliste für die Selbsthypnose während Ihres Urlaubes

- Selbstachtung und Selbstrespekt entwickeln.
- Gedanken und Empfindungen wahrnehmen.
- Eigene Bedürfnisse erkennen.
- Gefühle erlauben.
- Selbstvertrauen stärken.
- Selbstheilungskräfte entfalten.
- Sich schuldfrei fühlen.
- Sinn der Erkrankung erkunden.

- Erforderliche Veränderungen im Leben reflektieren.
- Liebe zum Körper empfinden.
- Erlaubnis zur Gesundung auffinden.
- Recht auf Gesundheit deklarieren.
- Die eigene Kraft in Besitz nehmen.
- Eine Vorstellung von Gesundheit entwickeln.
- Berufliche Neuorientierung vorstellen.
- Ein erfülltes Leben fantasieren.

Falls Sie selber nicht bessere Einfälle haben, nehmen Sie nach Belieben jeweils eines der Themen mit in Ihre Selbsthypnose. Benutzen Sie es wie den Titel eines Bildes und lassen es mitschwingen. Lösungen, Antworten oder neue Ideen müssen nach der Hypnose nicht sofort offensichtlich sein. Verlassen Sie sich darauf, dass vieles von alleine passiert.

Kaufen Sie sich bitte ein kleines Notizbuch, und führen Sie eine Art Hypnosetagebuch für Ihre Gedanken, Gefühle, Körperempfindungen und Träume. Beobachten Sie Ihre Veränderungen aufmerksam und halten sie schriftlich oder mit einer Skizze fest.

Von der Südhalbkugel erhielt ich einen wunderschönen Brief: „... malerische Landschaft. Meine Tage hier verlaufen sehr entspannt und ruhig. Die Hypnose ist mein ständiger Begleiter. Zur Zeit arbeite ich besonders an den Themen ... Ich fühle, dass sich da einiges tut, auch wenn ich es noch nicht so recht fassen kann. Ich bleibe auf jeden Fall dran."

3.12 Paradigmen geistiger Öffnung: Frage nach Sinn der Erkrankung

Trifft der Patient bei uns ein, ist er meistens voll gefüttert mit schlechten Suggestionen bezüglich Krankheitsverlauf und Prognose. Das resultiert nicht nur aus der oft unglücklich gehandhabten Art der Aufklärung und Abhandlung des Krankheitsthemas vonseiten der Mediziner und des medizinischen Personals. Auch wohlmeinende Verwandte und Freunde leisten mit Büchergaben und Berichten von Leidensgenossen ihren Beitrag. Nach der Lektüre von Büchern, die durchaus mit guter Absicht geschenkt wurden, habe ich die schlimmsten Rückfälle beobachten müssen, denn diese vermitteln oft Ausweglosigkeit und „leben mit …" anstatt „umgehen mit …", „bewältigen von …" oder „einen Sinn ziehen aus …". Die darin enthaltene Suggestion – für Asthma, Bulimie, Colon irritabile bis Rheuma – lautet: Diese Krankheit ist unausweichlich, lebenslänglich und progredient. Falls eine Verbesserung auftreten sollte, kann sie nur kurzfristig sein.

Mich hat sehr beeindruckt, wie mein Vater, ein Arzt mit Leib und Seele, einem jungen griechischen Verwandten, der Symptome einer progredienten Myopathie aufweist, Mut machte und sagte, dass es (natürlich neben guter medizinischer Behandlung) auch Wunder geben könne und nicht alles in unserer Hand liege.

Was unser Patient braucht, ist Zuversicht. Dafür kann man auf gute diesbezügliche Literatur hinweisen. Die geistige Beschäftigung mit dem tieferen Sinn der Erkrankung, aber natürlich auch dem des Lebens kann einer Anzahl von Patienten einen neuen Horizont bieten, sie trösten und stärken. Wesentliches wird von Unwesentlichem getrennt. Fragen in philosophischen Dimensionen setzen neue Akzente, womit das Leben eine neue und gesündere Gewichtung bekommen kann. Oftmals werden entscheidende Fehler der Selbstreduktion erkannt. Vielleicht erlaubte erst die Krankheit Freiheiten, die vorher nicht genehmigt zu sein schienen. Die therapeutische Arbeit liegt nun im Eröffnen innerer Erlaubnis, vitale und völlig legitime Bedürfnisse auch ohne Krankheit stillen zu dürfen.

Eine beeindruckende Art, hierfür Hinweise aus dem Reich des Unbewussten zu gewinnen, ist das *Automatische Schreiben* (2.14).

3.13 Es gibt kein „Zurück" – Hypnoprojektive Gestaltung eines veränderten Lebens mit/nach der Krankheit

Es gibt kein Zurück! Der oftmals geäußerte und verständliche Wunsch, nach der Genesung wieder zum Alten und Gewohnten zurückzukehren, kann fatale Folgen (Rezidive) haben. Lebenskonzept und Verhaltensrepertoire der Vergangenheit führten in Kombination mit der ätiologischen Ausgangslage wie der organischen Disposition in die Krankheit. Konsequenterweise muss die Zukunft neu gestaltet werden.

Das hat sowohl im privaten als auch beruflichen Bereich Auswirkungen. Die in der Psychotherapie erarbeiteten, neu errungenen Gefühls- und Reaktionsweisen müssen unbedingt gepflegt und beibehalten werden. Hierzu zählen alle Parameter der sozialen Beziehung, als da wären: Austausch von Geben und Nehmen, adäquate Grenzziehung, Einhalten von Hierarchien sowie Ordnen von Nähe und Distanz. Sie müssen immer wieder reflektiert und eventuell korrigiert werden. Ebenso will aber auch die intrapsychische Balance gepflegt sein.

In Hypnose werden in diesem Sinne Zukunftssituationen, die den Weg schon für das Leben nach der Gesundung bzw. Rehabilitation ebnen, halluziniert. Alle Techniken der Altersprogression kommen dabei zur Anwendung. Vorhersehbare schwierige Hürden wie der Wiedereintritt in das Arbeitsleben werden auf der inneren Bühne in Trance durchgespielt und bewältigt. In Hypno-Paarsitzungen (7.1) halten neue Elemente, die zu Bausteinen der Zukunft werden, spielerisch Einzug.

Der Rücken gestärkt, ist der Blick nach vorne gerichtet.

4. Spezifische hypnotherapeutische Interventionen in der Onkologie

Verbesserung der Lebensqualität ist Hauptziel unserer Intervention bei Menschen, die an einer der verschiedenen Formen von Krebs erkrankt sind. Wir können mit Hypnose das körperliche sowie seelische Allgemeinbefinden verbessern, schmerztherapeutisch beistehen und ebenso psychotherapeutisch arbeiten. Auch hier liegt das Augenmerk wieder auf Selbsthypnose und therapeutischer Visualisation. In diesem Zusammenhang kommt mein Patient Herr S. zu Wort, da authentische Erfahrungen von größtem Wert sind. Er prüfte und modifizierte zudem das Standardrepertoire an Selbstsuggestionen für die Chemotherapie und die Visualisation für den Zeitraum der Infusion. Beide Anleitungen erhöhen die Akzeptanz gegenüber dem Chemotherapeutikum, begünstigen möglicherweise dessen medizinischen Effekt und mindern die Nebenwirkungen.

Die mögliche psychotherapeutische Intervention – auch in Bezug auf einen möglichen „Abschied" – wird nur gestreift, da dafür schon in den vorangegangenen Kapiteln Material angeboten wird. Großer Wert aber wird auf die hypnotherapeutische Begleitung nach der möglichen Genesung gelegt. Wie wir wissen, ist diese Krankheit psychisch nicht leicht zu verwinden.

Keinesfalls sollte die Betonung auf „Heilung" liegen, auch wenn – je nach Krankheitsbild – die Option der Remission im Blickfeld bleiben sollte. Wir müssen uns eingestehen, dass gerade diese Erkrankung multifaktoriellen Ursachen und auch Prozessen unterliegt. Studien zum Thema „Hypnose in der Onkologie" (vgl. etwa Meares 1981) berichten international von guten Resultaten wie einer durchschnittlich längeren Lebensdauer. Bislang liegen aber noch keine verlässlichen Daten vor. Meine ganz persönlichen und somit subjektiven Beobachtungen und Ausarbeitungen, die einigen Menschen auf jeweils sehr individuelle Weise geholfen haben, biete ich als Konzept an, das persönlich ausgefeilt werden kann.

4.1 Psychotherapie der möglichen psychischen Anteile einer Erkrankung an Krebs

Es liegt auf der Hand, dass die Menschen, die aufgrund Ihrer Krankheit zu mir kommen, schon eine Auswahl bilden. Innerhalb dieser Gruppierung unterscheiden sie sich durch Persönlichkeitsstruktur, Lebensgeschichte, Weltbild, Krankheit und Krankheitsverlauf, zeigen aber auch gewisse Gemeinsamkeiten. Mit der Zeit entstand für mich eine Art Typologie, die ich kurz skizziere.

Wurden sie über Freunde geschickt, wie unter *Warum gerade ich?* (s. u.) aufgeführt, ist der Wille zur Kooperation von vornherein fraglich. Unsere Arbeit kann aber auch durch den mangelnden Willen zu leben wie bei *Wenn doch die Mama ...!* terminiert sein. Das heißt nicht, dass wir für diese Menschen nichts tun können. Es ist nur sehr begrenzt. Vorwiegend symptomatisch orientiert kann man bei *Drängen Sie mich nicht in die Psycho-Ecke!* vorgehen und dabei viel Hilfestellung geben. Ausdrückliche Psychotherapie offerieren wir Menschen, die sie wünschen und die zudem eine zeitliche, kräftemäßige und kontextabhängige Chance wie Anna-Sofia (*Wennst doch net ...*, s. u.) haben. Dabei nehmen wir von jeglicher Schubladisierung Abstand und sehen immer den Menschen als Individuum vor uns. Entsprechend formulieren sich persönliche Therapieziele.

„Warum gerade ich?"

Zu Beginn einer schweren Erkrankung ist dies eine Frage, die sich jeder von uns stellen mag. Sie beinhaltet Bestürzung und Unverständnis gegenüber dem Schicksalsschlag. Die Krankheit kann wie eine unverdiente Bestrafung aufgefasst werden: „Wo ich mich doch so gesund ernähre!", „... wo ich doch mein ganzes Leben für andere da war!", am deutlichsten in dem Satz einer Patientin: „Ich habe mir doch nichts zuschulden kommen lassen!" Diese Empfindung muss passager sein. Kann sich ein Patient trotz therapeutischer Offerten nicht von diesem Satz „Warum gerade ich?" lösen, nehmen Enttäuschung, Resignation und Verzweiflung unweigerlich ihren Lauf. Auch wenn der Therapeut einsatzfreudig die Steigbügel hält, das Pferd wird nicht bestiegen. Chancen der Verbesserung bzw. Optimierung der verbleibenden Zeit werden nicht durch Eigeninitiative genutzt. Der therapeutische Kontrakt verschwimmt. Der Patient übergibt sich in passiver Erwartungshaltung der

Medizin. Das Geschehen nimmt seinen Lauf, wobei auch hier Genesung nicht ausgeschlossen sein muss.

„Drängen Sie mich bitte nicht in die Psycho-Ecke!"

Dieser Satz ist ein Hilferuf. Wir hören ihn von Patienten, die mitten im Leben stehen. Sie finden in Beruf und Privatleben Erfüllung, verhalten sich kompetent, behaupten sich souverän und erkrankten trotzdem an Krebs, weil bekanntlich Tumorwachstum auf vielen Faktoren beruht. Wir dürfen auf keinen Fall der oft in der Literatur deklarierten naiven Vorstellung folgen, es gebe so etwas wie eine bestimmte „Krebspersönlichkeit". Das hat so etwas Anrüchiges von Selbstverschulden an sich. Wir tun damit dem Menschen, der uns in seiner großen Not aufsucht, Unrecht.

Dieser Patient begegnet der Einbuße seiner Vitalität und Lebensfreude nüchtern. Er geht selbstverständlicher zur Chemotherapie als andere zum Zahnarzt und übt seine Visualisation zuverlässig wie Zähneputzen aus. Dankbar für alle therapeutischen Angebote, die ihm diese Zeit erleichtern, berichtet er prägnant, was ihm wie hilft. Das heißt, man kann sehr sinnvolle Arbeit leisten und beratend zur Seite stehen. Über Bilder und Metaphern leisten wir innerhalb der Hypnose unseren Beitrag, ohne den Patienten durch eine offizielle Psychotherapie zu überanstrengen.

„Ach, wenn doch die Mama mich endlich zu sich nähme!"

Inas Vater war nach Südafrika ausgewandert und hatte dort geheiratet. Nach der Geburt von zwei Buben kam Ina zur Welt. Als Ina fünf Jahre alt war, verstarb die Mutter. Die Kinder wurden notdürftig bei Pflegeeltern untergebracht, der Vater versuchte, seinem Kummer mit Alkohol zu begegnen. Schließlich kehrte er mit den drei Kindern nach Deutschland zurück, wo die Großmutter sich ein wenig um die Kinder kümmern konnte. Ina, traumatisiert vom Tod der Mutter und tief unglücklich über die Trennung von ihrer Heimat, erkrankte an Leukämie. Ein jahrelanger Leidensweg mit vielen lebensgefährlichen Krisen, aus denen sie nur mithilfe künstlicher Ernährung während ständiger Krankenhausaufenthalte gerettet werden konnte, begann.

Ina wurde aus der Kinderonkologie zu mir überwiesen, obwohl sie schon erwachsen war. Das erste Mal erschien sie mit ihrer sie rührend betreuenden Psychologin. Vor mir stand eine mädchenhafte, durchscheinende Neunzehnjährige, still und depressiv. Ihr Bericht über die aktuelle Lebenssituation war verhalten, vielleicht auch, weil sie sich schämte. Alles war bedauernswert, desolat. Der Haushalt, in dem alle vier wohnten, der Alkoholismus und die Depression des Vaters, die finanzielle Misere und zu allem noch der Freund im Knast. Ihre Lehre überforderte sie, an den Wochenenden war sie am Putzen. Sie ging nicht gerne aus, weil sie sich hässlich fand. Unter der Erzählung so vieler Widrigkeiten brach sie förmlich zusammen. Zu allem wusste sie nicht, was sie eigentlich bei mir sollte. Sie wurde ja gebracht. Deshalb packte ich sie möglichst schnell gemütlich in Kissen und ließ mir eine hübsche Fantasiereise einfallen. Danach war sie zwar einsilbig, bekräftigte aber, wieder kommen zu wollen. Das war Aussage genug, hatte sie doch dafür einen freien Tag in ihrer Ausbildungsstätte zu erkämpfen und musste eine Zugreise auf sich nehmen.

Ich merkte, dass Ina möglichst wenig reden wollte, allerdings auch nicht viel zu erzählen hatte. Nach einem kurzen und für mich, ehrlich gesagt, etwas mühsamen Eingangsgespräch kuschelte sie sich wie ein Kind in Decken und Kissen und lauschte meinen Geschichten. Was ich ihr auch alles erzählte! Unter anderem inspirierte Ina mich zu der Fantasiereise „Sternbild“ (3.9), in der sogar versteckt ihr Name auftaucht. Aber sonst kann ich mich an nichts mehr erinnern, ich weiß es einfach nicht mehr. Aber es hätte sicher ein ganzes Märchenbuch ergeben, eines mit tausendundein guten Suggestionen.

Meine Ina kam mehr als zwanzigmal, verlor aber weiter an Gewicht, kränkelte, sagte allerdings nie ab. Stand immer pünktlich vor der Haustür, um noch eine zu rauchen. Hatte ich ihr, selber in Trance, eine besonders reiche Fantasiereise geboten, wachte Ina tränenüberströmt auf und rief unter Schluchzen: *„Ach, wenn doch die Mama mich endlich zu sich nähme!“* In ihrer Stimme war so viel Leid, dass es mir das Herz brach. Mehrfach kam mir Hellingers Satz „Ich folge dir nach“ in den Sinn.

Unermüdlich flocht ich weiterhin Metaphern bezüglich Persönlichkeitsfindung und Selbstbestimmung in die Hypnoseanleitungen ein. Über symbolische Bilder versuchte ich, ihr weitere Alternativen und sogar Hilfe aus anderen Sphären anzubieten. Und ich sprach ihr das tiefe Vertrauen aus, dass nur sie ihren Weg wisse und diesen auch unbeirrt beschreiten solle.

Ina wurde immer mehr ein Schatten ihrer selbst. Dann blieb sie weg. Meine Kollegin aus der Klinik rief mich an. Ina sollte wieder künstlich ernährt werden, gegen ihren Willen. Wir Kolleginnen waren einer Meinung: Ina muss man in Ruhe lassen. Sie vertrat diese Meinung vor dem Ärztegremium.

Mit bangem Gefühl melde ich mich ein Jahr nach dem letzten Treffen mit Ina bei meiner inzwischen pensionierten Kollegin, um mich nach der jungen Frau zu erkundigen. Die Psychologin ist nicht mehr auf dem Laufenden, verspricht mir aber, sich zu erkundigen. Eine Woche später erfahre ich von ihr: Ina ist auf ihrem „Idealgewicht" von 32 Kilo (bei 1,5 m) stabilisiert, die medizinischen Daten sind gut, ihr behandelnder Arzt ist zufrieden. Sie hat ihre Lehre erfolgreich beendet und wurde von dem Betrieb übernommen. Ihre Kollegen verhalten sich ihr gegenüber wertschätzend. Sie teilt ihr Leben mit dem gleichen Freund, der – inzwischen aus dem Gefängnis entlassen – einer festen Arbeit nachgeht.

Eingestandenermaßen, das hätte ich nicht erwartet. Die Nachricht machte mich sehr froh.

Ursprünglich wollte ich Ina als Beispiel dafür zitieren, dass unsere Grenzen natürlich nicht nur in der Schwere und Spezifität der Krankheit, sondern auch in der physischen und psychischen Resistenz liegen. Aber diese Information, die ich gerade erst erhielt, lehrte mich aufs Neue, dass wir Therapeuten auch selber manchmal Überraschungen erleben. Aus welchem Anlass Ina letztendlich die Kurve ins Leben kriegte, ist nicht zu sagen. Was die Hypnotherapie anbelangt, ist nur eines sicher, sie scheint nicht geschadet zu haben.

„Wennst doch net daherkemma wärst, du Fratz, du!"

„Du bringst es zu nichts!", „Du sollst es nicht besser haben als wir!" –Sprüche aus der Kinderzeit von Anna-Sofia, heute einer schönen, apart angezogenen Frau Mitte vierzig, die Kunsthistorik studierte und als Kunsttherapeutin tätig ist. Sie wirkt besonnen und zugewandt.

Ihre Kinderzeit stand unter dem Motto: „Ich bin weder gewollt noch geliebt, so geh ich halt wieder." Das Kind hungerte, eine Suppenkasparin. Erfolglos. Sie wurde in lange Ferienfreizeiten mit Zwangsfütterung und kalten Abspritzungen auf kleine Mädchenkörper geschickt.

Anna-Sofia war klug. Sie veränderte die Strategie. Sie wurde gut. Gut in der Schule, gut im Aussehen. Sie studierte in Paris. Eine bescheidene Bude, aber die schönste Zeit im Leben der Anna-Sofia. Sie trägt ihrem „bayerischen Dragoner", womit sie ihre Mutter meint, nichts nach. Auch dem Vater nicht. Die Eltern hatten es schwer und wussten es nicht besser.

Anna-Sofia heiratet ihre Studentenliebe, einen Arzt, mit dem sie drei inzwischen fast erwachsene Kinder hat. Der Mann arbeite „wie ein Stier". Ihre Arbeit dagegen wird nicht honoriert, obwohl sie immer mehr leistet und sich nicht mal ein Bad im See vor dem Haus gönnt. Ihre Daseinsberechtigung schwindet. Immer außer Puste, fühlt sie sich unverstanden, ungeliebt und … auch wieder unwillkommen. Als Anna-Sofia 38 Jahre alt ist, wird ein Mamma-CA diagnostiziert. Die Amputation ist unumgänglich. Das erste Rezidiv bekommt sie nach fünf, das zweite nach drei Jahren. Ein Spezialist der Onkolgie lässt nebenbei eine Bemerkung über die Spitze eines Eisberges fallen. Anna-Sofia ist völlig verunsichert, erlebt in dieser Zeit die Untreue ihres Mannes aber bitterer als die Verunstaltung ihres Körpers und die Krankheit selber. Kehrt sie erleichtert von der Kontrolluntersuchung zurück, kommentiert ihr Mann nur, dass er eh gewusst habe, sie sei nur hysterisch.

Inzwischen beschäftigt sich Anna-Sofia mit Literatur, meditiert, malt. Sie besucht einen Kurs bei Carl Simonton und macht ihre therapeutischen Visualisationen. Was ihr dabei auffällt? Immer zu dem Zeitpunkt, da die Killerzellen in Attacke gehen sollen, schläft sie ein.

Wieder ist ein verdächtiger Knoten zu fühlen. Etwas stimmt nicht. Heute will Anna-Sofia leben, kann aber nicht, noch nicht.

Ein Mensch wie Anna-Sofia ist aufgeschlossen und dankbar für Psychotherapie. Die Beleuchtung der Historie mit ihren Mustern, die sie langsam schon selber erkennt, ist ihr wichtig. Hier treten Kriterien in Erscheinung, die auch in der groß angelegten Langzeitstudie von Stierlin und Grossarth-Maticek (1998) beschrieben werden. Die mangelhafte Selbstregulation mit der ständigen Überforderung, der Mangel an nährenden Beziehungen mit allgemeinem Ungleichgewicht zwischen „Geben und Nehmen". Aber auch die Immunsuppression durch jahrelange Stressoren in Berufs- und Privatleben, die Verleugnung eines schlechten Lebenssystems und der daraus resultierenden Verzweiflung im Verborgenen. Hier findet sich nicht der frühe Verlust eines Elternteils wie bei Ina, der oft in der Geschichte von Krebspatienten anzutreffen ist. Aber es ist die Lebensberechtigung an sich, die fehlt. Und sie wurde vor der zweiten tiefen Bindung in ihrem Leben, der Eheschließung, nicht „eingeholt".

Hier können wir alles bieten, was uns zur Verfügung steht. Die Therapieziele ergeben sich dabei aus dem Menschen, den wir vor uns haben. Und auch hier gehen wir wie immer ressourcenorientiert vor. Unser

Fokus liegt beispielsweise nicht auf der mangelhaften Abgrenzung, sondern darauf, wo zufällig positive Grenzen gesetzt werden. Dabei schöpfen wir aus dem Vollen unserer Erfahrung und Intuition.

Die Arbeit mit so einem Menschen ist eine große Herausforderung, und sie ist ein Geschenk. Die Art der Erkrankung geht dem Therapeuten nah. Oft finden wir uns an unseren Grenzen, weshalb wir nie nur ausschließlich mit Krebspatienten arbeiten sollten. Da das Leben infrage gestellt ist, bekommt der therapeutische Prozess eine besondere Tiefe. Nirgends vermögen wir so viel zu lernen, auch über uns selber, als mit Menschen, die unter dieser tödlichen Bedrohung stehen. Und nichts ist schöner, als wenn sie bezwungen werden kann.

4.2 Selbsthypnose und Visualisation

Selbsthypnose und Visualisation sind wesentliche Bausteine der Selbsthilfe. Sie sollen wie unter 3.3 und 3.4 dargestellt praktiziert werden. Besonderheiten sind im Folgenden ausgearbeitet.

Ein Gesunder vermag die Erfahrungen wie auch die Gefühle eines Menschen, der an dieser Krankheit leidet, kaum nachvollziehen. Deshalb lasse ich hier meinen Patienten, mit dem ich seit zwei Jahren zusammenarbeite, erzählen. Er berichtet von seiner Selbsthypnose, wie er sie mit der Zeit modifizierte und was er durch sie erreicht.

4.2.1 Beispiel einer vom Patienten entworfenen Selbsthypnose, kommentiert

Herr S., geboren 1955, besuchte mich im Juli 1998 für die erste Therapiestunde. Vier Monate vorher waren bei ihm ein Leiomyosarkom im rechten Oberschenkel, Stadium pT2 b G3, mit Leber- und Lungenmetastasen diagnostiziert worden. Der Aufbau unserer Therapie richtete sich nach dem in vorliegendem Buch aufgezeichneten Therapieplan. Herr S. ist der Patient, der mir vom Indischen Ozean schrieb. Diese von ihm entworfene Selbsthypnose übte er zweimal täglich, zusätzlich zu seiner über sieben Monate laufenden Hypnotherapie, aus. Sie half ihm über eine lange Zeitetappe. Er spricht in seinem Text von Heilung, obwohl er die statistischen Werte bezüglich der Prognose kennt. Eine

Remission ist auch nicht eingetreten. Er weiß aber seine Zeit zufrieden stellend zu nutzen und zu gestalten. In Abständen bin ich – auch über E-Mail – immer wieder mit ihm in Kontakt. Aus welchem Grunde er seine Selbsthypnose heute anders gestaltet, ist in seinem anschließenden Kommentar zu lesen. Hier sein Bericht.

Aktivierung der Motivation

Ich nehme mir dreißig Minuten für mich selber Zeit. In diesem besonderen Zeitraum werde ich mich ausschließlich meiner körperlichen Gesundung widmen. Die bislang gemachten positiven Erfahrungen stimmen mich zuversichtlich. Ich bin von einem sicheren Gefühl getragen, dass ich dazu beitragen kann, dass es mir besser geht.

Einstimmung auf die Selbsthypnose

Ich schließe die Augen, um mich gut konzentrieren zu können. Mit Respekt und Wertschätzung für mein Empfinden und Handeln wende ich mich dann mir selbst zu.

Induktion mithilfe der Fokussierung auf die Atmung

Zuerst lenke ich meine Aufmerksamkeit auf die Atmung. Schon dadurch werden von alleine die Atemzüge ruhiger und tiefer. Mit jedem Einatmen hebt sich der Körper in der Vorstellung um wenige Millimeter an. Das bewirkt ein leichtes Gefühl des Schwebens. Ist mein Brustkorb dann durch die Fülle der Luft angenehm gedehnt, genieße ich für einen Augenblick diese Weite. Danach achte ich auf das befreiende Ausströmen der Luft. Dabei sinkt der Körper locker und entspannt zurück, locker und entspannt. In der Pause vor dem nächsten Einatmen macht sich wohltuende Stille in mir breit. Ich genieße diese Momente, die von Atemzug zu Atemzug länger werden. Von dem wellenförmigen Auf und Ab der Atmung getragen, entferne ich mich von allen Äußerlichkeiten.

Physische Tiefenrelaxation

Bald bemerke ich befriedigt, wie ich mehr und mehr bei mir bin und wie sich eine seelische Verbindung zu meinem Körper herstellt. Nach und nach löst sich sämtliche Anspannung. Alle Muskeln lockern sich. Eine tiefe Gelöstheit breitet sich in alle Richtungen aus, überallhin.

Hände und Armen öffnen sich weich nach außen, die Schultern rutschen nach hinten, auch die Spannung im Nacken lässt nach. Der Rücken liegt breit und satt auf der Unterlage. Die Gesichtsmuskulatur erfährt Ruhe; um Augen, um Mund und die Nasenpartie ist alles entspannt und glatt, die Stirne fühlt sich klar und angenehm kühl an. Meine Gesichtszüge sind friedlich ... Entspannt sind Zehen und Füße, die Beine rollen leicht nach außen, da die Hüftmuskulatur elastisch nachgibt, das Becken ist abgesunken, und im Bauch fühlt es sich lebendig und wohlig an. Wärme durchstrahlt den ganzen Körper. Er ist weich und aufnahmebereit.

Die Atmung ist nun vollkommen ruhig und gleichmäßig, und ich gleite wie von selbst in Hypnose, mit jedem Ausatmen tiefer und tiefer ...

Wie warm, still und friedlich es in mir ist!

Körper, Geist und Seele finden zueinander. Sie sind eins. Wie angenehm das ist!

Dissoziation an einen Ort in der Natur mit heilender Ausstrahlung, Ausgrenzung des Tumor- und Metastasengewebes

Nun gehe ich in der Vorstellung an „meinen Ort". Dort liege ich auf einem großen, von der Sonne aufgetankten Felsen, der aus dem Meer herausragt. Die Sonne scheint mild und leuchtend auf mich herab. Das Rauschen der Brandung erfüllt die Luft. Feiner Wasserstaub berieselt wie der Atem der Natur meinen Körper. Ich spüre die Kraft dieses Ortes. Ich erlebe, wie die gespeicherten Energien des Felsens durch die Haut in meinen Körper dringen, mehr und mehr wärmende und heilende Energie. Ich nehme auch die Energie von Sonne, Wasser und Meeresluft in mir auf, mehr und mehr heilende Energie. Allein die Tumorzellen sind jetzt und im Weiteren von dieser physischen Anreicherung ausgeschlossen. Wie Fremdkörper fristen sie ein Dasein im Dunkeln.

Halluzination von energetisierenden Strömen im Körper

Mein Körper, ja mein ganzes Wesen verbindet sich mit der Kraft der Natur. Diese Kraft flutet wie ein lichter Strom durch meine Glieder. Er fließt von den Fingerspitzen über die Hände, Handgelenke, Unterarme in die Armbeugen, mit jedem Atemzug mehr und mehr. Er strömt unaufhörlich in kleinen Wellen weiter über die Oberarme in die Schultergelenke, von dort zum Nacken. Dort verbinden sich die Ströme aus den beiden Armen. Nun fließen sie durch das Zentrum der Kraft zwischen den Schulterblättern die Wirbelsäule hinunter, Wirbel für Wirbel, durch den Rücken in den Bauch und das Becken.

Ein anderer Energiestrom gelangt von den Zehen in die Füße und weiter in die Fußgelenke. Die Waden füllen sich mit warmer Energie. Sie fließt weiter in die Kniekehlen, von dort in die Oberschenkel und in das Becken und den Bauch. Ein dritter Energiestrom gelangt mit der Atemluft bis in die Lungen. Beim Ausatmen ergießt sich die Energie in Brust und Bauchraum. Dort, in der Mitte des Körpers, verbinden sich wie in einer großen Schale die Energieströme. Jetzt verspüre ich intensiv eine besondere Kraft in mir wirken.

Visualisation vom Zerfall der Tumorzellen und von der gesunden Regeneration des Gewebedefektes

In bildhaften Fantasien erlebe ich, wie die krankhaften Zellen wie von einem Laserstrahl getroffen werden. Er überfriert sie, sodass sie schwächer und schwächer, lebloser und lebloser werden. Der Zerfall der krankhaften Zellen bahnt sich an. Von der nährenden Zufuhr abgeschnitten, zerfallen sie, lösen sich auf, werden in die ableitenden Kanäle gespült und später ausgeschieden. Das innere Auge schweift dabei langsam und aufmerksam durch den Körper und begleitet ihn bei seinen heilsamen Vorgängen. Zu diesem Zeitpunkt macht sich im ganzen Körper ein Kribbeln deutlich. Das deutet mir an, dass meine Abwehr- und Selbstheilungskräfte aktiviert und wichtige körpereigene Substanzen ausgeschüttet werden. Die immunologischen Abwehrzellen des Blutes schwemmen in alle Bereiche des Körpers und gelangen besonders dorthin, wo sie gebraucht werden. Ich muss nicht wissen, was genau geschieht, weil die Natur meines Körpers dafür Sorge trägt. Krankes Gewebe schwindet, wonach mit gesundem, glattem Gewebe defekte Stellen geschlossen werden. Ich vertraue auf die Weisheit meines Körpers und mobilisiere die Kraft meiner seelischen Liebe, in die ich die betroffenen Körperregionen einhülle.

Intensivierung und Integration der Tranceerfahrung

Alle diese Vorgänge absorbieren mich völlig. Sensibel fühle ich die eintretenden körperlichen Veränderungen. Ich gebe mich ganz dieser Vorstellung hin und beobachte, was von alleine geschieht. Dafür nehme ich mir alle Zeit der Welt. Ich gehe tiefer und tiefer in Trance.

Manifestierung der positiven Erwartungshaltung mit Vision des Therapiezieles im Sinne der Zeitprogression
Ich glaube an meine Selbstheilungskräfte und freue mich schon jetzt auf den Tag, an dem ich geheilt sein werde. Voller Lebenslust, Kraft und Zuversicht wird das Leben ein einziges Fest und voller Schönheit und Leichtigkeit sein. Vor mir erscheint eindrücklich das Abbild meiner eigenen Person: vital, rundum gesund, mein Körper erstarkt und in seinen Funktionen verlässlich.

Nutzung der hypnotischen Zustandes für spontan auftauchende neue Ideen, die der Therapie dienen können
Vielleicht kann ich noch eine Botschaft empfangen, die ich in der nächsten Selbsthypnose verwerten kann. Vielleicht erhalte ich noch einen Hinweis, was ich auf der seelischen Ebene oder im Bereich des Verhaltens zusätzlich tun kann, um meine Gesundung weiter zu fördern.

Posthypnotische Suggestion für die Depotwirkung des Hypnoseeffektes
Bevor ich wieder frisch und klar in das Wachbewusstsein zurückkehre, sage ich mir, dass die Wirkung der heilenden Trance auch nach der Hypnose in meinem Organismus verbleiben und ihr heilendes Werk fortsetzen kann.

ps, München, Jan. 1999

Anmerkung: Dem Patienten ist die Schwere seiner Krankheit immer bewusst gewesen. Trotzdem spricht er von Heilung und davon, dass er sich sein Leben dann als ein einziges Fest vorstelle. Vielleicht klingt für uns die Passage mit dem „Fest" ein wenig bombastisch. Aber wenn wir uns mal einen eigenen schweren Infekt aus der Vergangenheit vergegenwärtigen und erinnern, wie es einem da zumute war und wie man sich danach sehnte, irgendwann mal wieder auf einer hübschen Piazza einen Cappuccino zu schlürfen … Vielleicht bekommt man da eine Ahnung davon, wie es in einem Menschen aussieht, der sich mit einer lebensbedrohlichen Krankheit auseinander zu setzen hat. In dieser Situation muss es wirklich traumhaft sein, sich ein Leben ohne Angst und Verzweiflung vorzustellen.

Die Überzeugung von seiner inneren Kraft hat diesen Mann selten verlassen und auch bis heute getragen. Der Befund zeigt keine Progredienz.

Inzwischen, zwei Jahre später, übt Herr S. weiterhin Selbsthypnose aus, variiert allerdings die Inhalte immer wieder, damit kein Gewöhnungseffekt entsteht. Trotz der ungünstigen Prognose ist der Befund seit nun zwei Jahren unverändert. Als ich Herrn S. am Telefon bitte, mir seine Erfahrungen mit Hypnose zu berichten, bestätigt er mir spontan, dass das für ihn von Anfang an eine wichtig Erfahrung war:

> Gerade für mich, wo ich so ein Kopfmensch war und alles mit dem Verstand begreifen wollte, eröffneten mir die Erlebnisse in Hypnose eine völlig neue Welt. Ich bekam eine ganz neue Dimension des Lebens zu verspüren, fand darin Trost und Halt, Schmerzlinderung und Weiterentwicklung. Es ist ein Prozess des Lernens über sich selbst, wobei man sich gedanklich ausschaltet. Das ist ja so hilfreich. Ich habe viel Glauben an mich durch diese Erfahrung gewonnen. Und das vertieft sich zunehmend. Allerdings darf man die Hypnose nicht stereotyp verwenden, sonst nutzt sie sich ab. Je nach der Situation mache ich unterschiedliche Sachen, ich habe da inzwischen ein ganzes Repertoire. Auch denke ich, dass da jeder sein Eigenes finden muss …

Per E-Mail kommen weitere Informationen:

> Hallo, liebe Frau Kaiser, die unangenehmen Nachwirkungen lassen langsam nach: Müdigkeit, Schwäche, Atembeschwerden, Schmerzen in Bauch, Brust und Rücken. Nachdem ich den dritten Zyklus einigermaßen überstanden habe und wieder in der Lage bin, Kontakt aufzunehmen mit der Welt draußen, möchte ich Ihnen ein paar Zeilen schreiben. Leider konnte ich meine Anwendung der Hypnose noch nicht im Einzelnen dokumentieren.
>
> Ihre überarbeiteten Hinweise für Hypnose bei Chemotherapie habe ich verwendet. Da ich keine Probleme unmittelbar während

der Therapie habe, konnte ich mich auf die Visualisierung der Wirksamkeit der Therapie konzentrieren.

Ich bin davon abgekommen, längere Texte auszuarbeiten und dann anzuwenden. Am Anfang wollte ich es besonders gut machen und habe vielleicht auch zu viel erwartet. Ich hatte dann sehr viel reingepackt und die gleiche, recht lange Übung über einen längeren Zeitraum wiederholt. Aber irgendwann wird das fad, stereotyp und mechanisch. Besser gefällt es mir mittlerweile, häufiger zu variieren und ohne ausgearbeitetes Konzept zu improvisieren. Inzwischen genügt es mir, wenn ich mir vorher die Dinge klarmache, die anstehen und die ich bearbeiten will. So kann ich besser auf meine momentane Situation, meine aktuellen Bedürfnisse Rücksicht nehmen. Manchmal steht die Schmerzdämpfung im Vordergrund, dann bestimmte negative Emotionen oder Unruhezustände, der Stresspegel. Ein anderes Mal gibt es etwas zu klären oder zu entscheiden.

Gewisse Elemente der Hypnose, die sich bewährt haben, kommen wahlweise und den aktuellen Bedürfnissen entsprechend zum Einsatz:

- Aufmerksamkeit auf der Atmung ruhen lassen.
- An einen angenehmen Ort gehen.
- Loslassen und Tiefersinken in Stufen – sei es einzelner Körperteile oder als Ganzes.
- Empfindungen von Gelöstheit, Wärme, Wohlbefinden in einzelnen Bereichen erzeugen und sich ausbreiten lassen.
- In den Schmerz und in Verspannungen hineingehen und in entspannte Inseln des Wohlbefindens umwandeln.
- Kosmische Energie in den Körper einfließen lassen, zu bestimmten Körperregionen lenken, den ganzen Körper in heilende Energie einhüllen.
- Den Glauben, die Zuversicht stärken.
- Wunder für möglich halten und innere Sicherheit aufbauen, dass sie auch mir passieren können und es schon geschieht.
- Ruhe, Gelassenheit, innerer Frieden. Harmonie, Sich-sauwohl-Fühlen in seiner Haut.
- Gefühl des Geborgen- und Geschütztseins usw. usw.

Natürlich gibt es auch Themen, die langfristig von Bedeutung sind und deshalb fast täglich eingebaut werden. z. B. die Vorstellung, Tumor und Metastasen werden kleiner, das Gewebe wird weicher und glatter, die kranken Zellen sterben ab und werden wegtransportiert, die Neubildung wird gestoppt. Dabei ist die Intensität der Vorstellung wichtiger als die verbale Formulierung.

Machmal habe ich keine Lust, mir vorher etwas zu überlegen. Dann greife ich auf eine der vielen CDs (da tut mir besonders der *Magische Schwamm* und *Sammeln und Loslassen* auf Ihren CDs gut) oder auf eine Kassette zurück. Das ist mittlerweile eine kleine Sammlung.

Pausen haben sich bewährt – eine Woche je Monat, da gibt es Hypnose nur, wenn etwas anliegt, wo ich nicht warten möchte, z. B. Schmerzzustände oder Unwohlsein.

Nun bin ich ja gespannt, ob Sie uns besuchen kommen können. Nachdem ich Ihren Terminkalender kennen gelernt hatte, kamen mir leise Zweifel. Chr. lässt sein Training sausen. Ich hole Sie von der S-Bahn ab. So gegen 14.00 Uhr?

Liebe Grüße Ihr ps

4.2.2 Visualisation

Bei Visualisationsübungen muss darauf geachtet werden, dass den „vielen gesunden Zellen im Körper" Energie und Kraft zugeführt, das Tumorgewebe dagegen von der nährenden Zufuhr abgeschnitten wird. Die mentale Übung unterstützt die medikamentös eingeleitete Zerstörung der Tumorzellen, die den Anstoß zur Apoptose gibt.

Die pathologischen Zellansammlungen können in der Vorstellung auch ausgehungert werden.

„Die ausgetrockneten Inseln"

Ziel: Drosseln und Unterbinden der Energiezufuhr zum Tumorgewebe

Ausgehend von der Tatsache, dass das Tumorgewebe über eine eigene Blutzufuhr verfügt, stellt sich der Patient vor, wie dieser Nahrungsstrom unterbunden wird. Auch hier ist es wieder am sinnvollsten, wenn eigene Bilder gefunden werden.

Eine Idee: Man stelle sich die tumorösen Zellanhäufungen als verwilderte und struppige Inseln in einem See vor. Die Zuläufe zu diesem See werden aber gestaut, die Bäche umgeleitet. Keine Flüssigkeit, keine Nährstoffe dringen mehr zu ihnen durch. Die Sonne leckt den Rest auf. Der Wasserpegel sinkt, die Vegetation welkt dahin, die Inseln verkarsten, Wind und Wetter tragen sie ab. Alles wird glatt, ebenmäßig. Die gesunde Umgebung aber erhält nun umso mehr Sauerstoff und Nahrung, denn alle Bäche fließen dorthin.

Um das Erkennungsproblem des Immunsystems, das die Tumorzellen vorher übersehen hatte, zu lösen, kann die „spitzfindige Fee" ebenso wie ein Scanner oder eine „Radarüberwachungsanlage" verwendet werden.

4.3 Suggestionsprogramm für Selbsthypnose und Visualisation im Rahmen der Chemotherapie

Durch spezifische Suggestionen können einerseits psychische Akzeptanz erhöht und andererseits Nebenwirkungen der Chemotherapie nachweislich reduziert werden. Der Patient sollte dafür in Hypnose und Selbsthypnose eingewiesen sein und sich mithilfe des Therapeuten eventuell sogar selber einen Text ausarbeiten und auf Mini-Disc sprechen. Auch eine musikalische Untermalung ist möglich. Vor, während und nach der Chemotherapie lässt er sich dann die Texte mit jeweils entsprechenden Inhalten über Kopfhörer zukommen.

4.3.1 Suggestionen für die Selbsthypnose

Besonderer Wert wird auf die Etablierung eines fantasierten Schutzraumes gelegt. Unser Patient übt sich im Auffinden dieses Ortes und vertieft sich dort in Vorstellungen mit folgenden Inhalten:

- Ich mache es mir jetzt so angenehm wie möglich.
- Alle Informationen (schlechte Suggestionen), die einen schlechten Einfluss auf mich ausüben, berühren mich nicht, vergesse ich.

- Alle widrigen äußeren Probleme haben zur Zeit keine Bedeutung für mich.
- Ich kann mich an gute Situationen aus meinem Leben rückerinnern.
- Vor meinen Augen wird ein schönes Bild entstehen.
- Ich widme mich Gedanken und Fantasien, die mich zuversichtlich stimmen.
- Zeit scheint schneller als gewöhnlich zu vergehen.
- Meine unbewusste Aufmerksamkeit ist auf die therapeutischen Vorgänge in meinem Körper gerichtet.
- Schlafen kann ich, so viel mir gut tut. Während und nach der Behandlung kann ich lange Schlafperioden haben. Da sich im Schlaf meine Abwehrkräfte stärken, schlafe ich leicht ein und schlafe tief und erholsam durch. Anschließend erwache ich erfrischt und erholsam aufgetankt.
- Falls mir während des Schlafes unwohl werden sollte, kann ich kurzfristig erwachen, um dann sofort wieder in tiefen Schlaf zu fallen und jene Episode einfach vergessen.
- Eventuelle unangenehme Nebeneffekte lösen sich von alleine wieder auf.
- Ich trinke viel, um alle Schadstoffe und Abfallprodukte schnell aus meinem Körper zu schwemmen.
- Mein Körper spricht positiv auf die verordnete Behandlung an.
- Die besondere Kraft meines Unbewussten wird mir jederzeit zur Verfügung stehen. Sie wird mich körperlich und seelisch unterstützen.
- Allen diesen Leitgedanken folge ich ganz intuitiv, einfach weil es mir gut tut und hilft.

4.3.2 Visualisation für den Zeitraum der Infusion

(eventuell auf Tonband oder Minidisc sprechen und mit Musik untermalen)

Ziel: Den Patienten zu entspannen und in die therapeutische Arbeit einzubinden, damit er die notwendige Chemotherapie positiv annehmen kann

Therapeut: „Sie sind jetzt ein Teil unseres Teams. Wir arbeiten alle zusammen, damit wir Ihren Körper gemeinsam in seiner Heilungskraft unterstützen.

Gönnen Sie sich jetzt einen Moment Zeit. Sie werden dann besser verstehen, wie Ihnen die Medizin helfen kann: Wie Sie wissen, ist die Krebszelle eigentlich eine trostlose und unkoordinierte Zelle. Sie ist aber bestrebt, sich zu vermehren, und kann dann einen Tumor bilden. Normalerweise werden diese Zellen vom Immunsystem erkannt und unschädlich gemacht. Ihrem Körper ist da aber wohl ein Fehler unterlaufen. Deshalb erhalten Sie jetzt medikamentöse Unterstützung. Die Chemotherapie schwächt die Tumorzellen so weit, dass Ihr Körper imstande sein wird, sie anzugreifen, zu überwältigen und zu eliminieren. So kann der Organismus wieder Oberhand gewinnen.

Nach neueren Untersuchungen kann die therapeutische Visualisation zusätzlich helfen. Während der Visualisation stellen wir uns Bilder vor, die ihren Körper unterstützen.

Konzentrieren Sie sich nun auf eine ruhige Atmung und erinnern sich Ihrer Fähigkeit, in tiefe Hypnose zu gehen. Gut so!

[Pause]

Sobald Sie das geringste Missbehagen verspüren, machen Sie einfach einen tieferen Atemzug. Lassen Sie sich dabei vermehrt entspannen, und das Missbehagen wird verschwinden. An seine Stelle wird das gleiche Behagen treten, das Sie während einer angenehmen Hypnose erfahren.

Als Erstes stellen Sie sich jetzt vor, dass im Gefäßsystem Ihre Venen mit einem schützenden Gel auskleidet werden, zuerst die großen Venen, dann die kleineren Blutbahnen. Atmen Sie dabei weiter ruhig und tief.

[Pause]

[Falls kein Venenport gelegt ist: Nun lassen Sie eine Hand taub werden; taub, schwer, empfindungslos gegenüber Schmerz und wie eingeschlafen!

Die Venen Ihres Handrückens schwellen von alleine an. Dafür können Sie sich einen Fluss vorstellen, der viel Wasser trägt. So kann die Nadel leicht in die Vene eindringen. Danach kann sich das Gewebe gut um die Nadel schließen. Lassen Sie es einfach geschehen. Fein. Wenn Sie so weit sind, dass wir anfangen können, wird uns Ihr ‚Ja-Finger' ein Zeichen geben.]

Sehr schön.

Fühlen und sehen Sie nun, wie die hilfreiche Flüssigkeit in Ihr System fließt! Sie fließt an den gesunden Zellen vorbei und lässt diese völlig außer Acht. Der Körper lenkt die Flüssigkeit genau dahin, wo er sie zur Unterstützung braucht, um die Zerstörung der Krebszellen einzuleiten.

[Pause]

Verfolgen Sie mit Ihrem inneren Auge, wie die Wirkstoffe jede einzelne Krebszelle finden, wo auch immer sie im Körper sei. [An dieser Stelle sind die betroffenen Körperbereiche zu erwähnen.] Beobachten Sie die Wirkung der Medikamente, wie die Wirkstoffe die bösartigen Zellen angreifen, eine nach der anderen, und deren Schwächung einleiten.

[Pause]

Sehen Sie nun, wie die Krebszellen durch die Flüssigkeit lahm und lahmer werden.

[Pause]

[Hier kann je nach Bedarf und Vorstellungsart und -vermögen eine weitere Ausmalung erfolgen.]

Später werden Sie sich vorstellen, wie die Killerzellen mühelos den Rest erledigen. Danach werden die Abfallprodukte der abgestorbenen Krebszellen beseitigt. Das Gewebe wird von den Abfallprodukten der zerfallenen Krebszellen gereinigt, die Zerfallsprodukte aus dem Körper herausgespült. Sie gelangen durch die Abflusskanäle aus dem Körpers hinaus. Der Organismus wird von innen gesäubert. Danach treten die körpereigenen Abwehrkräfte in Aktion. Die Antikörper übernehmen die Regie; überall halten sie achtsam Ausschau und sorgen für die Befreiung des Körpers.

[Pause]

Sie besitzen Einfluss auf Ihre körperlichen Vorgänge. So können Sie selber viel für sich tun.

Stellen Sie sich ausschließlich Dinge vor, die Sie stärken. Denken Sie aber auch daran, dass nicht alles in Ihren Händen liegt. Geben Sie deshalb den anderen Teil an andere gute Kräfte ab.

[Pause]

Gehen Sie nun tiefer in Hypnose, damit Ihr Körper sich erholen kann. Das Immunsystem findet zu seinen natürlichen Funktionen zurück. Es erkennt deutlich mögliche Fehler und weiß, was zu tun ist.

Nach all dieser Tätigkeit werden Sie wie nach einer weiten Wanderung starken Durst verspüren. Sie werden viel trinken und damit Ihren Organismus unterstützen.

[Pause]

Wenn Ihnen wieder mehr Bewegung möglich ist, werden Sie sich bewegen und Ihrem Körper damit Sauerstoff zuführen. Auch das wird Ihnen helfen.

Aber jetzt lehnen Sie sich zurück, und ruhen Sie."

4.3.3 Nebenwirkungen reduzieren

„Atmen Sie ruhig und genießen den friedvollen Platz, den Sie sich ausgewählt haben. Genauso gut, wie Sie gelernt haben, Schmerzsensationen auszuschalten, können Sie Gefühle von Unwohlsein ausschalten. Sie können den Schalter bedienen, der unangenehme Gefühle in Ihrem Magen kontrolliert. Der geringste Hinweis auf Unwohlsein kann ein Zeichen geben, um Ihre erlernten hypnotischen Fähigkeiten in Gang zu setzen. Finden Sie den Schalter und bedienen ihn, bis das Licht über dem Schalter erlischt. Gut. Lassen Sie somit ungute Gefühle von selber erlöschen."

Oder

„Manchen Menschen hilft auch die Vorstellung, der Körper sei ein Haus, in welchem in jedem Raum die Lichter brennen. Sie finden *den* Raum des Hauses, in dem der Magen wohnt. Sie gehen in den Raum und löschen dort das Licht. Das unangenehme Gefühl wird damit gelöscht. Auf den Zehenspitzen verlassen Sie dann behutsam den Raum und verschließen sicher die Türe. Wenden Sie sich nun allen angenehmen Gefühlen in Ihrem Körper zu und fühlen sich ruhig, vertrauensvoll und zuversichtlich. Das ist das Beste, was Sie für sich und Ihren Körper jetzt tun können. Und verbleiben Sie bei diesem Gefühl so lange, wie Sie wünschen, und so lange, wie es für Sie sinnvoll ist. Sie genießen diesen physisch und psychisch entspannten Zustand, um Ihre Heilung zu unterstützen. Diese Technik können Sie jederzeit wieder anwenden. Der Schalter lässt sich von Ihnen an jedem Ort und zu jeder Zeit betätigen, und mit dem Timer lässt sich eine Zeitdauer einstellen, über die diese Funktion aufrechterhalten werden soll. Auch kann die Zeit schneller als gewöhnlich vergehen. Stunden können wie Minuten verrinnen, und Sie können während und nach der Behandlung lange Schlafperioden genießen.

Sie können sich angenehmer als erwartet fühlen."

Die hier aufgeführten Bilder und Suggestionen sollen nur Anregung dafür bieten, dass mit eigenen Worten und in Variation etwas ganz Persönliches gezimmert wird. Halten wir dann diesen Text auf Tonband fest, kann er zur besonderen Stütze werden.

„... ob Sie es glauben oder nicht, Ihre besprochenen Kassetten haben mir durch die schlimmsten Zeiten hindurchgeholfen. Die Kassette *Chemotherapie vom Flieger aus* liegt schon im Apparat, da ich gleich die erste Hochdosis-Chemo bekomme ... Wenn ich wieder in München bin, melde ich mich, Ihre ..." lese ich im Brief einer Frau, die inzwischen von einem Non-Hodgkin-Lymphom genesen ist.

4.3.4 „Die Chemotherapie vom Flieger aus"

„... ist eine metaphorische Visualisation, die ihr besonders gut gefiel: Ein Rotkreuzflugzeug kreist über einer Stadt, in der manches in Unordnung geraten ist. Besonders deutlich kann man das an den Lichtern sehen, weil es Nacht ist. An manchen Stellen herrscht ein totales Gewühl, ein Drunter und Drüber. Das Flugzeug lässt Schläuche mit Saft in die Stadt hinunter, und zwar zu den Stellen, die von dem Chaos betroffen sind. Nach und nach regelt sich das Durcheinander, die Lage beruhigt sich, Ordnung tritt ein. Die Schläuche können eingezogen werden, das Flugzeug dreht ab. Es wird aber so oft wieder erscheinen, bis die Stadt selber die Lage in den Griff zu bekommen weiß.

4.4 „Unerledigte Dinge" – Nutzen der Zeit für Wesentliches und für Abschied

In den hypnotisch veränderten Bewusstseinszuständen schöpft der Patient Mut und erfährt, welche Angelegenheiten – außer den schon bedachten – noch zu regeln und zu bereinigen sind. Zu Themen können Auflösen vermeintlicher Schuld, Verzeihen und Bekennen von Gefühlen werden. Der Therapeut steht zur Seite und erinnert dabei immer wieder an die unbewusste Weisheit / Instanz, die selbst im Schlaf Eingebungen schenkt.

4.5 Hypnose als Begleiterin nach der Gesundung

Ist die Genesung von einer schweren Erkrankung geglückt und der Patient bereits in der Rekonvaleszenz, bleibt oftmals die als traumatisch erlebte Bedrohung zurück, zumal wenn der Patient keine psychotherapeutische Begleitung erleben durfte. Den Körper als anfällig und unzuverlässig erlebt haben zu müssen kann eine schwere Kränkung bedeuten, und jeder Anflug von Erschöpfung, Schwäche oder selbst ein grippaler Infekt wird zum Gegenstand der Sorge. Ein chronischer Unruheherd rumort hartnäckig im Hintergrund, um bei geringstem Anlass aufzuflackern. Die Selbstbeobachtung kann zwanghafte Züge annehmen. Es wird im Spiegel betrachtet, getastet, geprüft. Nachuntersuchungen werden mit Albträumen erwartet, können mit Gewichtsverlust einhergehen und geben nur momentane Sicherheit. Dieses Phänomen ist besonders bei Menschen zu beobachten, die eine Krebserkrankung überwunden haben. Die Krankheit ist besiegt und doch wieder scheinbar nicht besiegt. Das ist gefährlich. Unruhe und Angst wirken immunsuppressiv, sie müssen bearbeitet werden. Wie das Schwert des Damokles schwebt der alte Befund über Körper und Seele.

Die Krankheit muss auch mental offiziell beendet, das Kapitel abgeschlossen und das Thema gewechselt werden. Therapeutische Rituale und z. B. das mehrmalige Ausführen der Übung *Sammeln und Loslassen* (Kaiser Rekkas 1998, S. 116 ff.; CD 1999) sind Möglichkeiten, der Krankheit den Rücken zu kehren, um sich endgültig auf die Seite der Gesunden zu schlagen. Natürlich ist nichts mehr wie vorher. Genauso wie es chronisch Kranke gibt, kennen wir auch „chronisch Gesunde", die selbstgefällig kein Verständnis für das Leiden anderer aufbringen wollen. Der Genesende aber gehört zu einer Sondergattung, zu den „Leiderfahrenen und Gesundgewordenen". Da gibt es kein Supportsystem, keine Selbsthilfegruppe.

Hier setzt die wichtige hypnotherapeutische Nachbetreuung an. Sie reicht mit Verständnis ihre Hand, weist aber in eine eindeutige Richtung: Hinwendung zum Leben. Kein Patient sollte nach der Gesundung alleine gelassen werden, zumal vor den Kontrolluntersuchungen, die große Belastungen darstellen. Ansonsten können nach Bedarf Sitzungen angeboten werden.

Die neuen Schritte, die die Krankheit lehrte, müssen beibehalten werden. Die Hypnose sollte für die Psychohygiene einen Platz im Tagesablauf behalten ebenso wie körperliche Bewegung, ausreichend Schlaf und bereichernder zwischenmenschlicher Austausch. Immer wieder sollte zur Aufrechterhaltung der Gesundheit in ihre heilende Kraft eingetaucht werden.

Die Übung *Aussteigen aus pathologischen Ich-Zuständen* (Kaiser Rekkas 1998, S. 157 ff.) ist hervorragend geeignet, auf Krankheit fixierte dissoziierte Zustände aufzulösen. Der folgende Brief dokumentiert eine solche Auflösung:

Sehr geehrte, liebe Agnes, zu unserer Hypnosesitzung am letzten Freitag möchte ich dir gerne den weiteren Verlauf berichten: In der darauf folgenden Nacht zu dem Zeitpunkt, wenn das Bewusstsein hinter das Unbewusste zurücktritt, wurde ich mit der deutlichen Empfindung/Erkenntnis wach, dass ich keinen Krebs mehr habe. Vielen Dank!

So ist noch ein bisschen mehr von der „Mordsenergie" frei, die mir durch die Lebensbedrohung der Krebserkrankung bewusst wurde und die ich jetzt für meine Interessen konstruktiv und gezielt einsetzen kann. Einen kleinen Einblick in das, was ich so in meinem Fach und angrenzenden Gebieten mache, zeigen dir die Papiere, die ich mitschicke.

Ich wünsche dir weiterhin viel Erfolg mit deiner Arbeit und verbleibe für heute (bis zum nächsten Mal?) mit freundlichen Grüßen … Prof. Dr. med. …

Beispiel: Arbeit an einem Traum

Während einer psychoonkologischen Weiterbildung klagte ein Kollege über wiederkehrende und lang anhaltende Kopfschmerzen. Er war vor acht Jahren an Leukämie erkrankt, von der er genesen war. Es hatte sich aber damals durch die Bestrahlung ein Glaukom beidseits entwickelt. Die erste Glaukom-Operation durchstand er ohne Probleme, wogegen die zweite zur traumatischen Erfahrung für ihn wurde. Seitdem traten ohne weitere Anlässe – mit Ausnahme von Belastung oder Stress – Kopfschmerzen auf. Auf meine Frage hin bestätigte er, dass er oft morgens schon mit Kopfweh aufwache, sich aber keiner Träume entsinnen könne. So verfolgte ich meine Vermutung und holte sein bewusstes Einverständnis für eine hypnotherapeutische Arbeit ein. Ich befragte daraufhin seine Fingersignale, ob er sich nachts in den Träumen noch mit dem qualvollen Eingriff beschäftige. Es erfolgte ein deutliches „Ja-Zeichen". Ich erbat via Fingerzeichen die Einwilligung, solch einen Traum aufzugreifen und zu bearbeiten, was heißt, einen guten Traum daraus zu machen (siehe *Traumarbeit* in Kaiser Rekkas 1998, S. 126 ff.).

Bei dem ersten Traumdurchgang brach die ganze Pein und auch die Verzweiflung, sich nicht wehren zu können, noch einmal durch. Und das, obwohl ich die Suggestion gegeben hatte, der Traum könne sich entfernt wie zum Beispiel im Keller abspielen, während er in unserer inzwischen sehr tragfähigen Runde fokussiert bleiben sollte. Das ganze Drama aus der Zeit von vor acht Jahren muss sehr an der Oberfläche gelegen haben, mit solcher Heftigkeit trat es zutage. Er atmete schwer, schluchzte, und vergegenwärtigte zugleich auch noch eine mißglückte Lumbalpunktion, die außerordentlich schmerzhaft gewesen sein muss. Offensichtlich hatten sich beide Situationen überlagert und in der Wirkung potenziert. Ich legte meine Hand stärkend auf seinen Rücken (zwischen die Schulterblätter) und war geistig und physisch sehr nah bei ihm. Er brachte den ersten Durchgang des Traumes unter meiner Führung zu Ende. Mit der Suggestion, dass er im zweiten Durchgang unbewusste Fähigkeiten der Hilfestellung und Meisterung der Situation einfügen könne, entspannte sich mein Kollege, während er im dritten Durchgang die offenbar ungeschickten Ärzte kurzerhand verjagte und erfahrene engagierte. Außerdem konnte er sich selber in der Vorstellung die schlechten Erfahrungen „aus dem Kopf streichen".

Nach der Hypnose erwachte er mit Wohlgefühl, was durch die Fingersignale bestätigt wurde. Der Kopfschmerz war aufgelöst. Seinen ansonsten durch sklerodermische Haut-Efflorescenzen wie in einem Panzer eingeengten Thorax fühlte er erleichtert, warm durchblutet und in der Atmung befreit. Auch äußerte er Zuversicht, in Zukunft selbst diese Symptome positiv beeinflussen zu können.

In der anschließenden Pause erzählte er mir, dass er sich gerade erinnere, wie er in den drei Monaten seines „Zeltaufenthaltes" in einer Art Fantasiereise wunderschöne Episoden seiner Kindheit wiedererlebt hatte.

Bei einem telefonischen Kontakt elf Wochen später freue ich mich, vom Verschwinden der Kopfschmerzen zu hören.

5. Exemplarische Therapiedarstellungen

Auf dem Gebiet der inneren Medizin lässt uns Katharina Guttenbrunner an lehrreichen Erfahrungen mit Hypnotherapie in ihrem Fachgebiet teilhaben.

Zum Thema Rheumatologie treffen wir zwei alte Bekannte wieder, zwei Frauen mit primär chronischer Polyarthritis. Beide experimentierten mit Hypnose, beide erfolgreich. Die eine im arktischen Eis, die andere im karibischen Carnival.

5.1 Hypnose in der Inneren Medizin

Katharina Guttenbrunner

Im Folgenden soll ein Überblick über die Anwendungsmöglichkeiten der Hypnose in der inneren Medizin gegeben und auf die unterschiedlichen Ansätze und Therapieziele eingegangen werden. Die medizinische Betreuung des Patienten beim niedergelassenen Facharzt oder in Spezialambulanzen bildet dabei die Basis der Therapie.

Vier Bereiche werden beschrieben:

1. Hypnose bei schweren akuten und chronischen Krankheiten am Beispiel des Morbus Crohn.
2. Hypnose bei funktionellen Syndromen und vegetativen Störungen am Beispiel des Colon irritabile/*irritable bowel syndrom*, der essenziellen Hypertonie und der paroxysmalen Tachykardie.
3. Hypnose bei Stoffwechselstörungen am Beispiel des Diabetes mellitus.
4. Hypnose in der diagnostischen und interventionellen Medizin am Beispiel der Endoskopie.

5.1.1 Hypnose bei schweren akuten und chronischen Krankheiten und Somato-Psychosomatosen

Bei akut auftretenden Erkrankungen stehen für den Patienten Angst, Schmerz, Unsicherheit und Bedrohung im Vordergrund. Die Wahrnehmung ist auf das körperliche Geschehen konzentriert. Völlig neue Gefühle und Empfindungen ersetzen die vertrauten körperlichen Eindrücke, „man ist seiner selbst nicht mehr sicher", Gewohntes wird durch Neues, Beängstigendes ersetzt. Durch direktives und klares Vorgehen kann der Therapeut oder Arzt mithilfe der Hypnose dem Patienten rasch und effizient Geborgenheit, Ruhe, Zuversicht, Reduktion von Angst und Schmerz, Anästhesie und Dissoziation vom Geschehen um ihn herum vermitteln.

Es ist wichtig, die Störung und Veränderung im Selbstbild des Patienten zu erkennen und zu akzeptieren, um ihm die notwendige Unterstützung und Geborgenheit vermitteln zu können.

Bei chronischen Erkrankungen kann Hypnose Folgendes bewirken:

- Ganz allgemein führt die vegetative Entspannung des Patienten zu einer Verbesserung des subjektiven Wohlbefindens.
- Die Verbindung speziell für einen bestimmten Patienten/ein bestimmtes Problem entwickelter Bilder und Suggestionen kann Allgemeinzustand, Ernährungszustand, chronische Schmerzen, vegetative Symptome etc. günstig beeinflussen sowie die Compliance – das Verhalten, die Ernährung, die körperliche Aktivität betreffend – stärken.
- Perioperative Hypnose vermindert die Angst des Patienten, reduziert postoperativen Schmerz und unterstützt eine rasche Regeneration.
- Regelmäßige Selbsthypnose erzeugt Ruhepausen, fördert Erholungsprozess und Regeneration, bewirkt anhaltende vegetative Umstellungen und stärkt das Immunsystem.
- Hypnose leitet die Neuorientierung des Patienten im Sinne eines bewussten Umganges mit der Tatsache, an einer chronischen Erkrankung zu leiden, ein. Oft entsteht erst dadurch die Wahrnehmungsfähigkeit für den eigenen Körper und das eigene Verhalten, welche als Basis jeder positiven Veränderung zu betrachten ist.

Beispiel: Morbus Crohn

Der Morbus Crohn ist eine chronisch entzündliche Darmerkrankung, deren Leitsymptome Durchfälle, Gewichtsverlust und Schmerzen sind. Die mangelnde Resorption der Nahrung durch entzündete Darmabschnitte oder vorhergehende Operationen führt zur Schwächung des gesamten Organismus.

Die notwendigen häufigen Blut- und Darmuntersuchungen, die Ernährung über die Venen und eventuelle Operationen belasten den Patienten zusätzlich in hohem Maße und beeinträchtigen oft seinen gesamten Alltag.

Die Anwendung von Hypnose führt zu einer deutlichen Verbesserung des subjektiven Befindens und kann insgesamt unterschiedlichste Problembereiche positiv beeinflussen, wie ich an einem Patientenbeispiel darstellen möchte.

Für die ersten Schritte auf dem Weg zur vegetativen Entspannung, besonders in einer akuten Phase oder bei einem neuerlichen Krankheitsschub, eignen sich Bilder von Lieblingsplätzen (Waldwiese, Meeresstrand, Garten etc.), die dann ganz detailliert, möglichst über mehrere Sinneskanäle (Sehen, Fühlen, Riechen, Schmecken), imaginiert werden. Mithilfe dieser Orte entsteht die Wahrnehmung des eigenen Körpers, lernt der Patient, sich zu spüren, zu fühlen, und erfährt, wie es ist, auf einer Wiese zu liegen, im Meer zu schwimmen, wie die Muskulatur sich anfühlt, wo der Körper leicht und angenehm ist und wo er verkrampft und schmerzhaft auf sich aufmerksam macht. Die Gleichmäßigkeit der Atmung, das Ein- und Ausströmen der Luft verbindet den Körper mit seiner Umgebung, das Fühlen von Sonnenstrahlen oder Wasser auf der Haut verstärkt diese Erfahrung.

Als nächster Schritt können unangenehme Wahrnehmungen und Schmerzen reduziert, aufgelöst und ausgeschaltet werden, wobei es ganz wichtig ist, den Signalschmerz in seiner Funktion zu belassen und zu bestätigen.

Ist der Patient mit seinem „Lieblingsort“ vertraut und findet Gefallen an den entstehenden körperlichen Sensationen der Entspannung, können gemeinsam spezielle Bilder für spezielle Situationen entwickelt werden. Zur Illustration das Bild eines Patienten, der vor fünfzehn Jahren an Morbus Crohn erkrankte, mehrfach Darmoperationen hatte und immer wieder wegen mangelnder Nahrungsresorption über die Vene ernährt werden musste: Er stellte sich seinen entzündeten Darm vor und veränderte dann langsam die Farbe von Dunkelrot zu Zartrosa.

Später wurde sein Darm zu einem Bach, der unzählige lebensnotwendige Nährstoffe aus den Bergen und dem Gestein gelöst hatte und diese nun in seinen Körper fließen ließ, bis der Körper kräftig und gestärkt war. Diese speziellen Bilder sollen möglichst täglich über einige Wochen eingestellt werden, wobei sich mit der Veränderung des Gesundheitszustandes auch die Bilder modifizieren und dadurch eine wichtige Informationsqelle bilden.

Das Abklingen einer akuten Krankheitsphase kann der Neuorientierung des Patienten im Umgang mit seiner Erkrankung dienen. Fragen der beruflichen Belastbarkeit, allgemeiner Verhaltensweisen in Bezug auf Ernährung, Sport, Urlaub, die Einbindung der Familie in die Problematik der Erkrankung und vieles mehr müssen überdacht werden. Das ist die Zeit für problemorientiertes Arbeiten, das durchaus auch konfrontativ sein kann und dem Patienten die Möglichkeit zur Verhaltensänderung gibt. Sehr erfolgreich sind die *Zeitlinienarbeit* bei konkreten Problemen, das *Buch des Lebens* oder der *Raum der Lösungen* bei der Entwicklung von Copingstrategien sowie der *Tag nach dem Wunder* in Hinsicht auf raschen Wandel (alle Beispiele aus Kaiser Rekkas 1998).

5.1.2 Hypnose bei funktionellen Syndromen oder vegetativen Störungen am Beispiel des Colon irritabile/irritable bowel syndrom, der essenziellen Hypertonie und der paroxysmalen Tachykardie

Vegetative oder funktionelle Störungen gehören zu den häufigsten Beschwerdebildern, die einen Patienten zum Arzt führen. Sie umfassen vorübergehende bis dauerhafte körperliche Missempfindungen und Störungen vegetativer Funktionsabläufe ohne nachweisbare organische Ursache und werden als körperlicher Ausdruck von Affekten betrachtet.

Hypnotherapeutisch finden sich in diesem Bereich zwei Ansatzpunkte:

- die direkte Arbeit an der funktionellen Störung durch Entspannung, Ruhe, Veränderung der körperlichen Wahrnehmung mit Zunahme eines „sicheren" Gefühls dem eigenen Körper gegenüber und Visualisierung der physiologischen Abläufe,
- die Bearbeitung der zugrunde liegenden psychischen Störung.

Beispiel: Colon irritabile/*irritable bowel syndrom*

Dieser Begriff fasst Beschwerdebilder des Bauchraumes zusammen, bei denen mit den derzeitigen Diagnosemöglichkeiten kein organisches Korrelat gefunden werden kann. Man kennt spastische Formen mit Bauchschmerzen und Obstipation, Krankheitsbilder mit Diarrhoen und Mischformen. Langwierige Ausschlussdiagnostik und oft unbefriedigend verlaufende Therapien aggravieren die Beschwerden und können zu jahrelanger Beeinträchtigung führen.

Hypnose kann hier oft schon in den ersten Sitzungen wahre Wunder wirken durch Entspannung und ruhevolle Konzentration auf den Körper, der oft sehr ängstlich und sorgenvoll wahrgenommen wird.

Bilder von Landschaften, von sicheren und ruhigen Orten, vom eigenen Körper in verschiedenen Farben oder Reisen durch den Körper können sehr schnell zu einer deutlichen Reduktion der Beschwerden führen. Der Schwerpunkt liegt hier auf dem Erlernen der Wahrnehmung des Körpers und seiner Funktionen, wobei die Einführung eines geschützten Ortes Sicherheit und Experimentierfreudigkeit fördert.

Die Verwendung von ideomotorischen Fingerzeichen ist besonders bei vegetativen Störungen sehr hilfreich und kann zu unkomplizierten Lösungen schwieriger Situationen im Sinne gegenläufiger Bestrebungen der bewussten und der unbewussten Ebene führen. Auch können notwendige Voraussetzungen für künftige Veränderungen sowie vorhandene Hemmnisse geklärt werden, was in jedem Fall einen Anstoß zur Bearbeitung des Problems darstellt.

Manchmal gibt es allerdings auch „Nebenwirkungen“: die Symptomverschiebung (Symptomshift)!

Gerade bei anfänglich deutlicher und rascher Besserung der Symptomatik tritt nach einem unterschiedlich langen Intervall ein neues Beschwerdebild in einer anderen Körperregion auf, wie folgendes Beispiel veranschaulichen soll:

Eine dreißigjährige Frau, die seit etwa zwei Jahren an schmerzhaften Durchfällen litt, die bis zu zwölfmal im Laufe des Vormittags auftraten, erfuhr durch Hypnose schon nach der ersten Sitzung eine auffallende Besserung, nach drei Wochen ein fast vollständiges Verschwinden ihrer Beschwerden. Auch nach drei Monaten war der Darm weiterhin „in Ordnung“, sie hatte aber plötzlich nächtliche Durchschlafstörungen und Erstickungsgefühle.

Kein Grund, die Hypnose abzubrechen, nur muss jetzt vermehrt der psychotherapeutische Ansatz praktiziert werden.

Beispiel: Essenzielle Hypertonie
(Ein klassisches Beispiel zu diesem Themenbereich findet sich in Kaiser Rekkas (1998, S. 240–242):

> In einem mehrtägigen Ausbildungsseminar berichtete ein Teilnehmer, Internist, 51 Jahre, dass er seit fünfzehn Jahren an einer funktionellen Hypertonie mit Werten bis zu 230/130 leide. Zuerst habe er das nicht so ernst genommen. Für zwei Jahre war er aber dann doch medikamentös zuerst mit Betablockern, seit sechs Monaten mit ACE-Hemmern (Coversum 4 mg) eingestellt. Da ich in meinen Fortbildungen immer therapeutisch arbeite und diese Arbeiten dann didaktisch vermittele, entschieden wir uns für einen „Versuch mit Hypnose" in der Arena des Seminars. Es wurde ein Blutdruckgerät besorgt, der Internist stoppte die Medikation.
>
> In der ungefähr 40-minütigen therapeutischen Intervention arbeitete ich zuerst kurz auf der Symptomebene mit Bildern von Entspannung, Öffnung, Weichheit, Elastizität und Fließen, um dann aber auf jeden Fall die ideomotorischen Fingersignale zur weiteren Diagnostik zu befragen. Diese zeigten unverzüglich und klar eine seelische Grundlage der heutigen physischen Verfassung an. Ich befragte den Arzt nach seiner bewussten und unbewussten Zustimmung zur Weiterführung der hypnotherapeutischen Arbeit. Es erfolgte eine kongruente Bejahung. Bei der Eruierung des Alters, in dem sich das fragliche Erlebnis – was sich als seelische Verletzung auswies – ereignete, leiteten uns die Fingerzeichen weit zurück, und zwar in die Zeit um die Geburt. Ich bestätigte nochmals seine Verankerung im Hier und Jetzt und zusätzlich das emotionale Wohlwollen der gesamten vierzigköpfigen Ausbildungsgruppe. Ich war sehr auf ihn konzentriert und auch physisch sehr nahe, meine Hand ruhte auf seiner Schulter. Meine Aufforderung lautete, ganz bei sich zu bleiben, gut weiterzuatmen und die momentanen Wahrnehmungen aufmerksam zu beobachten und dann zu beschreiben. Er wirkte auf einmal sehr gequält und unglücklich. Tränen überströmten sein Gesicht. Ich erfuhr, dass er im dissoziierten Zustand der Hypnose erlebte, wie er bei der Geburt nicht willkommen war. Das erschien mir

recht logisch bei der Information, die ich von ihm in einem knappen Gespräch in einer ganz anderen Situation erhalten hatte: Sein Vater hatte sich das Leben genommen, als die Mutter mit ihm schwanger war. Es gab schon drei Kinder, es war das Jahr 1945.

Gemäß der Technik ‚Arbeit am Kindheitstrauma' führte ich die Intervention fort und fragte die Fingerzeichen, ob ein Teil in ihm bereit sei, das Kind – jetzt – zu empfangen, zu begrüßen und willkommen zu heißen. (Ich wusste, dass er selber drei große Kinder hat.) Nach der ideomotorischen Zusage zu allen Fragen forderte ich ihn auf, dieses Kind, sagen wir, sein ‚inneres Kind' ans Herz zu drücken und wirklich liebevoll willkommen zu heißen. Er legte spontan beide Hände auf sein Herz, und sein Gesicht spiegelte binnen kurzem die tiefe Erfahrung wider. Ich gewährte ihm Zeit, bis er ganz gelöst, ja erlöst wirkte, und unterstützte seinen inneren Prozess dann mit den Worten, dass in dem Maße, in dem er sich selbst ans Herz drücke, der innere Druck abnehmen könne. Die posthypnotische Suggestion lautete entsprechend, sowohl in der Selbsthypnose als auch im Schlaf immer wieder die Hände liebend auf sein Herz zu legen.

Die von ihm aufgezeichneten Blutdruckwerte:
Medikation am Tage der therapeutischen Intervention abgesetzt, 8 Uhr morgens: 168/109, nach der Hypnose 11 Uhr: 157/99, abends: 155/105, nächster Tag, 8 Uhr morgens: 145/89, abends nach einem belastenden Telefonanruf: 155/99, übernächster Morgen, 8 Uhr: 153/91. Anlässlich eines Anrufes bei ihm während seiner Praxiszeit erfahre ich sechs Tage nach der Intervention, dass sich der Blutdruck auf einem erstaunlich guten Niveau stabilisiert habe. Die letzte Messung an diesem Morgen ergab RR 122/78.

Der Arzt nimmt (mit einer Anreise von 500 km) noch einen weiteren Termin bei mir in meiner Praxis wahr. Es hatte sich in seinem Privatleben vieles bewegt, was es psychotherapeutisch nochmals zu beleuchten und zu integrieren galt. Nach weiteren drei Wochen erhalte ich von ihm einen Brief mit der erfreuten Mitteilung, dass sich der Blutdruck auf „phänomenal guten Werten" von 120/80 stabilisiert habe.

Beispiel: Paroxysmale Tachykardie

Paroxysmale Tachykardien sind wiederkehrende Zustände mit deutlich beschleunigtem Herzschlag, mit oder ohne Schmerz- und Druckempfindungen im Brustraum und ohne organisches Substrat. Begleitend können Atemnot und Erstickungsgefühle, Kreislaufprobleme, Hitzewallungen und Kälteschauer, Taubheits- und Kribbelgefühle auftreten. Die Grenzen zum psychovegetativen Allgemeinsyndrom und zur Panikattacke sind fließend.

Eine 35-jährige Frau ohne relevante Vorerkrankungen bekam plötzlich wiederholt starkes Herzklopfen und Herzrasen, zunehmend begleitet von Erstickungsgefühlen und Hitzewallungen über 15–20 Minuten. Anfänglich ein- bis zweimal in der Woche, traten diese Zustände bald mehrmals täglich auf, beunruhigten sie sehr und führten nach kurzer Zeit zu nächtlichen Durchschlafstörungen und in der Folge zu Abgeschlagenheit. Die kardiologischen Untersuchungen ergaben vollständig unauffällige Befunde.

Nach den ersten Hypnosesitzungen mit der Imagination von ruhigen, entspannenden Landschaften besserte sich die Begleitsymptomatik, die Tachykardie blieb jedoch bestehen. Allerdings konnte die Patientin über ihre Probleme familiärer und beruflicher Natur sprechen, die aus Belastungssituationen auf mehreren Ebenen bestanden. Anschließend an dieses Gespräch wurden die verschiedenen Probleme in Gruppen sortiert, nach ihrer Dringlichkeit geordnet und grafisch von ihr auf einem großen Papier dargestellt. Diese Form des Ausdruckes ist im Alltag und im Berufsleben der sehr kreativen Patientin verankert. Noch mit dieser Grafik vor Augen wurde eine Zukunftsimagination durchgeführt mit der Vorstellung, am nächsten Morgen aufzuwachen und festzustellen, dass ihre Probleme vollständig verschwunden sind. Der folgende Tag wurde dann Schritt für Schritt in Hypnose durchgegangen, und die positiven Veränderungen wurden detailliert imaginiert (siehe *„Das Wunder" der Paartherapie,* 7.3).

Der Erfolg war deutlich und stellte sich innerhalb weniger Tage ein.

5.1.3 Hypnose bei Stoffwechselstörungen am Beispiel des Diabetes mellitus, Typ II/NIDDM

Der Diabetes mellitus ist eine der häufigsten endokrinen Störungen und wird in verschiedene Formen der Glucosestoffwechselstörung mit unterschiedlicher Ätiologie und Symptomatik unterteilt. Die Grundlage ist ein absoluter oder relativer Insulinmangel mit pathologischen Blutzuckerwerten, die bedrohliche Ausmaße annehmen können und dann zur vollständigen Entgleisung des gesamten Stoffwechsels führen. Die Spätschäden entstehen durch Veränderungen an den großen und kleinen Gefäßen.

Die Hypnose beim Diabetes mellitus konzentriert sich auf mehrere Bereiche:

- Die Erkenntnis des Patienten, an einer chronischen Störung zu leiden, ist der erste wesentliche Schritt, wobei die Tatsache, dass jemand „seine Diagnose“ kennt, nicht unbedingt bedeutet, dass er sie auch auf allen Bewusstseinsebenen wahrnimmt. Dieses Bewusstwerden steht aber am Beginn jeder erfolgreichen Veränderung.
- Die Entwicklung des Wissens, dass man selbst weitgehend den Verlauf der Erkrankung durch gezieltes Verhalten beeinflussen kann, wodurch Gefühle der Unausweichlichkeit und Fremdbestimmung in Gefühle der Autonomie und Selbstbestimmbarkeit verwandelt werden und eine Stärkung des Selbstbewusstseins entsteht.
- Das Erarbeiten eines neuen, die Erkrankung beachtenden Lebensstils im Sinne der Einhaltung der Diät, regelmäßiger Kontrollen, ausreichender Bewegung etc. ... Hier kann viel mit reinigenden Wasserbildern und der Verwendung ideomotorischer Fingerzeichen, um unbewusste Hindernisse und Hemmungen sichtbar werden zu lassen, erreicht werden.
- Regelmäßige Selbsthypnose stützt die neu entstandene Entwicklung, lässt Erfolge zu und stärkt dadurch wieder Selbstvertrauen und Selbstbewusstsein des Patienten. Zusätzlich entsteht ein spielerischer Umgang mit den eigenen Fähigkeiten und eine Reduktion der oftmals bestehenden Neigung zur Rigidität, was die Erfolge weiter steigert.

Ein außergewöhnliches Beispiel

Eine mehrfach ausgezeichnete Spitzenköchin der internationalen Gastronomie erkrankte an Diabetes mellitus. Obwohl sie sich seit Kindheitstagen intensiv und äußerst kreativ mit Nahrungsmitteln und deren Zubereitung beschäftigte – sie hatte vor kurzem ein wunderbares Gourmetkochbuch herausgegeben –, war ihr das Einhalten der erforderlichen Diät unmöglich. Einerseits neigte sie vor allem in Stresssituationen zu vermehrter Nahrungsaufnahme, andererseits fand sie bereits den Gedanken an die erforderliche Diät langweilig und einschränkend.

Das spiegelte sich in den Blutzuckerwerten und der zunehmenden medikamentösen Therapie wider.

In Hypnose wurde ihre Aufmerksamkeit zuallererst auf die Wahrnehmung ihres Körpers gelenkt. In Anlehnung an den „Lichtersee“ (Kaiser Rekkas 1998, S. 174 ff.) imaginierte sie einen See in einer wunderschönen Hügellandschaft und ihren Körper als ruhenden See, der von einem hellen, funkelnden, ganz klaren Bach durchflossen wurde, der den See reinigte. Der anfangs blaue See stellte sich bald im Kontrast zu dem klaren, reinen Gebirgsbach als schlammiges Gebilde dar, das von hässlichen, großen Fischen und missfarbenen Algen bewohnt wurde. Der Bach putzte den See vollständig aus, spülte hässliches Getier, Schlamm und Algen weg und ließ alles über eine Felswand stürzen, wo sich Algen und Tiere in der glitzernd-feuchten Luft auflösten. Der See blieb mit frischem Wasser gefüllt zurück, klar wie ein Spiegel der Landschaft und des Himmels und bewohnt von unzähligen kleinen, bunten Fischen.

Nach knapp zehn Tagen war die Veränderung der Essgewohnheiten so weit gediehen, dass sie wesentlich niedrigere Blutzuckerwerte hatte und kurz darauf die Medikamente reduziert werden konnten.

Die oben erwähnten Attacken vermehrter Nahrungsaufnahme konnte sie mithilfe einer *Zeitlinienarbeit* (Kaiser Rekkas 1998, S. 157) weitgehend aufgeben.

Wirklich überrascht war ich aber, als sie mir sagte: „Weißt du, was ich tun werde? Ich werde ein Gourmetkochbuch für Diabetiker schreiben!“

5.1.4 Hypnose in der diagnostischen und interventionellen Medizin am Beispiel der Endoskopie

Die Endoskopie ist ein besonders geeignetes und dankbares Anwendungsgebiet für die Hypnose. Allein schon durch das Wort „Endoskopie“, oft auch durch das somatische Geschehen befinden sich viele

Patienten in einem erhöhten Angst- und Spannungszustand. Wie schon für chirurgische Eingriffe beschrieben (Lang 2000, pp. 1486–1490), kann das Befinden des Patienten erheblich verbessert, auf Medikamente meist vollständig verzichtet und der gesamte Untersuchungsablauf verkürzt werden.

Grundsätzlich sind zwei polare Einsatzbereiche zu unterscheiden:

A) Die geplante endoskopische Untersuchung bzw. der geplante Eingriff
Hier besteht die Möglichkeit, den Patienten einige Tage bis Stunden vor der Untersuchung bereits ein- oder mehrmals in Hypnose zu versetzen oder ihn im günstigsten Fall zur Selbsthypnose zu motivieren. Man kann dann während der Untersuchung auf bereits bekannte Phänomene zurückgreifen. Auch befindet sich der Patient hierbei meist in einem körperlich ausreichend stabilen Zustand, um aktiv mitzuarbeiten. Untersuchungsteam und Patient tragen mithilfe der Hypnose *gemeinsam* zum guten und raschen Gelingen der Untersuchung und/oder des Eingriffes bei.

B) Die akute Endoskopie bzw. die Notfallendoskopie
Dieser Fall ist anders gelagert. Die Angst ist schon durch das akute Geschehen, oft auch durch einen reduzierten Allgemeinzustand deutlich erhöht, allerdings auch die Suggestibilität und die Neigung zur Regression. Das Untersuchungsteam soll hierbei vollständig die Schutzfunktion für den Patienten übernehmen, seine Regression zulassen und Gefühle von Geborgenheit und Sicherheit ermöglichen.

Die Hypnoseanleitung wird in knapper, klarer Formulierung deutlich direktiv gegeben.

In Bezug auf die bisher in diesem Buch beschriebenen Hypnoseinduktionen sind einige Unterschiede zu beachten, die sich durchaus als größere Hindernisse darstellen können.

- *Der Zeitfaktor:* Lange Hypnoseinduktionen sind in der Akutsituation, sowie in Untersuchungsräumen mit hoher Tagesfrequenz nicht durchführbar. Das Bild muss für den Patienten wirklich stimmen, zu ihm passen. Es sollte ein starker, positiv besetzter Ort sein, an den der Patient „wie von selbst" hingehen kann (z. B.:

der Lieblingsort, ein wunderschöner Urlaubstag, ein freudig erwartetes Ereignis ...).

- *Die Lagerung:* Von der zur Durchführung der Untersuchung erforderlichen Lagerung des Patienten ist grundlegend keine entspannende Unterstützung zu erwarten. Daher muss das „Bild" besonders gut „ziehen"!
- *Die Atmung* spielt nicht nur in der Hypnose, sondern auch bei der technischen Durchführung der Untersuchung eine bedeutende Rolle. Ruhige Atembewegungen mit Betonung der Ausatmungsphasen, Visualisierung von Meereswellen auf allen Sinneskanälen und Ähnliches erzeugen oder vertiefen das Hypnoid.
- Viel mehr noch kann durch die *gleichlaufend ruhige Atmung des Untersuchers* erreicht werden. Beides unterliegt oft größeren Widerständen!
- *Die Sprache* bedarf hier einer besonderen Exaktheit – einerseits in der Wortwahl selbst, andererseits in dem Bewusstsein, dass jede Kommunikation auf den Patienten konzentriert sein muss, selbst wenn es sich um die Besprechung technischer Details innerhalb des medizinischen Personals handelt. Die Sprache der Hypnose, die durch Stimme und Wort vermittelte Ruhe muss auch in schwierigen Situationen eingehalten werden. Auch dies bedarf einiger Übung und Selbsterkenntnis des Untersuchers. Aber wie wir wissen, Hindernisse fördern bekanntlich Sportsgeist und Fantasie!

Beispiel für eine nicht geplante Untersuchung

Ein älterer Patient kommt, im Rollstuhl sitzend, in Begleitung seines Enkels wegen starken Bluterbrechens vor einigen Stunden. Er hatte schon vor zwei Jahren ein blutendes Magengeschwür und immer wieder Beschwerden. Er ist auffallend blass, sein Puls geht schnell bei noch unauffälligen Blutdruckwerten. Er ist sehr aufgeregt und sagt, dass er erst vor vier Wochen die letzte Kontrollgastroskopie hatte und sich unter gar keinen Umständen wieder dieser Untersuchung unterziehen wird.

Nach der Begrüßung, einer kurzen Anamnese – ich kenne den Patienten flüchtig von seinem letzten Aufenthalt in unserem Krankenhaus vor zwei Jahren – und der Feststellung der Kreislaufsituation ergibt sich folgendes Gespräch:

Patient (sehr aufgeregt): „Was werden Sie jetzt tun?"
Ich: „Jetzt werden wir zuerst ihr Blut kontrollieren und dann zur Sicherheit noch in den Magen hineinschauen …"
Pat. (sehr schnell und aufgeregt): „Kommt überhaupt nicht infrage, ich sagte schon, das wurde vor vier Wochen gemacht, und da ist nichts herausgekommen, es war schrecklich, die Ärzte verstehen nichts und finden nichts, ich geh jetzt heim!"
Der Enkel (sofort anschließend und merklich gereizt): „ Ja, da wird immer nur untersucht, und da kommt eh nix raus, und dann muss er dableiben, und es g'schieht nix!"
Ich denke: Das wird sehr schwierig, aber trotzdem muss ich ihn jetzt beruhigen und sage: „Sehen Sie, es ist ganz wichtig, dass sie noch bei uns bleiben, wir müssen jetzt dafür sorgen, dass ihr Blut wieder in Ordnung kommt. Ihr Körper braucht ausreichend Blut, damit sie sich wohl fühlen können …"
Pat.: „Das haben die anderen auch gesagt, dass es wichtig ist, dass ich dableiben muss, das kenn ich schon, das interessiert mich nicht! Und bei der Untersuchung erstick ich immer fast, ich will nicht, ich geh jetzt!" (Er bedeutet seinem Enkel, ihn hinauszufahren. Er ist sehr blass.)
Ich: „Es ist wirklich wichtig …"
Pat. (jetzt wütend): „Das interessiert mich nicht. Ich geh einfach, ich will gar nix von euch!"
Ich denke: Jetzt muss etwas geschehen! Dann sage ich ganz ruhig, langsam und eher leise: „Gut, Sie wollen gehen, Sie kennen diese Untersuchung schon, und in Ihrer Erinnerung ist sie unangenehm –
Pat. (etwas ruhiger): „Ja, sehr unangenehm!"
Meine Akzeptanz seiner ablehnenden Gefühle und unangenehmen Erinnerungen hat offenbar den Kontakt wieder möglich gemacht.
Ich: „Und Sie wissen, *wie wertvoll* Ihr Blut ist, weil sie *gerne leben* und *Freude haben* an Ihrem Enkel, und der *braucht Sie* auch …"
Pat.: „Ja, er braucht mich und, wissen Sie, wir wollten am Wochenende einen Ausflug machen!"
Ich: „Und *das werden Sie auch tun,* Sie werden am Wochenende einen Ausflug mit Ihrem Enkel machen, und Sie können sich jetzt schon überlegen, *wie* das sein wird und wie Sie sich *dann fühlen* werden und wie gut das sein wird, wenn Sie wieder bei Kräften sind. Und während Sie sich das vorstellen, werde ich die Untersuchung machen, und Sie sind ganz

ruhig und atmen ganz ruhig, Sie atmen ganz ruhig und gleichmäßig, und dabei planen Sie Ihr gemeinsames Wochenende …"
Pat. (interessiert): „Ich werde den Ausflug machen können?"
Ich: „Ja, das *werden* Sie, und jetzt atmen Sie ganz ruhig und gleichmäßig und denken an das kommende Wochenende und an die gemeinsame Reise, und Ihr Enkel steht auch jetzt hier neben Ihnen …"
Pat.: „Also, Frau Doktor, dann gastroskopieren Sie mich halt, vielleicht haben Sie ja Recht."

Die Gastroskopie verlief schnell und komplikationslos, die Blutung war bereits zum Stillstand gekommen, der Patient blieb noch zur Überwachung über Nacht im Krankenhaus und konnte dann mit medikamentöser Therapie noch vor dem Wochenende entlassen werden. Auch gegen eine Kontrollgastroskopie hatte er keinerlei Einwände, denn: „… das war ja gar nicht unangenehm!"

(Ende des Textes von Katharina Guttenbrunner.)

5.2 Rheumatologie

Gute Mitarbeit vonseiten des Patienten vorausgesetzt, können meiner Erfahrung nach ausgezeichnete Erfolge bei rheumatoider Arthritis wie der primär chronischen Polyarthritis (PCP) erzielt werden. Dies belegt auch die vergleichende Studie mit 66 Polyarthritis-Patienten von Horton-Hausknecht (1995), deren Hypnoseintervention ich supervidierte (Horton-Hausknecht u. Mitzdorf 1997; Horton-Hausknecht 2000, S. 567). *Mit Phantasie ins Knie* (*Süddeutsche Zeitung* 1996) und ähnlich malerisch lauteten Artikel in Fachliteratur und Presse, die darüber berichteten. Und tatsächlich, malerisch sollten die Inhalte der Übungen sein. Bilder von Entspannung und Heilungsprozessen, am besten wie immer in persönlicher Pinselführung, tun bei disziplinierter Anwendung ihre Wirkung. Dabei spielt der Faktor der Hypnotisierbarkeit keine Rolle. Hypnotische Tiefenentspannung mit Übungen wie *Raggedy Ann* und *Kornähre*, konsequent ausgeübte Selbsthypnose, therapeutische Visualisation und hypnotherapeutische Interventionen in Bezug auf Veränderungen im Lebenskontext sind die Parameter der Behandlung.

Rheumapatienten können auch gut von einer Gruppensituation profitieren. Ich empfehle allerdings, für jeden Patienten ab und an eine Einzelsitzung anzuberaumen. In der Gruppensitzung, vielmehr -liegung, *wandern wir z. B. in die Wildschönau, sitzen dort vor dem Holzhäuschen, atmen die würzige Alpenluft, hören das Plätschern des Wassers in dem alten, ausgehöhlten Baumstamm, der als Brunnen dient. Kinderlachen in der Ferne, bunte Paraglider am Himmel ... und der Körper erinnert sich seiner Hausapotheke ... mit all den wirksamen Substanzen ... viel besser als die künstlich hergestellten ... Eine Katze, die sachte ihre Tatzen aufsetzt ... geschmeidige, fließende Bewegungen ... das angenehme Gefühl, mit der Heilung in Verbindung zu kommen ... Den Weg entlangwandern ... leichtfüßig ... genießen ... Die Arme schwingen im Rhythmus ... sich selber laufen sehen aus der Ferne ... Freude ... Versunkenheit ... Stille ... Ruhe ... Balance des Körpers ...*

In Kaiser Rekkas (1998) konnte man zwei Rheumapatientinnen, meine haitianische Freundin und Kollegin C. sowie Carlotta mit ihren Traumreisen, schon kennen lernen.

Meine Freundin C., mit ihrer Familie in Zürich ansässig, erwarb sich inzwischen ein zweites Domizil auf ihrer karibischen Insel. D. h., sie erweiterte ihren Lebensbereich um die quirlige Welt, von der sie abstammt, und tankt dort jährlich Calypso, Steelband, Carnival, Lachen und Vitalität auf und ist jetzt ein anderer Mensch. Nein, das stimmt nicht. Meine liebe Freundin ist jetzt sie selbst, sie hat zu ihrer Identität zurückgefunden. Und das hat die Krankheit wohl zum Sistieren gebracht. Die Gelenkdeformationen sind geblieben, aber C. kann zeitweise ganz auf Medikamente verzichten, wobei sie immer wieder mal den „Lichtersee" oder die anderen Übungen auf der CD hört und sich danach ausgesprochen wohl fühlt.

Carlotta dagegen hat es nach Alaska gezogen. Carlotta, die vor der Therapie kaum Treppen steigen konnte, schreibt mir plötzlich völlig verzaubert aus dem Eis. Ihre Hand malt dazu Polarlichter. Eine Hand, die früher Mühe hatte, eine Tasse zu halten.

17.3.2000

Liebe Agnes! Alaska – ein Wort, das mir auf der Zunge zergeht und das sofort eine Fülle wunderbarer Eindrücke aus meiner Erinnerung auftauchen lässt. Es ist unbeschreiblich schön. Kein Land dieser Erde hat mich bisher so in seinen Bann gezogen wie Alaska. In dieser Natur, unter diesem Himmel zu stehen hat mich tief berührt.

Die Polarlichter: Nachts, bei bitterster Kälte, vor die Haustür treten ... es ist nicht nur dunkel, nein, es ist dunkel – dunkel. Die Kälte scheint direkt aus dem Weltall zu kommen ... ich blicke hoch, staune ... und werde immer kleiner und unbedeutender, bis ich mich frage, ob ich überhaupt existiere ... allein ... aber plötzlich fühle ich mich mit dem Kosmos verbunden ... mit dieser Erde, dem Mond, den Planeten, mit ALLEM, was es da draußen gibt. Es taucht diffuser grüner Schimmer auf, der sich ans Firmament zeichnet und Gestalt annimmt. Er wechselt von Grün nach Gelb, formt sich zu einem Band mit aufsteigenden Strahlen, bewegt sich wie ein Vorhang im Wind, windet sich in eine Spirale ... zerfällt in Tupfen ... verschwindet ganz und ... regnet glitzernd auf mich herab. Sterne blinken blau auf samtschwarzem Tuch, und der Mond wagt einen vorsichtigen Blick über den Horizont. Orion zieht sein Schwert, seit alters her Hüter des Horizonts, und lässt den Mond diesmal nicht über die Grenze treten. Der kleine Wagen zuckelt langsam über den Zenit, seit Jahrtausenden auf dem Weg zum Polarstern. Er führt die Geschichte unseres Sonnensystems und die Träume, Wünsche und Hoffnungen aller Menschen dieser Erde mit sich .... und zieht heute ein Nordlichtband hinter sich her. Und wieder: Es schimmert zuerst nur zart … und glüht dann auf, in Grün, Gelb und ein wenig Rot; wickelt sich zu einer Spirale … verheddert sich zu einem unlösbaren Knäuel und erstirbt im Schwarz der Nacht. Die Fee hat ihren Zauberstab verloren … ich finde ihn im Schnee und gebe ihn zurück.

Vorhang auf, das Schauspiel beginnt von vorn!

Nach etwa eineinhalb Stunden hat sich die Fee (und nicht nur sie) in ihrem dünnen Kleidchen sonst was abgefroren und beendet mit einem herrlichen Abgang über Leier und Schwan die Zauberei.

Der Schwan fliegt in Richtung Sonnenaufgang davon und zerzaust mit einer Flügelspitze das Haar der Berenice. Der Himmel ist leer … und in mir bleibt die Frage: Habe ich das alles nur geträumt?

Aber nein, vor dem Fenster finde ich am Morgen eine Schwanenfeder, umhüllt von glitzernden Fäden …!

Carlotta-Pauline

Na, da haben wir es mal wieder, was für die eine die Tropen, ist für die andere die Arktis. Jede hat ihren heilenden Ort gefunden. Aber die Fee, ja, die Fee tut beiden gut.

Carlotta, die mich nicht mehr braucht, weil sie sich selbst die beste Therapeutin ist, erhält daraufhin meine „Seifenblasen" per Post. Wieder kommt ein kleines Kunstwerk retour … und ein Kompliment, das mir wirklich schmeichelt: *… deine Hypnose mit der Fee ist ja echt der „Hammer", ich schwebe mit der täglich ein paar Meter überm Bett, nee, echt prima, könnte glatt von mir sein …*

Freund „Runny" hüpft frohgemut durch die Steppe und grunzt, wiehert, kichert mit weit offenem Maul. Was macht schon der kleine Defekt am Hinterlauf?! Wie herrlich doch die mittlerweile wiedergefundenen Funktionen aller Glieder! Weiß doch jedes Lebetier dieser Erde, wieviel Schmerzen und Misslaune kranke Gelenke, wieviel Vergnügen dagegen ungehemmte Bewegungslust bedeuten. Hoppla, „Runny"!

Hypnose hat mit Hingabe zu tun. Carlotta hat sich hingegeben.

6. Behandlung von Begleitsymptomen

Überwiegend sind es die Begleitsymptome, die unseren Patienten quälen.

So kann sich eine **sekundäre Depression** mit ihrer scheinbaren Aussichtslosigkeit einschleichen. Sie spiegelt sich im Alltagsleben in hypnotischen Phänomen mit „negativem Vorzeichen" wider. Da Interventionsmöglichkeiten in den vorherigen Kapiteln schon vorliegen, wird hier der therapeutischen Zielsetzung Aufmerksamkeit geschenkt.

Wenn der **Schlaf** Sollbruchstellen (vgl. 6.2) entwickelt und nicht mehr ausreichend Erholung gewährt, kann unbewusste Arbeit in Hypnose vorzügliche Dienste leisten. Aber auch der *Tropische Wasserfall* (6.2.1) plätschert so unwiderstehlich entspannend, so schlafberauschend …

Die **Angst** muss direktiv, mit Selbstbeteiligung und schnell bewältigt werden, damit sie sich nicht verselbstständigt. Eventuell hängen gebliebene suggestiv wirkende ungeschickte Aussagen und Redewendungen sind aufzuspüren und unschädlich zu machen. Mein ganz persönliches Intermezzo, „Maulbeeren, Spanferkel, Eis und Meningitis" (siehe S. 285), versinnbildlicht gut gemeinte, aber miserabel wirkende Besorgnis der anderen. Da im Schock, im Trauma oder durch lang währende Krankheitsprozesse die Suggestibilität immer ansteigt, sind Worte mit höchster Sorgfalt zu wählen. Und letztendlich erleichtert sich dadurch wiederum unsere Intervention.

Depression, Schlafstörung und Angst geben sich mit dem **Schmerz** die Hand. Bei chirurgischen Eingriffen kommt es zu der **perioperativen Belastung.** Aber die hypnotische Anästhesie und Analgesie gehören zu den beeindruckendsten Spielarten unserer Methode. Je nach Persönlichkeit und auch nach Krankheitsbild können sich hervorragende Resultate erzielen lassen. Aber auch eine bescheidene Linderung des Schmerzes lässt sich als Erfolg verbuchen.

Der „Arzt im Dienst“ findet klar formulierte Anleitungen zur präoperativen Induktion und intra- und postoperativen Begleitung. Als Beispiel der Einführung des Patienten in die hypnotische Anästhesie für kleinere Eingriffe wird der „Nadeltest“ im Wortlaut wiedergegeben.

Da die Behandlung der Begleitsymptome eindeutig einen begrenzten Fokus aufweist, ist das Vorgehen direktiv und suggestiv.

6.1 Depression – Der Schatten, den die Krankheit wirft

Eine gute und gezielte Behandlung setzt einiges voraus: differenzierte Beobachtung, einfühlsame Exploration und Anamnese, differenzialdiagnostische Erwägungen und schließlich die exakte und stichhaltige Diagnose. Dabei entdecken wir oft eine sekundäre Depression. Dem Hypnotherapeuten fallen bei einem Patienten mit längerem Krankheitsverlauf typische Erlebens- und Verhaltensmuster auf, in denen pathologisch veränderte Hypnosephänomene zu entlarven sind. Sie zeigen sich schon im Erstgespräch, sowohl verbal als auch nonverbal. Je schneller wir sie erfassen, umso eindeutiger und hilfreicher wird unsere Intervention – schon von der ersten Stunde an – sein.

Stellen wir beispielsweise fest, dass der Patient dazu neigt, in der Alltagssituation zu dissoziieren, also Persönlichkeitsanteile abzuspalten, werden wir gleich zu Beginn unser Augenmerk auf die Integration seiner Persönlichkeit lenken. Gerät er wie ferngesteuert in die Position eines hilflosen Sechsjährigen, werden wir Hilfestellung geben, aus der Altersregression herauszufinden. Aber gehen wir Schritt für Schritt vorwärts. Dafür seien zur Erinnerung an dieser Stelle die klassischen Hypnosephänomene noch einmal ins Gedächtnis gerufen:

1. Altersregression
2. Altersprogression
3. Amnesie
4. Hypermnesie
5. Analgesie
6. Anästhesie
7. Hyperästhesie
8. Katalepsie
9. Dissoziation

10. Halluzination
11. ideodynamische Reaktion
12. sensorische Veränderung
13. veränderte Zeitwahrnehmung
14. mentale Fokussierung.

Diese natürlichen Phänomene sind wichtig und nützlich. Im veränderten Bewusstseinszustand der Hypnose treten sie deutlich zutage und sind therapeutisch verwertbar. Bei chronischen Krankheitsverläufen, psychosomatischen Erkrankungen und schweren sowie langwierigen Krankheiten können sie aber in jeglicher Lebenssituation einzeln oder in Kombination in typischer Weise pathologisch verändert auftreten. Sie bekommen sozusagen einen miesen Charakter, und zwar: einen beeinträchtigenden, entmutigenden, selbstabwertenden, kränkenden, ängstigenden und destabilisierenden.

Bei Depressionen tauchen in alltäglichen Lebenssituationen einzeln oder in Kombination auf typische Weise veränderte Hypnosephänomene auf

1. Altersregression

- Gefühl, jünger bzw. kleiner zu sein als in der Wirklichkeit,
- innere Präsenz von deprimierenden Erfahrungen aus der Vergangenheit,
- häufiger Eindruck, in schlechten Situationen von früher verfangen zu sein,
- Einfluss von diesen Erlebnissen der Vergangenheit auf Einschätzungen und Entscheidungen im Heute.

2. Altersprogression

- Gedankliches Vermischen alter Traumata mit zukünftigen Situationen,
- negativ gepolte Erwartungshaltung (sich selbst erfüllende Prophezeiungen),
- Projektion vergangener Konflikte, Misserfolge, Kränkungen auf zukünftige Situationen.

3. Amnesie

- Beeinträchtigtes (bewusstes) Erinnerungsvermögen bezüglich positiver Erlebnisse, bewältigter Konflikte, sinnvoller Entscheidungen, Erfolge und Anerkennung,

- Verlust des Kontakts zu kompetenten Persönlichkeitsbereichen,
- Gefühl, wie ferngesteuert zu handeln.

4. Hypermnesie
- Häufiges Erinnern und innerliches Repetieren / Wiedererleben von vergangenen Kränkungen, Zurückweisungen, Demütigungen, Traumata.

5. Analgesie
- Gewisse Schmerzunempfindlichkeit gegenüber bestimmten Schmerzauslösern.

6. Anästhesie
- Fehlende Schmerzreaktion oder Taubheit (autoaggressive Selbstverstümmelung).

7. Hyperästhesie
- Überempfindlichkeit gegenüber normalerweise nicht schmerzhaften Reizen; Parästhesien.

8. Katalepsie
- Physische sowie mentale Antriebsschwäche, unflexible Erlebnisverarbeitung, eingefahrene Reaktionsmuster,
- allgemeine Retardierung und somit Hemmung spontaner neuer Reaktionen,
- Redundanz, d. h. sich wiederholende Verhaltensschleifen.

9. Dissoziation
- Selektive Wahrnehmung von deprimierenden Inhalten, während positive ausgegrenzt werden,
- kontextunabhängige, logisch nicht nachvollziehbare Resignation,
- Assoziation von schlechten Erlebnissen aus der Vergangenheit mit gleichzeitigem Verlust des Zuganges zur gegenwärtigen Situation,
- schlechte Selbstbewertung ohne Berücksichtigung der eigenen Stärken,
- sich wiederholende Vergangenheitsorientierung.

10. Halluzination

- Wahrnehmung (auf einem Sinneskanal oder auch mehreren Kanälen) real nicht vorhandener negativer Auslöser,
- dagegen kein Wahrnehmen von positiven Auslösern und guten Umständen.

11. Ideodynamische Reaktion

- Sich automatisch einstellende depressionsauslösende Gedanken, Gefühle, Bilder, Empfindungen und Verhaltensweisen.

12. Sensorische Veränderung

- Beeinflussung aller fünf Sinne in unterschiedlichem Maße und unterschiedlicher Auswirkung,
- veränderte Körperwahrnehmung bis zum Verlust der Körperwahrnehmung,
- Ausgrenzung von Körperbereichen,
- Verzerrung des Körperschemas,
- Libidoverlust,
- verändertes Schlafverhalten,
- mangelnder Appetit.

13. Veränderte Zeitwahrnehmung

- Verlust des objektiven Zeitmaßes,
- Erleben von Zeitverlust bzw. Rasen der Zeit,
- Erleben von quälendem Stillstand der Zeit, vor allem in Krisen und während Panikattacken.

14. Mentale Fokussierung

- Negative Interpretation von Erlebnissen,
- negative Selbstbewertung,
- negative Erwartungshaltung,
- negative, einseitige Selbstsuggestion.

Schälen sich bei der Exploration einige dieser Symptome heraus, sind sie unbedingt zu berücksichtigen. Ansonsten könnte das Engagement zur Mitarbeit fehlen oder ganz normale Rückfälle als Anlass zum Therapieabbruch genommen werden. Wir stehen also vor einer doppelten Aufgabe: der parallelen Behandlung von ursprünglicher Erkrankung und sekundärer Depression. Positiv ausgedrückt: Wir wissen jetzt, was zu tun ist. Wir können bei jedem hier aufgezeichneten Symptom therapeutisch ansetzen, wobei jeder Therapeut sein eigenes Repertoire an Techniken ausbauen wird. Die pathologische Trance ist aufzulösen, wobei wir folgende Ziele im Auge behalten:

- Bereicherung der Wahrnehmung und des Erlebens (Intensivierung der Körperwahrnehmung durch Atmung und vorgestellte Bewegung, u. a. mit *Raggedy Ann*),
- Erkennen von Fähigkeiten und Übertragen derselben in andere Kontexte, „Mobilisation von Ressourcen"),
- Förderung der Flexibilität (Erweiterung der Bezugsrahmen durch Erleben neuer Bilder),
- Unterbrechung der pathologischen Muster und Aufbau sinnvoller Varianten von Erlebnis- und Reaktionsweisen durch Anregung des Therapeuten,
- Symptombeeinflussung, -reduzierung, -auflösung,
- Integration der verschiedenen Ich-Zustände (Kennenlernen und Zusammenführen verschiedener Persönlichkeitsteile wie in *Melonenbonbon* oder *Parts' Party*),
- Erlernen von gezielter Dissoziation und Assoziation,
- Umorientierung, Traumaverarbeitung, Verändern der alten und Treffen neuer Entscheidungen mithilfe der Altersregression,
- positive Zukunftsorientierung nach der Entscheidung, Verbotsschilder und Hindernisse hinter sich zu lassen (Beispiel Anna-Sofia),
- eigenverantwortliche Gestaltung der Zukunft mithilfe der Altersprogression,
- Experimentieren mit Alternativen und Wahlmöglichkeiten auf der inneren Lebensbühne in Hypnose,
- Erweitern des Bezugssystems, unbewusste Suche nach Alternativen, anderen Optionen.

Die therapeutische Situation muss dem Patienten auch erlauben, seine Flügel hängen zu lassen und seiner Verzweiflung Ausdruck zu geben. Das Gefühl von Ohnmacht und Aussichtslosigkeit ist wahrzunehmen und zu repektieren. Dem sollte aber nicht zu viel Raum zur Verfügung stehen. Hat der Therapeut seine Anteilnahme spüren lassen, ist es an der

Zeit, *aktiv und direktiv* in den Prozess einzugreifen. Wir behalten dafür zwei Prämissen im Auge:

„Die Vergangenheit kann nicht verändert werden."
und
„Die Vergangenheit definiert nicht die Zukunft."

So geben wir den diversen Methoden der Altersprogression mehr Gewicht als denen der Altersregression. Dabei gehen wir gemeinsam mit unserem Patienten auf Fährtensuche. „Diese Krankheit haut einen so raus aus der Spur!" Dieser Ausspruch einer Patientin weist aber im Prinzip schon in die Zukunft. War diese Spur denn wirklich die richtige? Das System von Hoffnungs- und Hilflosigkeit ist aufzulösen. Es wird gelernt, in längeren zeitlichen Dimensionen zu denken und zu planen.

„Ich fühle mich nicht danach ... ich habe Angst davor ..."

Diese und andere mit der Depression einhergehenden Befindlichkeiten werden bewusst wahrgenommen. Eine kurze Selbsthypnose hilft, sich zu zentrieren, energetisch aufzutanken, um dann aufzustehen und zu erledigen, was zu erledigen ist.

„Lasse schlechte Gefühle beiseite, tue, was zu tun ist, und behalte das Ziel im Auge ...!"

Damit kommen wir zu einer weiteren Aufgabe:

- Lehren, momentanes Unbehagen zugunsten eines Langzeitzieles zu ignorieren.

6.1.1 „Trampolin" – Energie durch Abfedern

Ziel: Energetisierung

Man kann davon ausgehen, dass kein Mensch auf allen Gebieten zugleich schwach und instabil ist. Auf vielen wird er weiterhin kompetent sein. Diese Stärken werden bei der folgenden Übung genutzt, um auch die anderen Teile ihre Kraft spüren zu lassen. In Termini der Ego-state-Therapie (Watkins a. Watkins 1991) handelt es sich um eine positive Aktivierung aller *ego states.*

Nach der Tranceinduktion stellt sich der Patient vor, alle starken Teile in ihm breiten wie Feuerwehrmänner ein Sprungtuch aus und halten es fest und sicher. Die schwachen Teile können nun einfach nachlassen und hineinfallen. Das Sprungtuch aber hat überraschenderweise die Eigenschaft eines Trampolins, sodass diese Teile anfangen hochzufedern, immer ein wenig mehr. Sie bekommen Freude daran … genießen das Abfedern, die Bewegung nach der Phase der Starre … Jetzt endlich können sie ihre ihnen innewohnende Kraft entdecken und sie spielen lassen.

Die Erfahrung wird durch ideomotorische Signale vertieft. Zum Beispiel kann immer dann der Finger ein Zeichen geben, wenn ein weiterer Teil in das Tuch plumpst oder wenn die Teile anfangen, Spaß zu haben und zusammenzufinden.

6.2 Der gestörte Schlaf

Schlaf kann aus mannigfaltigen Gründen gestört sein. Auch können wir einer verfälschten Wahrnehmung des Schlafes unterliegen. So behauptete eine Ausbildungsteilnehmerin doch tatsächlich, sie schlafe seit Jahren nur etwa drei Stunden pro Nacht. Dabei wirkte sie aber ausgesprochen fidel und dynamisch, und ihre Zimmernachbarin erlebte sie nachts selig ein ausreichendes Schlafpensum abschnarchen. Bei Kranken sind Berichte über quälend schlechten bzw. ungenügenden Schlaf ernst zu nehmen, da gerade hier die Nachtruhe ja eine Quelle der Erholung sein sollte. Oftmals folgt die Schlafstörung sozusagen tertiär auf sekundäre Angst und Depression bei länger währendem körperlichem Leiden. Wir unterscheiden Einschlaf- und Durchschlafstörungen. Bei schwerer Erkrankung finden wir beides. Da Schlaf auch viel mit Gewohnheit zu tun hat, kann das wiederholte Aufwachen in einer bestimmten Zeit zu einer Art Sollbruchstelle führen, die behoben werden sollte. Wir können neben Ratschlägen zu gesundem Schlafverhalten vielfältig darauf hinwirken, dass unser Patient wieder zu gutem Schlaf findet.

Suggestionen für unbewusste Erinnerung an guten Schlaf

„Unser Unbewusstes besitzt ein Gedächtnis für alles, was wir tun."

„Es weiß auch über unser Schlafverhalten Bescheid."

„Es hat Erinnerungen von schlechtem, aber auch von gutem Schlaf."

„Es kann sich auf guten Schlaf einstellen, auf tiefen, erholsamen Schlaf, von dem Sie am Morgen erfrischt erwachen."

„Alle Erinnerungen an schlechten und gestörten Schlaf können vergessen werden."

„Wenn es aber irgendwann einmal wichtig ist aufzuwachen, werden Sie erwachen und tun, was zu tun ist." *(Schutzsuggestion, die Erbrechen, Feuer, Einbrecher umfasst.)*

„Sollte es irgendetwas geben, was Sie vom Schlafen abhält und das wir wissen (und bearbeiten) müssen, so finden Sie es heraus und merken es sich bis zum nächsten Mal. Dann werden wir uns damit beschäftigen."

Ein schönes indirektes Vorgehen

„Nehmen wir an, Sie könnten gut schlafen. Was würden Sie dann gerne träumen?" Patient berichtet. Therapeut: „Während Sie ruhig und tief atmen – Sie wissen ja, wie ein schlafender Mensch atmet, und auch der Körper kann es nachempfinden –, können Sie das, was Sie erzählt haben, in einem inneren Film umsetzen ... jetzt." Etc. Die Lösung des Problems wird in Hypnose durchgespielt. Entsprechende Suggestionen („Ihre heutige Arbeit kann einen neuen Kreislauf in Schwung bringen ...") fördern das gesunde Schlafvermögen.

Falls bislang Schlafmittel genommen wurden: „Schlafmittel helfen eine gewisse Zeit lang. Ihr Unbewusstes ist nicht nur imstande, sich den therapeutischen Effekt zu merken, sondern auch die chemischen Verbindungen des Medikamentes. Während Sie langsam die Dosierung reduzieren, wird der Körper mehr und mehr eigene ‚Schlafsubstanzen' herstellen."

Stören Alpträume, sind diese durch die „Traumarbeit" (Kaiser Rekkas 1998, S. 126 ff.) aufzulösen. Die *Kornähre* (siehe 3.9) ist ideal als „Einschlaferinnerungsübung". *Raggedy Ann* führt in Tiefenentspannung, die in Schlaf übergehen kann, und für die Selbsthypnose ist *Sammeln und Loslassen* (Kaiser Rekkas 1998, S. 116 ff.) oder auch ein eigenes Konzept zu empfehlen. Aber warum nicht vor dem Einschlafen (!) eine Dusche unter dem *Tropischen Wasserfall* nehmen, damit aller Ballast des Tages abgespült wird?

6.2.1 „Der tropische Wasserfall" – Eine Schlafdusche

„Lehne dich bitte zurück … und spüre der Bewegung deiner Atmung nach …

Der Brustkorb hebt und weitet sich elastisch beim Einatmen …
und sinkt weich zurück beim Ausatmen …

Nimm dir alle Zeit … alle Ruhe …!

Schön so …!

Nun kannst du langsam beginnen, über zehn Etagen tiefer … und tiefer in Entspannung zu gleiten … Entspannung, die sich zur Hypnose vertieft …

Dafür kannst du innerlich im Stillen sehr, sehr bedächtig – und vielleicht jedes Mal beim Ausatmen – bis zehn zählen …

Oder, noch einfacher: … du gibst diese Aufgabe an das Unbewusste weiter …

So zählt das Unbewusste für dich und zeigt dir jedes Mal an, wenn du eine Stufe tiefer gleitest. Wie es das macht? Ein Finger hebt sich von alleine mit einer unwillkürlichen Bewegung an … eine kleine Bewegung, wie ferngesteuert, aber aus dem Unbewussten dirigiert …

Ob du es bemerkst oder nicht, kann also ein Finger jetzt ganz von alleine, immer wieder, bis zu zehnmal in seinem eigenen Tempo ein kleineres oder größeres Zeichen geben. Hiermit bekommst du ein Gefühl dafür, wie selbstständig dein Unbewusstes für dich arbeitet. Du überzeugst dich von seiner Tatkraft, die dir auch zu gutem Schlaf verhelfen kann …

So gehst du tiefer und tiefer, geruhsam tiefer in Hypnose … das kann ganz nebenbei geschehen … und indem du deine langsamer werdenden Atemzüge genießt, kann es friedlicher und friedlicher in dir werden … ja, eine Woge der Ruhe scheint dich zu erfassen …

Und während das Unbewusste seiner Aufgabe nachgeht, kannst du dir einen sehr weichen, samtig nachtblauen Vorhang vorstellen, der dich schützend umhüllt …

… und wenn dir noch Gedanken durch den Kopf gehen … schickst du sie einfach hinaus, durch diesen Vorhang hindurch … sie verschwinden … und du spürst einfach die friedliche Ruhe in dir … der Kopf weit und klar …

… und irgendwann … nach ein paar weiteren, sehr tiefen, ruhigen Atemzügen …

gut, sehr gut …

… wenn der Finger sich zum zehnten Mal bewegt hat oder es sich so anfühlt, als ob er das innere Nachlassen angezeigt hätte … befindest du dich … wie durch Zauberhand … in einer herrlichen tropischen Landschaft am Rande eines Wasserpools mit einem sprudeligen Wasserfall … das Wasser sauber und klar … der Grund sicher …

Es ist die reine Natur, die sich unwiderstehlich anbietet …

Und du zögerst nicht lang. Gemächlich watest du in das wohlig warme Wasser des Pools … tiefer und tiefer …

Spürst du schon, wie die Wärme in deine Füße dringt …? Bald auch in deine Waden … deine Schenkel … dein Gesäß … deinen Bauch … und dann den Rücken wärmt …? Nun den Oberkörper … die Arme … die Hände …?

Egal, worauf deine Aufmerksamkeit gerade ruht … du lässt dich vom Wasser tragen … du schwebst … und sachte spült dich eine sanfte Strömung in Richtung dieses prächtigen Wasserfalles, der sich in glitzernden Perlen ergießt …

Bei jedem einzelnen Atemzug dringt lichte Wärme wie Balsam in deinen Körper … durchfließt deine Lungen … und flutet dann genüsslich durch deinen gesamten Körperinnenraum … Bauch … Becken … Schenkel … Beine …

Vielleicht hast du schon den flachen Felsen, der bis unter den Wasserfall reicht, entdeckt …? Du könntest hinaufklettern … und dich in das perlende Geriesel stellen … die Tropfen werden wie eine sanfte, wohltuende Massage wirken …

Warum nicht die Hand der Natur für sich Sorge tragen lassen?

Wann auch immer du dich dahin begibst, es überströmt dich das warme und klare Wasser nun auch von oben … wie eine wundervolle Dusche, vom Kopf her über die Schultern, Rücken, Bauch, Gesäß, Beine hinunter … eine angenehme Massage … und sie spült alles hinweg, die letzten Krümel des Tages … mit jedem Wassertropfen, der an dir herunterrinnt … hinweg … voll kommen weg …

Feine, klärende Wasserperlen …, sie umsprudeln auch jeden Muskel, jeden Nerv, jedes Organ, ja, jede Faser deines Körpers …

… und sobald du bemerkst, es ist genug … tauchst du aus dem Perlenstrahl des Wasserfalls heraus … und findest auf deinem Felsen ‚dein' eigenes, sonnendurchwärmtes Plateau … und das ist erstaunlich komfortabel … und wie deinem Körper angepasst. Du streckst dich dort aus … gleich einer Katze, die auf der Bank beim Kachelofen schnurrt …

Wer wollte da nicht dem stetigen Plätschern des Wassers lauschen, auch dem ganz feinen Sirren des Dschungels im Hintergrund, dem Pfeifen der Vögel, dem Quaken der Frösche …

Was sie wohl alle erzählen mögen …?

Ganz selbstverständlich erinnert sich das Körpergedächtnis an köstliches In-den-Schlaf-Sinken beim Hören einer Geschichte …

Alles ist friedlich nun, entspannt und gelöst, angenehm warm durchblutet … nur noch Wohlbefinden …

Genussvolles Dösen in wohliger Wärme … in weicher Luft … in betörendem Duft, den die Schlafblume verströmt …

… ein so ungemein schläfriges Gefühl …
und Schlaf übermannt einen …

… vollkommen entspannt, ruhig atmend … sicher getragen von dem verlässlichen Felsen, der da schon seit Jahrhunderten, ja, seit Jahrtausenden ruht. Ein Teil der Natur. Er hält dich wie Morpheus, der Gott des Schlafes, in seinen Armen … sicher und verlässlich … mit einem Füllhorn von Träumen … von Träumen mit neuen Einsichten für gute Aussichten …

Und du schläfst so lange und so ruhig und so tief … dass du erst dann wieder erwachst, wenn du wirklich tief erholt bist und dein Maß an Schlaf, das du persönlich brauchst, bekommen hast … um deinen Körper aufzutanken … deinen Geist zu erfrischen … und deine Seele die Träume sehen zu lassen … die dich in jeder Hinsicht stärken …

… damit du dich am Morgen voller Tatkraft und Elan fühlst … auch voller Zuversicht … und guter Dinge bist.

Und jeden Abend findet dein Körper sein sonnendurchwärmtes Plateau wieder, einfach so …"

6.3 Angst

Das Vertrauen in die Zuverlässigkeit der körperlichen Funktionen ist verloren, Unsicherheit und Verzweiflung können sich einschleichen.

Angst wird zum schlimmsten Begleitsymptom der ursprünglichen Erkrankung, und wir sollten dafür Sorge trage, dass sie sich nicht verselbstständigt. Die therapeutische Hypnose an sich wirkt schon entängstigend (= entengend; „Angst" hat etymologisch mit „Enge" zu tun, das Wort geht zurück auf das althochdeutsche *engi* bzw. die indogermanische Wurzel *anĝh*) und offeriert eine Menge an Handwerkszeug. Dabei ist das Phänomen der sich von alleine vollziehenden Veränderungen eine wichtige Erfahrung: „Beobachten Sie mal, wie es von alleine besser wird, wenn Sie ruhiger atmen ..."

Auch hier ist Selbsthypnose zu empfehlen.

Konzept für eine rein symptomatisch orientierte Hypnoseanleitung bei Angst

ohne Berücksichtigung einer eventuellen Hintergrundfunktion der Symptomatik

Induktion

- Augenfixation, d. h. Konzentration mit offenen Augen auf einen Punkt, um Denkvorgänge zu reduzieren.
- Nutzung des Atemrhythmus, Betonung der Ausatmung.
- Eventuell mesmersches Streichen.
- Eventuell Berührung durch den Therapeuten mit der einen Hand an der Stirn, mit der anderen am Hinterhaupt.

Utilisation

- Führen in Tiefenentspannung durch Zählen, fraktionierte Trance, Wiederholung von Ruheformeln.
- Fantasie eines persönlichen, sicheren Refugiums, das jederzeit wieder erreichbar ist, genaue Erkundung desselben, Suche eines besonderen Platzes *(safe place)*, dort gemütlicher Sessel, Hängematte.
- Verankerung dieses inneren Raumes.
- Wird ausreichend Schutz erlebt, animiert der Therapeut eine Konfrontation mit der Angst auslösenden Situation in der Vorstellung. Dabei wird zuerst von der Situation dissoziiert, man sieht und hört sich selber von weitem. Danach schlüpft man in die eigene Person und fühlt und hört sich von innen, man assoziiert sich wieder. Dabei behält man durchgehend Ruhe und Gelassenheit.

So koppelt diese Erfahrung die Situation automatisch mit Ruhe und Gelassenheit (siehe 3.9 „Pianissimo").

Posthypnotische Suggestion
– Hypnoseausleitung

Besonders geeignete Übungen:
Sammeln und Loslassen.
Rageddy Ann.
Der sichere Ort.
Aussteigen aus der Symptomtrance mithilfe der Zeitlinie.

Auch die *Arbeit mit Symbolen* kann bei Angstsymptomen ergiebig angewandt werden. Was kann ein *Schiff* zum Beispiel nicht alles bieten: den sicheren Schiffsbauch, den zuverlässigen Anker, das Rettungsboot, das Fernrohr für den Blick in die Weite, das dirigierende Steuer, den Mast mit dem Mastkorb, Morseapparat oder Radar zur Verständigung mit der Außenwelt, die tüchtige Schiffsschraube oder das geblähte Segel für die Vorwärtsbewegung, die Angel für die Mahlzeit und Aussicht auf spielende Delphine zur Freude. In Hypnose eignet man sich alles an, was einem weiterhilft.

Vor allem aber sind negative Suggestionen durch unbedachte Äußerungen zu vermeiden.

So erschien eine ansonsten mutige und selbstbewusste Frau, die selbst ihre Mamma-Amputation mit beachtenswerter Fassung ertragen hatte, aufgewühlt bei mir zur Therapiestunde. In der Klinik hatte man auf ihre Frage, wozu das angekündigte „Herzecho" nötig sei, folgende Auskunft gegeben: „Wenn Sie innerhalb der nächsten sechs Monate einen Herzinfarkt kriegen, wissen wir, dass das von den Medikamenten kommt, die Sie jetzt nehmen." Derart gedankenlose und grobe Bemerkungen schockieren nicht nur labile Gemüter.

Aber auch das besorgte Stirnrunzeln unseres Arztes, wie elend lässt es uns werden …!

Eine eindeutig positive Wortwahl leitet den Patienten im Guten und vermag akute Angst zu durchbrechen.

Eine kleine persönliche Episode:

Maulbeeren, Spanferkel, Eis und Meningitis

Ich verbringe mit meiner Familie die Pfingstferien im geliebten Domizil auf dem Peloponnes. Eines Morgens wache ich früher auf als sonst. Aber ich genieße nicht wie üblich den großen Raum, die luftige Dachkonstruktion, das warme Licht, den Duft des Holzes und das Gebimmel der Schafglöckchen. Nein, mir ist hundeelend. Ich rase ins Bad. Mein Bauch in Krämpfen. Zurück ins Bett. Wieder ins Bad. Mein Sohn Aeneas bringt mir zum Trost seine Teddys, mein Mann Eteokles brüht mir liebevoll Tee. Kurz darauf erscheint Nachbarin Tulla mit unseren Frühstückseiern. Normalerweise begleitet sie das entweder bedauernd mit dem Satz „Leider noch von gestern!" oder zufrieden „Von heute früh!" und bleibt dann gerne noch ein wenig bei uns hocken. Jetzt aber entdeckt sie mich bleich auf meinem Lager. Offensichtlich bestürzt, bleibt ihr der Satz, welcher von den beiden auch immer, im Halse stecken. Tulla weiß nicht nur für ihre Ziegen, ihren Esel und die Hühner Bescheid, nein, bei Tulla ist für alles Rat zu holen, vielmehr, man kriegt ihn, ob man will oder nicht. So weiß sie natürlich die Erklärung für meinen Zustand.

„Die Maulbeeren sind schuld."

Nein, nicht die Maulbeeren an sich, sondern die Fliegen auf den Maulbeeren, und eigentlich auch nicht diese, sondern das, auf dem sie gesessen und von dem sie vielleicht auch noch gekostet haben. Das wollte ich mir lieber nicht vorstellen. Keine Chance. Ich lerne, dass Fliegen mit Vorliebe an toten Schlangen nippen. Aber letztendlich gilt der Vorwurf nicht jenen. Tulla hat immer mit mir geschimpft, wenn ich die Maulbeeren direkt vom Baum weg schnabulierte. „Agni, Corizimou (mein Mädchen) ..." Der warnende Satz klingt in meinen Ohren.

Mir wird mulmig.

Und jetzt habe ich den Salat ... Tulla ist höchst beunruhigt. Der Arzt soll kommen.

Mir wird schlecht, ich meine, noch schlechter.

Und bis ein Arzt aus Kalamta – und das höchsten mit einem Jeep – über Hügel und Felder, Stock und Stein bis zu uns holpert, bin ich schon dreimal im Jenseits. Tulla schreit nach Olga: „Olgaaaaaa!!!" Es schallt durch das Dorf, dass es alle 13 Einwohner und 25 Hunde wissen. Der Esel antwortet mit einem noch kläglicheren Geschrei als sonst. Wahrscheinlich haben Esel chronisch Bauchweh. Ich sause ins Bad.

Olga, schwarz gekleidet mit Strohhut, betritt das Haus, ihre Miene bekümmert. Sie weiß sofort den wahren Grund:

„Es war das Spanferkel."

Stimmt, wir haben tags zuvor Spanferkel geschmaust. Diese Ferkel werden nachts im Ofen des Bäckers knusprig gebraten und tagsüber in einer Art Schneewittchensarg auf offener Straße zur Schau gestellt. Dem Käufer wird dann davon mit schwerem Beil ein Stück abgehackt. Lecker! Wenn auch da nur nicht wieder die Fliegen ihr Unwesen trieben! Natürlich tun die sich auch an jenen Braten gütlich, besonders die grünen. Und die pflegen sich vorher auf allem niederzulassen, was so eine Straße bietet.

Vor meinen müden Augen öffnet sich ein Straßengulli, die Übelkeit vervielfacht sich ...

Ich habe Angst.

Olga aber schreit nach Perikles: „Perikliiiii!!!" Perikles weiß schon Bescheid und trägt heute kein Strahlen auf seinem runden Gesicht. Sein Strohhut wird vor Aufregung unter seinem Arm zerquetscht. Alle drücken mir abwechselnd die Hand und prüfen die Temperatur meiner Stirn. Aber nur Perikles weiß die wirkliche Ursache.

„Es war das Eis."

Ja, Kaimaki-Eis gab es gestern im Strandkaffee. Es wird mit Harz von Bäumen aus Chios zubereitet und schmeckt ganz außergewöhnlich. Laut Perikles ist es aber leider voller Salmonellen, Kolibakterien und noch Schlimmerem. Wann denn der Arzt komme?

Ich fühle mich zunehmend vergiftet, auch im Bereich meiner Leber spüre ich verdächtigen Druck ...

Ich komme in Panik.

Alexandra rückt ein, verstärkt von Giorgos, ihrem Mann, der wiederum meine Palmen zu rigoros beschnitten hatte. Im Moment kann ich ihm nicht mal böse sein. Denn ihre Besorgnis gibt mir den Rest:

„In der Gegend gibt es Fälle von Meningitis."

Ich bin fertig. In meinem Kopf tuckert's.

Ich falle in einen Strudel von Schlangenkadavern, Gullys, Salmonellen, Hirnhautentzündung und Leberschwellung. Und sehnen tue ich mich nur nach einem: ein bisschen Ruhe.

Eteokles bemerkt meinen sich verschlimmernden Zustand und versucht, möglichst freundlich, die hoch besorgte Dorfgemeinschaft aus dem Haus zu schaffen. „Weshalb rufst du nicht den Lebrecht an?", fragt mein Mann. Mit letzter Kraft ergreife ich den Hörer. Schon die Stimme meines Vaters zu hören tut gut. Natürlich, viel trinken, nichts essen, überprüfen, ob meine Skleren weiß sind, und in zwei Stunden Bericht über die Verbesserung (!) abstatten.

Der Spuk ist vorbei. Im Dorf ist inzwischen Siestazeit.

Ruhe.

Abends ist alles o. k. Eine ursächlich wohl durch Hitze und Völlerei bedingte Gastroenteritis acuta nervosa, auf die Spitze getrieben durch Ängste, nimmt ihr Ende.

6.4 Der chirurgische Eingriff – Perioperative Unterstützung

Muss sich unser Patient einer chirurgischen Intervention unterziehen, können wir ihm entweder in unserer Praxis oder auch innerhalb der Klinik perioperativ Rückendeckung geben. Spezifische Suggestionen schaffen ebenso wie die hypnotische Anästhesie Erleichterung und vermitteln das Gefühl, nicht alles den Ärzten überlassen zu müssen, sondern auch selber etwas zum Wohlergehen beitragen zu können.

Beispielsweise wurde in einer vergleichenden Untersuchung der Universitätskliniken von Essen und Boston (USA) bei einer Patientengruppe mit inguinalen Hernien präoperativ ein Entspannungsverfahren, das automatisch einen hypnotischen Zustand hervorruft, angeboten. Postoperativ kam es bei diesen Patienten – im Gegensatz zur bisherigen Erfahrung – zu auffallend geringerer Hämatombildung. Die Ursachen dafür sind vorerst noch nicht völlig abgeklärt. Das Ärzteteam geht aber davon aus, dass die normalerweise auftretenden perioperativen positiven Blutdruckspitzen durch die Einführung in Entspannungsverfahren (Hypnose) gemindert werden konnten, was das Blutungsrisiko reduziert (Omler et al. 2000).

6.4.1 Direktive Suggestionen vor dem chirurgischen Eingriff

Bedenken Sie, dass Ihr Patient sich durch den bevorstehenden Eingriff bereits in einem veränderten, suggestiven Bewusstseinszustand befindet. Sie können deshalb nicht nur in der offiziellen Hypnose, sondern auch im einfachen Gespräch folgende Formulierungen verwenden:

1. Warum sollten Sie sich die bevorstehende Zeit nicht so angenehm wie möglich machen?
2. Denken Sie heute Abend vor dem Einschlafen an etwas Schönes, das Ihnen gut tut. Atmen Sie dabei ruhig und tief und schließen die Augen.
3. So können Sie heute Nacht ruhig ein- und erholsam durchschlafen.
4. Morgen früh erwachen Sie mit einem Gefühl der Ruhe und Zuversicht. Sie wissen, dass jedermann sich hier bestens um Sie kümmert und dass alles für Sie getan wird.
5. Sie können sich innerlich mit einem frohen Erlebnis beschäftigen. Während die anderen hier ihren täglichen Aufgaben nachgehen, ignorieren Sie alles, was um Sie herum geschieht, und sind vielleicht erstaunt, wie gelassen und wohl Sie sich fühlen.
6. Alles, was Sie sonst vielleicht gestört hätte, verhilft Ihnen jetzt nur, Ihre Ruhe zu vertiefen. Man könnte fast sagen, dass Sie eine Art Selbsthypnose (!) machen.
7. Alle Geräte um Sie herum, alle Lichter und alle Geräusche sind ausschließlich zu Ihrer Sicherheit da. Alles ist nützlich und sinnvoll und hilft, gut und sorgfältig zu arbeiten.
8. Während des Narkoseschlafes wissen Sie, dass die Ärzte ständig für Sie Sorge tragen. Ihr Körper wird zur richtigen Zeit die richtigen Signale geben, damit die Ärzte das Richtige tun.
9. Gegebenenfalls: Ich werde auch während der Narkose ab und an zu Ihnen sprechen, denn man kann zeitweise auch unter Anästhesie hören. Sie werden meine Stimme wiedererkennen, und es wird Ihnen gut tun.
10. Wenn Sie nach der Operation (OP) aufwachen werden, können Sie sich freuen, dass der Eingriff schon hinter Ihnen liegt.
11. Wenn Sie den leichten Druck des Verbandes/der Kompresse verspüren, werden Sie wissen, dass die OP vorüber ist und der Körper bereits begonnen hat, die Wunde zu verschließen.
12. Im Moment des Wundverschlusses setzt sofort die Heilung ein. Und diese Heilung vollzieht sich umso schneller und besser, je wohler Sie sich fühlen.
13. Machen Sie deshalb ruhige, regelmäßige und tiefe Atemzüge und stellen sich etwas Schönes vor, das Ihnen angenehme Gefühle bereitet.

14. Vielleicht werden Sie sich besser fühlen als erwartet. Achten Sie weiterhin nur darauf, dass Sie sich wohl fühlen. Alle äußeren Einflüsse sind völlig unwichtig für Sie. Nur direkt angesprochen reagieren und antworten Sie.
15. Ihr Körper hat gesunde Kontrolle über Blutstillung und spontane Heilung. Alle körperlichen Vorgänge kommen auf natürliche Art und Weise wieder in Gang.

Bei Zeitmangel des Therapeuten (vgl. unten, *Solange ich nicht singen muss …!*) bewährt es sich, selbstständigen Patienten diese Suggestionen einfach auszuhändigen.

„Solange ich nicht singen muss …!“

Herr K. rief mich aus einer norddeutschen Stadt an, da er sich ein paar Tage darauf in München im Klinikum Großhadern einem chirurgischen Eingriff zu unterziehen hatte und dafür meine Hilfe wünschte. Vor geraumer Zeit war er an einem Non-Hodgkin-Lymphom erkrankt gewesen. Er durchlief die chemotherapeutische Behandlung mit Stammzellentransplantation und allen belastenden medizinischen Interventionen. Erfolgreich hatte er die Krankheit überwunden, wobei ihm seiner Aussage nach Visualualisationsübungen (u. a. nach Simonton) sehr geholfen hätten. Inzwischen hatte sich ein pflaumengroßes Neurinom (eine gutartige Geschwulst aus feinem Nervengewebe) im Hals neben der Speiseröhre gebildet, das entfernt werden sollte. Für die perioperative Unterstützung wünschte er sich eine Intervention mit Hypnose. Diesen Wunsch konnte ich bei einem Menschen, der eine so schwere Krankheit durchlitten hatte, sehr gut nachvollziehen. Da ich aus beruflichen Gründen aber keine Zeit für einen längeren Termin hatte, faxte ich ihm die oben aufgeführten Suggestionen zuzüglich der Selbsthypnoseanleitung und eines Artikels über die Studie von Lang et al. (2000) nach Hause. Ich schlug ihm vor, sich in die Suggestionen zu vertiefen. Da er aufgrund seiner Erfahrungen mit der Krebserkrankung aufgeschlossen, hoch motiviert und – zwar inzwischen wegen der Krebserkrankung berentet – Offizier bei der Bundeswehr war, hielt ich ihn für fähig, damit selbstständig zu arbeiten.

Wir vereinbarten nur ein kurzes Treffen mit ihm und seiner Frau in meiner Praxis an dem Tage, wo er in München eintreffen würde. Bei diesem bestätigte ich seine hypnotische Begabung sowie die Anteil nehmende Kooperation seiner Frau und händigte ihm meine CDs aus, damit er nach Bedarf vielleicht eine „Sonnenstrahldusche" oder ein Bad im „Lichtersee" nehmen konnte.

Am zweiten postoperativen Tag erhielt ich seinen Anruf aus der Klinik. Seine Stimme klang rein. Alles war gut verlaufen. Am gleichen Tag, dem Aufnahmetag, hatte er abends noch *„sonnengeduscht"* und sich dabei *„weit weg"* gefühlt. Auf die angebotenen Bilder konnte er sich *„gut einlassen"*. Er schlief ruhig und tief. Das gab ihm *„den richtigen geistigen und seelischen Rahmen, um der Operation entgegenzusehen"* und am nächsten Tag seine Wünsche zu äußern. So bat er bei den Voruntersuchungen den Chirurgen, ihn im Sinne der *structured attention* der Untersuchung von Lang et al. zu behandeln, d. h. ihm perioperativ einfach etwas Aufmerksamkeit zu schenken und ihn auch während der OP als Person anzusprechen. Die Anästhesistin forderte er auf, während der zweistündigen OP in positivem Sinne ab und an zu ihm zu reden, so als ob er nur lokalanästhesiert sei. Die pfiffige Anästhesistin meinte daraufhin, der Wunsch ihres Patienten sei ihr erste Pflicht (!), sie habe damit kein Problem. Selbstverständlich würde sie zu ihm reden können, solange sie nur nicht singen müsse ... Sie vermittelte ihm *„Kompetenz, Menschlichkeit und einen Schuss Mütterlichkeit"*. Herr K konnte sich *„total aufgehoben"* fühlen.

Im Aufwachraum übernahm die Ehefrau die Punkte 10 bis 15 der Suggestionen und kleidete sie in ihre eigenen, natürlich klingenden Formulierungen.

Postoperativ ging es Herrn K. gut, Schmerzen hatte er überhaupt keine und brauchte deshalb auch keinerlei Analgetika. Eine leichte Übelkeit ging schnell vorüber. Er wurde eher entlassen als erwartet.

Nach Bejenke (2000) ist darauf zu achten, dass keine Versprechungen über den Verlauf der Operation gemacht werden. Ein Abweichen von einer versprochenen Verlaufsform – beispielsweise durch eine intraoperative Krise – kann eine zusätzliche psychische Störung hervorrufen. Also nicht: „Der Eingriff wird absolut erfolgreich verlaufen!", sondern z. B.: „Es ist erstaunlich, welche Kräfte der Organismus besitzt." (Siehe auch Bejenke 2000, 6.1, *Vorbereitung von Patienten bei medizinischen Eingriffen.*)

Fragen Sie doch mal Ihren Patienten kurz vor der Anästhsieeinleitung, ob er sich schon einen schönen Traum ausgesucht habe. Er wird verwirrt zurückfragen, wozu. Eine tranceeinführende Konfusion tritt auf. Ja, wofür wohl? Für einen guten Narkoseschlaf.

6.4.2 Erhöhte Suggestibilität und mögliche intraoperative Hörfunktion

Sind Sie als Mediziner im OP oder Aufwachraum anwesend, halten Sie sich bitte an folgende zehn Regeln:

1. Sobald unsere Augen geschlossen sind, können wir nicht mehr sehen. Unsere Ohren aber bleiben immer offen, und die Hörfähigkeit kann u. U. weiterbestehen, auch wenn wir vermeintlich nicht ansprechbar sind. Und vielleicht können wir nicht bewusst hören und verstehen, aber auf der unbewussten Ebene registrieren und speichern wir, was wir akustisch vernehmen (Kaiser 1992). Sagen Sie deshalb in Gegenwart eines narkotisierten (oder auch komatösen) Patienten nur das, was Sie auch sagen würden, wenn er bei vollem Bewusstsein wäre.
2. Krankheit, Schock, Trauma sowie ein bevorstehender chirurgischer Eingriff machen uns beeinflussbar. Wir werden suggestibel. Diese Suggestibilität lässt sich hervorragend nutzen, um den Patienten psychisch und vegetativ positiv zu beeinflussen und zu stabilisieren. Je stabiler der Patient ist, umso besser wird er sich postoperativ fühlen, was der komplikationslosen Heilung dient. Nutzen Sie diese Chance! Sprechen Sie soweit es Ihre Tätigkeit erlaubt, hin und wieder zu Ihrem Patienten. Sagen Sie etwas, was ihm gut tut.
3. Wenn Sie zu Ihrem Patienten reden – egal ob er sich in flacher oder tiefer Narkose oder später im Aufwachstadium befindet –, tun Sie es ganz natürlich, mit warmer Stimme und in sich ruhend! Seien Sie dabei gefühlsmäßig dem Patienten zugewandt, und konzentrieren Sie sich auf ihn!
4. Benutzen Sie positive Formulierungen, d. h., sprechen Sie aus, was Sie im Positiven erreichen wollen: Ruhe, Wohlbefinden,

Zuversicht, Blutstillung, gesunde vegetative Reaktionen, regelmäßige Atmung. Sagen Sie nicht: „Atmen Sie nicht so schnell und so hektisch!“, sondern: „Ihre Atemzüge können nun ruhiger, langsamer und tiefer werden. Konzentrieren Sie sich auf das Wohlbefinden, das eintritt, wenn der Organismus zur Ruhe kommt!“ „Es geht alles gut voran.“ „Der Körper reagiert bestens.“ „Es kommt alles in Ordnung.“

5. Sprechen Sie mit klaren und einfachen Worten in eindeutigen Sätzen, wie wenn Sie es mit einem klugen Kind zu tun hätten. Das Unbewusste versteht wörtlich und kindhaft.
6. Wiederholen Sie Ihre Formulierungen des Öfteren!
7. Sprechen Sie in ruhiger Wortfolge und achten auf die Betonung. So kann jedes Wort einsinken und zur Wirkung kommen.
8. Erlauben Sie immer wieder Pausen, in denen der Patient (auch in Narkose) tiefer in Entspannung gleiten kann! Kommen Sie dabei möglichst selber zur Ruhe. So werden Ihnen von alleine neue Einfälle und Bilder auftauchen, die dem Patienten weiterhelfen: „Und während der Körper noch in einer Art Heilschlaf verbleibt, können Sie sich geistig langsam wieder hierher orientieren.“
9. Sie besitzen viel Erfahrung. Sie wissen, dass Ihr Patient sich nach der Operation besser und schneller erholen wird, wenn er sich gut und zuversichtlich fühlt. Erinnern Sie sich auch an Erfahrungen, die Ihnen sagen, dass vieles möglich ist. Legen Sie dieses Wissen in die Betonung Ihrer Sätze!
10. Sprechen Sie nur Anregungen/Aufforderungen und Suggestionen aus, die Sie selber für erfüllbar halten.

6.4.3 Hypnotische Anästhesie

Die Intention der hypnotischen Anästhesie liegt nicht in der Anästhesie ohne Pharmakotherapeutikum. Vielmehr strebt sie das Wohlbefinden des Patienten bei Reduktion der Anästhetika während der Intervention und der von Analgetika danach an. Außerdem hat sich, wenn Hypnose im Spiel war, eine verbesserte Wundheilung erwiesen. Für den Arzt wiederum ist es von großem Vorteil, mit einem entspannten und zuversichtlichen Patienten zu arbeiten.

Für den Patienten ist der Hinweis wichtig, dass im Unterschied zur medikamentösen Anästhesie die Sensibilität für Druck, Berührung und Temperatur bestehen bleibt.

Ist nur ein kleiner Eingriff geplant oder liegt ein organischer Grund vor, mit möglichst wenig Anästhetika auszukommen, wird das Erlernen der „Handschuhanästhesie" empfohlen. Interessanterweise geht das Wort „Handschuhanästhesie" nicht auf die Suggestion eines anästhesierenden Handschuhs zurück, sondern auf ein in der Neurologie beobachtetes Phänomen psychischer Lähmung. Die hypnotische Schmerzausschaltung entspricht nicht den Bahnen der neuralen sensiblen Innervation.

„Handschuhanästhesie" mit Nadeltest – Hypnotische Anästhesie und Blutstillung

Indikation und Ziel

Die so genannte Handschuhanästhesie dient dem Erlernen hypnotischer Anästhesie zur Vorbereitung einer chirurgischen Intervention oder zahnärztlichen Behandlung, aber auch zur Bewältigung von chronischen Schmerzen und Schmerzattacken. Sie wird durch Suggestion von Kälte (Eiswürfel), Schlaf (Schlafsand) und Taubheit gegenüber Schmerzreizen meist auf einem umschriebenen Bereich des Handrückens hervorgerufen. Die Schmerzunempfindlichkeit wird mit dem Durchstechen einer Hautfalte mittels einer Spritzenkanüle bewiesen. Die an der Hand erzeugte Unempfindlichkeit gegenüber Schmerz wird anschließend durch Suggestionen auf die gewünschten Körperbereiche übertragen.

Eine mögliche Vorgehensweise veranschaulicht die wörtliche Niederschrift einer Demonstration innerhalb der Ausbildungsgruppe bei meinem Kollegen Jonny, der Körpertherapeut und Biofeedback-Trainer ist. Er wollte sich mithilfe der Handschuhanästhesie für eine größere Zahnarztbehandlung vorbereiten. Besonders suggestiv wirkende Redewendungen sind mit einem Ausrufezeichen [!] versehen.

Verabredung zur Absicherung der Intervention

Agnes: „Jetzt treffen wir von vorneherein mal eine Abmachung, die dir Sicherheit gibt: Es passiert nichts gegen deinen Willen, weder gegen deinen bewussten noch gegen deinen unbewussten Willen. Ich habe gehört, du willst den viel besagten ‚Nadeltest' machen, aber wenn jetzt dein Unbewusstes ‚Nein' oder ‚Ich will nicht antworten' signalisiert, dann mache ich nichts. Es ist wichtig, dass du das gleich weißt. Du musst auf beiden Ebenen, also bewusst und unbewusst, einverstanden sein, o. k.? Aber ich könnte mir vorstellen, dass wir das gut hinkriegen [!]."

Betonung der Motivation für das Experiment

„Schön. Du hast eine tiefere Motivation für dieses Experiment. Du wünschst dir einerseits, für deine Zahnbehandlung wenig Medikamente, d. h. wenig Anästhesiemittel, zu brauchen. Falls du überhaupt welche bekommen musst … Andererseits hast du ein großes, und zwar berufliches Interesse, die hypnotische Anästhesie zu erfahren, und das Dritte wäre natürlich, diese Erfahrung therapeutisch bei deinen Patienten anzuwenden. Wenn man nur sagt, ich habe gehört, dass das gehen soll, wirkt das natürlich nicht so. Aber es ist klar, immer wenn man selber die Erfahrung gemacht hat, dann kann man es auch besser propagieren und sicher behaupten: ‚Ich weiß, dass es funktioniert.' Und alleine diese Sicherheit, mit der man das dann anpreist, überwältigt den Patienten schon. Da ist er schon halb anästhesiert. Und ich, ich weiß auch aus vielen Erfahrungen, dass es funktioniert … [!]

Einleitung der Handlevitation

„Welche Hand soll es denn werden? Am besten, wir lassen dem Unbewussten die Wahl.

So wäre es ganz gut, wenn bei einer Hand eine Levitation einträte. Warten wir mal ab, was von alleine passiert und welche Seite dein Unbewusstes auswählt …"

Prähypnotische Suggestion

„Wie du weißt, geht es darum, dass ein Bereich des Handrückens einfach auf deinen Wunsch hin taub wird. Taub, ich meine nicht gefühllos, wie bei der pharmazeutischen Anästhesie, sondern schmerzunempfindlich. Ja, unempfindlich gegen Schmerz. Und das ist bei der hypnotischen Anästhesie ja das Interessante, dass Berührung, Druck und die Temperatur weiterhin gefühlt werden können … aber die Hand wird unempfindlich gegenüber Schmerz [!]. Dann werde ich eine Hautfalte hochnehmen und die von dir vorhin gewählte kleine [!] Nadel hindurchschieben [!]. Zu einem späteren Zeitpunkt kannst du dann dieses Phänomen in deiner

Selbsthypnose wieder hervorrufen und von der Hand in diejenigen Körperbereiche wandern lassen, wo du Schmerz ausschalten möchtest." [Diese Einführung gibt der Entwicklung der Handlevitation Zeit.]

Offizielle (die Hypnose hat ja eigentlich schon begonnen) Hypnoseeinleitung

„Geh nun einfach mal in Hypnose, schau auf einen Fleck, oder mache die Augen zu, mach es so, wie es für dich am besten ist … lass dir einen Moment Zeit … [von draußen heftiges Kirchglockengeläute] … und von draußen hört man schon wieder die berühmten Glocken, die etwas Neues einläuten … und der Atem kann von alleine tiefer werden … du kannst Hypnose [!] … und du kannst auch ziemlich schnell in diesen veränderten Bewusstseinszustand gleiten … ganz von alleine … und du weißt, dass man da zu manchem fähig ist … dass man sich da etwas besonders gut vorstellen kann … man kann eine Hand ganz groß werden lassen … oder auch ganz klein … [!]

Da kann mancherlei passieren, was wie Zauberei [!] anmutet … unter anderem auch, dass ein Körperbereich schmerzunempfindlich wird …

Und das probieren wir jetzt mal aus. Lass doch eine Hand mal leicht und leichter werden, während du innerlich vielleicht woanders hingehst … genau … sehr gut … es ist deine linke Hand … sehr schön sieht man die kleinen Bewegungen … mhmm … ganz gut, mhmm … gut, ja, und je höher die Hand kommt, umso tiefer kannst du in Hypnose gehen … wobei es eigentlich gar nicht so wichtig ist, dass *du* in Hypnose gehst [!], eher ist wichtig, dass die Hand [!] in Hypnose geht … und dass die Hand diese Erfahrung macht, die dich wahrscheinlich gar nicht so überraschen [!] wird, weil du davon schon weißt … [!]"

Abruf der Fingersignale

„Jetzt bräuchten wir für die Kommunikation mit dem Unbewussten mal die Fingerzeichen. Zuerst den ‚Ja-Finger' [alle angefragten FZ erfolgen jetzt ohne Verzögerung] … aha … das ist der vierte. Gut. Dann brauchen wir den Finger für ‚Nein' … Gut. Und dann brauchen wir den Finger für ‚Ich will nicht antworten' … Gut. Also eine schöne Reihenfolge. Ich streiche jetzt mal leicht über diese Finger: Das ist ‚Ja', das ist ‚Nein' und das ist ‚Ich will nicht antworten'. So können die Finger sich ihre Funktion gut merken und ich letztendlich auch. Gut."

Deklaration eines begrenzten Zeitraumes für das Experiment
(da es sonst eventuell keine unbewusste Zustimmung für die Erfahrung von Taubheit gäbe)

„Wir haben über Handschuhanästhesie schon geredet und auch darüber, dass die Vorstellung von Kälte und Schlaf Taubheit hervorrufen kann. So kann man sich irgendetwas vorstellen, was mit Kälte und vielleicht auch mit einer Art von Einschlafen zu tun hat. Bei Kindern rede ich da vom Sandmännchen, das seinen Schlafsand [!] über die Hand oder den entsprechenden Körperteil streut. Die Wirkung des Schlafsandes hält so lange an, wie es notwendig sein wird. Natürlich, und das ist eine weitere Abmachung, soll diese Veränderung nur über den Zeitraum unseres Experimentes andauern, also sagen wir über die nächsten acht Minuten. Dann wird die Hand wieder normal lebendig, wach und empfindungsfähig sein. Alles klar?"

Suggestion von Kühle als Vorstufe für Schmerzunempfindlichkeit
Agnes: „Du kannst in Fantasie nun einen Eiswürfel über den Handrücken streichen … oder die Hand in einen ‚Kühlhandschuh' stecken … oder sie in einem Gebirgsbach kühlen … Aber sicher hast du schon deine ganz eigene Idee … Mache ich mir so viele Gedanken (!), besser frage ich deine Finger: Hast du dir denn schon etwas ausgewählt, wie es am einfachsten ist? Ja? Gut. Magst du das mal sagen?"
Jonny (einsilbig): „Kaltes Wasser."
A.: „Gut. In einem Eimer kalten Wassers oder draußen in den Bergen in einem Gebirgsbach?"
J.: „In den Bergen."
A.: „Gut. Und die Hand kann kühl werden …
Fragen wir mal die Finger, welche Hand? Ist es die linke Hand, die kühl wird …? Nein? Ist es die rechte …? Aha, ja gut. Und lass die rechte Hand mal kühler und kühler werden, und jedes Mal, wenn die Hand um einen halben Grad kühler wird auf der Oberfläche, kann der ‚Ja-Finger' ein Zeichen machen, und du beobachtest, was von alleine passiert … *(es erfolgen jetzt in regelmäßigen Abständen die* ‚Ja Zeichen'*)* … einen halben Grad, mhmm … 1 Grad … jetzt ist es schon einen ganzen Grad kühler … und eineinhalb … sehr gut, zweieinhalb … 3 Grad … ja, wunderbar … genau, prima!"

Suggestion von Taubheit

„Und je mehr die Kühle zunimmt, umso mehr nimmt die Empfindlichkeit ab … und es kann sich so etwas einstellen wie ein Gefühl des Einschlafens [!], des Eingeschlafenseins [!], vor allen Dingen am Handrücken. Kühle [!], Taubheit [!], Eingeschlafensein [!], während du dich dort in den Bergen aufhältst, wird die Hand so kühl, wie es für dich richtig ist, um dieses Experiment zu machen … [ein weiteres ideomotorisches Signal erfolgt] … Das war noch einen halben Grad kühler, genau, schon eine ganze Menge, mhmm, und wenn die Hand kühl genug ist, dann kann sich einfach mal der Finger für ‚Ich will nicht antworten' melden, denn die Hand merkt das von alleine, wenn die Kühle ausreicht, genau … [es erfolgt ein weiteres ‚Ja-Signal'] noch ein halben Grad kühler, sehr schön … [FZ: Ich will nicht antworten.] … aha, reicht aus. Mhmm [wieder mächtiges Glockengeläute, meine Praxis liegt genau neben der Johanniskirche, dem so genannten Haidhauser Dom], und heute ist ein großer Feiertag [!], glaube ich. Du legst deine Hand schlafen, so wie du zu einem späteren Zeitpunkt deinen Zahn schlafen legen wirst [!]. Gut."

Nadeltest

„Jetzt frage ich wieder die Finger: Ist denn die Anästhesie für unser Experiment ausreichend? [FZ: Ja.] Na, wunderbar. Ich frage dich jetzt auf der bewussten Ebene. Brauchst du noch Zeit? [Jonny verneint.] Nein, na hervorragend! Dann frage ich dich: Sollen wir das jetzt einfach mal ausprobieren? [FZ: Ja.] Ja, vom Kopf her auch? [Jonny: „Ja."] Ja, gut. Ich werde mich hier rechts neben dich [ich saß links von Jonny] hinsetzen. Gut … Ja, sehr gut … und du riechst das schon [den Alkoholtupfer], das kühlt noch mehr und betäubt mehr, gut. Dann nehme ich hier eine Hautfalte hoch und steche durch, na, Klasse …! [Jonny hat mit seiner stattlichen Körpergröße unglaublich festes Gewebe, das ist beileibe keine Hautfalte. Ich sehe etwas schlecht, steche durch eine Menge Fleisch und treffe beim Ausstich zielsicher eine Vene. Apropos, ich mache diesen Nadeltest überhaupt nicht gerne, bin ja keine Chirurgin. Aber natürlich mache ich es sonst immer perfekt …]"

Betrachtung der Nadel im Fleische zur Intensivierung des Erlebnisses

„Und das kannst du dir anschauen, wenn du willst … kannst die Augen öffnen und unser Kunstwerk anschauen. Kannst es den anderen zeigen

… unseren Erfolg [!] … [Jonny öffnet langsam die Augen, schaut hin, scheint sehr gelassen, es blutet nix, gottlob. Die Gruppenmitglieder betrachten teils amüsiert, teils irritiert die Nadel im Fleische.]"

Integration der Erfahrung und posthypnotische Suggestion
„Geh jetzt bitte wieder in Hypnose, gut … schön … durchatmen und die Erfahrung innerlich speichern. Und sage mir dann bitte, ob wir die Nadel dort lassen sollen für heute Abend oder wieder rausnehmen.

Besser, fragen wir die Finger: Sollen wir die Nadel wieder herausnehmen? Mhmm. Ja? In Ordnung.

Nächste Frage: Wie wird es denn ausschauen, gibt es einen Blutstropfen, wenn ich die Nadel herausziehe? [FZ: Nein.] Nicht? Gefäße ganz eng gestellt? Klar! Gut.

Du beherrschst sogar die Blutstillung [!]. Prima!

Sollen wir die Nadel wieder herausziehen? Gut. Okay [ich ziehe die Nadel heraus], jetzt lass dir einfach Zeit.

[Kein Blutstropfen in Sicht, ich bin erleichtert. Was heißt erleichtert, ich bin echt froh.]

Kompliment, Junge!!

Was du alles kannst!! [Das kommt fast zu euphorisch.]

Bleibe noch ein bisschen dabei, und verarbeite das für dich, du weißt am besten, wie das geht. Gut. Und wann immer du bereit bist, wirst du wieder ganz wach und klar hierher kommen. Und wir können gerne zum Vergleich das Ganze auch ohne Hypnose an der anderen Hand ausprobieren [aber ohne Vene, und … gerne kann auch einer von den Medizinern zustechen].

Abschließendes Gespräch
A.: „Was hast du erlebt?"
J.: „Es war sehr lustig, weil ich mir eigentlich vorgenommen habe, dass die andere Hand verwendet wird. Und auf einmal sagen mir die Fingerzeichen: Die rechte Hand. Da war ich etwas verwirrt."
A.: „Und du hattest dich auf die Linke konzentriert mit der Kühle?"
J.: „Ja. Und das mit dem Bergbach hat nicht so funktioniert. Das war zwar zuerst meine Idee, aber ich habe mir dann, nachdem ich Biofeedback mache, die Temperaturlinie vorgestellt, wie die nach unten geht, und das hat dann gleich wunderbar funktioniert."
A.: „Die Hand ist kühler und blass im Vergleich zur anderen, auch jetzt noch."

J. (betrachtet seine Hand): „Stimmt. Ich übrigens habe gespürt, wie du meine Hand berührt hast, aber das Durchstechen gar nicht."
A.: „Und dass kein Blut austritt, hast du einfach so gewusst?"
J.: „Ja, einfach so, das war ganz klar. Es ist toll: Die Überraschung ist gelungen."

[Jonny lacht, ich bin erleichtert, halte natürlich erst einmal meinen Mund. Später erst bausche ich den Venendurchstich ohne Blutung als Beispiel enormer hypnotischer Fähigkeiten von Jonny auf. Aber jetzt befindet er sich ja noch in leichter Trance und man muss vorsichtig reden.]

Nutzen der noch vorhandenen leichten Trance für eine Verstärkung der posthypnotischen Suggestion

„Und diese Erfahrung hat dich überzeugt, und sie gibt dir die Sicherheit, dass du in Zukunft immer, wenn du es brauchst, **hypnotische Anästhesie und Blutstillung** [!] nicht nur im Bereich der Hand, wo das Experiment war, sondern auch in anderen Körperbereichen hervorrufen kannst. Mehr oder weniger, aber auf jeden Fall in einem Maß, das hilfreich sein kann [!]."

Begünstigung der schon von alleine eintretenden Normalisierung des Gefühls

„Jetzt kann die Hand aber anfangen, sich wieder vollkommen normal und warm anzufühlen … voller Gefühl … die Blutgefäße öffnen sich, Blut strömt in die Hand, eine ‚hypnotische reaktive Hyperämie' … Ja, das gibt es auch!"

Natürlich will Jonny den Nadeltest ohne Hypnose bei der anderen Hand nicht nachprüfen. Er glaube schon so, sagt er. Die tapfere Barbara sticht sich unanästhesiert, der Handrücken schwillt, es blutet, ein kleines Hämatom bildet sich.

Übrigens kann man über die hypnotische Gefäßkontraktion auch Blutungen bei Hämophiliepatienten beeinflussen. Entsprechende Suggestionen: Kühle, zusammenziehen, eng stellen, abdichten, schließen, stoppen.

6.4.4 Anästhesieinduktion beim Kinde

Gute Voraussetzung durch die kindliche Vorstellungskraft
Der Kraft und Magie der inneren Bilder noch stark verbunden, ist Visualisieren für Kinder nah und selbstverständlich. Sie bedürfen kaum formaler Hypnoseinduktion, tauchen blitzschnell in veränderte Bewusstseinszustände ein, können aber auch gleich wieder hellwach sein. Das lässt sich sowohl für therapeutische Interventionen als auch zur Einleitung chirurgischer Maßnahmen nutzen. Auch hier gehen wir wertschätzend, dem Alter, dem Wesen, den Vorlieben und der Begabung entsprechend (ressourcenorientiert) vor. Anstelle der Fingerzeichen können wir bis zum Schulalter Kopfbewegungen als ideomotorische Signale werten.

Einleitende Visualisation
Nach mentaler Fokussierung wird das Kind gebeten, sich in einer Art Kontrollturm / Tower (o. Ä.) eine Anzahl von Schaltern mit bunten Lämpchen vorzustellen. Jeder Schalter samt Lämpchen ist für die Regelung des „Nervenstromes" für ein bestimmtes Körpergebiet zuständig. Sämtliche Schalter sind vorerst auf „An" geschaltet, und natürlich leuchten dazu auch die entsprechenden Lichter. An dieser Stelle wird das Kind gebeten, die innere Vorstellung (Farbe, Form, Anzahl, Position etc.) zu beschreiben, damit Kontakt gehalten sowie die Fantasietätigkeit überprüft und gefördert werden kann.

Erlernen von Handschuhanästhesie
Daraufhin kann das Kind ausprobieren, den Schalter für eine Hand (möglichst die Hand, die weiter von dem Ort der medizinischen Intervention entfernt ist) vorübergehend auszuschalten. Der Schalter steht nun auf „Aus". Das Lämpchen erlischt auch. Die Hand „kommt zur Ruhe, wird müde, geht schlafen, denn der Strom ist abgeschaltet, das Licht erloschen". Vielleicht kommt sogar noch das Sandmännchen auf leisen Sohlen und streut „Schlafsand" über die Hand. Pssst …

Die Hand kann zwar „im Schlaf noch Berührung oder Druck verspüren, aber keine unangenehmen Gefühle mehr". Hier sollte ein Zeitraum von ca. zwei Minuten gewährt werden, damit sich die Taubheit einstellen kann. Jetzt kann durch leichtes Zwicken oder Pieksen die Wirkung der hypnotischen Anästhesie überprüft werden. Ist sie noch unzureichend, kann weiter über Schlafen, Ruhe, Taubheit etc. geredet werden. Nachdem die Hand hypnotische Anästhesie aufweist, kann der Schalter wieder auf „An“ gestellt werden, um sie wieder „aufzuwecken“ und gefühlvoll werden zu lassen. Auch das Lämpchen brennt nun wieder.

Nutzung der Anästhesie

Jetzt kann das Kind den Schalter für *das* Areal finden, das tatsächlich betäubt werden soll. Das weitere Vorgehen ist das gleiche, wobei man je nach Situation und Kontext malerische Vorgaben machen kann. So ist das Rieseln des Sandes vom Sandmännchen zu hören und zu verspüren, ebenso die angenehme Kühle des Nachtwindes. Das Kind kann sich davonschleichen und auf den Schwingen des Nachtvogels auf Reisen gehen …

Auf das ***Thema Schmerz*** wird hier nicht weiter eingegangen. Ich verweise auf meine Ausführungen in Kaiser Rekkas (1998, S. 213 ff.) und auf Literatur anderer Autoren wie z. B. das Standardwerk von Barber (1996).

Kapitel 7

7. Hypnotherapie in Gruppen, im Mutter-Kind-System und mit Paaren

7.1 Produktive Konkurrenz – Gruppen

Der Erfolg von Gruppentherapien hängt sehr von der Fähigkeit des Therapeuten ab, Prozesse positiv in Gang zu halten und eine entspannt-offene Atmosphäre des Lernens zu schaffen. Natürlichkeit und Humor, Kontaktfähigkeit mit der Möglichkeit, die Erlebniswelt jedes Einzelnen wertzuschätzen und positiv zu deuten, sowie die besondere Hinwendung zu anfänglich schwierigen Teilnehmern sind das A und O einer guten Gruppenleitung. Alle Reaktionen werden in einen positiven Rahmen gesetzt, es wird ihnen ein Sinn zuerkannt (siehe 7.2). Falls jemand eine Übung auslassen möchte, billigt man die Richtigkeit seines Tuns. Beklagt sich jemand, er habe sich während der Hypnose nicht wohl gefühlt, gibt diese Erfahrung einen wichtigen Hinweis, was als Nächstes zu tun ist. Stellt ein anderer fest, er habe innerhalb der Trance auf einmal seine schöne Fantasie zu Fall gebracht, können wir fragen, ob es ihm bekannt vorkomme, gute Erlebnisse abrupt zu unterbrechen. Vielleicht ergibt sich Stoff für eine Einzelintervention.

Zu Beginn einer Gruppentherapie empfiehlt es sich, darauf hinzuweisen, dass jeder von uns auf ein und dieselbe Anleitung unterschiedlich reagieren kann. Aus diesem Grunde gehen wir – falls die Anrede nicht das „Sie" ist – während der Hypnoseanleitung vom „Ihr" auf das „Du" über. Somit wird jeder Einzelne angesprochen. Implizites Therapieziel ist es ja, das wirklich Eigene zu finden und sich nicht verpflichtet zu fühlen, eine vorgegebene Aufgabe zu erfüllen. Es ist spannend, wie viel unterschiedliche Bilder ein und dieselbe Übung provozieren kann. Ein Ausbildungsteilnehmer sah sich im „Energie-Torbogen" als Skulptur, vergoldet und mit respektabler Männlichkeit wie auf antiken Vasen, stehen. Er war nach der Hypnose selber ganz ergriffen von seiner Statur. Dagegen stufte eine Kollegin ihren Bogen als eher kümmerlich ein. Sie baute ihn erst in den weiteren Hypnosen aus und berankte ihn mit Kletterrosen.

Haben die Teilnehmer ihre erste ganz persönliche schöne Hypnoseerfahrung erlebt und sind Symptome fühlbar beeinflusst, geht vieles auf einmal von alleine. Die Teilnehmer sind freudig gestimmt und stecken sich mit ihrer Begeisterung gegenseitig an. Eine Welle rollt durch die Gruppe und reißt mit: Man lässt das Rauchen, die Pfunde purzeln, die Bewegungsfreiheit nimmt zu, Träume werden im wahrsten Sinne wahr. Bei jedem ist es etwas ganz anderes und Eigenes. Manche sind durch die inneren Erfahrungen aber auch einfach still beglückt. Es entsteht große zwischenmenschliche Nähe, therapeutische Dichte und ein Energieniveau, das allen zugute kommt. Dabei muss der Therapeut sehr präsent sein. Bei Einzelarbeiten innerhalb der Gruppe kann leichthändig mit ideomotorischen Signalen gearbeitet werden. Der Vorgang wird energetisch von der Gruppe mitgetragen. Manchmal grenzt es fast an ein Wunder, was sich mit wenig Interventionen ereignen kann. Das liegt daran, dass bei der Einzelarbeit innerhalb der Gruppe jeder Teilnehmer profitiert. Wir beobachten, dass die Hypnose um sich greift und jeder auf seine Weise, auch im Stillen, partizipiert.

Immer wieder sollten wir sowohl bei Gruppenanleitungen als auch bei Einzelarbeiten dafür Sorge tragen, dass wir nicht zu viel in eine Intervention/Anleitung hineinpacken. Lieber lassen wir den Integrations- und Konsolidierungsprozessen Zeit. Die Gruppe lernt, wenn der Therapeut wohlwollend zugewandt anwesend ist und dabei einfach seinen Mund hält.

Eine große Sammlung guter Gruppenanleitungen findet sich in Klippstein (1994).

Es bieten sich aber auch Tiefenentspannungen wie *Raggedy Ann* oder *Tropische Insel* und vor allem Fantasiereisen wie die *Chinesische Muschel*, die Sammlung *Seifenblasen* oder *Basar*, *Das Buch des Lebens*, *Das Bäumchen* und *Energie-Torbogen* (Kaiser Rekkas 1998) an. Aber auch *Automatisches Schreiben* (2.14) oder Übungen zu zweit oder dritt wie *Kamera*, *Mesmersche Streichungen* und *Anlehnen an die Schulterblätter* können Schwung in die Bude bringen und die Teilnehmer entkrampfen. Neulich erklärten die Mitglieder einer Gruppe, sie empfänden sich wie in einem Schraubstock blockiert „verschraubt“. Sollten wir eine neue Übung erfunden haben, die „Schrauben lockern“ heißt? Wir haben Tränen gelacht bei der Vorstellung, wie wohl zu Hause oder beim Freund vom Thema des Abends erzählt wird. „Was habt ihr denn heute gemacht in dieser mysteriösen Hypnose?“ „Die Therapeutin hat mich dazu gebracht, meine Schrauben zu lockern.“ Na, servus. Mein Image ist ja wohl flöten.

Also viel besser, denken Sie sich selber etwas aus!! Meistens animiert die Atmosphäre der Gruppensituation von alleine zu den besten Anleitungen. Zeichnen Sie diese nebenbei auf und überraschen sich beim anschließenden Abhören selber, wie einfühlsam und intuitiv Sie vorgingen.

7.2 „Ich glaube an dich, bedingungslos" – Mutter macht Therapie für Kind

Die Mutter ist oftmals die beste Person, die für ihr Kind, und sei es auch schon erwachsen, etwas tun kann. Dafür bietet sich ein Ritual an.

Beispiel
Nach einer Anleitung für *Automatisches Schreiben* (siehe 2.14) als Gruppenübung innerhalb einer mehrtägigen Weiterbildung klagt Vera, eine Ärztin, über heftige Übelkeit. Sie hatte einen Brief, den sie schon lange verfassen wollte, aber irgendwie nicht konnte, an ihre 18-jährige Tochter Cleo schreiben wollen. Aber auch in Hypnose kriegte Vera keinen Satz zustande. Ihr wurde nur schrecklich übel. Vera erzählt daraufhin, dass Cleo sich aufgrund einer Anorexie in stationärem Aufenthalt befindet. Ihre Tochter sei so hübsch, so intelligent und so begabt, und es sei einfach furchtbar, mit anzusehen, wie sie sich kaputtmache. Vera wollte ihr schriftlich mitteilen, dass sie ihr das Hungern eigentlich übel nimmt. Die Gruppe reagierte verständnisvoll auf Veras Gefühl als Mutter, in das sich neben Angst Kränkung und Enttäuschung mischte. Andererseits wurde herausgeschält, dass es niemals um Schuld geht, und: Jedes Symptom hat einen Sinn, wenn man den Kontext versteht. Das positive Reframing lautete: „Das Unbewusste hat dich abgehalten, diesen Brief zu schreiben. Er hätte die Situation nur verschärft. Die Botschaft ist klar. Es ist etwas anderes und Besseres zu tun. Deshalb kann die Übelkeit jetzt aufhören. Morgen früh (es war später Abend) werden wir als Erstes dem genauen Inhalt dieser Botschaft nachgehen. Und vielleicht kannst du dich heute Nacht im Traum schon mit dem Thema beschäftigen. Dann können wir morgen umso erfolgreicher arbeiten."

Am nächsten Morgen biete ich Vera eine hypnotherapeutische Übung an, die sich für ein psychosomatisch erkranktes Kind empfiehlt. Nach der Hypnoseinduktion beginne ich aber vorerst mit einer kurzen ideomotorischen Befragung, während der Vera sowohl mit unbewussten Fingersignalen, aber spontan auch auf der bewussten, verbalen Ebene reagiert.

Agnes: „Hast du dich in der vergangenen Nacht im Schlaf mit deiner Tochter Cleo beschäftigt?"
FZ: „Ja."
A.: „Ja? Schön. Was fällt dir dazu ein?"
Vera: „Cleo hat viel bekommen."
A.: „Prüf mal nach, ob es noch eine weitere Botschaft gibt! Und wenn etwas Weiteres in dein Bewusstsein tritt, wird es der ‚Ja-Finger' anzeigen."
Nach einer Weile *FZ:* „Ja."
A.: „Sprich mal aus, was gerade noch deutlich wurde, bitte!"
V.: „Sie hat auch viel gelitten."
A.: „Was war denn damals?"
V.: „Also, Cleo ist die Jüngste von drei Kindern aus meiner ersten Ehe. Ich habe mich scheiden lassen, als sie sechs Jahre alt war. Sie war dasjenige Kind, das am meisten gelitten hat. Ich hatte wenig Zeit für sie, war mit der Trennung und der neuen Beziehung beschäftigt, auch beruflich sehr gefordert … dann kam noch ein Kind mit meinem neuen Mann dazu. Das beanspruchte mich sehr … aber Cleo ist mir wohl am ähnlichsten."
A.: „Du liebst Cleo?"
V.: „Ja, ich liebe sie sehr!"
A.: „Glaubst du an sie?"
V.: „Ja, schon, ich glaube an sie. Was sie alles kann …!"
A.: „Bist du bereit, ihr das jetzt zu sagen?"
V.: „Ja, das kann ich ihr sagen."
A.: „Bist du auch auf tieferer Ebene bereit, das deutlich zu sagen? D. h., ich erwarte jetzt eine Antwort über die Fingersignale."
FZ: „Ja."
A.: „Sehr schön, das ist wichtig. Bleib jetzt ganz in dir, und sage, wenn du bereit bist, im Stillen zu deiner Tochter Cleo,

dass du sie liebst …

dass sie dir wichtig ist …

dass du gut mit ihr bist …

und dass du an sie glaubst.

Sag ihr, dass du an sie glaubst, *bedingungslos.*

Und wenn sich dadurch bei deiner Tochter etwas verändern, verbessern kann, wird der ‚neue Finger' das anzeigen … Es ist kaum zu fassen, was für ein Wissen das Unbewusste einer Mutter über Vorgänge in ihrem Kind haben kann!"

Nach einiger Zeit kullert eine Träne über Veras Wange. Auch erfolgt ein FZ: „der Neue".

A.: „Das wird wohl eine Wendung zum Guten geben. Bist du bereit, noch etwas Weiteres zu tun, damit dein Kind gesund werden kann? Ich nehme an, es braucht noch eine Art Hausaufgabe, die du die nächste Zeit erledigen solltest."
V.: „Ja, ich werde alles tun."
A.: „Gut. Es handelt sich um ein **therapeutisches Ritual**. Mache fünf Tage pro Woche eine kleine Selbsthypnoseübung. Du gehst dabei in deine Vergangenheit und malst dir jeweils eine Station deines Lebens mit Cleo neu und schön aus, immer ein neues Fragment zur alten Geschichte. Am besten, du gehst chronologisch vor, fängst also in der am weitesten zurückliegenden Zeit an.

Zum Beispiel erlebst du in der ersten Hypnose: *Du hältst sie liebevoll als Baby im Arm, sie strahlt dich selig an.*

Beim zweiten Mal: *Sie läuft ihre ersten Schritte auf dich zu. Du empfängst sie mit ausgebreiteten Armen.*

In der dritten Selbsthypnose: *Zweijährig balanciert sie auf einem Mäuerchen, deine Hand hält sie sicher.*

Danach: *Du machst sie auf die Blumen einer Sommerwiese aufmerksam.*

Cleo wird größer: *Ihr lasst einen Drachen steigen.*

Sie wächst heran: *Du tröstest sie über eine schlechte Note hinweg.*

Besonders viel Zeit solltest du aber in die Phase investieren, in der Cleo zu kurz kam. So, wie wenn du in dein Familienalbum neue, farbenfrohe Fotografien von deiner Tochter und dir einfügst. Die alte Geschichte kann man nicht verändern, aber man kann Neues hinzufügen.

Natürlich darfst du Cleo nichts davon verraten. Du sagst ihr nur, dass du ein therapeutisches Ritual für sie machst und dass etwas geschehen wird, worüber alle glücklich sein werden. Die Störung in der Familie wird sich auflösen. Und wenn du noch andere Hinweise brauchst, weißt du ja nun, wo die zu holen sind, oder?“

Es versteht sich, dass eine Anorexie voraussichtlich nicht durch eine einmalige Intervention mit therapeutischer Hausaufgabe zu heilen ist. Sie wird Vera aber einerseits dazu verhelfen, sich im Positiven mit der Tochter zu beschäftigen und dadurch ihre Schuldgefühle zu tilgen. Für Cleo wird es andererseits von hoher positiver Suggestivität sein, dass ihre Mutter etwas Geheimnisvolles für sie veranstaltet. Im Wissen, dass die gesamte Familie zu therapeutischen Gesprächen in die Klinik kommt, kann diese Intervention als ein zusätzlicher Baustein zur Gesundung der Familie betrachtet werden. Die Technik eignet sich – wie aufgezeichnet – als Einzelintervention in Begleitung eines gesamttherapeutischen Konzeptes wie auch als Schritt innerhalb eines Therapieablaufes.

7.3 „Das Wunder“ der Paartherapie

Wenn irgend möglich, sollte der Partner unseres Patienten in längeren Abständen zu den Sitzungen eingeladen und somit in die Therapie eingebunden werden. Diese Therapiestunden bieten im ersten Abschnitt ein Forum für wertvolle Hintergrundinformationen: Beobachtungen des Partners seit Beginn der Therapie, eventuelle Befürchtungen, Klagen über die Therapie, aber vor allem Wünsche. Anschließend kann in Abwandlung die Vielzahl an hypnotherapeutischen, aber auch systemischen Interventionen genutzt werden. So kann beispielsweise im Trancezustand in jedem Partner ein Bild von einer Paar- oder Familienskulptur entstehen, die die momentane Situation darstellt. Die Skulptur wird dann beschrieben, wobei der Therapeut nur zuhört und das Bild so belässt, wie der jeweils beschreibende Partner es sieht und empfindet. Die dazugehörigen Gefühle entwickeln sich von alleine. Ob die Skulptur dann noch in Realität aufgestellt und die erste Bewegung in die Veränderung vollzogen wird, hängt davon ab, wie viel Wirksamkeit das momentane Tranceerleben schon verspricht.

Als therapeutische Zukunftsvision ist zweifelsohne die „Wunderübung" eine „wundervolle Übung". Vor allem, nachdem ausgiebig geklagt, bedauert und die Symptomatik abgehandelt wurde, ist diese Hypnoreise in die Zukunft geradezu genial, denn … durch ein Wunder ist auf einmal alles anders …

Ziel

In Hypnose wird eine Nacht erlebt, in der ein Wunder passiert, worauf der folgende Tag völlig unbeschwert, frei von Symptomen, Konflikten und Ängsten ist. Der Patient beschäftigt sich während der Übung intensiv mit seinem Therapieziel, womit sich Prozesse für die unbewusste Bearbeitung und Überwindung von Schwierigkeiten in Gang setzen.

Technik

Sowohl der Patient und als auch sein Partner stellen sich vor, dass in der kommenden Nacht ein (unerklärliches) Wunder passiert. Sie wachen in der hypnotischen Realität am nächsten Morgen auf, und die Schmerzen sind beseitigt, die Konflikte gelöst, die Schwierigkeiten behoben. Aufmerksam ist nun wahrzunehmen, was alles im Positiven anders ist. Man durchschreitet in Fantasie einen ganzen Tag in optimaler seelischer und körperlicher Verfassung mit all ihren Auswirkungen. Der Therapeut hält dazu an, Wohlbefinden, neue Gedankengänge, das Aussehen, die Stimme, den eventuell veränderten Gang, die Auswirkung auf andere, die Reaktionen der anderen auf das eigene gute Befinden zu erleben. Auch ist abzuwägen, welche Menschen vom Wunder erfahren sollen, was diese erwidern und was dadurch wiederum beim Patienten ausgelöst wird (systemische Rückkoppelungsprozesse). Ebenso besinnt man sich, vor wem das Wunder geschützt, wem gegenüber also Stillschweigen bewahrt werden soll.

Diese Übung stellt aufgrund des auf die Problemlösung gerichteten Fokus einen Prototyp hypnotherapeutischer Arbeit dar.

Beispiel: Das Wunder für Ehepaar O.

Frau O. kam aufgrund einer Fernsehsendung, in der ich zum Thema Hypnose interviewt wurde. Sie litt unter einer massiven Angststörung in breiter Fächerung (sie hatte unter anderem Angst an Krebs zu erkranken, plötzlich zu sterben etc.) mit starker vegetativer Beteiligung.

Sie war zu diesem Zeitpunkt 54 Jahre alt, ihr Mann zwölf Jahre jünger. Ihre lange, kinderlose Ehe kann man als Bruder-Schwester-Verhältnis bezeichnen. Da Frau O. in der freien Natur einen Mindestgrad an Wohlbefinden erreichen konnte, beschloss das Paar, in nächster Zeit auf eine griechische Insel zu übersiedeln. Ihr Mann hatte dort in seinem Beruf als Architekt Arbeit in Aussicht. Das Paar versprach sich von meiner Intervention eine „Hochpotenzhypnose“ vor Verlassen der deutschen Lande. Der Therapiekontrakt belief sich auf die rein symptomatisch orientierte Behandlung innerhalb von vier Sitzungen. Dass dies für eine offensichtlich schwierige intrapsychische und systemische Konstellation nur ein Testballon war, ist mir bewusst gewesen. Aber auch ein Versuch kann mal ein Treffer sein, und gut angeleitete Hypnose ist eines nie: schädlich. Nicht privat versichert, bezahlten sie das Honorar selber. Die aufgezeichnete Sitzung ist die vierte und letzte. Sie liegt inzwischen eine Weile zurück, und ich habe leider bislang keine Nachricht über die weitere Entwicklung.

Hypnose läuft

Frau und Herr O. sitzen nebeneinander auf der Couch, er seine Füße extrem nach außen gerichtet, sie dagegen nach innen. Sie hat vor der Hypnose ihren Haarknoten gelöst. Ihr langes, leicht ergrautes Haar fällt über die Schultern, die voluminöse Haarschleife ruht samtschwarzpuschelig und poussierlich direkt in ihrem Schoß. Beide haben eine Handlevitation rechts entwickelt.

Die Nacht mit dem Wunder

„In der Hypnose lernen wir, guten Einfluss auf uns auszuüben. Wir erfahren dabei, wie wir innerlich frei werden und uns wohl fühlen … Standsicherheit erhalten … und mit unseren Stärken in Kontakt kommen … und heilsame Prozesse in Gang bringen. Und je deutlicher und eindrucksvoller unser hypnotisches Erleben ist, umso tiefere Auswirkung wird es haben.

Schließen sie deshalb nun einfach Ihre Augen, kommen zur Ruhe und erinnern sich an Ihre letzte tiefe Hypnose. So stellt sich von alleine dieser veränderte Bewusstseinszustand wieder ein, wird sich im Laufe der Übung sogar noch vertiefen und lässt Sie in unbewusste Arbeit eintauchen.

Stellen Sie sich nun in einer Art Zeitraffer vor, der heutige Tag ginge schon seinem Ende entgegen, und es dämmert, ist Abend, wird dunkel draußen … ist später Abend … es ist Zeit, ins Bett zu gehen …

So bereiten Sie sich für die Nachtruhe vor … gut … und entkleiden sich, tun alles, was Sie normalerweise vorm Einschlafen tun, legen ihr Nachtgewand an … und gehen ins Bett …

… und während sich draußen der Nachthimmel über der Erdkugel wölbt … verschwenden Sie vielleicht noch einen Gedanken an den vergangenen Tag … nehmen dann Ihre gemütliche Einschlafstellung ein … Schlaf übermannt Sie …

Tiefer als tief sinken Sie in den Schlaf … Sie atmen ruhig und gleichmäßig …

Der Natur entsprechend … wandern die Sterne übers Firmament … und es ist, was Sie noch nicht wissen, eine besondere Nacht … es ist die Nacht – und ich verrate es ihnen jetzt –, es ist die Nacht mit dem Wunder … die Nacht, in der sich ein Wunder vollzieht …

Und die Tram läuft in Ihr Depot ein … die Glocke schlägt … und auf dem Dach badet sich ein Kätzlein im Mondlicht …

Später, wenn es auf samtigen Pfoten über den Dachfirst streift, passiert ein Wunder, ganz in der Stille der Nacht … und ganz im Verborgenen.

Der Konflikt klärt sich …
die Fessel, die die Brust umgurtet hat, löst sich …
das Symptom fällt ab, wie eine alte Haut, die sich abpellt …
Schmerz schwindet …
die Wunde heilt …
… auf wundervolle Weise …

… und was hinter dem Symptom lag … reinigt und klärt sich und heilt auf besondere Art …

Das Wunder passiert, aber ich nehme an, dass Sie es noch nicht bemerken … denn Sie schlafen tief … mit ruhigen Atemzügen … ruhiger denn je …

… und … die Nacht zieht vorüber. Während Sie ganz gelöst in tiefem Schlaf liegen, sehen Sie vielleicht schon einen besonderen Traum …

einen Traum … der unter neuen Bedingungen in die Zukunft weist … Türen öffnet … hmmm … sehr gut …

… neue Bilder in leuchtenden Farben … andere Töne … freie Bewegung …

Verheißungsvoll naht der junge Tag, die Vögel beginnen zu zwitschern …
und Sie schlummern behaglich dem Morgen entgegen …
nach der Nacht mit dem Wunder …

Sie tauchen ein in einen besonderen Tag …
… und bemerken, wie Sie allmählich dort in Ihrem Bett erwachen …

erstaunlich erquickt, verspüren Sie schon Veränderung.

Es ist anders … aber wie?!
Wie fließt die Atmung?
Wie kreist die Energie?
Was ist anders in Ihrem Körper?
Ist es nicht irgendwie leichter … weiter … wohliger …?
Kann es sein, dass der Körper sich gesünder … ja, kräftiger anfühlt?
Hmm, gut ja, hmm, sehr gut …

Wie geht es Ihnen damit: Das Problem ist gelöst … hmm, Heilung trat ein, es ist anders …?

Wie ist es, Vertrauen zu haben … in Kraft, in Stärke, in Natürlichkeit … in Beständigkeit und Ausgewogenheit?

Ja, beinahe hätte ich es vergessen: Was ist Ihr erster Gedanke? Was geht Ihnen durch den Kopf am Morgen nach dem Wunder …? Eine neue Idee vielleicht …?

Und dann … im inneren Geschehen, das jetzt ganz real ist, schlagen Sie die Augen auf und begegnen dem Tag.

Es ist das gleiche Bett, die gleiche Umgebung, die gleiche äußere Situation, der gleiche Mensch neben Ihnen, aber innerlich ist es vollkommen anders!!

Die Begegnung zwischen Ihnen kann anders sein …

Neugierig gehen Sie in der inneren Vorstellung in kleinen Etappen durch den Tag. Sie stehen auf und merken, es ist anders, wenn Sie sich vom Bett erheben …

Wie der Körper sich streckt und aufrichtet!

Sie gehen ins Bad, gucken in den Spiegel. Wenn Sie nun Ihr Antlitz betrachten, an was erkennen Sie, dass das Wunder geschehen ist? Schauen sie genau hin, seien Sie achtsam: Was beobachten Sie an sich …?

… und wenn Sie reden, woran merken Sie, dass das Wunder passiert ist? Hören Sie mal Ihre Stimme sprechen … fühlen die Ruhe im Redefluss … die Gelöstheit selbst der Stimmbänder … die gute Atmosphäre … ja, und die neu formulierten Worte … die gute Resonanz …!

Sie beginnen den Tag mit dem … Frühstück, oder? Was frühstücken Sie …? Und was ist anders an diesem Frühstück, heute … anders als sonst?

Und die Kleidung, was ziehen Sie an …?

Wer bemerkt als Erster, dass sich in der Nacht bei Ihnen ein Wunder ereignet hat?

Woran kann er es bemerken, was stellt er Neues an Ihnen fest …?

Und wie reagiert er darauf …

Und wie reagieren Sie auf die positive Reaktion des anderen?

Wie füllen Sie diesen wundervollen Tag … auf neue Art und Weise … ein ganzer wertvoller Tag Ihres Lebens …? Was ist anders als sonst?

Jeder für sich sein eigenes Wunder – und doch ein gemeinsames zugleich!

Nehmen Sie sich nun alle Zeit, viel äußere Zeit und nochmals viel mehr innere Zeit, den Tag in seinem vollen Ablauf zu genießen … und das Erwünschte und lang Ersehnte zu erleben … jetzt …

Ein richtiges Wunder … das nicht ohne Auswirkung auf die Zukunft bleiben wird!

Und das Unbewusste macht dieses Wunder in Ihnen heimisch … mit so guten hypnotischen Fähigkeiten, die Sie haben (!) … und ob Sie daran glauben wollen oder nicht … dieses Erlebnis wird von besonderer Tragfähigkeit sein …

Sich wohl fühlen im Hier und Jetzt wird von Eindruck sein für die Zukunft … gut, und ein Finger kann sich leicht heben … um das zu bestätigen …

Das kann uns helfen, besser daran zu glauben, dass wir aus der Tiefe die Lösung finden, des Rätsels Lösung und der Frage Antwort …

Da kann es einem richtig gut gehen. Und Sie werden diesen Tag in Ihrem inneren Erleben weiter vollenden … Gut, sehr schön … und dabei tiefer in Hypnose sinken, sehr schön, ganz gelassen, voll Vertrauen in sich selbst … hmm … und wirklich, das Leid war lang genug. Es wächst die Kraft.

So vergeht der Tag nach dem Wunder auf andere Art und Weise und füllt sich mit neuen Aufgaben, Anregungen, Inhalten … hmm … und vielleicht werden Sie überrascht sein, wie leichtfüßig Sie Ihre Schritte lenken … eine Spirale von positiven Reaktionen …!

Bitte wägen Sie jetzt in aller Ruhe ab, welches Detail des Wunders morgen eintreten könnte. Nehmen Sie ein kleines Detail heraus … irgendetwas, was morgen tatsächlich passieren könnte.

Nun schätzen Sie ein, wie wahrscheinlich es ist, dass dieses Detail eintreffen wird. Und morgen Abend im Bett … da prüfen Sie einfach ganz wertfrei mal nach, ob Ihre Einschätzung gestimmt hat.

Diese Erfahrung kann in Ihnen weiterschwingen und jedes Mal, wenn Sie Hypnose machen werden, kann sie wieder zum Vorschein kommen und Sie tragen, gut … und jede Nacht … können Sie das Buch des Lebens aufblättern und etwas Neues hineinschreiben …

So können Sie Entwicklungen machen, die Sie nicht für möglich gehalten hätten. Entwicklungen, die Sie zu schützen wissen …!

Schließen Sie nun die Hypnose ab und orientieren sich wieder hierher, in diesen Raum und diese Zeit. Recken und strecken Sie sich und schlagen jetzt in der äußeren Realität – hier – die Augen auf, sobald Sie sicher sind, dass Sie erfolgreiche Arbeit getan haben, auch wenn es sich nicht wie Arbeit angefühlt haben muss.

Kater Garfield würde kommentieren: *„Ich glaube nicht an Wunder, ich verlasse mich auf sie!“*

The promise of summer

Kommt zu Ihnen auch schon mal jemand zur Therapie, der kein Deutsch, dafür aber Englisch versteht? Für diesen Fall liegt hier die Sammlung *Seifenblasen* auf englisch vor: *Soap bubbles.* Sie beinhaltet all die Redewendungen und Bilder, die in diesem Buch vermittelt werden. Die Übersetzung übernahm auf besonders einfühlsame und poesievolle Weise Elizabeth Gahbler aus Kalifornien, vertraut mit ericksonscher Hypnose, Musikerin und professionelle Übersetzerin.

1. Sunbeam shower
Energy, support, stability

Close your eyes and let calm, quiet, and contemplation come over you.

Every breath you exhale relaxes you more and more.
And the more relaxed you are, the better you feel.

And as soon as we begin feeling better, we can turn our thoughts to the power of healing images.

No matter what just seemed important,
it begins to fade away, to ebb, to recede into the distance …
and …
in your imagination, unrolling before your very eyes,
you see a succulent, deep green lawn.

A velvety lawn,
caressed by sunlight,
set right in the middle of a landscape you enjoy.

You notice the sweet fragrance of the grass.
Dragonflies hover in the air like tiny helicopters,
butterflies flutter from blossom to blossom.

Everything is carefree, happy, filled with the promise of summer!

Isn't this inviting?

Your feet are carrying you across the meadow of their own accord. You feel the soft tickle of the blades of grass bending elastically under your foot-steps …

And now you're right in the middle!
Surrounded by summer!

You stretch your arms up, it looks as though your fingertips could reach the sun.

You open your hands wide, turn your palms toward the sun, and catch its beams.

Can you feel the golden sunbeams trickling warmly into your body? The sunbeams stream through your hands, through your arms, your shoulders, and fill your entire chest with their pleasant warmth. From there they flow down to your belly with a delightful tickle, and then pour through your thighs and calves right down to your feet. Maybe there's a tiny drain in the soles of your feet, through which the sunbeams can wash all impurities away …

Gradually, though, all openings close and your body slowly fills up – just like a vase. The light of the golden sunbeams flows in from the top … and from the bottom, (your) energy rises to meet it – pleasantly warm, harmoniously, and beneficially …

Your body fills up leisurely, till it's completely lit from within with a warm golden light.

Have you noticed how your body is rising, is being uplifted, is becoming straighter and firmer?

And when your body rights itself, your soul is uplifted as well.
So there you stand, straight and tall like a palm tree, flooded with sunlight …

and the heavens … the heavens surround you with a protective, sky-blue cocoon,
while the green grass holds you up *and* keeps you firmly grounded.

The more your body senses energy, protection, and security,
the more your soul can spread its wings and find new room for itself.

The spirit, full of light and clarity, gains new insights …
which it will be able to use.

The body regains its memories about healthy functioning and sending clear messages.
Naturally and with complete ease, it reactivates its own knowledge about the healing process. It sends this message to each and every cell …
And its immune system tracks down every defect and knows how to repair it.

In the gold of the sun, the blue of the heavens, the green of the meadow …
wondrous things happen …

You might enjoy watching yourself from outside, from a slight distance … perhaps from the edge of the meadow …

Completely engrossed by this beautiful sight, you integrate this image of you deep within your self.

An image which will keep working from within
to find the riddle's solution and the question's answer …

2. Sea of light
Healing light and pledge/promise to the body
(lying down when possible)

Our conscious will is often incapable of influencing ourselves to feel better.
Lie down, let your eyelids sink … close your eyes … and don't do anything more.

You don't even need to ask yourself
how you will most easily become calmer and more relaxed.
You can simply rely on your body's memory,
its own memory which you needn't be aware of.
It stores its experiences for itself and can recall these spontaneously when it needs them.

What images might come to you when you hear:

The breath of a summer eve's breeze ...

The rustling of leaves on the ground in fall, the leaves you crunched through as a child ...

The prickle of snowflakes on your cheek ...

The warmth of spring's first rays of sun ...

Impressions from each of the four seasons, suddenly present ...

Entrust yourself to your good memory and just observe what happens, all by it-self ...

Soon you will experience your body gliding into peace and calm.

By and by, completely involuntarily,
every breath you exhale can create a wave of letting go.
Wellbeing spreads out in every direction.

Good.

And your body begins to feel snug and cozy like a in its bed.
What a picture! A lake in the form of your body,

stretched out comfortably in its lakebed.
And there, where your body ends, is the shore, and the land begins.

In some places, the water is shallow and its bed holds it as if it were floating, in other places, a strong rocky bottom supports the deep water.

A lake filled by clear streams running down from the mountains above. In the spring, full of rushing water, in the summer, only gurgling … they pour down into the valley.

These inlets and underground springs cause gentle currents in the water, currents which cannot be seen from the surface. They enable the water to purify itself, clarify itself, and they fill it with oxygen.

Your imagination creates just the picture which is natural and correct for you …
In your own manner and fashion
… everything is just as it should be.

With every breath you take in … and let go … you sink deeper (and deeper).

Maybe a fine rain begins,
refreshing the lake with its cooling droplets.
The lake savors the heavenly wetness,
drinking until its thirst is slaked.

The cloud passes, the skies turn blue again,
the sun's warmth returns again.

Your attention has turned to other things, though, and now discovers a small rowboat.
It invites you to climb in.
You take your place and begin rowing over your lake:
Maybe you begin at one of your shoulders, curve through it, down the arm, into the hand, and into the narrows of the little finger?
Hmm … You can't keep going here … there are rushes along the bank.
The water sloshes a little … then calms down again.
You turn around and continue back,
gently … lovingly … affectionately …

And now you notice that your boat is filled with little candles, floating candles.

Maybe you've heard of the Indian Festival of Light – Divali:
The water in rivers and lakes are covered with lights. You now begin your own festival of light – by launching candle after candle into the water. You row a little, set a candle into the water …
Carefully, so that none of your lights is extinguished by the boat's wake …

You set a little light on the water …
You row a little further …
Another little light on the water …
Each little light is like a pearl on a string …
And slowly, slowly, the lake fills with lights …
You row and row, and know intuitively which is the right way to go.

The darkness fades,
light illuminates the darkness.
The light increases, it glitters and sparkles …
This lets the lake know that you are illuminating it in love, that you care for it.
And in every corner the luminescent warmth reaches, the lake can feel better, can renew itself, and can experience the healing influence.

You row along the contours of your body and discover it anew. Maybe a waft of wind dusts along the lake's surface, making it ripple in delight, a pleasant shower …

It shines all the more and looks absolutely charming.

You continue onwards, exploring the entire lake, led by your unconscious.

Every little light goes on its own journey,
and a gentle breeze carries the lights especially to places
where they are needed,
while you sink deeper …
and deeper …
and deeper …
into healing hypnosis.
The more the lake glitters, the deeper.

And for someone looking at the lake from afar, looking down from a mountaintop above, the lake would look quite mysterious.
One wouldn't know exactly,
but might sense that something very special was happening.

… and the fish in the deep – they marvel in surprise …

While everything rests, the time passes,
and every dawn holds the promise of a new day.

As the sun climbs, the lights can't be so clearly perceived –
they look like the sun's reflection on the water.

At noon, the sea lies deep blue in its bed, dotted with lights,
like a beautiful celestial garment clothing the earth.
The afternoon brings warm tones …

the evening immerses it in a silvery shimmer …

and in the night, ohhhh …! It looks simply magical:
like stars which have danced down from the heavens …

The lake rests with a feeling of radiance …!

How good it is to stay with this lucid image for a while …
and to get the things done which need to be done …
in order to support the healing process.

And you promise your body that you will take care of all mental tasks – so that it no longer needs to worry about them.

And you promise your body that you will take care of the spiritual tasks – and it can leave them up to you.

Your body now can take care of itself and its own needs at its leisure …

Only the unconscious knows what's going on in the depths …
What new paths are opening,

which you haven't yet even dreamed of …

Gently caressing the warmth, the light, and the love,
and remembering your promise,
you now surrender yourself to the deep peace and calm … completely still …

And whether you fall into a refreshing sleep …
or soon end your hypnosis,
you will awaken strengthened and invigorated.

Your body, however, has saved the memory of the healing trance.

3. The magic sponge

Deep hypnosis, clarity, spiritual freedom, and healthy body functions

Our inner pictures influence us more than our conscious will.
And why shouldn't we use it, the deep hypnotic trance in which healing fantasies have so much power.

… completely calm … it takes no exertion whatsoever …

You are fully capable of hypnosis, it's a completely natural process. And the amazing thing is that this natural talent is available to us at the times we need it the most.

Are you ready? Then let's begin!

- Do you feel how your chest rises and widens when you inhale?
- Do you notice the feeling of inner spaciousness which sets in?
- Do you feel your chest relaxing again when you exhale, and how your tensions just flow away?
- And do you perceive the calm which is entering in its place with each new breath of air?

Perhaps it surprises you just how easy everything is.

One of the next things that might happen is that your shoulders begin to sink downward and relax.

– Can you imagine your shoulder blades, these flat, spade-shaped structures, as they hold you from behind as though they were a pair of hands?

You can lean back on this inner support, lean back more with every breath you exhale. And the more you rely on this inner support, the more secure you feel. And after several satisfying exhalations, you can perceive an energy field developing between the shoulder blades, light and flowing.

Good,
and you will soon enjoy the feeling of sinking deeper and deeper, in twenty steps, into hypnosis. You are sinking, sinking pleasantly, sinking the way you know best, with every breath a step deeper.

One ... two ... three ... four ...

The first, second, third, and fourth steps lie behind you, the fifth, sixth, and seventh before you ... and now behind you. The eighth, ninth, tenth steps double your relaxation. You have soon reached the halfway point into deep hypnosis.

The journey continues fleet of foot ... the eleventh ... twelfth ... thirteenth step ... the fourteenth ... fifteenth ... and sixteenth step.

– Are you aware how close you are to your unconscious abilities?

And just feel what is happening right below your collarbones! Vital areas for the unity of body and soul are filling up with each breath you take.

– Can you imagine how these two areas are opening like two blossoms, opening for the interchange with life – for giving ... as well as taking ...?

Seventeenth ... eighteenth ... and then the nineteenth ... but not before you haven't completely stretched out inside, before you are ready to go into really deep hypnosis and dedicate yourself completely to a special kind of work with your complete willingness.

And it is a good sign if my voice seems farther away as you are getting nearer to yourself. My voice may already sound like the bubbling of a mountain brook. A sound from nature, which plants ideas, ideas for healing images. Images which your unconscious paints by itself and which you give your complete attention.

And soon, the inner barrier will rise, opening the gate to the inner worlds which you can only enter in hypnosis.
(And at the same time, as an unconscious confirmation of this process, one of the fingers of your right hand may want to rise, fully of its own accord.)

Very good … perhaps just a few more calm breaths …

Now …

And you now enter your own friendly expanses, and thus gain access to your own abilities, in order to do so many things which cannot otherwise be done.

Twenty …

And you now meet a benevolent power: a good fairy. In one hand, she holds a light to light the way, in the other hand, she holds something very special …: a magic sponge …
You unite with this good power and join the fairy as she slips into your body, in order to do very special work there. And your unconscious will lead you to all places where special care is necessary. You light up your way and find places which are neglected, disfigured, or dirtied … And you wipe everything away with the magic sponge. You go through your inner house and carefully clean everything in it. The sponge soaks up everything in its magic way: crumbs, spots, unappetizing things, residues … and all poisons, all solid or liquid substances which have done damage to your body up until now.
Some things are easy to remove, some slightly harder …

- Take your time …!
- Wander through all the floors of your house …!
- Open every door …!

- Look in every corner …!
- Clean everywhere … even under the carpet …!

The sponge may seem small, but it has an inexhaustible capacity to soak things up …

And the fairy, she doesn't look like it, but she's a stickler for cleanliness, a detective hot on the trail …

Take all the time in the world to do the work that needs to be done, you've accomplished so much already. Your unconscious guides you to take the right action in the right place.

The windows are soon clear again, the mirror now reflects clearly …

And while the fairy is completely absorbed in her work, other things, on other levels, can take place behind the scenes – completely undisturbed …

Sometimes it seems that it's too late to do anything more, that one's missed the boat. But maybe that's only an illusion – or it was the wrong boat anyway. And why shouldn't there be another dock with another boat, one's very own boat, one that's really going in the right direction now – not like before?

It doesn't matter what others expect or don't expect of you. Assure yourself now: It's not your purpose in the world to fulfill other people's wishes! No! People respect you when you respect yourself!
(And maybe one of the fingers of your left hand rises of its own accord to signal unconscious affirmation of this.)

Yes, that's fine …

And the more you take this to heart, the better the body can take care of its own interests and work on healing itself.

- And why shouldn't your body be capable of something which people often consider not to be possible …?

And after a while, enough has been done for today. Things don't all have to happen at once. The sponge is filled to the brim, and the fairy removes it from the body. But look what she does now! She blows, she blows at the sponge with pursed lips … fffffffffffffffffffffffff …
And what happens?! The sponge has magically transformed everything it soaked up and … out … fly … soap bubbles – oodles of shimmering, colorful soap bubbles …

And the bubbles? They can't escape their soap bubble fate! They're still floating … flying … dancing in the breeze … and pop now … pop … they're gone.

Do you feel what this means to your body …? It feels fine …

Now all healthy body cells can get busy doing their job:

- Sending healthy information throughout the body …
- Metabolizing everything in a healthy manner …
- And recognizing clearly where help is needed, and to do what needs to be done.

It's only natural that you feel the need to rest after completing a task. So rest, rest as though taking an afternoon nap, sunk in a deep, dreamless sleep, deep like you have long wished for, so peaceful, calm, and relaxing.
The body rests, the soul rests, the mind is clear, and accompanied by a light, flowing energy which radiates warmth to all parts of your body, you stay in hypnosis as long as you need to. Grant your body this special treat – this peace and well-being.

And if you like, press the thumb and index finger of your left hand together to make a circle. This anchors the feeling of well-being so that you can recall it when necessary.

And then, when you feel that it's enough, leisurely return through the twenty steps, completely at your own tempo, just as you like. And while you emerge again, refreshed and completely clear, the healing body can still enjoy the rest of the trance which remains.

4. *Constellation*
Free breathing, more bodily strength, and spiritual support

It doesn't matter what you were just thinking about … leave it behind you.
It doesn't matter what just occupied you … it's far away now.
Close your eyes, and let peace and tranquility set in, every exhalation brings a little more …
Your body begins to relax, all by itself,
and you become closer and closer to your inner self …
and take a stroll within yourself as if you were in a wonderful shop full of precious treasures.
But – you can only enter this store with respect, recognition, and esteem.
Everything else must remain outside.

Only then does the door open, a silvery bell rings …
And now you are here, all by yourself
in your own time and your own space …

You wander around, full of curiosity, and anticipate one treasure or another …
… (only) to head straight to capabilities which often reveal themselves first in hypnosis!

The world is now at your feet … and everything is possible …

As you look around, your glance falls upon a beautiful shell from the depths of the sea.
You intuitively hold it up to your ear, in order to hear the sound of the ocean – as you did when you were a child.
You listen, listen as you take a few satisfying, slow, deep breaths …
Which transport you magically to a wide-open beach,
with blue sky and moving clouds, with foam on the waves and spray in the air …

And the child in you has just woken up!
Why?
It discovers a swingboat,

a colorful swingboat like at the carnivals of your childhood.
Anchored firmly in the ground, it invites you to get in and have the kind of fun you had when you were young.
You climb in, your face to the ocean, and begin to swing.
You swing in rhythm to your breathing,
forwards ... and backwards ...
and forwards ... and back ...
higher ... and higher ... completely safely ...!
Forwards ... and backwards ...
You lean back with your entire body, go into your knees, propel the boat forward again, exhaling everything which was bothering you, pressuring you, confining you – out, out to the ocean and the gray towers of clouds in the sky.
You lean forward,
the swingboat swings back,
and you take deep breaths of the healthy, salty sea-air.
The swingboat races forward again, you exhale ... fffffffffffffff,
backwards, you inhale ...
forwards, you exhale ...
backwards, inhale ...
forwards, exhale ... With all your might you blow everything bad out, out, out – far, far away ...
until it completely disappears in the distance.
How good that feels ...!
What freedom! What relief!

Your hair flutters in the wind,
your hands feel the coolness of the supports securing the boat,
your tongue licks the salt from your lips.

In love with the sight of the sea,
whose horizon dips as you swing forward,
and rises high above you as you swing back,
you revel in the wonderful swinging of the boat.

The clouds move on, the sky clears.
Is it your powerful breath which is sending the clouds away?

The clear ocean air recharges your entire body.

You swing in rhythm to your breathing,
and the regular rhythm harmonizes every cell in your body.

Everything flows in lively movements,
your heart bursts with joy.
You swing with boundless harmony,
become clear and strong,
full of your adventure,
completely in the here and now.

Your head is becoming free and clear,
forgetting everything which is best forgotten,
in order to devote itself to the really important things.

As Apollo steers his chariot across the sky,
your swinging begins to subside,
as you slowly begin to have enough.
And like a pendulum that swings from side to side,
slowly, slowly finding its middle,
you slowly find your own middle, the middle within yourself.

A warm pulsation flows through your body.
Where is it centered?
From its center, it spreads in waves,
transforming itself in a feeling of calm, of peace, of good …
as the sun, turning all shades of red and orange, sinks slowly on the horizon.

And completely unexpectedly, and much to your amazement,
the swingboat becomes wider, and bulges, and becomes a splendid, velvety bed,
a bed in which you can just sink into.
And you plop onto the comfortable pillows …

The evening star slowly appears in the heavens above,
then more stars … and more … heavenly hosts of stars …
a canopy of stars for your bed!

Marveling in amazement, you take in the beauty of the night sky with

its constellations,
constellations you know intimately,
the big dipper,
the little dipper,
Cassiopeia,
the Pleiades …
… the eternity of the Milky Way …
Then, amongst these well-known pictures, you discover a very special one, a constellation which no one has ever seen before.
It sparkles and twinkles happily above you, with brighter and lesser stars in their own formation.

As if using Morse code, it blinks your name.
You understand the message – it's your very own constellation.
And only you can interpret the signals.

And while your hypnosis becomes increasingly deeper,
a very special message is being sent to you:

We are shining for you, we are leading you, we are lighting your way so that you can find it better, we are protecting you, we are helping you, we are with you, we are there only for you …! And now we are giving you something in our own language, pay attention … now …!

And in your depths you understand the message from the heavenly heights.

And as long as is necessary, your stars rain their fine, silvery stardust down on you at night when you are sleeping. It feels like a tender touch, a light tickle. And every time this happens, a small miracle happens. The old, the unsuitable disappears, leaving room for the new.

And whether you notice it or not,
help comes to you in the still of the night.
You are reminded to be good to yourself, to take care of yourself,
always to remember to relax,
to pay attention to your feelings, and to protect them,
and to find the clarity you need.

And every night to come, your constellation will light down on you from on high,
and connect to you within your depths.
And every morning, refreshed from your good dream, you will awake strengthened, and ready to take every step one at a time.

The sky is beginning to color in the east … first purple … then orange …
Then the first ray of sun lights the earth …
Red-golden, the sun slowly rises on the horizon … a new day begins.

In peace and calm, you order what you have experienced,
and end the hypnosis with complete confidence in your own strength …
you stretch this way and that …
you return to the present …
and devote yourself to your life again.

Resümee

„Ich bin erstaunt, wirklich, total erstaunt!", resümiert Violetta.

Und auch wir Therapeuten sind oftmals überrascht.

Sobald wir mit Hypnose in die Tiefe der unbewussten Gründe steigen, scheinen sich ganz von alleine Brücken zu schlagen. Dadurch können sich Fragen beantworten, Konflikte lösen, Traumata verarbeiten und Wunden, und zwar seelische sowie körperliche, schließen. Aus der Begeisterung erster Erfolge dürfen wir aber nicht Gefahr laufen, alles für machbar zu halten. Vieles liegt nicht in unserer Hand, und unser Patient darf den Glauben nicht nur allein auf die Therapie fixieren. Zur Wirksamkeit der Hypnose bei psychosomatischen Erkrankungen liegen bislang nur wenig Studien vor. Zudem gibt es keine Gewähr, dass wenn Heilung oder Linderung erzielt wurde, diese tatsächlich durch die Therapie oder die Therapie allein eingetreten ist. Wir wissen, viele Faktoren wirken zusammen, vor allem, wenn psychische Vorgänge beteiligt sind. Erst die weiteren Untersuchungen des Nervensystems, aber auch des hypophysär-endokrinen und immunologischen Systems als Schaltstellen zwischen Soma und Psyche werden uns ermöglichen, die von uns beobachtbaren Phänomene zu erklären und noch gezielter nutzen zu können.

Im Rahmen der Fallbeispiele glaube ich aufgezeigt zu haben, dass Entwicklungen oftmals nicht reibungslos oder wie erwartet ablaufen. Diese sind auch situationsabhängig, und der Kontext ist vielen Variablen unterworfen. Aber die Sicherheit, dass Hypnose in der Hand des Experten frei von negativen Nebenwirkungen ist, und andererseits die Chance, möglicherweise tief greifend hilfreich sein zu können, sollte uns bestärken, sie anzuwenden. Dafür liegt hier, auch durch die Literaturhinweise auf Werke von erfahrenen Kollegen, eine Menge an Material vor, das vielleicht schon Ihre nächste therapeutische Intervention beeinflussen wird. Natürlich ersetzt die Lektüre dieses Buchs keine Hypnoseausbildung.

Da reichhaltig im Stoff und anspruchsvoll im Engagement, sind immer die von den großen Hypnosegesellschaften angebotenen Ausbildungen in psychotherapeutischer und medizinischer Hypnose zu empfehlen. Diese Gesellschaften finden sich in fast allen europäischen und auch in vielen nichteuropäischen Ländern. Innerhalb von Deutschland kann man sich an folgende Gesellschaften wenden:

Deutsche Gesellschaft für Hypnose und Hypnotherapie (DGH)
Druffels-Weg 3
48653 Coesfeld
Tel.: 02541 / 880760
Fax: 02541 / 70008
E-Mail: DGH-Geschaeftsstelle@t-online.de
Internet: dgh-hypnose.de / con / home

Milton Erickson Gesellschaft für klinische Hypnose e. V. (MEG)
Waisenhausstr. 55
80801 München
Tel.: 089 / 34029720
Fax: 089 / 34029719
Internet: www.meg-hypnose.de

Deutsche Gesellschaft für ärztliche Hypnose und
autogenes Training e.V.
Postfach 1365
41436 Neuss
Te.: 02131 / 463370
Fax: 02131 / 463371
E-Mail: Info@dgaehat.de
www.dgaehat.de

Schweizerische Ärztegesellschaft für Hypnose (SMSH)
Frau Verena Greising
Dorfhaldenstr. 5
CH 6052 Hergiswil
Tel.: 041 / 2811745
Fax 041 / 2803036
E-Mail: info@smsh.ch
http: / / smsh.ch

Dr. Marianne Martin, Prof. H. Walter
Sternwartenstr. 21A / 13
A 1180 Wien
Tel.: 01 / 4796458
Fax: 01 / 4407290

Literatur

Alman, B. M. u. P. T. Lambrou (1996): Selbsthypnose. Ein Handbuch zur Selbsttherapie. Heidelberg (Carl-Auer), 6. Aufl. 2006.

Bachelard, G. (1987): Die Poetik des Raumes. Frankfurt a. M. (Fischer).

Barber, J. (ed.) (1996): Hypnosis and suggestion in the treatment of pain. A clinical guide. New York/London (W. W. Norton).

Bateson, G., D. D. Jackson, J. Haley u. W. Weakland (1969): Auf dem Weg zu einer Schizophrenie-Theorie. In: G. Bateson et al. (Hrsg.): Schizophrenie und Familie. Beiträge zu einer neuen Theorie. Frankfurt (Suhrkamp), S. 11–43.

Bejenke, C. (1996a): Hypnosis and suggestion for painful medical procedures. In: J. Barber (ed.): Hypnosis and suggestion in the treatment of pain. A clinical guide. New York/London (W. W. Norton).

Bejenke, C. (1996b): Preparation of patients for stressful medical interventions: Some very simple appraoches. In: Peter, B. et al. (ed.): Munich Lectures of Hypnosis and Psychotherapy (Hypnosis International Monographs No. 2). München (Milton-Erickson-Gesellschaft für Klinische Hypnose)

Bejenke, C. (2000): Vorbereitung von Patienten bei medizinischen Eingriffen. In: D. Revenstorf u. B. Peter (Hrsg.): Hypnose in Psychotherapie, Psychosomatik und Medizin. Berlin u. a. (Springer), S. 596–604.

Bongartz, W. (1990): Hypnose und immunologische Funktionen. In: D. Revenstorf (Hrsg.): Klinische Hypnose. Heidelberg/Berlin (Springer).

Bongartz, B. u. W. Bongartz (1998): Hypnosetherapie. Göttingen/Bern/Toronto/Seattle (Hogrefe).

Cheek, D. B. (1994): Hypnosis. The Application of Ideomotor Techniques. Boston (Allyn and Bacon).

Cheek, D. B. a. E. L. Rossi (1988): Mind-body therapie. Methods of ideodynamic healing in hypnosis. New York (Norton).

Deleuze, J. P. F. (1819): Défense du magnétisme animal contre les attaques dont il est l'objet dansle dictionnaire des sciences médicales. Paris (Belin-Leprieur).

Erickson, M. H. (1995–1998): Gesammelte Schriften. 6 Bde. Hrsg. v. E. L. Rossi. Heidelberg (Carl-Auer).

Erikson, E. H. (1982): Kindheit und Gesellschaft. Stuttgart (Klett-Cotta).

Ermann, M. (1999): Psychotherapeutische und Psychosomatische Medizin: Ein Leitfaden auf psychodynamischer Grundlage. Stuttgart/Berlin/Köln (Kohlhammer).

Gilligan, S. (1991): Therapeutische Trance. Das Prinzip Kooperation in der Ericksonschen Hypnotherapie. Heidelberg (Carl-Auer), 4. Aufl. 2005.

Hammond, C. (1988): Learning clinical hypnosis. Des Plaines, IL (American Society of Clinical Hypnosis).

Hammond, C. (1990): Handbook of hypnotic suggestions and metaphors. An American Society of Clinical Hypnosis book. New York/London (Norton).
Haring, C. (1995): Psychiatrie. Stuttgart (Enke)
Hasenhündl-Vecsei, M. (1998): Klinikinterne Schriften. (Allgemeines Krankenhaus der Stadt Wien).
Hellinger, B. (1994): Ordnungen der Liebe. Heidelberg (Carl-Auer), 8. überarb. Aufl. 2007.
Henning, J. (1998): Psychoneuroimmunologie. Gesundheitspsychologie 9.
Horton-Hausknecht, J. (1995): Abschlußbericht zur psychologischen Interventionsstudie bei rheumatoider Arthritis am Institut für Medizinische Psychologie. München (Ludwig-Maximilians-Universität).
Horton-Hausknecht, J. (2000): Rheumatoide Arthritis und andere Autoimmunkrankheiten. In: D. Revenstorf u. B. Peter (Hrsg.): Hypnose in Psychotherapie, Psychosomatik und Medizin. Berlin u. a. (Springer), S. 567–575.
Horton-Hausknecht, J. u. U. Mitzdorf (1997): Klinische Hypnose in der Behandlung von rheumatoider Arthritis. Hypnose und Kognition 14 (1 u. 2): 5–24.
Hunter, M. E. (1996): Making peace with chronic pain. New York (Brunner & Mazel).
Jencks, B. (1973): Exercise manual for J. H. Schultz's standard autogenic training. Des Plaines, IL (American Society of Clinical Hypnosis).
Kaiser, A. (1992): Hypnose in der Exploration akustischer Wahrnehmung während Allgemeinanästhesie. FB Medizin, Universität München (Diss.).
Kaiser Rekkas, A. (1998): Klinische Hypnose und Hypnotherapie. Praxisorientiertes Lehrbuch für die Ausbildung. Heidelberg (Carl-Auer), 3. Aufl., 2005.
Kaiser Rekkas, A. (1999): Wie von Zauberhand. Drei Hypnoseanleitungen [CD]. Heidelberg (Carl-Auer).
Kaiser Rekkas, A. (2000): Seifenblasen. Vier hypnotische Anleitungen für psychosomatische Krankheitsbilder [CD]. Heidelberg (Carl-Auer).
Kaiser Rekkas, A., D. Schwender u. E. Pöppel (1997): Akustisch evozierte Potentiale und Hypnose in der Untersuchung akustischer Wahrnehmung während Allgemeinanästhesie. Experimentelle und Klinische Hypnose XIII (2): 137–154.
Kakar, S. (1984): Schamanen, Heilige und Ärzte – Psychotherapie und traditionelle indische Heilkunst. München (Biederstein).
Klippstein, H. (ed.) (1991): Ericksonian Hypnotherapeutic Group Inductions. New York (Brunner/Mazel) [dt. (1994): Das Vergessen vergessen. Hypnotherapeutische Gruppeninduktionen nach Milton H. Erickson. Heidelberg (Carl-Auer), 2. Aufl., 1998.
Klußmann, R. (1988): Psychosomatische Medizin. Berlin/Heidelberg/New York (Springer).
Klußmann, R. (1999): Aktueller Konflikt und Körperkrankheit. Wiener Medizinische Wochenschrift 149 (11): 318–322.
Kossak, H. C. (1989): Hypnose – Ein Lehrbuch. Weinheim (Psychologie Verlags-Union), 4. überarb. Aufl., 2004.
Lazarus, A. (1993): Innenbilder. Imagination in der Therapie und als Selbsthilfe. München (Pfeiffer).
Lang, E. V. (2000): Adjunctive non-pharmacological analgesia for invasive medical procedures: A randomised trial. The Lancet 355 (9214): 1486–1490.

LeCron, L. (1994): Selbsthypnose. Ihre Technik und Anwendung im täglichen Leben. Genf (Ariston), 14. Aufl.
Meares, A. (1981): Regression of recurrence of the breast of mastecdomy site associated with intensive meditation. Australian Family Physician 10: 218 f.
Meares, A. (1984): Eine Form intensiver, mit dem Rückgang von Krebs verbundener Meditation. Hypnose und Kognition 1 (1): 27–35.
Miolin, A. (1992): Eric Satie – „Gnossiennes" [CD]. Grammofon AB BIS. Djursholm.
Morris, R. (1999): The effect of music on hypnotic suspectibility and hypnotic depth. Hypnos 26 (1).
Murray-Jobsis, J. (1994): The borderline patient and the psychotic patient. In: J. W. Rhue, S. J. Lynn a. I. Kirsch (eds.): Handbook of clinical hypnosis. Washington, DC (American Psychological Association).
Omler, G. et al. (2000): Zentralblatt für Chirurgie 125 (4): 380–386.
Pert, C. B. (1999): Moleküle der Gefühle. Reinbek (Rowohlt).
Peter, B. (2000): Geschichte der Hypnose in Deutschland. In: D. Revenstorf u. B. Peter (Hrsg.): Hypnose in Psychotherapie, Psychosomatik und Medizin. Berlin u. a. (Springer), S. 697–737.
Phillips, M. a. F. Clair (1995): Healing the divided self. New York/London (Norton).
Schlippe, A. von u. J. Schweitzer (1997): Lehrbuch der systemischen Therapie und Beratung. Göttingen (Vandenhoeck & Ruprecht), 3. Aufl.
Shazer, S. de (1985): Keys to solution in brief therapy. New York (Norton).
Stierlin, H. u. R. Grossarth-Maticek (1998): Krebsrisiken – Überlebenschancen. Wie Körper, Seele und soziale Umwelt zusammenwirken. Heidelberg (Carl-Auer), 3. Aufl. 2006.
Susen, R. G. (1996): Krebs und Hypnose. Hilfe vom inneren Freund. München (Pfeiffer).
Taue, H. C. (1998): Emotion und Gesundheit. Heidelberg (Spektrum Akademischer Verlag).
Thoma, H. C. u. H. Kächele (1997): Lehrbuch der psychoanalytischen Therapie. Berlin u. a. (Springer).
Walker, W.-L. (1994): Combining music and words as a pathway through hypnosis. Hypnos 21 (2).
Watkins, J. G. a. H. H. Watkins (1991): Hypnosis and ego-state therapy. In: P. A. Keller a. S. R. Heyman (eds.): Innovations in clinical practise. (Vol. 10). Sarasata, FL (Professional Resources Exchange), p. 23–37.
Wolff, K. (1998): Hypnotische Archäologie. CH-Hypnose 8 (2): 4–29.
Yapko, M. D. (1994): When living hurts. Directives for treating depression. New York (Brunner & Mazel).
Yapko, M. D. (1996): Depression und Hypnose. München (Pfeiffer).

Über die Autorin

Agnes Kaiser Rekkas, Dr. rer. biol. hum., Dipl.-Psychologin, Psychologische Psychotherapeutin. Weiterbildung in Systemischer Therapie und Klinischer Hypnose. Eigene Praxis in München und Lehrtätigkeit in Klinischer Hypnose und Hypnotherapie. Dozentin und Supervisorin der Deutschen Gesellschaft für Hypnose und Hypnotherapie (DGH), Ausbildungszentrum Süd.

Anschrift:
Agnes Kaiser Rekkas
81667 München, Chorherrstr. 4
Tel.: (089) 448 40 25, Fax: (089) 48 999 748
E-Mail: Agnes.Kaiser-Rekkas@t-online.de